广西大学"211工程"三期重点学科建设项目资助

广西大学中国—东盟研究院文库
主编◎阳国亮

东南亚古国资料校勘及研究

黄南津　周洁◎编著

中国社会科学出版社

图书在版编目（CIP）数据

东南亚古国资料校勘及研究/黄南津、周洁编著.—北京：中国社会科学出版社，2011.12
ISBN 978-7-5161-0459-0

Ⅰ.①东… Ⅱ.①黄… ②周… Ⅲ.①古国—史料—研究—东南亚 Ⅳ.①K330.6

中国版本图书馆 CIP 数据核字（2012）第 002329 号

策划编辑	王　茵
责任编辑	储诚喜
责任校对	王有学
封面设计	回归线视觉传达
技术编辑	王炳图

出版发行	中国社会科学出版社	出版人	赵剑英
社　　址	北京鼓楼西大街甲 158 号	邮　编	100720
电　　话	010-84029451（编辑） 64058741（宣传） 64070619（网站）		
	010-64030272（批发） 64046282（团购） 84029450（零售）		
网　　址	http://www.csspw.cn（中文域名：中国社科网）		
经　　销	新华书店		
印　　刷	北京君升印刷有限公司	装　订	廊坊市广阳区广增装订厂
版　　次	2011 年 12 月第 1 版	印　次	2012 年 6 月第 2 次印刷
开　　本	710×1000　1/16		
印　　张	30.75	插　页	2
字　　数	472 千字		
定　　价	78.00 元		

凡购买中国社会科学出版社图书，如有质量问题请与本社发行部联系调换
版权所有　侵权必究

中国—东盟研究院文库
编辑委员会

主　编　阳国亮

编　委（以姓氏笔画为序）

　　　　乌尼日　李寅生　张　军　张晓农　宋亚菲

　　　　杨克斯　唐文琳　唐德海　阎世平　商娜红

　　　　黄牡丽　谢　舜　曾冬梅　雷德鹏　黎　鹏

总　序

阳国亮

正当中国与东盟各国形成稳定健康的战略伙伴关系之际，我校以经济学、经济管理、国际贸易等经济学科为基础，整合法学、政治学、公共管理学、文学、新闻学、外语、教育学、艺术等学科力量，经广西壮族自治区政府批准于2005年成立了广西大学中国—东盟研究院；同时将"中国—东盟经贸合作与发展研究"作为"十一五"时期学校"211工程"的重点学科来进行建设。这两项行动所要实现的目标，就是要加强中国与东盟合作研究，发挥广西大学智库的作用，为国家和地方的经济、政治、文化、社会建设服务，并逐步形成具有鲜明区域特色的高水平的文科科研团队。几年来，围绕中国与东盟的合作关系及东盟各国的国别研究，研究院的学者和专家们投入了大量的精力并取得了丰硕的成果。为了使学者、专家们的智慧结晶得以在更广的范围内展示并服务于社会，发挥其更大的作用，我们决定将其中的一些研究成果结集并以《广西大学中国—东盟研究院文库》的形式出版。同时，这也是我院中国—东盟关系研究和"211工程"建设成果的一种汇报和检阅的形式。

中国与东盟各国的关系研究是国际关系中区域国别关系的研究，这一研究无论对国际经济与政治还是对我国对外开放和现代化建设都非常重要。广西在中国与东盟的关系中处于非常特殊的位置，特别是在广西的社会经济跨越式发展中，中国与东盟关系的发展状况会给广西带来极大的影响。因此，中国与东盟及各国的关系是非常值得重视的研究课题。

中国与东盟各国的关系具有深厚的历史基础。古代中国与东南亚各国的经贸往来自我国春秋时期始已有两千多年的历史。由于中国与东南亚经贸关系的繁荣，秦汉时期的番禺（今广州）就已成为"珠玑、犀、玳瑁"等海外产品聚集的"都会"（《史记》卷69《货殖列传》）。自汉代以来，经三国、两晋、南北朝至隋唐，中国与东南亚各国的商贸迅速发展。大约在唐朝开元初年，唐朝在广州创设了"市舶使"，作为专门负责管理对外贸易的官员。宋元时期鼓励海外贸易的政策促使中国与东南亚各国经贸往来出现了前所未有的繁荣。至明朝，郑和下西洋加强了中国与东南亚各国的联系，把双方的商贸往来推向了新的高潮。自明代始，大批华人移居东南亚，带去了中国先进的生产工具和生产技术。尽管明末清初，西方殖民者东来，中国几番海禁；16世纪开始，东南亚各国和地区相继沦为殖民地；至1840年中国也沦为半殖民地半封建社会，中国与东南亚各国的经贸往来呈现复杂局面，但双方的贸易仍然在发展。第二次世界大战以后，受世界格局的影响以及各国不同条件的制约，中国与东南亚各国的经济关系经历了曲折的历程。直到20世纪70年代，国际形势变化，东南亚各国开始调整其对华政策，中国与东南亚各国的国家关系逐渐实现正常化，双方经济关系得以迅速恢复和发展。20世纪80年代末期冷战结束至90年代初，国际和区域格局发生重大变化，中国与东南亚各国的关系出现了新的转折，双边经济关系进入全面合作与发展的新阶段。总之，中国与东盟各国合作关系由来已久，渊源深厚。

发展中国家区域经济合作浪潮的兴起和亚洲的觉醒是东盟得以建立的主要背景。20世纪60—70年代，发展中国家区域经济一体化第一次浪潮兴起，拉美和非洲国家涌现出中美共同市场、安第斯集团、加勒比共同市场等众多的区域经济一体化组织。20世纪90年代，发展中国家区域经济一体化浪潮再次兴起。在两次浪潮的推动下，发展中国家普遍意识到加强区域经济合作的必要性和紧迫性，只有实现区域经济一体化才能顺应经济全球化的世界趋势并减缓经济全球化带来的负面影响。亚洲各国正是在这一背景下觉醒并形成了亚洲意识。战前，亚洲是欧美的殖民地；战后，亚洲各国尽管已经独立，但仍未能摆脱大国对亚洲地区事务的干涉和控制。20世纪50—60年代，亚洲各国民族主义意识增强，已经显示出较强烈的政治自主意愿，要求自主处理地区事务，不受大国支配，努力维护本国的独立和主权。亚洲各国都意识到，要实现这种意愿，弱小国家必须组织起来协同合作，由此"亚洲主义"得以产生。东盟就是在东南亚国家这种意愿的推动下，经过艰难曲折的过程而建立起来的。

"东盟"是东南亚国家联盟的简称，在国际关系格局中具有重要的战略地位。东盟的战略地位首先是由其所具有的两大地理区位优势决定的：一是两洋的咽喉门户。东南亚处于太平洋与印度洋的"十字路口"，既是通向亚、非、欧三洲及大洋洲的必经航道，又是南美洲与东亚国家间物资、文化交流的海上门户。其中，世界上每年50%的船只通过马六甲海峡，这使得东南亚成为远东制海权的战略要地。二是欧亚大陆"岛链"重要组成部分。欧亚大陆有一条战略家非常重视的扼制亚欧国家进入太平洋的新月形的"岛链"，北起朝鲜半岛，经日本列岛、琉球群岛、我国的台湾岛，连接菲律宾群岛、印度尼西亚群岛。东南亚是这条"岛链"的重要组成部分，是防卫东亚、南亚大陆的战略要地。其次，东盟的经济实力也决定了其战略地位。1999年4月30日，以柬埔寨加入东盟为标志，东盟已成为代表全部东南亚国家的区域经济合作组织。至此，东盟已拥有10个国家、448万平方公里土地、5亿人口、7370亿美元国内生产总值、7200亿美元外贸总额，其经济实力在国际上已是一支重要的战略力量。再次，东盟在国际关系中还具有重要的政治战略地位，东盟所处的亚太地区是世界大国多方力量交会之处，中国、美国、俄罗斯、日本、印度等大国有着不同的政治、经济和安全利益追求。东盟的构建在亚太地区的国际政治关系中加入了新的因素，对于促进亚太地区国家特别是大国之间的磋商、制衡大国之间的关系、促进大国之间的合作具有极重要的作用。

在保证了地区安全稳定、推进国家间的合作、增强了国际影响力的同时，东盟也面临一些问题。东盟各国在政治制度等方面存在较大差异，政治多元的状况会严重影响合作组织的凝聚力；东盟大多数成员国经济结构相似，各国间的经济利益竞争也会直接影响到东盟纵向的发展进程。长期以来，东盟缺乏代表自身利益的大国核心，不但影响政治经济合作的基础，在发生区域性危机时更是无法整合内部力量来抵御和克服，外来不良势力来袭时会呈现群龙无首的状态，这对于区域合作组织抗风险能力的提高极为不利。因此，到区域外寻求稳定的、友好的战略合作伙伴是东盟推进发展必须要解决的紧迫的问题。中国改革开放以来的发展及其所实行的外交政策、在1992年东亚金融危机中的表现以及加入WTO，使东盟不断加深了对中国的认识；随着中国与东盟各国的关系不断改善和发展，进入21世纪后，中国与东盟也进入了区域经济合作的新阶段。

发展与东盟的战略伙伴关系是中国外交政策的重要组成部分。从地缘上看，东南亚是中国的南大门，是中国通向外部世界的海上通道；从国际政治上看，亚太地区是中、美、日三国的战略均衡区域，而东南亚是亚太地区的"大国"，对中、美、日都具有极重要的战略地位，是中国极为重要的地缘战略区域；从中国的发展战略要求看，东南亚作为中国的重要邻居是中国周边发展环境的一个重要组成部分，推进中国与东盟的关系，还可以有效防止该地区针对中国的军事同盟，是中国稳定周边战略不可缺少的一环；从经济发展的角度说，中国与东盟的合作对促进双方的贸易和投资、促进地区之间的协调发展具有极大的推动作用，同时，这一合作还是以区域经济一体化融入经济全球化的重要步骤；从中国的国际经济战略要求来说，加强与东盟的联系直接关系到中国对外贸易世界通道的问题，预计在今后15年内，中国制造加工业将提高到世界第二位的水平，中国与海外的交流日益增强，东南亚水域尤其是马六甲海峡是中国海上运输的生命线，因此，与东盟的合作具有保护中国与海外联系通道畅通的重要意义。总之，中国与东盟各国山水相连的地理纽带、源远流长的历史交往、共同发展的利益需求，形成了互相合作的厚实基础。经过时代风云变幻的考验，中国与东盟区域合作的关系不断走向成熟。东盟已成为中国外交的重要战略依托，中国也成为与东盟合作关系发展最快、最具活力的国家之一。

中国—东盟自由贸易区的建立是中国与东盟各国关系发展的里程碑。中国—东盟自由贸易区是一个具有较为严密的制度安排的区域一体化的经济合作形式，这些制度安排涵盖面广、优惠度高，它涵盖了货物贸易、服务贸易和投资的自由化及知识产权等领域，在贸易与投资等方面实施便利化措施，在农业、信息及通信技术、人力资源开发、投资以及湄公河流域开发五个方面开展优先合作。同时，中国与东盟的合作还要扩展到金融、旅游、工业、交通、电信、知识产权、中小企业、环境、生物技术、渔业、林业及林产品、矿业、能源及次区域开发等众多的经济领域。中国—东盟自由贸易区的建立既有助于东盟克服自身经济的脆弱性，提高其国际竞争力，又为中国对外经贸提供新的发展空间，对于双边经贸合作向深度和广度发展都具有重要的推动作用。中国—东盟自由贸易区拥有近18亿消费者，人口覆盖全球近30%；GDP近4万亿美元，占世界总额的10%；贸易总量2万亿美元，占世界总额的10%，还拥有全球约40%的外汇。这不仅大大提高了中国和东盟国家的国际地位，而且将对世界经济产生重大影响。

广西在中国—东盟合作关系中具有特殊的地位。广西和云南一样都处于中国与东盟国家的接合部，具有面向东盟开放合作的良好的区位条件。从面向东盟的地理位置看，桂越边界1020公里，海岸线1595公里，与东盟由一片海连接。从背靠国内的区域来看，广西位于西南和华南之间，东邻珠江三角洲和港澳地区、西毗西南经济圈、北靠中南经济腹地，这一独特的地理位置使广西成为我国陆地和海上连接东盟各国的一个"桥头堡"，是我国内陆走向东盟的重要交通枢纽。广西与东盟各国在经济结构和出口商品结构上具有互补性。广西从东盟国家进口的商品以木材、矿产品、农副产品等初级产品为主，而出口到东盟国家的主要为建材、轻纺产品、家用电器、生活日用品和成套机械设备等工业制成品；在水力、矿产等资源的开发方面还有很强的互补性。广西与东盟各国的经济技术合作具有很好的前景和很大的空间。广西南宁成为中国—东盟博览会永久承办地，泛北部湾经济合作与中国—东盟"一轴两翼"区域经济新格局的构建为广西与东盟各国的合作提供了很好的平台。另外，广西与东南亚各国有很深的历史人文关系，广西的许多民族与东南亚多个民族有亲缘关系，如越南的主体民族越族与广西的京族是同一民族，越南的岱族、侬族与广西壮族是同一民族，泰国的主体民族泰族与广西的壮族有很深的历史文化渊源关系，这些都是广西与东盟接轨的重要人文优势。自 2004 年以来，广西成功地承办了每年一届的中国—东盟博览会和商务与投资峰会以及泛北部湾经济合作论坛、中国—东盟自由贸易区论坛、中越青年大联欢等活动，形成了中国—东盟合作"南宁渠道"，显示了广西在中国—东盟合作中的重要作用。总之，广西在中国—东盟关系发展中占有重要地位。在中国—东盟关系发展中发挥广西的作用，既是双边合作共进的迫切需要，对于推动广西的开放开发、加快广西的发展也具有十分重要的意义。

中国—东盟自由贸易区一建立就取得了显著的效果。据中国海关统计，2010 年中国与东盟双边贸易额达 2927.8 亿元，比上年增长37.5%。当然，这仅仅是一个良好的开端，要继续深化中国与东盟的合作，使这一合作更为成熟并达到全方位合作的实质性目标，还需要从战略上继续推进，在具体措施上继续努力。无论是总体战略推进还是具体措施的落实都需要以理论思考、理论研究为基础进行运筹和决策，因此，不断深化中国与东盟及各国关系的研究就显得尤为必要。

加强对东盟及东盟各国的研究是国际区域经济、政治和文化研究学者的一项重要任务。东盟各国及其区域经济一体化的稳定和发展是我国构建良好的周边国际环境和关系的关键。东盟区域经济一体化的发展受到很多因素的制约，东盟各国经济贸易结构的雷同和产品的竞争，在意识形态、宗教历史、文化习俗、发展水平等方面的差异性，合作组织内部缺乏核心力量和危机共同应对机制等因素都会对区域经济一体化的进一步发展造成不利影响。要把握东盟各国及其区域经济一体化的走向，就要加强对东盟各国历史、现状、走向的研究，同时也要加强东盟区域经济一体化有利因素和制约因素的走向和趋势的研究。

我国处理与东盟各国关系的战略、策略也是需要不断思考的重要问题。要从战略上发挥我国在与东盟关系的良性发展中的作用，形成中国—东盟双方共同努力的发展格局；要创新促进双边关系发展的机制体系；要进一步深化和完善作为中国—东盟合作主要平台和机制的中国—东盟自由贸易区，进一步分析中国—东盟自由贸易区的下一步发展趋势和内在要求，从地缘关系、产业特征、经济状况、相互优势等方面充实合作内容、创新合作形式、完善合作机制、拓展合作领域，全面发挥其积极的作用。所有这些问题都要从战略思想到实施措施上展开全面的研究。

广西在中国—东盟关系发展中如何利用机遇、发挥作用更需要从理论和实践的结合上不断深入研究。要在中国—东盟次区域合作中进一步明确广西的战略地位，在对接中国—东盟关系发展中特别是在中国—东盟自由贸易区的建设发展进程中，发挥广西的优势，进一步打造好中国—东盟合作的"南宁渠道"；如何使"一轴两翼"的泛北部湾次区域合作机制创新成为东盟各国的共识和行动，不仅要为中国—东盟关系发展创新形式、拓展领域，也要为广西的开放开发、抓住中国—东盟区域合作的机遇实现自身发展创造条件；如何在中国—东盟区域合作中不断推动北部湾的开放开发、形成热潮滚滚的态势，这些问题都需要不断地深入研究。

综上所述，中国与东盟各国的关系无论从历史现状还是发展趋势来看都是需要认真研究的重大课题。广西大学作为地处中国与东盟开放合作的前沿区域的"211工程"高校，应当以这些研究为己任，应当在这些重大问题的研究上产生丰富的创新成果，为我国与东盟各国关系的发展、为广西在中国—东盟经济合作中发挥作用并使广西跨越式发展作出贡献。

在中国与东盟各国关系不断发展的过程中，广西大学中国—东盟研究院的学者、专家们在中国—东盟各项双边关系的研究中进行了不懈的探索。学者、专家们背负着民族、国家的责任，怀揣着对中国—东盟合作发展的热情，积极投入到与中国—东盟各国合作发展相关的各种问题的研究中来。"宝剑锋从磨砺出，梅花香自苦寒来"，历经多年的积淀与发展，研究院的组织构架日臻完善，团队建设渐趋成熟，形成了立足本土兼具国际视野的学术队伍，在学术上获得了一些喜人的成果，比较突出的有：取得了"CAFTA进程中我国周边省区产业政策协调与区域分工研究"与"中国—东盟区域经济一体化"两项国家级重大课题；围绕中国与东盟各国关系的历史、现状及其发展，从经济、政治、文化、外交等各方面的合作以及广西和北部湾的开放开发等方面开展了大量的研究，形成了一大批研究论文和论著。这些成果为政府及各界了解中国—

东盟关系的发展历史、了解东盟各国的文化、把握中国—东盟关系的发展进程提供了极好的参考材料，为政府及各界在处理与东盟各国关系的各项决策中发挥了咨询服务的作用。

　　这次以《广西大学中国—东盟研究院文库》的形式出版的论著仅仅是学者、专家们的研究成果中的一部分。文库的顺利出版，是广西大学中国—东盟研究院的学者们在国家"211工程"建设背景下，共同努力，经过不辞辛苦、锲而不舍的研究所取得的一项重大成果。文库的作者中有一批青年学者，是中国—东盟关系研究的新兴力量，尤为引人注目。青年学者群体是广西大学中国—东盟研究院未来发展的重要战略资源，青年兴则学术兴，青年强则研究强，多年来，广西大学中国—东盟研究院致力于培养优秀拔尖人才和中青年骨干学者，从学习、工作、政策、环境等各方面创造条件，为青年学者的健康成长搭建舞台。同时，众多青年学者也树立了追求卓越的信念，他们在实践中学会成长，正确对待成长中的困难，不断走向成熟。"多情唯有是春草，年年新绿满芳洲"，学术生涯是一条平凡而又艰难、寂寞而又崎岖的道路，没有鲜花，没有掌声，更多的倒是崇山峻岭、荆棘丛生；但学术又是每一个国家发展建设中不可缺少的，正如水与空气之于人类，整个人类历史文化长河源远流长，其中也包括着一代又一代学者薪火相传的辛勤劳动。愿研究院的青年学者们，以及所有真正有志献身于学术的人们，都能像春草那样年复一年以自己的新绿铺满大地、装点国家壮丽锦绣的河山。

　　当前，国际政治经济格局加速调整，亚洲发展孕育着重大机遇，中国同东盟国家的前途命运日益紧密地联系在一起。在新形势下，巩固和加强中国—东盟战略伙伴关系，不断地推进中国—东盟自由贸易区的健康发展是中国与东盟国家的共同要求和共同愿望。广西大学中国—东盟研究院将会继续组织和推进中国与东盟各国关系的研究，从区域经济学的视角出发，采取基础研究与应用研究相结合、专题研究与整体研究相结合的方法，紧密结合当前实际，对中国—东盟自由贸易区建设这一重大战略问题进行全面、深入、系统的思考；并在深入研究的基础上提出具有前瞻性、科学性、可行性的对策建议，为政府提供决策咨询，为相关企业提供贸易投资参考。随着研究的深入，我们会陆续将研究成果分批结集出版，以便使《广西大学中国—东盟研究院文库》成为反映我院中国—东盟各国及其关系研究成果的一个重要窗口，同时也希望能为了解东盟、认识东盟、研究东盟、走进东盟的人们提供有益的参考与借鉴。由于时间仓促，本文库错误之处在所难免，敬请各位学者、专家及广大读者不吝赐教，批评指正。

是为序。

（作者系广西大学中国—东盟研究院院长）

2011年1月11日

目 录

前言 ……………………………………………………………… (1)
 一 《古今图书集成》与东南亚古国资料辑录 ……………… (1)
 二 《古今图书集成·边裔典》东南亚古国资料分布
   概要 ……………………………………………………… (3)
 三 《古今图书集成·边裔典》辑录东南亚古国
   文献考辨 ………………………………………………… (6)
  （一）取各书之长，材料繁富 …………………………… (6)
  （二）博众家之采，内容广博 …………………………… (17)
  （三）缺憾和不足 ………………………………………… (20)

《古今图书集成·边裔典》中东南亚古国资料校勘 ……… (37)
  凡例 ………………………………………………………… (37)
  安南部 ……………………………………………………… (39)
  扶南部 ……………………………………………………… (215)
  瓜哇部 ……………………………………………………… (226)
  林邑部 ……………………………………………………… (246)
  吕宋部 ……………………………………………………… (264)
  满剌加部 …………………………………………………… (269)
  婆罗部 ……………………………………………………… (279)
  蒲甘部 ……………………………………………………… (281)
  柔佛部 ……………………………………………………… (282)

三佛齐部 …………………………………………………… (284)

苏禄部 ……………………………………………………… (301)

暹罗部 ……………………………………………………… (304)

真腊部 ……………………………………………………… (323)

占城部 ……………………………………………………… (358)

缅国部 ……………………………………………………… (390)

三屿部 ……………………………………………………… (397)

室利佛逝部 ………………………………………………… (398)

婆利部 ……………………………………………………… (399)

附考 《古今图书集成·边裔典》所见古代中国与东南亚古国交往脉络 …………………………………………… (402)

一 先秦、秦汉——揭开交往之序幕 ……………………… (402)

（一）先秦至两汉时期与东南亚古国的交往 ………… (402)

（二）先秦至两汉与东南亚古国的交往对后世的影响 …………………………………………………… (407)

二 魏晋南北朝时期 ………………………………………… (413)

（一）中原地区与交趾地区的交往 …………………… (413)

（二）中国与扶南的交往 ……………………………… (417)

（三）中国与爪哇、斤陁利国、婆利的交往 ………… (420)

三 隋唐五代时期 …………………………………………… (423)

（一）中国与安南的交往 ……………………………… (423)

（二）中国与林邑、婆罗的交往 ……………………… (424)

（三）中国与爪哇、室利佛逝、婆利的交往 ………… (425)

（四）中国与赤土的交往 ……………………………… (426)

四 两宋时期 ………………………………………………… (427)

（一）中国与安南的交往 ……………………………… (427)

（二）宋朝与占城的交往 ……………………………… (433)

（三）宋朝与蒲甘的交往 ……………………………… (434)

（四）宋朝与三佛齐的交往 …………………………… (434)

五 元朝时期 …………………………………………………… (438)
（一）中国与安南的交往 ……………………………… (438)
（二）元朝与占城的交往 ……………………………… (442)
（三）元朝与暹罗的交往 ……………………………… (443)
（四）元朝与三屿的交往 ……………………………… (444)
（五）元朝与缅国的交往 ……………………………… (444)
（六）元朝与爪哇的交往 ……………………………… (445)

六 明清时期 …………………………………………………… (447)
（一）明朝、清初与安南的交往 ………………………… (447)
（二）明朝与占城的交往 ……………………………… (452)
（三）明朝与三佛齐、爪哇的交往 ……………………… (454)
（四）明朝与吕宋、苏禄的交往 ………………………… (456)
（五）明朝与满剌加、柔佛的交往 ……………………… (458)
（六）明朝与婆罗的交往 ……………………………… (459)
（七）明朝与暹罗的交往 ……………………………… (459)
（八）明朝与真腊的交往 ……………………………… (461)

参考文献 …………………………………………………… (464)
校勘引用书目 ……………………………………………… (467)

前　言

一　《古今图书集成》与东南亚古国资料辑录

东南亚（英文：Southeast Asia）是第二次世界大战后期出现的一个新的地区名称。东南亚地区包括越南、老挝、柬埔寨、泰国、缅甸、马来西亚、新加坡、印度尼西亚、文莱、菲律宾、东帝汶11个国家。20世纪60年代，东南亚地区出现了一个"国家集团"，也就是"东南亚国家联盟"（简称"东盟"），发展至今已有10个成员国，是当今世界经济发展最有活力和潜力的地区之一。在世界政治、经济格局中占据着重要的地位。

东南亚是中国的南邻，自古以来就是中国通向世界的必经之地。东南亚国家与中国早有友好往来，政治、经济、文化关系密切。悠久的历史交往中，中国人民和东南亚各国人民结下了深厚的友情。在我国古代史籍中，有关东南亚的记载甚多，但散见于各类古籍，搜集不易。相比之下，《古今图书集成·边裔典》是所收资料较为集中的史籍之一。典辑内容涉及政治、军事、外交、经济、社会、文化等各个方面，既记载了东南亚古国的历史变迁状况，又记录了各个历史时期中国与东南亚古国的关系。

《古今图书集成》成书于300年前，是现存古代最大的一部类书。全书1万卷，辑录15000余种古籍，总1亿6000余万字。类书编辑者博采群书，内容全面而丰富，囊括天文地理、人伦规范、文史哲学、自然艺术、经济政治、教育科举、农桑渔牧、医药偏方等方面知识，素有"康熙百科全书"之美誉。

该书规模宏大、载事完备、分类细密、次序井然，是目前存世的检索古文献最重要的古代类书。全书采用汇编、典、部三级类目的形式，有6个汇编，汇编下分为32典，典下分为6117部，部下又分汇考、总论、图、表、列传、艺文、选句、纪事、杂录、外编等项。

《古今图书集成》的实际主要编撰人为清代大学者陈梦雷。陈梦雷（1650—1741），字则震，号省斋，晚号松鹤老人，福建侯官（今闽侯县，治今福建福州市西北侯官镇）人。除编纂了《古今图书集成》外，陈梦雷还有《陈省斋先生闲止书堂集钞》、《周易浅述》、《松鹤山房诗文集》等著述存世。

陈梦雷一生经历两起两落，颇为坎坷。他于康熙九年（1670）举进士，为翰林院编修，时年方19岁。可谓少年得志。

然"天有不测风云"，康熙十二年（1673）他回故里省亲，恰逢"三藩之乱"。耿精忠拘请其参加叛乱，并逼授伪官，而此时，李光地也回安溪省亲，两人密谋将陈梦雷在伪朝内探听的兵防情报制成"蜡丸疏"，由未受胁迫的李光地送到北京。然李光地返京后对陈梦雷的功劳只字不提，以至于陈梦雷于康熙二十一年（1682）获罪被流放沈阳尚阳堡。

康熙三十七年（1698），康熙东巡沈阳，陈梦雷因献赋称旨被召回京师，侍从康熙帝的第三子诚亲王胤祉。这是陈梦雷生活颇为顺心的一个时期。也是在这种良好的环境下，陈梦雷完成了《古今图书集成》的编修工作。

从康熙四十年（1701）十月开始，至康熙四十五年（1706），历时5年，陈梦雷终于完成了这一巨帙，至四十五年四月，完成初稿。初名《古今图书汇编》，由胤祉代进，康熙钦定改名《古今图书集成》。

康熙六十一年（1722）十一月，雍正继位。雍正一即位，马上排除异己，其三兄诚亲王胤祉遭受迫害，陈梦雷也受到牵连。雍正下谕将陈梦雷再次谪戍边外。陈梦雷90岁终老于戍所。而他编纂的《古今图书集成》也被雍正交由尚书蒋廷锡"润色增删",并抹去陈梦雷之名。而事实上蒋廷锡仅将三十二志易为三十二典,并未作太多改动,并非像雍正为《古今图书集成》作的序文所言"凡厘定三千余卷,增删数十万言"。后世公认,陈梦雷才是该书的真正编者。

《古今图书集成》主要有四种版本:雍正四年(1726)第一次用铜活字排印,刻印质量、所用纸张、刻工、装帧等方面都达到很高水平;第二次印本是在光绪十四年(1888)由英国人安·美查和弗·美查兄弟铅字铅印而成,该版校勘粗疏,讹脱颇多,难称善本;第三次于光绪十六年(1890),由总理各国事务衙门(后改为外务部)委托上海同文书局照铜活字本原式石印而成;第四次为1934年上海中华书局以康有为所藏铜活字原印本及浙江图书馆藏同文书局本所附《考证》,以原书9页合为1页,缩小印刷,每部800册。

二 《古今图书集成·边裔典》东南亚古国资料分布概要

《古今图书集成》"方舆汇编"下"边裔典"中记载的东南亚各古国(在下文的论述中,一律将其称为"东南亚古国")大致相当于今天的东盟十国(越南、柬埔寨、老挝、泰国、印度尼西亚、菲律宾、马来西亚、新加坡、文莱、缅甸),各国资料在各部中的分布情况如下:

越南:安南部、林邑部、占城部

柬埔寨:真腊部、扶南部

老挝:真腊部

泰国:暹罗部

印度尼西亚:瓜哇部、三佛齐部、婆利部、室利佛逝部

菲律宾:吕宋部、三屿部、苏禄部

马来西亚:柔佛部、满剌加部、苏禄部

新加坡:柔佛部

文莱:婆利部、婆罗部

缅甸:缅国部、蒲甘部

由上可知,《古今图书集成·边裔典》东南亚古国资料主要分布在

18部。经统计，引用文献达60余种，约21万字。这些资料按经纬交织结构，井井有条予以编排，经目下各部的内容如下：

安南部 包括汇考、艺文、纪事、杂录四项，汇考以年代为序记录了从上古到清康熙年间有关安南的大事，其中引用《博物志》、《交州记》、《水经注》、《元史·安南郡县附录》、《明一统志》中记录的安南的轶事、物产、地理、郡制、山川等方面内容。艺文收文9篇，诗33篇，其中文以史书的论赞或读史的感慨之作居多（如《平安南颂》）；诗包括赴安南的使节所作诗篇，其中尤以送别诗居多。"纪事"是对"汇考"和"艺文"的补充。其中有引用正史中与安南相关的人物传记（如《后汉书·郑弘传》）及引大量笔记类文献（如《齐东野语》、《梦溪笔谈》），反映与安南有关的文献掌故、朝野轶事、风土人情等补充史实，辨析名物。此外杂录也有关于安南的零星记载。

扶南部 汇考一项，收录了晋、南北朝、唐时期扶南的相关史料，记载了从扶南建国，三国吴时始与中国交通，到两国形成历代稳定的封贡关系的历程。

爪哇部 汇考一项，记载了南北朝、唐、元、明时期与爪哇的朝贡往来，元与爪哇的战争等相关大事，另引有《瀛涯胜览》、《明一统志》中爪哇国山川、爪哇国土产考中关于爪哇自然环境、物产、风土人情、早期华人等情况的珍贵史料，以及附有《三才图会》中与之相关的图考。

林邑部 汇考一项，记载了晋、南北朝、唐朝中央政府与林邑的往来，也有同时期林邑屡屡进侵交趾地区的情况。另引录了《林邑记》中《杂记七则》记载一些琐碎的奇人异事。

吕宋部 汇考一项，记载了明朝吕宋的相关大事，其中收录的外来殖民者逐步控制吕宋、迫害华人的资料，史料价值颇高。

满剌加部 有汇考、纪事两项。汇考记载了汉、明两朝满剌加的相关大事，介绍该国基本情况，其中有郑和下西洋时经此地的友好往来史实，以及后来满剌加国遭殖民者侵夺的情况记载。纪事引录了《无锡县志》和《坤舆图说》有关满剌加的气候、物产等的琐细资料。

缅国部 汇考一项，记载元朝缅国的相关大事，其中关于元与缅国长达数年战争始末的记载颇为详细。

婆利部 汇考一项，记载了梁、隋两朝婆利的相关大事。

婆罗部 汇考一项，记载了唐、元、明三朝与婆罗的往来及婆罗的社会风貌，并附有图考。

蒲甘部 汇考一项，记载了宋朝蒲甘的相关大事，并附有图考。

柔佛部 汇考一项，明朝郑和下西洋未见其国，故《集成》所收明朝史料中没有两国官方往来的记载，主要记载了两国民间商贸往来和柔佛政治、社会风俗、物产情况。

三佛齐部 包括汇考、纪事、杂录三项，汇考记载了南北朝、宋、明时期三佛齐相关大事，以及附有与之相关的图考。纪事补充了《广东通志》中记载的有关三佛齐的史实。另有一小段杂录引有《日知录》及正史中人物传记中记载的历史旧闻。

三屿部 汇考一项，记载了元朝时三屿的相关大事。

室利佛逝部 汇考一项，记载了唐朝时室利佛逝的相关大事。

暹罗部 汇考一项，记载了隋、元、明、清时期暹罗的相关大事，附图考。

占城部 有汇考、纪事两项。汇考记载了后周、宋、元、明时期占城的相关大事，其中《明一统志》中有关于占城山川、土产、图考的记载。纪事引用了《濯缨亭笔记》关于占城的记载。

苏禄部 汇考一项，记载了明朝与苏禄往来，其中详录历史上有名的苏禄王对中国的友好出访一事。

真腊部 汇考一项，记载了隋、唐、明时期真腊的相关大事，并引《真腊风土记》关于真腊本书内容包括城郭、宫室、服饰、官属、三教、人物、产妇、室女、奴婢、语言、野人、文字、正朔时序、争讼、病癞、死亡等记载，附有图考。

纵观各部，各纬目中，汇考占绝大部分，汇考中对各国相关大事的记载，涉及东南亚古国朝代更迭的始末及与古代中国交往发展演变情况。《古今图书集成》用编年体仿纲目的形式详录史书及其他有关古书，使中国与各国关系发展演变的脉络清晰地呈现出来。"纪事"、"艺文"、"杂录"，则侧重记载了各国风土文物、社会习俗、政治、经济制度情况，较为全面地还原了当时各国的社会风貌，有较高的学术价值。

《古今图书集成》一书汇集古籍资料有巨大成就，但也有其美中不足之处，它所辑录的资料不全是引自原书，一些材料来自其他类书，转抄时难免割裂、错漏。校勘也不精，引文错误很多，龙继栋先生曾对该书错误作过考证，写成《古今图书集成考证》一书，他所考证《古今图书集成》的错误，据粗略统计，共有19726条，而实际上错误还远远不止这些。鉴于此，我们以1934年中华书局本为底本，参校《古今图书集成·边裔典》中东南亚古国资料所引史籍原书及其他相关文献（见附录），对该部分资料进行了校勘。

同时，我们还借助这些资料从两个方面进行了研究：一方面，考察《古今图书集成》这部类书本身的编纂特色、体例创新点、所引文献资料的全面性、严谨度、可信度及其他文献价值；另一方面，根据这些资料理出古代中国与东南亚古国交往的历史脉络，以及不同历史时期我国对东南亚国家的外交政策及其形成的历史原因、产生的影响和对后世处理国家间关系的借鉴作用。

三 《古今图书集成·边裔典》辑录东南亚古国文献考辨

中国几千年历史熔铸了灿烂的中华文明，古代的学者乐于以编修类书的形式将阶段性成果展现在世人面前。《太平御览》、《永乐大典》就是其中很好的范例。在清代这个将由古代社会迈向近代社会的历史转折点，也正需要一本百科全书性质的类书对悠久的古代文明成果作一次总结，《古今图书集成》（以下简称《集成》）也就应运而生。

（一）取各书之长，材料繁富

《集成》材料搜集方面力求丰富而全面，"凡在六合之内，巨细毕举"①，编者在编修《集成》时也努力实践这一点。《集成》基本上包容了雍正以前我国古代社会所形成和积累的知识的各个门类，材料之丰赡

---

① （清）陈梦雷：《松鹤山房文集》卷二。

为其他类书所不备。类书"有一个相同的规律,即是版次愈是新,包罗的知识也愈是广博和近于实际,'故不逮新'是一定之理"①。该书成书较晚,在时间跨度上长于以往任何一部类书,其包罗的知识和材料之全面,为前代类书所不可企及。尤其是其中有些门类的资料,往往不被前代重视,而《集成》则一视同仁地做了专门整理,《边裔典》就是一个很好的范例。以往的史籍也开始为外国情况作专节介绍,但大多比较简略,而《集成·边裔典》对外国情况的介绍,从时间上来说,上迄上古,下至清初;内容上涵盖历史、地理、政治、经济、法律、军事、文化、教育、语言、文学、艺术、宗教、数学、农业、医学、药物、天文、历法、植物、动物、矿物、工艺、民族、民俗等各个方面;材料搜集上,广泛收集有关事物的事实、议论、传记、诗文、逸闻等;文献选择上,既有历代正史、政书,又有笔记、方志类史籍,将一些不易搜集但又关系密切的珍贵材料综合在一起,节省了遍翻古籍的时间,取各书之长,材料繁富,因此具有较高的史学研究价值。

《集成·边裔典》中东南亚古国资料部分所辑录文献共计60余种（详见附录）,我们在将《集成》资料比勘所引原书过程中,发现如下问题：

（1）《广东通志》：有嘉靖本、万历本、雍正本、道光本等数种。明朝的版本,义为肇端,内容非常简略,传世很少,经比勘,《集成》所引《广东通志》内容亦不见载。康熙二十二年（1683）金光祖等重辑通志,条理初具。康熙二十二年本因传世稀少,未能亲见,但有学者指出,雍正本,清郝玉麟等修纂,64卷。雍正七年,玉麟等承命修纂,采掇补苴,较为赅备。至于"外番"一门,为他志所罕见,典述边防,兼及海外关系为此志一大特色。既然雍正本始有"外番"一门,由此推断,康熙二十二年本当未收《集成》所引《广东通志》内容。《广东通志》雍正九年（1731）有刻本,北京图书馆藏《四库全书》本即据该本影印。经核对,能比较真实地反映《集成》所辑《广东通志》原貌,然雍正《广东通志》书中体例不一,相互抵牾者未能悉加订正。引述旧

---

① 胡道静：《〈古今图书集成〉的情况、特点及其作用》,《图书馆》1962年第1期。

文,略显冗长,和《集成》本中仍存在差别。因此,《集成》所引《广东通志》存在两种可能性:一是陈梦雷编修《集成》的康熙四十年至四十五年间,存在一个包括介绍"外番"内容的康熙本《广东通志》,系陈梦雷原辑录本;另一种可能是蒋廷锡给《集成》"润色增删"时将雍正版的《广东通志》内容给补充上去的。不管怎样,《集成》所引《广东通志》的版本出现的时间大致在康熙末雍正初。

(2)《明外史》:"陈梦雷于康熙四十五年四月完成《古今图书集成》,当时王鸿绪史稿尚未成书,所以陈梦雷所据之《明外史》,当为万斯同的明史稿。黄彰健曾研考《明外史》一书,认为本书有新、旧两本,新本乃是王鸿绪康熙时所上之《明史列传稿》,旧本则为《明史列传稿》的稿本,因尚未经朝廷正式颁布,所以《集成》名之为《明外史》。"①

(3)《大清会典》:康熙时,仿照《明会典》制定《康熙会典》,从康熙二十三年(1684)开始,历6年时间完成,《康熙会典》162卷,这是清朝第一部会典;其后,雍正、乾隆、嘉庆、光绪四朝均续加修订,合称"五朝会典"。续修者并非完全继承,有删除旧典者,如《集成》所引《大清会典》内容在光绪朝《大清会典》大都不见载,在校勘时必须找同时代的《大清会典》。因此,在校勘过程中,采用的是康熙朝《大清会典》。

(4)《明通纪》:经查检《中国公共图书馆古籍文献珍本汇刊》所收《皇明资治通纪三种》(据湖北图书馆所藏万历刻本影印)及《四库禁毁书丛刊》所收《皇明通纪辑要》(北京大学图书馆藏明崇祯刻本),均不见载《集成·边裔典》东南亚古国资料所引该书内容。《明通纪》明清两代统治者一再禁毁,各本内容已难以参见,《集成》可能保存其中部分内容,然而,《集成》所引两处的篇幅极其短小,可能不少原文也遭到删节。

(5)《三才图会》:现存有明万历、清乾隆年间刊本。《四库全书存目全书》所收为明万历三十七年刻本,经比勘,未见《集成》所引该书

---

① 衣若兰:《明史》稿本探研:从万斯同《明史》稿到四库本《明史》,明代典籍研读活动会议(台湾),1992年3月14日。

内容。上海古籍出版社1988年据上海图书馆藏明万历校正本影印出版该书，出版说明载有"所见有署男思义校正本，曾孙尔宾重校本，和潭滨黄晟东曙氏重校本等，后两本为王思义本原刻后印补修本，与王思义本面目已非"。因此，《集成》中所引《三才图会》内容可能为补修本中后补进文字，然明万历后至清康熙间《三才图会》的版本存世稀少，我们未能亲见，故不妄断。

（6）《无锡县志》：无锡修志始于宋代，名《无锡志》。已佚，尤袤《遂初堂书目·地理类》存目。元至正年间，王仁辅修撰《无锡志》28卷，后为4卷，为《四库全书》地理类中以县志书名收录的三种志书之一。《四库全书总目提要》评称该志"词简而事赅，亦地志之善本"。明代景泰、弘治、万历年间，先后修成二次。清代康熙、乾隆、嘉庆、道光年间，先后四次纂修。①

《稀见地方志提要》载："元时县志，据《千顷堂书目》有王仁甫撰《无锡县志》二十八卷。而《明史·地理志》载：洪武二年始改无锡州为县。《四库全书提要》谓：此志标题，实称《无锡县志》，已为明初之制，是为洪武初元前书矣。《四库全书提要》著录洪武《无锡县志》四卷，实非仁甫之书也。又按本志秦夔序谓'先者失之拘，续者失之驳'。则洪武、景泰二志均有所短焉。故凤翔、舜明之纂是书，乃有匡正前志之意存也……果有超越前修。"②

从以上描述中得知，元朝王仁甫所修《无锡志》与明弘历年间所修《无锡县志》内容上是有区别的，经比勘，《集成》所引《无锡县志》文字在元朝王仁甫所修《无锡志》的确不见记载，印证了以上观点。

通过比勘，我们从中得到以下启示：第一，某些古籍可能存在现今见不到的亡佚版本，像上文提到的《广东通志》、《明通纪》；而部分逸失文字在《集成》中得以保存，这给版本学、文献学研究提供了重要线索，《集成》文献价值从中得以凸显。第二，我国古籍编修早期，对外国记载一向较少，而随着时间的推移，我国与外国往来的日益频繁，了

---

① 秦其明主编：《中国新编地方志总目提要》，方志出版社2006年版，第502页。
② 陈光贻：《稀见地方志提要》，齐鲁书社1987年版。

解增进，对外国情况的记载也随之越来越重视，成为古代文献编修中的一大趋势，《集成·边裔典》东南亚古国资料就印证了这一点。像《广东通志》在雍正时新增设"外番"一门，明万历本《三才图会》、元朝所修《无锡县志》还没有《集成》所引的那段记载外国的材料，在之后的编修中又被补进了。第三，古籍重修过程中，会将有关内容补进，同时也就会对另外一些材料删节改动。而《集成》在编修过程中基本上采取"全文毕录"的做法，很好地保存了古籍原貌，像《集成》所引《广东通志》较之雍正朝《广东通志》，虽然在编修时间上已非常接近，但在所收内容上，《集成》所引《广东通志》内容更全面，很多为雍正朝《广东通志》所无，这在下文中也会做具体阐述。另将《明外史》与现在通行本《明史》进行比勘，不同之处甚多（在校勘记中已一一列出），万斯同的明史稿已不常见，而《集成》中所收内容极有可能源自此本。

从以上对《集成》所收的有代表性的典籍分析中，我们不难发现《集成·边裔典》所收材料繁富的原因所在——编者广录博收的做法，使不同历史时期、不同类型的文献在这部大型类书中呈现特色，展现价值。具体到《集成·边裔典》东南亚古国资料内容中主要表现在以下几个方面。

1. 丰富的明清史料

《集成·边裔典》中所收各国资料起于上古，止于康熙，而以辑录明朝的资料最为丰富。以往历朝纲目下的文献，来自正史的资料占了绝大部分，而到了明朝纲目下，则综合了《明外史》、《明通纪》、《明会典》、《明一统志》、《续文献通考》等书的记载。其中，《明外史》的内容整体上与中华书局点校本（以下简称中华本）《明史》大致相同，但部分记载却较中华本《明史》更加详细。《明外史》有许多今本《明史》所没有的月份、人名、地名及其他史料信息。

例如，安南部明洪武四年条，《集成》引《明外史》云："洪武四年春，遣使贡象，贺平沙漠，复遣使随以宁唐臣廉等来朝。"① 而中华本

---

① 鉴于论述过程中引用《集成》原文次数颇多，故不予以逐一注释。

《明史》未记载使臣"唐臣廉"其名。

又如,安南部明洪武十年条,《集成》引《明外史·安南传》:"十年正月,煓侵占城,败没。弟炜代立,遣使告哀,命中官陈能往祭。时安南怙强,欲灭占城,反致丧败。帝遣官谕前王叔明毋构衅贻祸,以叔明实主国事也,叔明贡方物谢罪,乃宴赉如制。广西思明土官诉安南犯境,安南亦诉思明扰边。帝恶其饰词,贡使至却之,移檄数其奸诳罪,敕守臣勿纳其使。炜惧,遣使谢罪,频年贡奄竖、金银、紫金盘、黄金酒尊、象马之属。帝命助教杨盘往使,令馈云南军饷,炜即输五千石于临安。"

在这段文字中,"十年正月"中"正月",中华本《明史》没有记载。而《明太祖实录》十年正月条有"安南陈煓与占城国构兵相攻,大败于占城境上,煓战死"①,可见《明外史》所载月份当无误,《明外史》将时间精确到月份,较之《明史》更为全面。"乃宴赉如制"一句,也为中华本《明史》所无,在此,《明外史》显然比中华本《明史》提供了更多的信息。"帝恶其饰词,贡使至却之,移檄数其奸诳罪"一句,中华本《明史》作"帝移檄数其奸诳罪"。相比之下,《明外史》中,清楚地交代了"帝数其罪"的原因,使事情的因果关系更加清晰。

到了清朝康熙年间,我国史学发展日趋成熟,史学研究也成果颇丰,二十四史中的23部悉已完成,除此之外,典志体政书文献、别史、杂史方志、笔记文献也纷纷涌现,《古今图书集成》也充分借重了这一时期的丰富成果,明朝纲目下辑有《明通纪》、《明会典》、《明一统志》、《续文献通考》等文献中的相关资料,吸取各类文献的优点和长处,从不同侧面展现了各国各个时期的历史风貌。以安南部太祖洪武条为例,洪武元年,安南国王陈日煃遣使进贡一事,《集成》所引各史籍记载如下:

> 太祖洪武元年,安南国王陈日煃遣使朝贡。按《明通纪》云云。

---

① 《明实录·太祖实录》卷一一一。

按《明会典》：洪武元年，赐国王镀金银印并《大统历》及彩缎等物。

按《续文献通考》：洪武元年，登极，诏谕薄海内外，日煃大惧。又闻征南将军廖永忠、副将军朱亮祖，帅师逾岭，降何真定广东西，日煃欲纳款，又以梁王尚在云南，持两端。

按《明外史·安南传》：安南，古交趾地。唐以前皆隶中国。五代时，始为土人曲承美窃据。宋初，始封丁部领为交趾郡王，三传为大臣黎桓所篡。黎氏亦三传为大臣李公蕴所篡。李氏八传，无子，传其婿陈日炬。元时，屡破其国。洪武元年，王日煃闻廖永忠定两广，将遣使纳款，以梁王在云南，未果。十二月，太祖命汉阳知府易济诏谕之。日煃即遣少中大夫同时敏，正大夫段悌、黎安世等，奉表来朝，贡方物。明年六月达京师。

比照以上几则材料，《明通纪》的记载相对简单，而《明外史》对事件发生的历史背景、事件的起因、经过、结果都交代得较为清楚。由于《明会典》是"辑累朝之法令，定一代之章程"，所以记有明一代的典章制度最为详细和完备，"凡史志之所未详，此皆具有始末，足以备后来之考证"①。《明会典》对朝贡往来的回赐各国的物品种类、数量都有十分详细的记载，这大多为正史所无，起到了很好的补充作用。如上材料中《明外史》未记载明朝回赐安南的情况，《明会典》就作了很好的回答。《续文献通考》对事迹的记载大抵先引正史，但同时也参照了文集、史评、语录及说部、杂编等，因此同样起到补正史之不足的作用。

同样，在爪哇部孝宗弘治十二年条下，引录了《明外史·爪哇传》、《瀛涯胜览》、《广东通志》、《坤舆图说》、《明一统志》、《三才图会》中对爪哇的记载，内容涉及爪哇地理、人文、经济等各个方面。这样，通过汇集各类文献对这一事件的角度各异的记载，《集成》对历史事件的表述就显得全面而丰富起来。

《集成》将清代对外国的最近了解及最新的外交成果也收录进去，

---

① 《四库全书总目提要》卷八一。

在一定程度上克服了以往史籍贵古贱今的倾向，是很难能可贵的。如安南部、暹罗部分别收录了《大清会典》中从顺治到康熙二十二、二十三年的情况记载。此外引录的《日知录》、《广东通志》也均是清朝的著述成果。清代图书的加入，给全书增添了时代色彩，但可惜的是，由于条件的限制，收入的清代图书也仅此几本。仅有安南、暹罗两部列出清朝部分，辑录清代资料的做法并未能贯穿到各部中去。内容上，安南、暹罗两部中也仅引录了《大清会典》、《广东通志》两书对两国朝贡往来的记载，内容较为单一，实为一大遗憾。

2. 大量的方志文献

大量引录方志文字，是《古今图书集成》的一个鲜明特色。《集成》此部分所引方志有《广东通志》、《交州记》、《坤舆图说》、《林邑记》、《明一统志》、《水经注》、《天南行纪》、《无锡县志》、《星槎胜览》、《瀛涯胜览》、《真腊风土记》，共计11种，各方志引用次数如下表：

书名	广东通志	交州记	坤舆图说	林邑记	明一统志	水经注	天南行纪	无锡县志	星槎胜览	瀛涯胜览	真腊风土记
次数	53	1	3	1	16	5	2	1	1	5	1

从上表可知，《广东通志》引用次数最多，其次是《明一统志》，这两本书的引录内容在引录方志内容中所占比重相应也较大，但有些书引用次数虽少，但一次引录的内容却很多，整段整篇甚至是全文引录，因此也占了很大篇幅。如《天南行纪》引录了3700多字，《真腊风土记》全文引录。由此我们可以看出，文本中引录方志的内容大致有两种类型。一种是信息覆盖面广，内容涉及多个国家的诸多方面，因此资料分布到各部中的各个角落，引用的频率也就相对高，另一种是专门介绍一个或几个国家各方面情况，或是这几个国家的某一方面，如《交州记》、《林邑记》、《真腊风土记》分别专门介绍安南、林邑、真腊三国，因此，引录上述史籍的资料分布都较为集中。这两种引录类型各有优长，前一种资料涉及的门类繁多，能提供广泛而丰富的信息，如《明一统志》；后一种，切入点小，能对某一方面问题进行详细而深入的记载。

具体到各部中，引用方志的情况如下：

安南部：《广东通志》、《明一统志》、《交州记》、《水经注》、《天南行纪》

爪哇部：《广东通志》、《明一统志》、《瀛涯胜览》、《坤舆图说》

吕宋部：《广东通志》、《坤舆图说》

满剌加部：《广东通志》、《明一统志》、《瀛涯胜览》、《坤舆图说》、《无锡县志》

婆罗部：《广东通志》、《明一统志》

三佛齐部：《广东通志》、《明一统志》、《瀛涯胜览》

暹罗部：《广东通志》、《明一统志》、《星槎胜览》、《瀛涯胜览》

真腊部：《广东通志》、《明一统志》、《真腊风土记》

苏禄部：《明一统志》

扶南部：《水经注》

林邑部：《水经注》、《林邑记》

占城部：《明一统志》、《瀛涯胜览》

由上可知，在18部中，有12部引用了方志的材料，在这12部中，平均每部引有3部方志，其中安南、满剌加部最多，分别引有5部。其他没有引用方志的部类，大都因为《集成》对其辑录的资料本来就很少。像三屿部、室利佛逝部，整部的资料不足500字。可见，方志文献在整个东南亚古国资料各部的分布是广泛而均衡的。就其所占篇幅而言，以真腊部最大，真腊部引录方志资料约占整部的2/3；爪哇部引录方志资料比重也较大，约占整部的3/10。所引方志材料之多，极大地丰富了《集成》的内容，也有着重要的文献价值和文献功能。

文献价值方面，由于有些方志往往是作者根据亲自见闻或熟悉的地方情况纂写的，所记第一手材料较多，文献价值较高。如《天南行纪》主要记载了至元二十五年，徐明善以副使身份随李思衍出使安南的见闻；《真腊风土记》是作者周达观在元代成宗元贞年间，随使团出访真腊国回国后所作。他随团在柬埔寨待了将近一年，对柬埔寨的风土人情、典章制度进行了深入而广泛的观察和调查，积累了大量的第一手资料，成为世界各国专家研究吴哥时期柬埔寨的最为重要的资料。历朝历代对修方志都很重视，到了清代，方志在吸取前代修志经验的基础上，有了进一步的发展，清代所修方志已颇具规模。顺治、康熙、雍正、乾隆，朝廷都曾诏令修志，其中康熙、乾隆两朝方志成果更为辉煌。"据不完全统计：……康熙、乾隆时期分别修过1372和1100种。"①《集成》利用清修方志的成果，提高自身的文献价值。《广东通志》就是清修方志的一大成果，《集成》大量引录了此书对东南亚各国的记载，无论是从分布面还是从字数上，《广东通志》在《集成》该部分中都占有重要的分量，对充实其内容有着很大的贡献。

就文献功能而言，主要体现在以下几方面：

首先，这些方志可以订正史料中的错误。《集成》引用的文献众多，版本优劣不一，加之校勘不精，因此《集成》引文错讹之处较多。但类书在编排上会将同一主题下的相关内容的文献聚集汇编，这样便有利于发现错误之处，有利于发现讹误并予以订正。方志的引文虽然本身也存在一些错漏之处，但大体上是无误的，可以在订正其他史料的错误中发挥一定的作用。

其次，方志史料丰富生动，还可以补充正史。有些内容，在正史中记载较简略，而方志中却能提供更为详细的记载。如安南部辑有《明一统志》中"安南国郡县考"、"安南国山川考"、"安南国古迹考"、"安南国土产考"，对安南的郡县设置、山川行迹、物产做了十分全面的介绍。两国往来过程中，天子、大臣发表意见的语录，以及谕令、诏书、上表等文的具体内容，《集成》所辑正史引文中没有，但有时能在所引方志中找到。像《广东通志》载有明洪武二年三月，明王朝遣行人吴用赐哇国王玺书中所写的内容；永乐十七年明王朝遣使敕谕暹罗侵满剌加之罪的谕令，从这些记载中可以体现出统治阶级的外交思想、某一外

---

① 朱士嘉：《清代地方志史料价值》，《文史知识》1983年第3期。

交行为产生的缘由等方面的信息，有一定的史料价值。

对同一历史事件的记载，有时方志提供信息更全面、精确。以爪哇部明永乐四年条为例，《集成》所引《明外史·瓜哇传》与《广东通志》的记载如下：

《明外史·瓜哇传》："永乐四年，西王与东王构兵，东王战败，国被灭。适朝使经东王地，部卒入市，西王国人杀之，凡百七十人。西王惧，遣使谢罪。帝赐敕切责之，命输黄金六万两以赎。"

《广东通志》："四年三月，西王复来贡珍珠、珊瑚、空青等物，三月，东王遣使贡马，俱赐钱钞及币有差。闰七月，西王遣使朝贡，且言东王不当立，已击灭之，降诏切责。永乐五年，瓜哇遣使请罪，愿偿黄金六万两以赎罪，许之。"

通过比较以上两段材料可知，《广东通志》将时间精确到了月份，对贡物也一一做了罗列，比《明外史》提供了更多信息。尤其对贡物的介绍，有利于我们进一步考察两国朝贡贸易的情况。

方志中记载科技文化交流、民间贸易的史料比正史丰富。如《无锡县志》载有，满剌加一些药物和一种叫"卜龟术"的占卜术传入我国；安南部杂录引录的《水经注》部分反映了中原农耕技术和种桑养蚕技术在交趾地区传播的情况；《瀛涯胜览》有三佛齐"市亦用中国铜钱、布帛之类"的记载，另有关宋代三佛齐修广州天庆观碑记的记载标志着中国和印度尼西亚传统友谊源远流长。

再次，方志部分著述在《集成》中被引用，使方志部分内容得以保存，为古籍校勘工作提供了参考的版本，如夏鼐先生在对《真腊风土记》一书作校注时，就曾选用《集成》所收《真腊风土记》全本作为参校本。

3. 收入禁毁古籍

《集成》编修时期，文禁之风还不算严，因此选择史籍标准相对宽泛，例如在《边裔典》中引录了《名山藏》和《明通纪》部分内容，后来《名山藏》和《明通纪》这两本书均遭禁毁，《名山藏》传纪现今仅有明崇祯十三年（1640）刊本，《明通纪》乾隆四十四年（1779）被禁毁。因此这两本书的原貌已不易见到，而《集成》中保存了禁毁前版本的部分内容。同时，文本辑录两书的部分也提供了关于安南的珍贵史料。例如，《明通纪》记载的"别设日煃灵位于殿"，这在《续文献通考》等其他史籍相关记载中均未提及。而《名山藏·王享记》中对洪武三年、洪武四年明朝与安南往来的记载是所辑史籍中最为详细的，其中提到安南曾进献两女，"缝纫工巧"，由此可知当时中国对安南手工技术已有所了解。此外从中也发现了两处各史籍对历史事件说法不一的现象。一是关于安南国王陈日煃、日（火厘）、日烃的关系，《文献通考》："二年，日煃卒，其弟日（火厘）嗣，三年日（火厘）卒，其子日烃嗣。"《名山藏》云："日煃卒，其兄子日烃嗣。"《明外史》云："日煃卒，侄日烃嗣。"二是关于陈叔明与陈日烃的关系，《明外史》记载云陈叔明乃陈日烃的伯父；《名山藏》则认为陈叔明是陈日烃的叔父。《集成》将其以按注的形式列出，已备参考。《集成》的全面性由此可见一斑。

（二）博众家之采，内容广博

1. 广博而颇具特色的名物信息

《集成》中汇集了大量的人名、地名、名物名、官名、典故、重要历史事件等，这些信息散布在书中的各个角落，呈现出以下几大特征：

（1）丰富性。《集成》涵盖了从先秦到清初的资料，时间跨度上优于古代其他类书，从上古颛顼高阳氏到康熙年间被册封的安南国王黎维祃都一一见载；我们不仅可以从中看到大到"占城"小到"如洪镇"这样的地名，而且可以发现这些地点随着时间的推移而产生的演变轨迹。

例如，安南部引《明一统志》记载："古南交之地，秦属象郡，汉初为南越所有，武帝平南越置交趾九真日南三郡，兼置交趾刺史治赢，东汉郡属交州，吴增置九德武平新昌三郡，宋又增置宋平郡，而徙交州治龙编，梁陈于交州置都督府，隋初郡废，改都督府为总管府，唐初仍曰交州，调露初改安南都护府，至德初改镇南都护府，大历间，复曰安南。"这样安南国的沿革过程就一目了然了。

又如，林邑国：在今越南中南部，东汉末年立国于西汉日南郡的象林县，《集成》引《梁书·林邑本传》载："林邑国者，本汉日南郡象林县，古越裳之界也。伏波将军马援开汉南境，置此县。"在唐朝至德年间，改称环王，"环王，本林邑也，一曰占不劳，亦曰占婆"（《唐书·南蛮传》）；后又被占城所取代，约17世纪末18世纪初被安南国所灭。由此可知，根据《集成》中的资料，我们可以发现各古国之间的内部联系。

《集成》所收文献多种多样，正史、会典、方志、笔记、杂史，无一不包。而某一人名、地名等在不同文献中的名称或相关介绍存在分歧的现象很多，有待我们去考证；从另一个角度来看，各类文献中有关某一人名、地名等不同记载，也为考证工作提供了一定的线索。如关于婆利国，各史籍说法不一，"在广州东南海中洲上，去广州二月日行。国界东西五十日行，南北二十日行。有一百三十六聚"（《梁书·婆利本传》）；《隋书·婆利本传》："婆利国，自交址浮海，南过赤土、丹丹，乃至其国。国界东西四月行，南北四十五日行。"《唐书·南蛮传》："婆利者，直环王东南，自交州泛海，历赤土、丹丹诸国乃至。"这些材料为我们进一步研究提供了宝贵的线索。

《集成》在引文过程中，整篇整段录入，较少删节，有效保存了资料的原貌。因此我们能从中看到一些正史之外的各类事物和历史事件的记载。如，《集成》引《广东通志》载有万历二十六年，佛郎机控制下的吕宋国将船驶入澳门附近港口，遭到明朝官员驱逐一事，而《明史》中没有记载。

另外，类书所辑的各种文献互为补充，能从多角度阐述某一问题，比单一文献的论述要具体得多。如，关于安南国王陈日煚的介绍，我们可以从《集成》所引《齐东野语》中找到更多关于其生平的记载。

（2）独特性。前面曾提到，有些门类的资料，往往不被前代重视，而《集成》中一视同仁地做了专门整理，《集成·边裔典》就是其中之一。一方面，与其他中国传统历史文献不同，《集成·边裔典》关于东南亚古国的资料普遍涉及外国的情况，整个文字记载充满着异域风情，大量出现的是外国的人名、地名、名物名、官名等，这些名称符号在中国史籍中是不常见的，在一般的辞典中也鲜被收录。因此，我们可以对这些材料加以运用，作为编修专门辞典的参考。另一方面，中国的史籍是以中国人的角度和观点来观察东南亚各古国，和各古国自己的历史文献对本国记载是有所区别的，这样两种文献互为参见，对还原历史的真实是有帮助的。例如，《大越史记》的作者黎文休说："赵武帝能开拓我越，而自帝其国，与汉抗衡，为我越倡始帝王之基业，其功可谓大矣。"① 根据《集成》的相关记载可知，赵氏政权不过是西汉初年中国境内的一个地方性的割据政权。越南的一些封建史家，将赵佗看作越南的开国皇帝，显然存信不足②。

（3）专门性。由于客观条件的限制，古代人们对外面世界的了解是有限的，长期以来对外国情况介绍的资料未被全面系统地整理过，散布在各种史籍中，给研究工作带来了不便。《集成·边裔典》的出现，无疑使这一局面有所好转。它以较为科学的分类编排方式，将与外国有关的资料放置在《边裔典》内，典下又分为若干部，每一个部以时间为序收集一个国家的资料，构成时空交错的知识网络。在这一严密结构之下的人名、地名、名物名、官名、典故、历史事件等每一个知识元素也彼此建立了联系。像安南部纪事中辑引了《后汉书·贾琮传》、《后汉书·郑弘传》、《吴志·陆引传》、《吴志·吕岱传》、《吴志·薛综传》、《晋书·陶璜传》，这些原不相干的人物列传，由于所载的历史人物曾与安南发生过联系而被汇集在一起，形成了专门的人物体系。

2. 全文毕录，保存史籍原貌

《集成》大多情况下将辑录原书整篇、整段录入，用陈梦雷自己的话来说，"其在十三经二十一史者，只字不遗。其在稗史子集者，十亦只删一二"③。这样一来，一方面较好地保存了史籍的原貌，另一方面一定程度上避免了由于删节带来的语意不通、逻辑结构破坏等弊端。如《边裔典》关于东盟十国文献中就全文引录了《平定安南录》和《真腊

---

① 吴士连：《大越史记全书·外纪》卷二，日本明治十七年（1884）埴山堂翻刻本。
② 黄国安等著：《中越关系史简编》，广西人民出版社1986年版，第12页。
③ （清）陈梦雷：《松鹤山房文集》卷二。

风土记》。其他史籍也大多整篇、整段录入,删节情况较少。即使那些"考究未真"、"议论偏驳"、"文藻未工"的材料,那些"荒唐难信及寄寓管托之辞、臆造之说"①,虽有损圣哲帝王的光辉形象,也不舍弃,只是入于"杂录"、"外编"以示褒贬,或加按语说明。事实上,有些被编者放入杂录的资料的文献价值也不逊于其他项目,像安南部杂录中辑录了《汉宫仪》、《梦溪笔谈》、《玉堂杂记》等书关于安南的记载,提供了许多有用的信息。但不管怎样,编者这种"资料毕录,广收众书"的做法,为《集成》资料的全面性提供了保证;忠实于原著的审慎态度也保证了类书的资料价值。

3. 图文并茂,提升审美价值

书中附图是《集成》的又一典型特点。从我国现存的最早类书《北堂书钞》到我国古代最大的类书明代的《永乐大典》,都没有配图。《集成》却做到了图文并茂。这些图画涉及山川形势、风物特产等诸多方面,在提升了知识价值的同时,也给全书增添了审美价值。例如爪哇部、三佛齐部等图考项目中引录了《三才图会》中的绘图,使我们对该地区地理形势有了更为直观的了解。

(三) 缺憾和不足

1. 缺失总论

总体看来,《集成》的材料是丰富而广泛的,一部类书,当然不可能包罗无遗,像《集成》这样卷帙巨大的百科全书性质类书,实际它失收或收录不详的却也不少,因此在辑录的文献上存在着缺憾和不足。

第一,《集成》在每部下设立了汇考、纪事、列传等几大项目,而在东南亚资料中项目设置略显单一。除了安南部有汇考、艺文、纪事、杂录四大项目,三佛齐部有汇考、纪事、杂录三项外,其他部均只有一或两个项目。《集成》分类细致、涉猎面广的这一优势在这部分文献中没有充分发挥出来。

---

① (清)陈梦雷:《古今图书集成·凡例》。

各部项目分布情况

汇考	18部均有
艺文	安南部
纪事	安南部、满剌加部、三佛齐部、占城部
杂录	安南部、三佛齐部

第二，资料所占比重也不均匀。《集成》所搜资料数量差异与历史条件的客观原因分不开，基于安南与中国的地缘关系，中国对安南的了解和交流频繁，中国史籍对其相关记载自然多于他国。各部论文所选东南亚资料，共计约21万字，而仅安南部就占了其中一半，其余17部，篇幅最少的室利佛逝部仅346字。从年代分布来看，明清两代年代接近，明代史籍较前代是保存完整的，是最易获取的。因此《集成》中辑有明代资料最多，而秦汉时期，仅有关于安南、满剌加的记载。具体情况如下表：

上古至秦汉	安南部、满剌加部
三国两晋南北朝	安南部、扶南部、爪哇部、林邑部、婆利部、三佛齐部
隋	林邑部、婆利部、暹罗部、真腊部
唐	扶南部、爪哇部、林邑部、婆罗部、室利佛逝部、真腊部
五代十国	安南部、占城部
宋	安南部、蒲甘部、三佛齐部、占城部
元	安南部、缅国部、婆罗部、三屿部、暹罗部、占城部、爪哇部
明	安南部、爪哇部、吕宋部、满剌加部、婆罗部、柔佛部、暹罗部、三佛齐部、占城部、苏禄部、真腊部
清	安南部、暹罗部

第三，从所辑资料内容来看，编者所编各部虽以古国名命名，但并非是严格意义上的外国史，《集成》在资料编排上，将国家间朝贡往来的情况作为贯穿整部的线索，对某一国家经济、政治、文化的介绍多是概述式的，并未以某一国家为中轴，对其各个方面分门别类地收录资料。我们并不能从中全面了解到各国政治、经济、文化等方面的情况。

《集成》收录的专门介绍外国情况的资料主要来自正史的列国传记的开头部分和方志、笔记类文献，它们在《集成》中分布的位置也有一定规律，主要分布在：其一，正史的列国传记的开头部分在《集成》第一次引录该传记的地方。如，扶南部所录第一条为："武帝泰始四年，扶南国遣使来献"，在其后引录了《晋书·扶南传》《梁书·扶南传》对扶南国政治、人文、地理情况的记载。其二，方志、笔记类文献接在汇考引录的正史内容之后，或放在纪事和杂录中。这些在《集成》的资料体系中一般只作为某一主题的补充材料的形式出现，而不是主体部分。《集成》收录的专门介绍外国情况的资料所占比重普遍低于对国家间往来情况的记载。以扶南部为例，其中有提到扶南国具体情况的，但所占篇幅仅为全部的1/3，爪哇部约占全文的2/5。

事实上，中国史籍往往是以中国人的视角来解读外国，大多所记载的也是中国与外国接触往来的情况，所以《集成》收录的该部分文献呈现出来的更像一部古代中国与东南亚各国交流史。以缅国部为例，其与元朝的交往脉络如下：

元世祖至元十年，遣使宣谕缅国。
至元十二年，云南行省请征缅，不许。
至元十四年，蒙古千户忽都征缅，大败之。
至元十七年，诏云南行省征缅。
至元十九年，诏思、播、叙诸郡皆发兵征缅。
至元二十二年，遣使人缅国宣谕。
至元二十三年，以招讨使张万为副都元帅征缅。
至元二十四年，缅平，定岁贡方物。
成宗大德元年，封缅王及其世子。
大德三年，缅国遣其世子入谢，命间岁贡象，赐衣遣还。
大德四年，缅酋为其下所杀，立其子窟麻剌哥撒八为王。
大德五年，云南参知政事高庆等，以受缅人赂班师，伏诛。是年，缅遣人入贡。

由上可知，《集成》主要收录了两国该时期内战争和朝贡往来的资料，反映了两国的官方往来情况；同时也就暴露了《集成》所辑两国交往资料的另一方面的不足，即两国民间往来情况并不能从中充分体现出来，这也是各国资料中普遍存在的一个问题。当然，国家间的民间往来和人民联系的资料并不是完全没有，也零星分布在各部中，而从总体上来说，《集成》提供的我国与各国往来的情况，是不能反映民间往来情况全貌的。

此外，在所辑中国与东南亚各国交往的资料中，编者以两国朝贡往来作为主线，反映的内容也主要集中在政治交往上以及朝贡往来所衍生的朝贡贸易上。关于地区间民间的贸易往来、科技文化交流的资料则比较少。

2. 分"部"探析

上文所论述的所辑内容方面的不足，是普遍出现在各部的总体情况，具体到每一部中，我们既可以看到收录方面的某些优点，也可以发现另外一些缺憾和不足。下面对各部资料收录情况进行分析如下：

安南部：总体而言，安南部是所有部中收录资料最为完备的一部。时间上，从上古至清初，拥有汇考、艺文、纪事、杂录四大项目，10万余字的篇幅，辑录文献众多，资料内容涉及历史、地理、政治、经济、文化、文学、民俗等各个领域，十分丰富。其不够完备的地方，发现的有以下几处：

（1）赵佗与南越国的历史。赵佗（？—前137），真定（今石家庄市东古城）人。公元前218年，奉秦始皇命令征岭南，略定南越后，任为南海郡（治所在今广州市）龙川（今广东龙川县）令。秦二世时，赵佗受南海尉任嚣托，行南海尉事。秦亡后，出兵击并桂林郡、象郡，公元前207年自立为南越王，后臣服于西汉。统治期间，他实行"和揖百越"的民族平等政策，采取一系列措施发展当地经济文化。他是秦朝统一以来最早成功地在少数民族地区推行民族亲和政策的杰出政治家，是最早把中原先进文化和生产力传播到岭南的伟大先驱。《史记·南越尉佗列传》、《汉书·南粤传》有对赵佗其人和赵佗治理南越地区的记载。可见，赵佗和他建立的南越国在中越关系史有着重要的地位，尤其是赵佗对交趾地区经济文化发展作出的重要贡献，对后世产生了深远影响。可惜，安南部中对赵佗介绍甚少，关于他的治绩也仅有汉高祖十一年条引录的《汉书·高祖本纪》的记载。纵观南越国93年的历史，基本可以分为5个时期：①自立王国。从赵佗击并桂林、象郡，以岭南自立南越王国至汉高祖十一年正式封赵佗为南越王止。②称臣于汉。从高祖十一年到汉惠帝时期。③叛汉自立。从吕后临政至汉文帝元年止。④再度臣服。汉文帝元年至元鼎四年。⑤吕嘉叛乱。元鼎四年至元鼎六年。而《集成》仅有上述第①、②、⑤个时期的记载，而其中直接论及赵佗的仅第②个时期。究其不被详录的原因，我们认为有以下几点：首先，《集成》编修目的之一即"代君立言"，赵佗是一个比较复杂的历史人物，他曾经自立为王，甚至对抗过中央政府，但也为收服南越地区立下功劳，并一度甘心臣服于汉，在清代那个历史时期来看，赵佗是个有争议的历史人物，至于赵佗的历史功绩的记载，也不宜功高盖主，所以点到即止，尤其《集成》是一部"钦定"的类书，不被详录就更好理解了。其次，可能是因为从国土归属角度来看，清代学者认可的是南越是中原地区的一个属地，对赵佗建立南越国是不认同的。这一点可以从编者的编修手法上看出来。《集成》始皇三十三年条下有"发诸尝逋亡人、赘婿、贾人略取陆梁地，为桂林、象郡、南海，以适遣戍"。事实上，击并桂林、象郡的主要领导人即是赵佗，并且建立了南越国，而史籍中对这一点说法很隐讳。而关于"叛汉自立"一事更是只字不提。另外从一国的主权意识来看，这些资料是收入到《边裔典》中，古代中国与安南的宗藩关系是不容逾越的，尤其是在《集成》编修的清康熙年间，清政府处于与安南外交关系的敏感时期，维护主权的意识在这部大型类书中也由此显现出来。再次，关于南越国的记载，主要缺的是第③、④个时期。第③个时期是汉代一个较为特殊的历史时期，当时，吕后专权，对南越国实行"别异蛮夷"的政策，即压制边疆少数民族，极力推行歧视压迫少数民族的政策，破坏民族团结。赵佗曾多次上书好言劝谏，反而招致吕后更残酷的打压，加深双方矛盾，最终导致了战争。这段历史反映了中央统治者错误的民族政策导致与南越友好关系的破裂这一历史事实。当时的清朝是外族入主中原，处理好与各民族的关系对巩固统治至关重要，对于这段敏感的历史，编者就没有收入到《集成》中，至于第④个时期，文帝安抚南越、重修旧好的史料，可能是第三个时期已被略去，没有了历史事件的缘起，缺乏连贯性，因此第④个时期史料也就同样不被收录了。

（2）缺隋朝有关安南的资料，唐朝的资料收录较少。安南部未列出隋朝的一项，不知何故，但史籍上不乏隋朝与安南交往情况的记载。602年，隋文帝授大将刘方为交州道行军总管，率军南下平定了交趾地区，交州便隶属于隋朝。"仁寿二年（602）十二月癸巳……交州人李佛子举兵反，遣行军总管刘方讨平之。"① 攻破林邑后，将其地划为三州。不久分别改为比景郡、海阳郡、林邑郡，共辖12县。"炀帝嗣位，又平林邑，更置三州。既而并省诸州，寻即改州为郡，乃置司隶刺史，分部巡察。"② 至于隋唐时代所称林邑国，是战后林邑残部另建的国邑。隋朝与安南建立关系后，在该地区曾广泛推行文教制度。《隋书·令狐熙传》载有："上以岭南夷、越数为反乱（开皇十七年）征拜（令狐熙）桂州总管十七州诸军事……熙至部……为建城邑，开设学校，华夷感敬，称为大化……熙奉诏，令交州渠帅李佛子入朝，佛子欲为乱，请至仲冬上道，熙意在羁縻，遂从之。"

关于安南部唐朝的记载，《集成》主要收录了两条，一是高祖武德年间，在安南设置安南都护府这一地方军政机构。这是唐朝管安南一大重要措施，而唐朝在此采取的其他管理措施，如实行两税法，租庸条制等经济措施也是值得注意的。如"垂拱三年（687）七月，……岭南俚户旧输半课，交趾都护刘延佑使之全输，俚户不从……"③ "咸通四年（863）七月朔，制，安南寇陷之初，流人多寄溪洞，其安南将吏官健走至海门考人数不少，宜令宋戎、李良瑊察访人数，量事救恤。安南管内被蛮贼驱劫处，本户两税厂钱等量放二年，候收复后别有指挥……"④ 从中我们可以得知，当时安南与全国其他地方一样实行了两税法，租庸

---

① （唐）魏征等撰：《隋书·高祖纪》，中华书局1973年版。
② 同上。
③ （宋）司马光等撰：《资治通鉴》卷二○四，中华书局1982年版。
④ （后晋）刘昫：《旧唐书·懿宗纪》，中华书局1975年版。

条制。但在《集成》中均不见载。《集成》所收第二条是懿宗咸通年间，唐朝平息云南南诏对安南的侵扰。唐朝与安南的矛盾斗争纷繁复杂，唐朝平息云南南诏对安南的侵扰只反映了唐朝统治时期，安南与外部斗争的一个方面，事实上，我们还可以从其他史籍中找到安南人民反抗唐政府剥削的斗争，以及唐朝中央政府与安南地方势力统治阶级内部的争斗的相关记载。如，"武德七年（624年）九月，癸卯，日南人姜子路反，交州都督王志远击破之"①，"开元十年（722年）秋八月丙戌，岭南按察史裴胄上言安南贼帅梅叔鸾等攻围州县，遣骠骑将军兼内侍杨思勖讨之"②。可惜的是，这些内容并未被收录到《集成》中。

扶南部：《集成》扶南部关于扶南最早的记载是在晋武帝泰始四年。而一般认为，中国古籍关于扶南的记载可以追溯到东汉时期。在东汉时的扶南地区被称为"究不事"，据《后汉书》记载，"肃宗元和元年，日南徼外蛮夷究不事人邑豪献生犀、白雉"。三国时期，中国与扶南亦有往来，"吴主赤乌六年（243）十二月，扶南王范旃遣使献乐人及方物"③。可见晋朝之前，我国古籍已有关于扶南的记载。此外，《集成》扶南部辑录的两晋南北朝时期我国与扶南往来情况的记载也是不全面的。例如，《集成》列有晋朝与安南的交往仅晋武帝泰始四年、穆帝升平十一年、十二年三条。经我们查检《晋书》发现，武帝太康六年、七年、八年我国与扶南均有朝贡往来。

爪哇部：爪哇部是各部中辑录资料较为全面的一部。虽然整部篇幅不大，但内容十分丰富，除正史之外，还辑录了《岛夷志》、《三才图会》等六种文献中的相关文字记载。更难能可贵的是，爪哇部还收录了刘宋时期阇婆国、唐朝时诃陵国的史料，现今学术界对阇婆国、诃陵国即后来的爪哇这一观点还是基本认同的，《集成》的编者不仅仅是机械地照搬古籍中的资料，而是经过一番思考，将阇婆国、诃陵国的资料列于爪哇部下，使爪哇部的资料收集更全，这比扶南部的资料收集上略胜一筹。

---

① （宋）司马光等撰：《资治通鉴》卷一九一，中华书局1982年版。
② （后晋）刘昫：《旧唐书·玄宗纪》，中华书局1975年版。
③ （晋）陈寿：《三国志》卷四七，中华书局1977年版。

林邑部：林邑是东汉初平年间从日南郡象林县独立出来的，从那时起，林邑应该算得是一个国家了。不久它也开始与中国有所往来。三国时期，东吴的交州刺史派遣从事朱应、中郎康泰"南宣国化"，林邑曾遣使者奉贡于中国。后来，随着国势的强盛，就不再奉贡，而且常常北侵。公元248年（东吴赤乌十一年），林邑发兵侵略交趾、九真，攻略城邑，占领中国的"区粟"地方。《水经注》载有"度比景庙，由门浦至古战湾。吴赤乌十一年，魏正始九年（248），交州与林邑于湾大战，初失区粟也"。孙权派遣陆胤为交州刺史，对林邑采取恩威并施的办法，林邑才息兵。"三国鼎争，（林邑）未有所附。吴有交土，与之邻接。（林邑）进侵寿泠，以为疆界。"① 两国遂以汉时的寿泠县（即相当于现在顺化一带）为界。270年至280年，林邑王范熊在位，曾联合扶南多次攻略中国郡县。东吴交州刺史陶璜亦多次征讨。② 东汉至晋初中国与林邑交往这段历史，由上可知，史籍上有相关的记载，而《集成》林邑部却未像其他朝代一样立专项记载，而是偶尔混在安南部中顺带提及，其中的原因，我们认为有以下几点：

其一，对于三国时期中原与林邑有无往来的看法各史家观点有所抵牾，《三国志》中著录了"遣从事南宣国化，暨徼外扶南、林邑、堂明诸王各遣使奉贡"，而《集成》所引文献则记载为：

  《晋书·林邑传》："林邑国本汉时象林县，则马援铸柱之处也，去南海三千里。后汉末，县功曹姓区，有子曰连，杀令自立为王，子孙相承……自孙权以来，不朝中国。至武帝太康中，始来贡献。"

  《水经注》："三国鼎争，（林邑）未有所附，吴有交土与之邻接，进侵寿泠以为疆界，自区连以后，国无文史，失其篡代，世数难详，宗引灭绝，无复种裔，外孙范熊代立，人情乐推，后熊死，子逸立。"

---

① （北魏）郦道元：《水经注》卷三六，巴蜀书社1985年版。
② 黄国安等著：《中越关系史简编》，广西人民出版社1986年版，第32页。

《三国志》所载孙吴派人"南宣国化"一事，亦见载于《扶南传》的稿本，当为信史，只是《三国志》著录比较隐约，载于《三国志·吕岱传》中，可能因此被后世史学家所忽视，产生"自孙权以来，不朝中国。至武帝太康中，始来贡献"的误解。《集成》编者显然受到了《晋书》这一观点的影响。

其二，记载三国时期与林邑往来的资料确实不多，像《水经注》所说的"自区连以后，国无文史，失其纂代，世数难详"，故《集成》编者在辑录林邑部资料时也未能找到更多三国时期与林邑往来的文字记载。

其三，从以上材料中可以看出，中国史籍中明确记录了汉末林邑建国这一历史事件，可编者仍未从汉代开始给林邑立项，可能在编者的历史观里，外国与中央统治集团有所往来，或有向中国朝贡，中国才会承认其是一个真正国家，编者认为，到晋朝林邑才称得上一个真正意义上的国家，因此林邑部从晋太康年间开始立项。正是基于上述主观和客观方面的原因，造成《集成》所收林邑部内容的缺陷。

吕宋部：《集成》吕宋部的资料能较为全面地反映明朝我国与吕宋的往来情况。其中关于佛郎机占据吕宋、迫害华人，及强行进入我国澳门地区的相关记载，有较高的史料价值，在关于明朝与吕宋往来的介绍中有详述，在此不作赘述。

满剌加部：14世纪末15世纪初，马来半岛兴起了一个强大的国家——满剌加。它地处交通要冲，是当时重要的贸易中心，同明朝保持着密切的政治、经济关系。明代史籍中关于满剌加的记述翔实可靠，涉及社会生活各个方面，是研究满剌加历史不可缺少的资料。那么，《集成》满剌加部中所辑资料是否全面反映了明朝与满剌加政治、经济、文化往来情况呢？政治关系方面主要表现在两国的官方往来，《集成》中主要辑录了《明外史》一书中的相关记载，现将我们所查检到的今本《明史》、《明实录》与《集成》所辑《明外史》中有关满剌加资料的年份记载进行一下比较：

《明史》	《明实录》	《集成》所辑《明外史》
永乐元年、三年、五年、六年、七年、九年、十年、十一年、十二年、十三年、十四年、十六年、十七年、十八年、十九年、二十一年、二十二年 宣德元年、六年、八年、十年 正统四年、九年、十年 景泰六年 天顺三年 成化四年、五年、十年、十一年、十七年 正德三年	永乐元年、三年、五年、六年、七年、九年、十年、十一年、十二年、十三年、十四年、十六年、十七年、十八年、十九年、二十一年、二十二年 宣德元年、五年、六年、八年、九年、十年 正统四年、九年、十年 景泰六年、七年 天顺三年、五年 成化三年、四年、五年、七年、十年、十一年、十七年、十九年、二十一年、二十三年 弘治二年、十六年、十八年 正德三年、四年、五年、九年、十二年、十五年、十六年 嘉靖二年、八年、二十九年、四十四年	永乐元年、三年、五年、六年、七年、九年、十二年、二十二年 宣德六年、八年 正统十年 景泰六年 天顺三年 成化十年、十七年 正德三年

注：《明史》栏中画双横线的年份为《明史》有、《集成》无；《明实录》栏中画单横线的年份为《明实录》有、《集成》无。

暂且将今本《明史》与《明外史》的版本差异忽略不计，《明史》与《明外史》可看作同一资料来源，《集成》中关于满剌加的资料大致从正史《明史》中辑出，由上表可知，《集成》所辑《明史》满剌加的资料存在不全面的地方，共计失收16条；《明实录》在明代史籍中所收满剌加的资料接近全面，将《集成》所收资料与之对比，我们发现，漏辑之处有38处之多。其失收的内容，经济文化交往方面的失收资料尤多。例如，正德至嘉靖年间，佛郎机所据满剌加与明朝的通商情况《集成》不见载。另外《瀛涯胜览》与《星槎胜览》均对满剌加进行了专门介绍，很可惜没被《集成》收录进来。可见，《集成》所收资料在全面反映明朝与满剌加联系方面还是存在着较大的不足。

暹罗部：《集成》暹罗部收录了隋、元、明、清时期，我国与今泰国境内的几个古国的交往情况。事实上，东汉至隋唐，泰国中部出现了堕罗钵底国，南部则出现了盘盘国、赤土国等，都与中国有政治上的交往。盘盘国在南北朝时期曾派遣使者访问我国刘宋政权。后又三次遣使到梁朝，直到唐朝贞观年间，盘盘国的使者还来过中国。至于泰国中部堕罗钵底国，它至少同唐朝有过两次交往。那时候，堕罗钵底国的使者来到长安，交换了两国君王的书信，送上了象牙、火珠等礼物，带去了堕罗钵底向唐朝要求的良马和钢钟。① 宋朝时该地区内的罗斛国与中国也有所往来。《云麓漫钞》载罗斛有金颜香，据此推测，宋朝与罗斛国可能有贸易往来；另外，"政和五年八月八日，礼部言……已差人前去罗斛、占城国说谕招纳"②，宋朝统治时期，罗斛国的使者曾访问过中国。

真腊部：《集成》除了辑录了元代周达观《真腊风土记》一书外，没有单独列出元朝一项来介绍元朝与真腊的往来情况。据《元史》记载，至元十八年、十九年、二十年、二十二年、二十九年及延祐七年，元朝与真腊有所往来。

综上观之，一些"部"的资料收录已经做到比较全面，而相当大的一部分"部"资料中，有一些颇有价值的书被排斥在外，入录的图书也有一定删改，未提及的其他各部总体上还算齐全，在此不一一列出，但也或多或少存在收录不全的情况。至于这一现象产生的原因，我们认为当有以下几点：第一，编纂该书带有强烈的政治目的，再加上参编者的某些学术偏见，因此凡是与封建统治秩序相抵触的内容，往往不被收入，或不被重视。像之前提到的赵佗与南越国的资料较为简略；唐朝时期，安南人民反抗统治阶级压迫的斗争不被记载，就是属于这种情况。古代封建社会重农抑商的传统思想观念在清代依然存在，《集成》中关于我国与各古国商贸往来以及科技交流的记载很少，可能与这一传统思想观念有关。第二，《集成》经纬交织的结构形态是类书编修日益成熟的表现，在这一结构体系下，各种资料分门别类，条理井然。但有时也会带来一些弊端。辑录的资料为了服从于结构安排的需要，被拆分到各个门类中去，变得十分零散。像郑和下西洋这一外交史上的重大事件的资料被拆分到各部中。甚至有时编者对与各国情况相关的总述性质的文字资料弃而不收。例如，《汉书·地理志》记载："自日南障塞，徐闻、合浦船行可五月，有都元国；又船行可四月，有邑卢没国；又船行可二十余日，有谌离国；步行可十余日，有夫甘都卢国。自夫甘都卢国船行

---

① 徐启恒：《中国和泰国历史上的友好关系》，《历史教学》1979 年第 6 期。
② 徐松辑：《宋会要辑稿》，中华书局影印本。

可二月余，有黄支国，民俗略与珠崖相类。其州广大，户口多，多异物，自武帝以来皆献见。有译长，属黄门，与应募者俱入海，市明珠、璧流离、奇石、异物，赍黄金、杂缯而往。所至国皆禀食为耦，蛮夷贾船，转送致之，亦利交易，剽杀人。又苦逢风波溺死，不者数年来还，大珠至围二寸以下。平帝元始中，王莽辅政，欲耀威德，厚遗黄支王，令遣使献生犀牛。自黄支船行可八月，到皮宗。船行可二月，到日南象林界云。黄支之南有已程不国，汉之译使自此还矣。"[①] 这段文字相当重要，它记载了西汉时期，我国与东南亚各国海上交通的情形，而《集成》却没有收录。南宋末年一度出现蒙古政权、南宋与安南并存的复杂局面，而《集成》对这段历史表述得不是很清楚。又如，明朝建立后，太祖朱元璋在祖训中定下15个不征之国，表达了愿与各国人民和睦相处的意愿，这对整个明朝与东南亚国家外交关系的发展产生深远影响，而《集成》也未提及。第三，《集成》的资料来源还主要是藩府和陈梦雷本人的藏书，既未接触过藏在圆明园的《永乐大典》，也未看到内府秘藏的"天禄琳琅"，这就使《古今图书集成》的整个内容和水平受到限制，在书本的种类上还是十分有限的。这也是《集成》所辑资料不尽全面的原因之一。

以上是就诸部所收内容全面与否提出的一些看法，不过，要指出的是，尽管各部在文献辑录上存在不完备的地方，但各部已收录的资料文献价值高，准确把握了各国与我国往来的重点信息，像扶南部着重收录了南北朝时期扶南与我国的往来资料；苏禄、吕宋与明朝的关系都做了详细的介绍，《集成》在编修上做到了重点突出，这一点是值得肯定的。

3. 运用按注，提高严谨度

《集成》校勘不精一直为后人所诟病。它所辑录的资料多来自其他类书，校勘也不精，引文错误很多，存在着大量讹误、脱漏、衍文、妄改、失收等问题，我们对《集成》该部分资料做了校勘工作，从中发现了以下几类问题。

（1）讹误：《集成》该18部所引资料中，讹误问题最为普遍。从产

[①] （东汉）班固：《汉书》卷二八，中华书局1962年版。

生错误的原因上看，有音近而误的，如林邑部隋文帝开皇条引《隋书·林邑传》"其属官三等：其一曰伦多姓，次歌伦致地"中，"地"为"帝"之讹。有形近而误的，如安南部汉高祖五年条引《晋书·地理志》："自北徂南，八越之道，必由岭峤"，其中"八"为"入"之形讹。从错讹之处涉及的内容来看，包括时间、地点、人物、史实等各个方面。如爪哇部永乐六年条引《明外史·瓜哇传》："前中官吴庆还，言王恭待敕使，有加无替。"其中，"吴庆"，中华本《明史》、《殊域》卷九、《续通典》卷一四八均作"尹庆"，《集成》本当误。

（2）脱漏或妄删：书中脱字漏句的现象亦不少。究其原因，有时是传抄时造成的脱文，如安南部元鼎六年条引《汉书·地理志》介绍南海郡处脱"有圃羞官"一句。有时是编者对所引原文任意删节造成的。如安南部艺文《平安南颂》、《论征安南疏》删节文字尤多，严重损害了所引内容的原貌。

（3）衍文：《集成》引文同原著相较，还往往有字多出。如安南部宋大中祥符三年条引《宋史·真宗本纪》："三月壬辰，以权静海军节度留后李公蕴为静海军节度"，第一个"节度"当为衍文，中华本《宋史》、《续资治》卷二八则无。

（4）妄改：编者在辑引文献时，也对原文作了适当的校勘，但是有些校改是理据不足的，就成了臆改。例如，《集成》引录《真腊风土记》"服饰"一节"惟国主可缠纯花布"中"缠"疑为"打"之臆改。

（5）失收：考察《集成》该部分所收文献，有些重要古籍文献中的相关资料未收录进来，实为可惜。像《资治通鉴》、会要类文献、《岭外代答》（宋朝周去非撰，记述当时岭南社会经济及少数民族生活状况，涉及南海诸国和大秦等国传闻。可补正史不足。原本久佚，但《永乐大典》中录有，但编者未能参见《永乐大典》中的资料）等。就算是《集成》已收录到的文献，其中有些有价值的资料也未收录进去。如，《瀛涯胜览》与《星槎胜览》均有专门介绍满剌加，没被《集成》收录进来。

由此可见，《集成》在引文的严谨度方面还是存在很多问题的，我们使用其中资料，最好查检原书，以免以讹传讹。然而瑕不掩瑜，事实上《集成》编者们也是十分重视编修严谨性的，例如在辑录过程中，编者并不是机械地照搬他书，而以按注的形式提出考证按断，说明并录、存疑及文献删节等方面情况，提高了本书的严谨度，从而提升了文献价值和扩大了信息量。

　　类书中编者对某些问题、资料、安排的说明和解释，我们称之为按注，早在隋代类书《北堂书钞》中就开始运用了按注这一形式。《古今图书集成》中有多处出现按注，其数量之大，功能之多，在历代类书中又尤为突出。《边裔典》的此18部中，按注共出现约33次，其说明的内容包括以下几类：①提出的考证按断。类书征引了各类文献的资料，而这些文献由于年代差异或材料来源的不同，往往在对同一事件的相关记载上存在分歧，因此《集成》编者在辑录这些资料的同时，作了认真的考证，以按江的形式将论断缘由与考证结论表现出来。例如，安南部至元十五年条引《元史·世祖本纪》："至元十五年六月辛巳，安南国王陈光昺遣使奉表来贡。八月壬子，遣礼部尚书柴椿等使安南国，诏切责之，仍俾其来朝。"后按有：光昺十四年已卒，而此又云光昺遣使，自是日烜二字之讹，可无疑也。②说明并录、存疑的理由。编者在处理文献间所录内容分歧时的态度是十分谨慎的。因此，多数情况下并未做出按断，而是以并录、存疑的形式体现出来，以资参考。如爪哇部引《三才图会》处按有："《明·一统志》瓜哇国，前后有四名，而《三才图会》作四国，国各有图，姑并存之。"③字句异同的说明。不同文献，或者同一文献的不同章节，存在对同一人名、地名等信息字句不同的现象，按注中也做了适当说明。像林邑部《梁书·林邑传》中记载范文本范稚的家奴，而《集成》按注中提到《晋书》中范稚作范椎。④说明资料收录情况。对原始文献进行段落调整与文字删节，是类书编纂的重要手段。文中这类按注虽然出现得不多，但它们足可证明《古今图书集成》已注意到了事物和文献资料的复杂关系。例如，安南部汉世祖建武条引有《后汉书·郡国志》对交州刺史部的记载，其后按有："置郡无年可考，而《志》间载于一二县，不便分析，故缺之。"

　　《古今图书集成》的按注取得了良好效果，可惜的是，它未能当作一条组织材料的基本规则在《凡例》中予以说明和规定；也未将按注普遍运用到各部之间，《边裔典》该18部资料中仅7部出现了按注，在各部中的分布是不平衡的。像《集成》中参见、互见类按注是一大亮点，在弥补纵向分类不可避免造成的事物资料间的离散问题上发挥着重要作用，而这类按注没能在这18部资料中运用，可以说是一大遗憾，以致在不同部或同一部里重复出现的资料相当多，有长短交错重复的，也有完全重复的，例如云南土司部缅国考中的资料与缅国部的记载大部分都是雷同的，却没有"参见"性的说明。另外，文本中多处出现前后同一人物、地点名称不一致的现象，较为混乱，《集成》为了保持本书原貌，未对这些人名、地名整齐划一，也未以按注方式逐一加以说明。

此外，文本的严谨度方面，补充说明以下两点：

第一，《集成》所引资料注明出处，有时还标明作者，如徐明善的《天南行纪》，这样方便了我们查检原文。但美中不足的是，《集成》未标明文献的版本情况。像《广东通志》就有好几个版本，《集成》选定的是哪个版本，《明外史》又系何书？这样又给我们带来了新的问题。又如，安南部艺文中的诗文只注明了作者和标题，要弄清出编者辑自何种文献还是要花一番工夫的。

第二，关于边裔典国家分部及文献分类，《集成·凡例》中作了如下说明：

> 边裔典：为目虽多，然有一国而前后异名者，有数小国合为一大国者，有一大国今又分为诸小国者，其更改分合之由，见于史传有据，则从而合之，其国名只标其名之最著者，而溯其交通中国之始，及历代更改之称，皆分注于下。至其朝贡侵叛之详，皆按代编年，而一国之本本井如矣。或前代有其名，而其后更改合并之由不见于正史，则别立一国，以待详考。至史传、子集所载列国之事无年月可纪者，但入于纪事。或泛论此国风俗土产无关事实者，则入于杂录，至于稗官所载，如《洞冥》、《拾遗》诸记，及《杜阳杂编》所录外国之名，不见于正史，其真伪假托皆不可知，则统归之外编，庶几传疑云尔。

可以看出，编者在编排时是经过认真考虑的，各古国历代演变情况十分复杂，要将其间关系理清楚实非易事，编者对分类的方法进行了详细的交代，虽然在古国分目上难免出现了错误（如婆罗部），但总体上是正确的，而且其中某些归类，像将诃陵国文献放入爪哇部，至今仍是经得起考证的。而对各类资料，放入总论、汇考、杂编的标准也作了必要的交代。这些都表明了编者严谨的治学态度。

4. 所引材料可信度较高，但亦存在糟粕及不足

从所引文献类型来看，《集成》该部分所引文献以正史为主，引用了从汉到明朝的14部史籍，占全部篇幅的2/3以上，为资料的可信度提供了保证，其中《明外史》与后来通行的《明史》略有不同，但比《明史》能提供更多的信息（前义已述），而且这些信息大都也是真实可信的。例如，永乐四年条，《明外史》载有明军征讨安南时，"度鸡陵关至芹站，走其伏兵"。中华本《明史·安南传》作"师次芹站"。《明史》卷一五四有"四年十月……进破隘留、鸡陵二关，道芹站，走其伏兵，抵新福"。由此可知，《明外史》所述是符合史实的。同时，还引录了大量笔记和方志及其他各类文献，这些文献由作者亲身见闻或搜集的第一手资料写成，大大提高了文献的可信度。例如，《集成》所引《扶南记》和《真腊风土记》均是由作者亲身见闻为基础所写，两部文献至今都是研究两国历史的重要文献。

从文献所记载的内容来看，对两国间朝贡往来的记载是全部资料的重要组成部分，资料中不仅交代了朝贡往来的时间、人员、事由，有时还详细记载了所贡方物，回赐物品的种类与数量，而这些具体的数据引自正史或会典类文献。例如，暹罗部康熙二十三年条引《大清会典》："康熙二十三年，谕暹罗国进贡员役回国，有不能乘马者，官给大轿，从人给扛夫，又于伴送官外，特差礼部司官笔帖式各一员，护送贡物，常贡外，例有加贡物，旧有孔雀、龟后令免进。恭进御前龙涎香一斤、银盒装象牙三百斤、西洋闪金花缎六匹、胡椒三百斤、藤黄三百斤、豆蔻三百斤、苏木三千斤、速香三百斤、乌木三百斤、大枫子三百斤、金银香三百斤。皇后前贡物，并同数目减半。"会典中的数据是官方对朝贡外来中事宜详细而准确

的记载，应该说是可靠的。战争也是两国关系发展进程中的一个组成部分，从《集成》所辑资料中，我们可以清晰地找出战争的起因、经过、结果的发展脉络，像元明时期，我国与安南的两次大规模的战争，《集成》还引录了《天南行记》和《平定交南录》的相关记载，《天南行记》[①]和《平定交南录》[②]记录较其他史籍记载更为翔实也更为接近事实原貌。

但是，由于某些主观或客观上的原因，资料的可信度会受到一定消极影响。首先，所辑录资料虽丰富，但不乏封建迷信糟粕，各部汇考、纪事中也不乏神幻、荒诞材料，使用时必须注意。其次，为了维护封建统治秩序，一些不利于封建统治的资料往往略写或被编排到次要的位置上，有时甚至对某些史实交代得很模糊，其可信程度有待商榷。《集成》汇考项中往往会"立书法于前，详录诸书于后"，像关于元明时期对各国征战的记载，编者在"立书法"中将元明统治者描述成战胜者的形象，事实上元朝对安南和爪哇的几次征战都伤亡惨重，其战争结果，客观来讲是战败的。而《集成》编者往往采取回避的做法，记载如"至元三十年，史弼等征爪哇，大破之。其国王出降，还其地，具入贡礼"；"至元二十二年，乌马儿等败安南于富良江，唆都战死"。再次，由于客观条件的限制，古人对外国情况的了解还是有限的，在对各国的记载上就难免出现了一些错误。例如明清所指的婆罗与唐代婆罗不是一个地方，而《集成》将其混为一处，一起编在婆罗部。此外，在国家间官方往来方面，《集成》在材料收集上是较为全面的，但也不免出现遗漏。因此，《集成》中的朝贡往来的记载基本反映了各个时期的基本情况，但也不是精确的数据。

[①] 元王朝与安南陈朝战争结束，1288年安南上表，元世祖派礼部侍郎李思衍出使，徐明善奉命随行，将出使经过记录而写成此书。

[②] 明成祖时（1403—1424）曾多次以张辅为主帅用兵安南。张辅于1449年死于"土木之难"后，其子将其奏疏等稿交给丘浚。丘浚乃搜集参阅其他资料写成此书。内容为记述张辅几次用兵经过。系据原始材料写成，故史料价值颇高。

《古今图书集成·边裔典》中东南亚古国资料校勘

凡 例

（1）木校勘以1934年中华书局本为底本，《古今图书集成/方舆汇编/边裔典》中所引诸书，已经出版点校本的书籍（如中华书局出版的点校本的"二十四史"），择其校勘精当者，查得原文，借鉴其校勘成果。所录原书尚未有点校本者（如马端临《文献通考》等），把辑录的材料，据原书诸刻本、影印本等校对，兼参校其他相关史籍。各书的简称如下：

中华书局出版的点校本《汉书》——中华本《汉书》（其余各史例同）

中华书局据1935年商务印书馆"万有文库"十通本影印《文献通考》——中华本《文献通考》

《续资治通鉴长编》——《续资治》

清顺治三年（1646）李际期宛委山堂刻说郛本《天南行记》——说郛本《天南行记》

台湾影印崇祯刻本《名山藏》——崇祯本《名山藏》

清顺治三年（1646）李际期宛委山堂刻说郛本《平定交南录》——说郛本《平定交南录》

《博物志校证》（范宁校证）——范校本《博物志》

清顺治三年（1646）李际期宛委山堂刻说郛本《交州记》——说郛

本《交州记》

《太平御览》——《御览》

《扬雄集校注》（张震泽校注）——张校本《扬雄集》

《江淹集校注》（俞绍初、张亚新校注）——俞校本《江淹集》

《御定历代赋汇》——《赋汇》

《殊域周咨录》——《殊域》

《沈佺期宋之问集校注》（陶敏、易淑琼校注）——陶校本《沈集》

《北梦琐言》（林艾园校点）——林校本《北梦琐言》

《齐东野语》（张茂鹏点校）——张校本《齐东野语》

《梦溪笔谈校正》（胡道静校注）——胡校本《梦溪》

《东轩笔录》（李裕民点校）——李校本《东轩笔录》

《水经注》（陈桥驿校注）——陈校本《水经注》

清顺治三年（1646）李际期宛委山堂刻说郛本《林邑记》——说郛本《林邑记》

《岛夷志略校释》（苏继庼校释）——苏校本《岛夷》

《真腊风土记校注》（夏鼐校注）——夏校本《真腊》

四库全书本——四库本

《古今图书集成》——《集成》

（2）所辑文字，多有简省，考虑到历史研究中阅读原始文献的重要性，校对原书时，一律将原文补进。对底本有而对校本无的文字，以"某某本无"的形式出校记说明。

（3）采用分"则"出校方式，汇考所收文献资料属同一年份者视为一则，其余各纬目下所收文献资料则按书目或篇目分则，将校记文字置于各"则"之后，用"【校】"标示。

（4）校勘序号以"[1]、[2]、[3]"标明。

（5）本书校勘，凡有异文处一律出校。凡底本正文有脱、讹、衍、倒、义可两通处，不改动底本，仅出校记说明；疑底本有误，但订立根据尚欠充分处，不改动底本，仅出校记说明。

（6）书中的繁体字、异体字、古体字改为通用简化字，极少数予以保留。通假字不作改动。

安南部

汇考

上古

颛顼高阳氏

颛顼高阳氏时,交趾始通于中国。按《史记·五帝本纪》:颛顼高阳氏,北至于幽陵,南至于交趾[1],西至于流沙,东至于蟠木。动静之物,小大之神,日月所照,莫不砥属。(注)王肃曰:砥,平也。四远皆平而来服属。

【校】

[1] 交趾:"趾",中华本《史记》作"址",下同。本书卷九〇安南部汇考汉世祖建武五年冬十二月条引《后汉书·世祖本纪》注云:"交趾,郡,今交州县也。南滨大海。《舆地志》云:'其夷足大指开拆,两足并立,指则相交。'址与趾同,古字通。"

陶唐氏

帝尧

帝尧申命羲叔,宅南交。按《书经·尧典》云云。按《史记》注:孔安国曰:夏与春交,此治南方之官也。【索隐】曰:孔注未是。然则冬与秋交,何故下无其文。且东嵎夷,西昧谷,北幽都,三方皆言地,而夏独不言地,乃云与春交,斯不例之甚也。然南方地有名交趾者,或古文略举一字名地,南交则是交趾不疑也。

有虞氏

帝舜

帝舜有虞氏,南抚交趾。按《史记·舜本纪》云云。

周

成王

成王六年，越裳氏来朝。按《通鉴前编》云云。按《后汉书·南蛮传》：交趾之南有越裳国。周公居摄六年，制礼作乐，天下和平，越裳以三象重译而献白雉，曰："道路悠远，山川阻深[1]，音使不通，故重译而朝。"成王以归周公。公曰："德不加焉，则君子不飨其质；政不施焉，则君子不臣其人。吾何以获此赐也！"其使请曰："吾受命吾国之黄耇曰：久矣，天之无烈风雷雨[2]，意者中国有圣人乎？有则盍往朝之。"周公乃归之于王，称先王之神致，以荐于宗庙。周德既衰，于是稍绝。

成王十年，越裳氏来朝。按《竹书纪年》云云。

【校】

[1] 山川阻深："阻"，中华本《史记》作"岨"。按："岨"同"阻"，险要。(汉)司马相如《上书谏猎》："今陛下好凌岨险"，《史记·司马相如列传》、《汉书·司马相如传》均作"好凌险阻"。

[2] 天之无烈风雷雨："烈风雷雨"，《尚书大传》作"别风淮雨"，《帝王世纪》作"列风淫雨"。

秦

始皇

始皇三十三年，发诸尝逋亡人、赘婿、贾人略取陆梁地，为桂林、象郡、南海，以适遣戍。按《史记·始皇本纪》云云。（注）桂林，韦昭曰：今郁林是也。象郡，韦昭曰：今日南。南海，【正义】曰：即广州南海县。

汉

高祖

高祖五年，以岭南三郡及长沙豫章封吴芮。

按《汉书·高祖本纪》：五年二月甲午，诏曰："故衡山王吴芮与子二人、兄子一人，从百粤之兵，以佐诸侯，诛暴秦，有大功，诸侯立以为王。项羽侵夺之地，谓之番君。其以长沙、豫章、象郡、桂林、南海立番君芮为长沙王。"

按《晋书·地理志》：交州。按《禹贡》扬州之域，是为南越之土。秦始皇既略定扬越，以谪戍卒五十万人守五岭。自北徂南，八越之道[1]，必由岭峤，时有五处，故曰五岭。后使任嚣、赵佗攻越[2]，略取陆梁地，遂定南越，以为桂林、南海、象等三郡，非三十六郡之限，乃置南海尉以典之，所谓东南一尉也。汉初，以岭南三郡及长沙、豫章封吴芮为长沙王。

【校】

[1] 八越之道："八"，中华本《晋书》作"人"。

[2] 赵佗攻越："佗"，中华本《晋书》作"他"。

高祖十一年，割三郡以封南越王。

按《汉书·高祖本纪》：十一年五月，诏曰："粤人之俗，好相攻击，前时秦徙中县之民南方三郡，使与百越杂处[1]。会天下诛秦，南海尉它居南方长治之，甚有文理，中县人以故不耗减，粤人相攻击之俗益止，俱赖其力。今立它为南粤王。"使陆贾即授玺绶。它稽首称臣。（注）如淳曰：秦始皇略取疆梁地[2]，以为桂林、象郡、南海郡，故曰三郡。

按《晋书·地理志》：十一年，以南武侯织为南海王。陆贾使还，拜赵佗为南越王，割长沙之南三郡以封之。

【校】

[1] 使与百越杂处："越"，中华本《晋书》作"粤"。按：百越，亦作"百粤"。我国古代南方越人的总称。分布在今浙、闽、粤、桂等地，因部落众多，故总称百越。《史记·李斯列传》："地非不广，又北逐胡貉，南定百越，以见秦之强。罪二矣。"《汉书·项籍传》："番君吴芮帅百粤佐诸侯从入关。立芮为衡山王。"

[2] 略取疆梁地："疆梁"，中华本《汉书》作"陆梁"，中华本《汉书》校勘记云："《史记·秦始皇本纪》作'陆梁'，地名。王先谦说作'陆'是。"

武帝元鼎

武帝元鼎六年，始置交趾等九郡，以刺史领之。

按《汉书·武帝本纪》：元鼎六年，定越地，以为南海、苍梧、郁林、合浦、交趾、九真、日南、珠厓、儋耳郡。

按《地理志》：南海郡，秦置。秦败，尉佗王此地。武帝元鼎六年开。属交州。户万九千六百一十三，口九万四千二百五十三[1]。县六：番禺。尉佗都。有盐官。如淳曰：番音潘。禺音愚。博罗，中宿，有洭浦官。师古曰：洭音匡。龙川，师古曰：裴氏广州记云本博罗县之东乡也，有龙穿地而出，即穴流泉，因以为号。四会，揭阳，莽曰南海亭。韦昭曰：揭音其逝反。师古曰：音竭。

郁林郡，故秦桂林郡，属尉佗。武帝元鼎六年开，更名。有小溪川水七，并行三千一百一十里。莽曰郁平。属交州。户万二千四百一十五，口七万一千一百六十二。县十二：布山，安广，阿林，广郁，郁水首受夜郎豚水，东至四会入海，过郡四，行四千三十里。中留，师古曰：留音力救反，水名。桂林，潭中，莽曰中潭。临尘，朱涯水入领方。又有斤员水[2]。又有侵离水，行七百里。莽曰监尘。定周，水首受无敛[3]，东入潭，行七百九十里。增食，骥水首受牂牁东界，入朱涯水，行五百七十里。领方，斤员水入郁。又有桥水。都尉治。雍鸡，有关。

苍梧郡，武帝元鼎六年开。莽曰新广。属交州。有离水开。户二万四千三百七十九，口十四万六千一百六十。县十：广信，莽曰广信亭。谢沐，有关。高要，有盐官。封阳，应邵曰：在封水之阳。临贺，莽曰大贺。端溪，冯乘，富川，荔浦，有荔平关。师古曰：荔因隶。猛陵。龙山，合水所出，南至布山入海。莽曰猛陆。

交趾郡，武帝元鼎六年开，属交州。户九万二千四百四十，口七十四万六千二百三十七。县十：羸陵，有羞官。孟康曰：羸音莲。陵，音受土篓。师古曰：陵，篓二字并音，来口反。安定，苟扁[4]，师古曰：扁与漏同。麓泠，都尉治。应劭曰：麓音弥。孟康曰：音螟蛉。师古曰：音糜零。曲易，师古曰：易，古阳字。北带，稽徐，西干，龙编，朱鸢。

合浦郡，武帝元鼎六年开。莽曰桓合。属交州。户万五千三百九十八，口七万八千八百八十。县五：徐闻，高凉，合浦，有关。莽曰桓亭。临允，牢水北入高要入郁，过郡三，行五百三十里。莽曰大允。朱卢，都尉治。

九真郡，武帝元鼎六年开。有小水五十二，并行八千五百六十里。户三万五千七百四十三，口十六万六千一十三。有界关。县七：胥浦，莽曰驩成。居风，都庞，应劭曰：庞音龙。师古曰：音龚。余发，咸驩，无功，都尉治。无编，莽曰九真亭。

日南郡，故秦象郡，武帝元鼎六年开，更名。有小水十六，并行三千一百八十里。属交州。师古曰：言其在日之南，所谓开北户以向日者。户万五千四百六十，口六万九千四百八十五。县五：朱吾，比景，如淳曰：日中于头上，景在己下，故名之。卢容，西卷，水入海，有竹，可为杖。莽曰日南亭。师古曰：音权。象林。

按《后汉书·南蛮传》：交趾之南有越裳国。周公居摄六年，重译来朝。周德既衰，于是稍绝。及楚子称霸，朝贡百越。秦并天下，威服蛮夷，始开岭外[5]，置南海、桂林、象郡。汉兴，尉佗自立为南越王，传国五世。至武帝元鼎五年，遂灭之，分置九郡，交趾刺史领焉。珠崖[6]、儋耳在海洲上[7]，东西千里，南北五百里。

元鼎六年，其渠帅贵长耳，皆穿而缒之，垂肩三寸。

按《晋书·地理志》：武帝讨平吕嘉，以其地为南海、苍梧、郁林、合浦、日南、九真、交趾七郡，盖秦时三郡之地。元封中，又置儋耳、珠崖二郡，置交趾刺史以督之。

按《广东通志》：安南国，古交趾也，南方彝人足趾开拆[8]，两足并立，足则相交[9]，故名。自汉武开郡谪戍，其人百骸与华无异[10]。又越裳即九真也，秦以交趾隶象郡，汉初属南越，武帝平之，置交趾、九真、日南三郡，兼置交趾刺史治嬴〈陵〉（按：《志》俱作七郡，而置儋耳、珠厓二郡在元封中，与《本纪》不同）。

【校】

[1] 口九万四千二百五十三：中华本《汉书》该句后有"有圃羞官"。

[2] 又有斤员水："员"，陈校本《水经注》作"南"。《水经注》卷三六有"县有斤南水、侵离水，并迳临鹿，东入领方县，流注郁水"，后同。

[3] 水首受无敛：陈校本《水经注》、中华本《汉书》"水"上有一"周"字，《水经注》卷三六有"东南至郁林定周县为周水"。

[4] 苟扁:"苟",中华本《汉书》作"苟"。

[5] 始开岭外:"岭",中华本《后汉书》作"领"。按:《岭外代答》卷一:"自秦皇帝并天下,伐山通道,略定扬粤,为南海、桂林、象郡。"

[6] 珠崖:中华本《后汉书》"珠"上有一"其"字。

[7] 其珠崖、儋耳在海洲上:中华本《后汉书》"耳"下有"二郡"。

[8] 南方彝人足趾开拆:"南方彝人",四库本《广东通志》作"其人"。

[9] 两足并立,足则相交:本书卷九〇安南部汇考汉世祖建武五年冬十二月条引《后汉书·世祖本纪》注云:"交趾,郡,今交州县也。南滨大海。《舆地志》云:'其夷足大指开拆,两足并立,指则相交',四库本《广东通志》作'两足大趾交曲相向'。"

[10] 自汉武开郡谪戍,其人百骸与华无异:此句四库本《广东通志》无。

昭帝始元

昭帝元始五年六月[1],罢儋耳郡。按《汉书·昭帝本纪》云云。

按《晋书·地理志》:昭帝始元五年,罢儋耳并珠崖。

【校】

[1] 昭帝元始五年六月:"元始",中华本《汉书》作"始元"。

元帝初元

元帝初元三年,罢珠崖郡。

按《汉书·元帝本纪》:三年春,珠崖郡山南县反[1],博谋群臣。待诏贾捐之以为宜弃珠崖,救民饥馑。乃罢珠崖。

按《后汉书·南蛮传》:武帝末,珠崖太守会稽孙幸调广幅布献之,蛮不堪役,遂攻郡杀幸。幸子豹合率善人还复破之,自领郡事,讨击余党,连年乃平。豹遣使封还印绶,上书言状,制诏即以豹为珠崖太守。威政大行,献命岁至。中国贪其珍赂,渐相侵侮,故率数岁一反。元帝初元三年,遂罢之。凡立郡六十五岁。

按《晋书·地理志》:元帝初元三年,又罢珠崖郡。

【校】

[1] 珠崖郡山南县反:"崖",中华本《后汉书》作"厓",后同。

平帝元始

平帝元始元年春正月，越裳氏重译献白雉一，黑雉二。按《汉书·平帝本纪》云云。

后汉

世祖建武

世祖建武五年冬十二月，交趾牧邓让率七郡太守遣使奉贡。按《后汉书·世祖本纪》云云。（注）交趾，郡，今交州县也。南滨大海。《舆地志》云：其夷足大指开拆，两足并立，指则相交。址与趾同，古字通。应劭《汉官仪》曰：始开北方，遂交于南，为子孙基址也。七郡谓南海、苍梧、郁林、合浦、交趾、九真、日南，并属交州。

按《南蛮传》：《礼记》称南方曰蛮，雕题交趾。其俗男女同川而浴，故曰交趾。其西有啖人国，生首子辄解而食之，谓之宜弟。味旨，则以遗其君，君喜而赏其父。取妻美，则让其兄。今乌浒人是也。（注）万震《南州异物志》曰：乌浒，地名也。在广州之南，交州之北。恒出道间伺候行旅，辄出击之。利得人食之，不贪其财货，并以其肉为肴菹，又取其髑髅破之以饮酒。以人掌趾为珍异，以食长老。

建武年，复置交趾等郡。按《后汉书·世祖本纪》不载。

按《南蛮传》：光武中兴，锡光为交趾，任延守九真，于是教其耕稼，制为冠履，初设媒娉，始知姻娶，建立学校，导之礼义。

按《郡国志》：交州刺史部，郡七，县五十六。

南海郡 武帝置。洛阳南七千一百里。七城，户七万一千四百七十七，口二十五万二百八十二[1]。番禺《山海经》注[2]：桂林八树在贲禺东。郭璞云：今番禺。博罗[3]有罗浮山，自会稽浮往博罗山[4]，故置博罗县。中宿 龙川 四会 揭阳 增城 有劳领山。

苍梧郡 武帝置。洛阳南六千四百一十里[5]。十一城，户十一万一千三百九十五，口四十六万六千九百七十五。广信《汉官》曰：刺史治，去雒阳九千里。谢沐 高要 封阳 临贺 端溪 冯乘 富川 荔浦 猛陵《地道记》曰：龙山合水所出。鄣平 永平十四年置。

郁林郡 秦桂林郡，武帝更名。洛阳南六千五百里。十一城[6]。

布山　安广　阿林　广郁　中溜　桂林　潭中　临尘　定周　增食　领方

合浦郡　武帝置。洛阳南九千一百九十一里。五城，户二万三千一百二十一，口八万六千六百一十七。合浦　徐闻《交州记》曰：出大吴公皮以冠鼓。高凉　建安二十五年，孙权立高梁郡。临元[7]　朱厓

交趾郡　武帝置，即安阳王国。洛阳南万一千里。十二城。龙编《交州记》曰：县西带江，有仙山数百里，有三湖，有注、沉二水。羸〈陵〉《地道记》曰：南越侯织在此。定安[8]《交州记》曰："越人铸铜为船，在江潮退时见。"苟漏《交州记》曰：有潜水牛上岸共斗，角软，还复入[9]。麊泠　曲阳　北带　稽徐　西于　朱鸢　封溪　建安十九年置，《交州记》：有堤防龙门，水深百寻，大鱼登此门化成龙，不得过，曝鳃点额，血流此水，恒如丹池，有秦潜江，出呕山，分为九十九，流三百余里，共会于一口。望海　建武十九年置。

九真郡　武帝置。洛阳南万一千五百八十里。五城，户四万六千五百一十三，口二十万九千八百九十四。胥浦　居风《交州记》曰：有山出金牛，往往夜见，光曜十里。山有风门，常有风。咸欢　无功　无编

日南郡　秦象郡，武帝更名。洛阳南万三千四百里。五城，户万八千二百六十三，口十万六百七十六。西卷朱吾《交州记》曰：其民依海际居，不食米，止资鱼。卢容《交州记》曰：有采金浦。象林　今之林邑国。北景[10]《博物记》曰：日南出野女，群行不见夫，其状皛且白，裸袒无衣襦（按：置郡无年可考，而《志》间载于一二县，不便分析，故缺之）。

【校】

[1] 口二十五万二百八十二：中华本《后汉书》校勘记云："张森楷校勘记谓'二十'之'二'当作'三'，乃合李心传东汉户约五口之率，若如此文，则户不能四口矣，非情理也。"

[2] 《山海经》注：《山海经》下的引文乃《山海经·海内南经》正文，疑"注"为衍字。

[3] 博罗："博"，中华本《后汉书》校勘记云："【集解】引惠栋说，谓沈约云'博罗'，二汉皆作'傅'字，晋《太康地志》作'博'，案此则班、马，本书

皆作'傅罗',后人误为'博'也。"

[4] 自会稽浮往博罗山:"博罗山",中华本《后汉书》校勘记云:"【集解】引惠栋说,谓何焯云'罗'字衍",宋·王存《新定九域志(古迹)》卷九有"循州有博罗山,浮海而来,博着罗山,故名",今从底本。

[5] 洛阳南六千四百一十里:中华本《后汉书》校勘记云:"按张森楷校勘记谓案苍梧去洛阳较南海远,上南海云七千一百里,此只六千余里,殊非事实,且郡首县广信,是广信即郡治也,广信下注去洛阳九千里,则非大千余里矣。'六'字疑误。下郁林同。"

[6] 十一城:上文南海,苍梧诸郡均列户口数,疑"十一城"后缺户口数。

[7] 临元:"元",中华本《后汉书》校勘记云:"《前志》作'临允',按:《汉书补注》王先谦谓'元'乃'允'字之讹。"

[8] 定安:"定安",中华本《后汉书》作"安定"。

[9] 还复出:"出",中华本《后汉书》作"入",按上下文,"有潜水牛上岸共斗","还复出",文意不通,当以"还复入"为是。

[10] 北景:"北",中华本《后汉书》作"比"。按:"比景",古县名,今越南平治天省筝河口——广溪,汉置。如淳曰:"日中于头上,景在已下,故名之",疑"北"为"比"之形讹。

建武十二年,九真徼外蛮夷张游率种人内属。按《后汉书·世祖本纪》云云。

按《南蛮传》:建武十二年,九真徼外蛮里张游率种人内属[1],封为归汉里君。

【校】

[1] 九真徼外蛮里张游率种人内属:中华本《后汉书》"人"下有"慕化"二字。

建武十三年九月,日南徼外蛮夷献白雉、白兔。按《后汉书·世祖本纪》云云。

建武十六年春二月,交趾女子征侧反,略有城邑。按《后汉书·世祖本纪》云云。

按《南蛮传》:十六年,交趾女子征侧及其妹征二反,攻郡。征侧者，麓泠县洛将之女也。嫁为朱鸢人诗索妻，甚雄勇。交趾太守苏定以法绳之，侧忿，故反。于是九真、日南、合浦蛮里皆应之，凡略六十五城，自立为王。交趾刺史及诸太守仅得自守。光武乃诏长沙、合浦、交趾具车船，修道桥，通障溪，储粮谷。

建武十八年夏四月，遣伏波将军马援率楼船将军段志等击交趾贼征侧等。按《后汉书·世祖本纪》云云。

按《南蛮传》：十八年，遣伏波将军马援、楼船将军段志，发长沙、桂阳、零陵、苍梧兵万余人讨之。

按《马援本传》：交趾女子征侧及女弟征二反，攻没其郡，九真、日南、合浦蛮夷皆应之，寇略岭外六十余城，侧自立为王。于是玺书拜援伏波将军，以扶乐侯刘隆为副，督楼船将军段志等南击交趾。军至合浦而志病卒，诏援并将其兵。遂缘海而进，随山刊道千余里。十八年春，军至浪泊上，与贼战，破之，斩首数千级，降者万余人。援追征侧等至禁溪，数败之，贼遂散走。

建武十九年夏四月，马援破交趾，斩征侧等。因击破九真贼都阳等，降之。按《后汉书·世祖本纪》云云。

按《南蛮传》：十九年夏四月，援破交趾，斩征侧、征二等，余皆降散。进击九真贼都阳等，破降之。徙其渠帅三百余口于零陵。于是岭表悉平。

按《马援本传》：十九年正月，斩征侧、征二，传首洛阳。封援为新息侯，食邑三千户。援将楼船大小二千余艘，战士二万余人，击九真贼征侧余党都阳等[1]，自无功至居风，斩获五千余人，峤南悉平。援奏言西于县户有三万二千，远界去庭千余里，请分为封溪、望海二县，许之。援所过辄为郡县治城郭，穿渠灌溉，以利其民。条奏越律与汉律驳者十余事，与越人申明旧制以约束之，自后骆越奉行马将军故事。

按《晋书·地理志》：马援平定交部，始调立城郭置井邑。

按《广东通志》：建武十六年，女子征侧反，马援讨平之，立铜柱为界（按：反在十六年，讨在十八年，平在十九年。《通志》统言之耳）。

【校】

[1] 击九真贼征侧余党都阳等：中华本《后汉书》"击"前有一"进"字；"阳"，中华本《后汉书·马援本传》作"羊"。按：上文引《后汉书·世祖本纪》、《后汉书·南蛮传》均作"阳"，中华本《后汉书·世祖本纪》卷一、《后汉书·南蛮传》卷八六、《通典》卷一八八亦作"阳"。

章帝元和

章帝元和元年春正月，日南徼外蛮夷献生犀、白雉。按《后汉书·章帝本纪》云云。

按《南蛮传》：章帝元和元年[1]，日南徼外蛮夷究不事人邑豪献生犀、白雉。

【校】

[1] 章帝元和元年："章帝"，中华本《后汉书》作"肃宗"。按："章帝"，即肃宗孝章皇帝，公元75—88年在位。

和帝永元

和帝永元十二年夏四月，日南象林蛮夷反，郡兵讨平之[1]。按《后汉书·和帝本纪》云云。按《南蛮传》：和帝永元十二年夏四月，日南、象林蛮夷二千余人寇掠百姓，燔烧官寺，郡县发兵讨击，斩渠帅[2]，余众乃降。于是置象林将兵长史，以防其患。永元十四年五月丁未，初置象林将兵长史官。按《后汉书·和帝本纪》云云。（注）阚骃《十三州志》曰：将兵长史居在日南郡，又有将兵司马，去洛阳九千六百三十里。

【校】

[1] 郡兵讨平之："平"，中华本《后汉书》作"破"。

[2] 斩渠帅：中华本《后汉书》"斩"下有一"其"字。

安帝永初

安帝永初元年五月，九真徼外夜郎蛮夷举土内属。按《后汉书·安帝本纪》云云。按《南蛮传》：永初元年，九真徼外夜郎蛮夷举土内属，开境千八百四十里。

元初

元初三年春正月，苍梧、郁林、合浦蛮夷反叛，二月，遣侍御史任逴督州郡兵讨之。三月，赦苍梧、郁林、合浦、南海吏人为贼所迫者。冬十一月，苍梧、郁林、合浦蛮夷降。按《后汉书·安帝本纪》云云。按《南蛮传》：元初二年，苍梧蛮夷反叛，明年，遂招诱郁林、合浦蛮汉数千人攻苍梧郡。邓太后遣侍御史任逴奉诏赦之，贼皆降散。

延光

延光元年秋八月辛卯，九真言黄龙见无功。冬十二月，九真徼外蛮夷贡献内属。按《后汉书·安帝本纪》云云。按《南蛮传》：延光元年，九真徼外蛮贡献内属。

延光二年夏六月，九真言嘉禾生。按《后汉书·安帝本纪》云云。

延光三年夏五月，日南徼外蛮夷内属。秋七月，日南徼外蛮豪帅诣阙贡献。按《后汉书·安帝本纪》云云。按《南蛮传》：日南徼外蛮复来内属。

顺帝永建

顺帝永建六年冬十二月，日南徼外叶调国、掸国遣使贡献。按《后汉书·顺帝本纪》云云。按《南蛮传》：顺帝永建六年，日南徼外叶调王便遣使贡献，帝赐调便金印紫绶[1]。按《东观记》：叶调国王遣使师会诣阙贡献，以师会为汉归义叶调邑君，赐其君紫绶，及掸国王雍由亦赐金印紫绶。

【校】

[1] 帝赐调便金印紫绶："调"，中华本《后汉书》无。

永和

永和元年冬十二月，象林蛮夷叛。按《后汉书·顺帝本纪》云云。

永和二年夏五月，日南蛮叛攻郡府。秋九月[1]，交趾二郡兵反。按《后汉书·顺帝本纪》云云。按《南蛮传》：永和二年，日南、象林徼外蛮夷区怜等数千人攻象林县，烧城寺，杀长吏。交趾刺史樊演发交趾、九真二郡兵万余人救之。兵士惮远役，遂反，攻其府。二郡虽击破反者，而贼势转盛。会侍御史贾昌使在日南，即与州郡并力讨之，不利，遂为所攻。围岁余而兵谷不继，帝以为忧。

【校】

[1] 秋九月："九月"，中华本《后汉书》、《资治通鉴》卷五二孝顺皇帝下永和二年条均作"七月"。

永和三年夏六月，九真太守祝良、交趾刺史张乔慰诱日南叛蛮，降之。按《后汉书·顺帝本纪》云云。

按《南蛮传》：贾昌为叛蛮所，围岁余兵谷不继，帝以为忧。三年，召公卿百官及四府掾属，问其方略，皆议遣大将，发荆、扬、兖、豫四万人赴之。大将军从事中郎李固驳曰：

若荆、扬无事，发之可也。今二州盗贼盘结不散，武陵、南郡蛮夷未辑，长沙、桂阳数被征发，如复扰动，必更生患。其不可一也。又兖、豫之人卒被征发，远赴万里，无有还期，诏书迫促，必致叛亡。其不可二也。南州水土温暑，加有瘴气，致死亡者十必四五。其不可三也。远涉万里，士卒疲劳，比至岭南，不复堪斗。其不可四也。军行三十里为程，而去日南九千余里，三百日乃到，计人禀五升，用米六十万斛，不计将吏驴马之食，但负甲自致，费便若此。其不可五也。设军到所在，死亡必众，既不足御敌，当复更发，此为刻割心腹以补四支。其不可六也。九真、日南相去千里，发其吏民，犹尚不堪，何况乃苦四州之卒，以赴万里之艰哉。其不可七也。前中郎将尹就讨益州叛羌，益州谚曰："虏来尚可，尹来杀我。"后就征还，以兵付刺史张乔。乔因其将吏，旬月之间，破殄寇虏。此发将无益之效，州郡可任之验也。宜更选有勇略仁惠任将帅者，以为刺史、太守，悉使共住交趾。今日南兵单无谷，守既不足，战又不能。可一切徙其吏民北依交趾，事静之后，乃令归本[1]。还募蛮夷，使自相攻，转输金帛，以为其资。有能反间致头首者，许以封侯列土之赏。故并州刺史长沙祝良，性多勇决，又南阳张乔，前在益州有破虏之功，皆可任用。昔太宗就加魏尚为云中守，哀帝即拜龚舍为太山太守。宜即拜良等，便道之官。

四府悉从固议，即拜祝良为九真太守，张乔为交趾刺史。乔至，开示慰诱，并皆降散。良到九真，单车入贼中，设方略，昭以威信[2]，降者数万人，皆为良筑起府寺。由是岭外复平。

【校】

[1] 乃令归本："乃令"，中华本《后汉书》作"又命"。

[2] 昭以威信："昭"，中华本《后汉书》作"招"。按："昭"在此处为"显扬；显示"之义，"招"无此义，当以"昭"为是。

建康

建康元年冬十月，日南蛮夷攻烧城邑，交趾刺史夏方招诱降之。按《后汉书·顺帝本纪》不载。按《冲帝本纪》云云。按《南蛮传》：建康元年，日南蛮夷千余人复攻烧县邑，遂扇动九真，与相连结。交趾刺史九江夏方开恩招诱，贼皆降服。时梁太后临朝，美方之功，迁为桂阳太守。

桓帝永寿

桓帝永寿三年夏四月，九真蛮夷叛，太守儿式讨之，战殁；遣九真都尉魏朗击破之。后屯据日南。按《后汉书·桓帝本纪》云云。按《南蛮传》：桓帝永寿三年，居风令贪暴无度，县人朱达等及蛮夷相聚，攻杀县令，众至四五千人，进攻九真，九真太守儿式战死。诏赐钱六十万，拜子二人为郎。遣九真都尉魏朗讨破之，斩首二千级，渠帅犹屯据日南，众转强盛。

延熹

延熹三年冬十一月，日南蛮贼率众诣郡降。按《后汉书·桓帝本纪》云云。按《南蛮传》：延熹三年，诏复拜夏方为交趾刺史。方威惠素着，日南宿贼闻之，二万余人相率诣方降。

延熹五年夏四月，长沙贼起，寇桂阳、苍梧。五月，长沙、零陵贼起，攻桂阳、苍梧、南海、交趾，遣御史中丞盛修督州郡讨之，不克。按《后汉书·桓帝本纪》云云。

灵帝建宁

灵帝建宁三年秋九月，郁林乌浒民相率内属。按《后汉书·灵帝本纪》云云。按《南蛮传》：灵帝建宁三年，郁林太守谷永以恩信招降乌浒人十余万内属，皆受冠带，开置七县。

熹平

熹平二年冬十二月，日南徼外国重译贡献。按《后汉书·灵帝本纪》云云。按《南蛮传》同。

光和

光和元年春正月，合浦、交趾乌浒蛮叛，招引九真、日南民攻没郡县。按《后汉书·灵帝本纪》云云。按《南蛮传》同。

光和四年夏四月，交趾刺史朱儁讨交趾、合浦、乌浒蛮，破之。按《后汉书·灵帝本纪》云云。按《南蛮传》同。

光和六年春正月，日南徼外国重译贡献。按《后汉书·灵帝本纪》云云。按《南蛮传》同。

中平

中平元年六月，交趾屯兵执刺史及合浦太守来达，自称"柱天将军"，遣交趾刺史贾琮讨平之。按《后汉书·灵帝本纪》云云。

献帝建安

献帝建安八年，张津为刺史，士燮为交趾太守，共表立为州，乃拜津为交州牧。按《后汉书·献帝本纪》不载。按《晋书·地理志》云云。

建安十五年，交州移居番禺。诏以边州使持节，郡给鼓吹，以重城镇，加以九锡六佾之舞。按《后汉书·献帝本纪》不载。按《晋书·地理志》云云。

后主

后主□年，以李恢遥领交州。按《蜀志·后主传》不载。按《晋书·地理志》：蜀以李恢为建宁太守，遥领交州刺史。

三国

吴大帝黄武

吴大帝黄武五年，分交州置广州，俄复旧。按《三国·吴志·吴王权传》云云。按《晋书·地理志》：吴黄武五年，割南海、苍梧、郁林三郡立广州，交趾、日南、九真、合浦四郡为交州[1]。戴良为刺史，值乱不得入，吕岱击平之，复还并交部。按《广东通志》：献帝建安中，改为交州，吴孙权分交州为广州[2]，而徙交州治龙编。

【校】

[1] 割南海、苍梧、郁林三郡立广州，交趾、日南、九真、合浦四郡为交州：中华本《晋书》校勘记云："劳校：广州篇云南海、苍梧、郁林、高梁四郡。此脱'高梁'二字，又误'四'为'三'。"

[2] 吴孙权分交州为广州："为"，底本、四库本《广东通志》同，《文献通考》卷三二三、《安南志略》总序作"置"。

赤乌

赤乌五年，复置朱崖郡。按《三国·吴志·吴王权传》不载。按《晋书·地理志》云云。

废帝五凤

废帝五凤元年，交趾稗草化为稻。按《三国·吴志·孙亮传》不载。按注《江表传》云云。

景帝永安

景帝永安五年，使察战到交趾调孔爵、大猪。按《三国·吴志·孙休传》云云。

（魏少帝景元四年，吴主永安六年）魏以霍弋遥领交州，吴交州郡吏吕兴杀太守孙谞，降魏，魏以为使持节，都督交州军事。命未至，兴为下人所杀。按《魏志·少帝本纪》：咸熙元年九月，孙休遣使邓句，敕交趾太守锁送其民，发以为兵。吴将吕兴因民心愤怒，又承王师平定巴蜀，即纠合豪杰，诛除句等，驱逐太守长吏，抚和吏民，以待国命。九真、日南郡闻兴去逆即顺，亦齐心响应，与兴协同。兴移书日南州郡，开示大计，兵临合浦，告以祸福；遣都尉唐谱等诣进乘县，因南中都督护军霍弋上表自陈。又交趾将吏各上表，言"兴创造事业，大小承命。郡有山寇，入连诸郡，惧其计异，各有携贰。权时之宜，以兴为督交趾诸军事、上大将军、定安县侯，乞赐褒奖，以慰边荒"。乃心款诚，形于词旨。昔仪父朝鲁，《春秋》所美；窦融归汉，待以殊礼。今国威远震，抚怀六合，方包举殊裔，混一四表。兴首向王化，举众稽服，万里驰义，请吏帅职，宜加宠遇，崇其爵位。既使兴等怀忠感悦，远人闻之，必皆竞劝。其以兴为使持节、都督交州诸军事、南中大将军，封定安县侯，得以便宜从事。命未至，兴为其下所杀。

按《吴志·孙休传》：永安六年，交阯郡吏吕兴等反，杀太守孙谞。按《晋书·地理志》：晋平蜀，以蜀建宁太守霍弋遥领交州，得以便宜选用长史。

永安七年秋七月，复分交州置广州。按《吴志·孙休传》云云。

末帝宝鼎

末帝宝鼎二年九月[1]，遣交州刺史刘俊、前部督修则等入击交阯，为晋将毛炅等所破，皆死，兵散还合浦。按《三国·吴志·孙皓传》云云。

【校】

[1] 末帝宝鼎二年九月："二"，中华本《三国志》作"三"。

建衡

建衡元年十一月，遣监军虞汜、威南将军薛珝、苍梧太守陶璜由荆州，监军李勖、督军徐存从建安海道，皆就合浦击交阯。按《三国·吴志·孙皓传》云云。

建衡三年，汜、璜破交阯，禽杀晋所置守将，九真、日南皆还属[1]。分交阯为新昌郡。诸将破扶严，置武平郡。按《吴志·孙皓传》云云。按《晋书·地理志》：孙皓又立新昌、武平、九德三郡。

【校】

[1] 九真、日南皆还属：中华本《三国志》该句后有"大赦"二字。

凤凰

凤皇三年，分郁林为桂林郡。按《三国·吴志·孙皓传》云云。

天纪

天纪三年，郭马反，自号安南将军都督交、广二州诸军事。按《三国·吴志·孙皓传》：三年夏，郭马反。马本合浦太守修允部曲督。允转桂林太守，疾病，住广州，先遣马将五百兵至郡[1]，允死，兵当分给，马等累世旧军，不乐离别。皓时又科实广州户口，马与部曲将何典、王族、吴述、殷兴等因此恐动兵民，合聚人众，攻杀广州督虞授。马自号都督交、广二州诸军事、安南将军，兴广州刺史，述南海太守。典攻苍梧，族攻始兴。八月，以军师张悌为丞相，牛渚都督何植为司徒。执金吾滕循为司空，未拜，转镇南将军，假节领广州牧，率万人从东道讨马，兴族遇于始兴，未得前。马杀南海太守刘略，逐广州刺史徐旗。皓又遣徐陵督陶浚将七千人从西道，命交州牧陶璜部伍所领及合浦、郁林诸郡兵，当与东西军共击马。（注）《汉晋春秋》曰：先是，吴有说谶者曰："吴之败，兵起南裔，亡吴者，公孙也。"皓闻之，文武职位至于卒伍 有姓公孙者，皆徙广州，不令停江边。及闻马反，大惧曰："此天亡也。"

【校】

[1] 先遣马将五百兵至郡：中华本《三国志》该句后有"安抚诸夷"。

晋

武帝泰始

武帝泰始四年冬十月，吴将顾容寇郁林，太守毛炅大破之，斩其交州刺史刘俊、将军修则。按《晋书·武帝本纪》云云。

泰始五年五月，曲赦交趾、九真、日南五岁刑。按《晋书·武帝本纪》云云。

泰始七年秋七月，吴将陶璜等围交趾，太守杨稷与郁林太守毛炅及日南等三郡降于吴。按《晋书·武帝本纪》云云。

泰康

泰康□年[1]，省珠崖入合浦。置交州郡属，又置广州郡属。按《晋书·武帝本纪》不载。按《地理志》：平吴后，省珠崖入合浦。交州统郡七，县五十三，户二万五千六百。

合浦郡 汉置。统县六，户二千。合浦 南平 荡昌 徐闻 毒质 珠官

交趾郡 汉置。统县十四，户一万二千。龙编 苟扁 望海 嬴陵 西于 武宁 朱鸢 曲易 交兴 北带 稽徐 安定 南定 海平

新昌郡 吴置。统县六，户三千。麋泠 妇人征侧为主处，马援平

之。嘉宁 吴定 封山 临西 西道

武平郡 吴置。统县七，户五千。武宁 武兴 进山 根宁 安武 扶安 封溪

九真郡 汉置。统县七，户三千。胥浦 移风 湛梧[2] 建初 常乐 扶乐 松原

九德郡 吴置，周时越裳氏地。统县八，无户。九德 咸驩 南陵 阳遂 扶苓 曲胥 浦阳 都浌

日南郡 秦置象郡，汉武帝改名焉。统县五，户六百。象林 自此南有四国，其人皆云汉人子孙。今有桐柱[3]，亦是汉置此为界。贡金供税也。卢容 象郡所居。朱吾 西卷 比景（又）广州。汉武帝以其地为交趾郡。及太康中，吴平，遂以荆州、始安、始兴、临贺三部来属[4]。合统郡十，县六十八，户四万二十一百二十。

南海郡 秦置。统县六，户九千五百。番禺 四会 增城 博罗 龙川 平夷

临贺郡 吴置。统县六，户二千五百。临贺 谢沐 冯乘 封阳 兴安 富川

始安郡 吴置。统县七，户六千。始安 始阳 平乐 荔浦 常安 熙平 永丰

始兴郡 吴置。统县七，户五千。曲江 桂阳 始兴 含洭 浈阳 中宿 阳山

苍梧郡 汉置。统县十二，户七千七百。广信 端溪 高要 建陵 新宁 猛陵 鄣平 农城 元溪 临允 都罗 武城

郁林郡 秦置桂郡[5]，汉武帝更名。统县九，户六千。布山 柯林 新邑 晋平 始建 郁平 领方 武熙 安广

桂林郡 吴置。统县八，户二千。潭中 武丰 粟平 羊平 龙刚 夹阳 武城 军腾

高凉郡 吴置。统县三，户二千。安宁 高凉 思平

高兴郡 吴置。统县五，户一千二百二十。广化 海安 化平 黄阳[6] 西平

宁浦郡 吴置。统县五，户一千三百二十。宁浦 连道[7] 吴安 昌

平[8]平山

【校】

[1] 泰康年：底本年份缺，据下文引《晋书·地理志》："平吴后，省珠崖入合浦"，推测可能为泰康元年。

[2] 湛梧："湛"，中华本《晋书》、《新唐书》志第三十三上地理七上、《宋书》志第二十八州郡四均作"津"。

[3] 今有桐柱："桐"，中华本《晋书》作"铜"。

[4] 遂以荆州、始安、始兴、临贺三部来属："部"，中华本《晋书》作"郡"。

[5] 秦置桂郡：中华本《晋书》"桂"下有一"林"字。

[6] 黄阳：中华本校勘记云："《宋志》四：'莫阳令，晋《太康地志》有，属高兴。'《元和郡县补志》八亦谓'晋分置莫阳县。'马校：《寰宇记》谓以莫阳江得名。疑为'黄'为'莫'之误字。"

[7] 连道：按《宋书》志第二十八州郡四："兴道兴道令，晋武帝太康元年，以合浦北部营之连道立"，疑此处"连道"当作"兴道"为是。

[8] 昌平：按《宋书》志第二十八州郡四："主浦令宁浦令，《晋太康地记》本名昌平，武帝太康元年更名。"此时昌平已更名为宁浦，疑与前文"宁浦"重。

宋

文帝元嘉

文帝元嘉八年春正月，于交州复立珠崖郡。元嘉十一年二月[1]，以交趾太守李耽之为交州刺史。按以上《宋书·文帝本纪》云云。

【校】

[1] 元嘉十一年二月：中华本《宋书》"月"下有"癸酉"二字。

南齐

高帝建元

高帝建元元年，仍以李叔献为交州刺史。

按《南齐书·高帝本纪》：建元元年秋，七月，丁未，诏曰：交趾、比景独隔书朔，斯乃前运方季，负海不朝，因迷遂往，归款莫由。曲赦交州部内李叔献一人，即抚南土，文武详才选用。并遣大使宣扬朝恩。

以试守武平太守行交州府事李叔献为交州刺史。

按《扶南传》：交州斗绝海岛，控带外国，故恃险数不宾。宋泰始初，刺史张牧卒，交趾人李长仁杀牧北来部曲，据交州叛。数年病死，从弟叔献嗣事，号令未行，遣使求刺史。宋朝以南海太守沈焕为交州刺史，以叔献为焕宁远司马，武平、新昌二郡太守。叔献得朝命，人情服从，遂以叔献为交州刺史，就安慰之。

武帝永明

武帝永明三年春、正月、丙辰，以大司农刘楷为交州刺史。按《南齐书·武帝本纪》云云。按《扶南传》：叔献受命，既而断割外国，贡献寡少。世祖欲讨之，永明元年[1]，以司农刘楷为交州刺史，发南康、庐陵、始兴郡兵征交州。叔献闻之，遣使愿更申数年，献十二队纯银兜鍪及孔雀䍐，世祖不许。叔献惧为楷所袭，间道自湘川还朝。

【校】

[1] 永明元年："元年"，中华本《南齐书》校勘记云："按武帝纪、永明三年春正月，以大司农刘楷为交州刺史，则元龟作'三年'是"，又《资治通鉴》卷一三六世祖武皇帝上之下永明三年条有："以大司农刘楷为交州刺史。"

永明六年六月丙子，以始兴太守房法乘为交州刺史。按《南齐书·武帝本纪》云云。按《扶南国传》：六年，以始兴太守房法乘代楷。法乘至镇，属疾不理事，专好读书。长史伏登之因此擅权，改易将吏，不令法乘知。录事房季文白之，法乘大怒，系登之于狱。十余日，登之厚赂法乘妹夫崔景叔得出，将部曲袭州执法乘，谓之曰："使君既有疾，不宜劳。"囚之别室。法乘无事，复就登之求书读，登之曰："使君静处独恐动疾，岂可看书。"遂不与。乃启法乘心疾动，不任视事，世祖仍以登之为交州刺史。法乘还至岭而卒。法乘，清河人。升明中，为太祖骠骑中兵，至左中郎将。性方简，身长八尺三寸，行出人上，常自俯屈。青州刺史明庆符亦长与法乘等，朝廷唯此二人。

唐

高祖武德

高祖武德五年，始以安南都护府，属岭南道。按《唐书·高祖本纪》不载。按《地理志》：安南中都护府，本交趾郡，武德五年曰交州，治交趾。按《广东通志》：安南国，古交趾也。献帝建安中，改为交州；吴孙权分交州为广州，而徙交州治龙编；晋、宋、齐、梁、陈、隋并因之[1]；唐初，改安南都护府，属岭南道，安南之名始此。交趾郡为交州分武峨州、粤州、芝州。九真郡为爱州分福禄州、长州。日南郡为驩州分峰州、陆州、汤州，又有禹州、岩州，凡一十二州[2]。

【校】

[1] 晋、宋、齐、梁、陈、隋并因之："晋、宋、齐、梁、陈、隋"，四库本《广东通志》作"六朝"。

[2] 交趾郡为……凡一十二州：该句四库本《广东通志》无。

懿宗咸通

懿宗咸通元年十二月戊申，云南蛮寇安南。咸通三年十一月，云南蛮寇安南。咸通四年正月，云南蛮陷安南，蔡袭死之。二月，拜十六陵。秦州经略使高骈为安南经略招讨使。咸通六年五月，高骈及云南蛮战于邕州，败之。按以上俱《唐书·懿宗本纪》云云。

咸通七年十月，高骈克安南。按《唐书·懿宗本纪》云云。按《高骈传》：咸通中，帝将复安南，拜骈为都护，召还京师，见灵台殿。于是容管经略使张茵不讨贼，更以茵兵授骈。骈过江，约监军利瓦伊周继进。维周拥众壁海门，骈次峰州，大破南诏蛮，收所获赡军。维周忌之，匿捷书不奏。朝廷不知骈问百余日，诏问状。维周劾骈玩敌不进，更命右武卫将军王晏权往代骈。俄而骈拔安南，斩蛮帅段酋迁，降附诸洞二万计。晏权方挟维周发海门，檄骈北归。而骈遣王惠赞传酋迁首京师，见艨舻甚盛，乃晏权等，惠赞惧夺其书，匿岛中，间关至京师。天子览书，御宣政殿，群臣皆贺，大赦天下。进骈检校刑部尚书，仍镇安南，以都护府为静海军，授骈节度，兼诸道行营招讨使。始筑安南城。由安南至广州，江漕梗险，多巨石，骈募工劚治，由是舟济安行，储饷毕给。又使者岁至，乃凿道五所，置兵护送。其径青石者，或传马援所不能治。既攻之，有雷震碎其石[1]，乃得通，因名道曰"天威"。

【校】

［1］有雷震碎其石："雷"，中华本《唐书》无。

后梁

末帝贞明

末帝贞明□年，安南送款于梁。按《五代史·梁本纪》不载。按《广东通志》：五季，梁贞明中为土豪曲承美所据，送款于梁，得节度使。时南汉擅命岭表，遣将李知顺伐承美，执之，乃平，有其地，寻为爱州将杨延艺所据，后州将吴昌岌夺之，传其弟昌文。

宋

太祖乾德

太祖乾德□年，安南上表内附。按《宋史·太祖本纪》不载。按《广东通志》：宋乾德初，昌文死，吴处玶等争立[1]，管内大乱[2]。有丁部领者平之，自称大胜王，私署其子琏为节度使。闻南汉平，上表内附[3]。

【校】

［1］吴处玶等争立："玶"，底本、四库本《广东通志》同，《宋史纪事本末》卷一五、《宋史》卷四八八、《文献通考》卷三三〇作"平"。

［2］管内大乱：此句四库本《广东通志》作"乱"。

［3］私署其子琏为节度使。闻南汉平，上表内附：此句四库本《广东通志》无。

开宝

开宝六年夏五月己巳，交州丁琏遣使贡方物。按《宋史·太祖本纪》云云。按《交址本传》：交址，本汉初南越之地。汉武平南越，分其地为儋耳、珠崖、南海、苍梧、郁林、合浦、交址、九真、日南，凡九郡，置交址刺史以领之。后汉置交州，晋、宋、齐、梁、陈因之，又为交址郡。隋平陈，废郡置州；炀帝初，废州置郡。唐武德中，改交州总管府；至德中，改安南都护府。梁贞明中，土豪曲承美专有其地，送款于末帝，因授承美节钺。时刘隐擅命岭表[1]，遣将李知顺伐承美，执之，乃并有其地。后有杨延艺、绍洪皆受广南署[2]，继为交址节度使。绍洪卒，州将吴昌岌遂居其位。昌岌死，其弟昌文袭。干德初，昌文死，其参谋吴处玶、峰州刺史矫知护、武宁州刺史杨晖、牙将杜景硕等争立，管内一十二州大乱。部民啸聚，起为寇盗，攻交州。先是，杨廷艺以牙将丁公着摄驩州刺史兼御蕃都督，部领即其子也。公着死，部领继之。至是，部领与其子琏率兵击败处玶等，贼党溃散，境内安堵，交民德之，乃推部领为交州帅，号曰大胜王[3]，署其子琏为节度使。凡三年，逊琏位。琏立七年，闻岭表平，遂遣使贡方物，上表内附。制以权交州节度使丁琏以检校太师充静海军节度使、安南都护。又诏以进奉使郑琇、王绍祚并为检校左散骑常侍兼御史大夫。

【校】

[1] 时刘隐擅命岭表："刘隐"，中华本《宋史》作"刘䶮"。按：中华本《宋史》云："刘隐是时已死，据《宋会要》蕃夷四之二〇、《通考》卷三三〇四裔考改。"

[2] 后有杨延艺、绍洪皆受广南署"杨延艺"，中华本《宋史》作"杨廷艺"。按：《资治通鉴》卷二八一高祖圣文章武明德孝皇帝上之下天福三年条，《新五代史》卷六五南汉世家第五下均作"杨廷艺"。

[3] 号曰大胜王："大胜王"，《续资治》卷四作"万胜王"。

开宝八年五月甲午，安南都护丁琏遣使来贡。按《宋史·太祖本纪》云云。按《交址本传》：开宝八年，遣使贡犀、象、香药。朝廷议崇宠部领，降制曰：率土来王，方推以恩信；举宗奉国，宜洽于封崇。眷拱极之外臣，举显亲之茂典。尔部领世为右族，克保遐方；夙慕华风，不忘内附。属九州岛混一，五岭廓清，靡限溟涛，乐输琛赆，嘉乃令子，称吾列藩。特被鸿私，以旌义训。介尔眉寿，服兹宠章。可授开府仪同三司、检校太师，封交址郡王。按《广东通志》：八年，诏封部领为交址郡王琏为节度、安南都护，自此始为蕃彝矣。

太宗太平兴国

太宗太平兴国□年，安南来贡。按《宋史·太宗本纪》不载。按

《交址本传》：太宗即位，琏又遣使以方物来贺。

太平兴国□年，安南大将黎桓擅权废主，太宗议欲举兵。按《宋史·太宗本纪》不载。按《交址本传》：部领及琏既死，琏弟璇尚幼，嗣立，称节度行军司马权领军府事。大将黎桓擅权树党，渐不可制，却迁璇于别第[1]，举族禁锢之，代总其众。太宗闻之，怒，乃议举兵。按《广东通志》：部领及琏死，琏弟璇立尚幼，大将黎桓篡之。丁氏传世共十一年。

【校】

[1] 却迁璇于别第："却"，中华本《宋史》作"劫"，《资治通鉴》卷一一太宗太平兴国五年条亦作"劫迁璇于别第"，疑"却"为"劫"之讹。

太平兴国五年，诏讨交州黎桓。按《宋史·太宗本纪》：五年秋七月丁未，讨交州黎桓，命兰州团练使孙全兴、八作使张浚、左监门卫将军崔亮、宁州刺史刘澄、军器库副使贾湜、合门祗候王僎并为部署。全兴、浚、亮由邕州，澄、湜、僎由廉州，各以其众致讨。九月癸卯，黎桓遣使为丁璇上表求袭位。冬十一月庚子朔，安南静海军节度行军司马、权知州事丁璇上表求袭位，不报。十二月乙酉，交州行营与贼战，大破之。

按《交址本传》：太平兴国五年秋，诏以兰州团练使孙全兴、八作使张璇、左监门卫将军崔亮为陆路兵马部署，自邕州路入；宁州刺史刘澄、军器库副使贾湜、供奉官合门祗候王僎为水路兵马部署，自广州路入。是冬，黎桓遣牙校江巨湟赍方物来贡，仍为丁璇上表曰：臣族本蛮酋，僻处海裔，修职贡于宰旅，假节制于方隅。臣之父兄，代承阃寄，谨保封略，罔敢怠遑。爰暨沦亡，将坠堂构，将吏耆耋，乃属于臣，俾权军旅之事，用安夷落之众。土俗犷悍，恳请愈坚，拒而弗从，虑其生变。臣已摄节度行军司马权领军府事，愿赐真秩，令备列藩，干冒宸扆，伏增震越。上察其欲缓王师，寝而不报。王师进讨，破贼万余众，斩首二千余级。

太平兴国六年三月壬戌，交州行营破贼于白藤江口，获战船二百艘，知邕州侯仁贵死之[1]。会炎瘴，军士多死者，转运使许仲宣驿闻，诏班师。诏斩刘澄、贾浞于军中，征孙全兴下狱。按《宋史·太宗本纪》云云。按《交址本传》：六年春，又破贼于白藤江口，斩首千余级，获战舰二百艘，甲胄万计。转运使侯仁宝（《本纪》作贵）率前军先进，全兴等顿兵花步七十日以候澄，仁宝累促之，不进。及澄至，并军由水路至多罗村，不遇贼，复擅回花步。桓诈降以诱仁宝，遂为所害。转运使许仲宣驰奏其事，遂班师。上遣使就劾澄、浞、僎，澄寻病死，戮浞等邕州市。全兴至阙，亦下吏诛，余抵罪有差。仁宝赠工部侍郎。

【校】

[1]知邕州侯仁贵死之："侯仁贵"，中华本《宋史》、《宋会要》兵八之三六作"侯仁宝"。

太平兴国七年春三月，交州以王师致讨，遣使来谢。按《宋史·太宗本纪》云云。按《交址本传》：七年春，桓惧朝廷终行讨灭，复以丁璇为名，遣使贡方物，上表谢罪。

太平兴国八年五月丁卯，黎桓自称三使留后[1]，遣使来贡，并上丁璇让表。诏谕桓送璇母子赴阙，不听。按《宋史·太宗本纪》云云。按《交址本传》：八年，桓自称权交州三使留后，遣使贡方物，并以璇表来上，帝赐桓诏曰："丁氏传袭三世，保据一方，卿既受其倚毗，为之心膂，克徇邦人之请，无负丁氏之心。朕且欲令璇为统帅之名，卿居副二之任，划裁制置，悉系于卿。俟丁璇既冠，有所成立，卿之辅翼，令德弥光，崇奖忠勋，朕亦何吝。若丁璇将材无取，童心如故，然其奕世绍袭，载绵星纪，一旦舍去节钺，降同士伍，理既非便，居亦靡安。诏到，卿宜遣丁璇母子及其亲属尽室来归。俟其入朝，便当揆日降制，授卿节旄。凡兹两途，卿宜审处其一。丁璇到京，必加优礼。今遣供奉官张宗权赍诏谕旨，当悉朕怀。"亦赐璇诏书如旨。时黎桓已专据其土，不听命。是岁五月上言，占城国水陆象马数万来寇，率所部兵击走之，俘斩千计。

【校】

[1]黎桓自称三使留后："后"，底本原作"後"。按："后"此处应为"君主，帝王"之义，"後"无此义，今改。

雍熙

雍熙二年二月戊寅，权交州留后黎桓遣使来贡。按《宋史·太宗本纪》云云。按《交址传》：雍熙二年，遣牙校张绍冯、阮伯簪等贡方物，继上表求正领节镇。

雍熙三年冬十月庚申，诏以权静海军留后黎桓为本军节度。按《宋史·太宗本纪》云云。按《交址本传》：三年秋，又遣使贡方物。儋州言，占城国人蒲罗遏率其族百余众内附，言为交州所逼故也。是岁十月，制曰："王者懋建皇极，宠绥列藩。设邸京师，所以盛会同之礼；胙土方面，所以表节制之雄。矧兹赿鸢之隅，克修设羽之贡，式当易帅，爰利建侯，不忘请命之恭，用举酬劳之典。权知交州三使留后黎桓，兼资义勇，特禀忠纯，能得邦人之心，弥谨藩臣之礼。往者，丁璇方在童幼，昧于抚绥。桓乃肺腑之亲，专掌军旅之事，号令自出，威爱并行。璇尽解三使之权，以徇众人之欲。远输诚款，求领节旄。士燮强明，化越俗而咸乂；尉佗恭顺，禀汉诏以无违。宜正元戎之称，以列通侯之贵，控抚夷落，对扬天休。可检校太保、使持节、都督交州诸军事、安南都护，充静海军节度、交州管内观察处置等使，封京兆郡侯，食邑三千户，仍赐号推诚顺化功臣。"遣左补阙李若拙、国子博士李觉为使以赐之。

按《李若拙传》：若拙，雍熙三年，假秘书监使交州。先是，黎桓制度踰僭。若拙既入境，即遣左右戒以臣礼，繇是桓听命，拜诏尽恭。燕飨日，以奇货异物列于前，若拙一不留盼。取先陷蛮使邓君辨以归，礼币外，不受其私觌。使还，上谓其不辱命。迁起居舍人。

端拱

端拱元年夏四月己丑，加静海军节度使黎桓检校太尉。闰五月丁酉，交州黎桓遣使来贡。按《宋史·太宗本纪》云云。按《交址本传》：端拱元年，加桓检校太尉，进邑千户，实封五百户。遣户部郎中魏庠、虞部员外郎直史馆李度往使焉。

淳化

淳化元年冬十月甲辰，交州黎桓遣使来贡。按《宋史·太宗本纪》

云云。按《交址传》：淳化元年夏，加桓特进，邑千户，实封四百户。遣左正言直史馆宋镐、右正言直史馆王世则又使焉。

淳化二年，宋镐使交址还，命条其地形及事迹以闻。按《宋史·太宗本纪》不载。按《交址本传》：淳化元年，加桓特进，邑千户，实封四百户。遣左正言宋镐等又使焉。明年[1]，归阙，上令条列山川形势及黎桓事迹以闻。镐等具奏曰：

去岁秋末抵交州境，桓遣牙内都指挥使丁承正等以船九艘、卒三百人至太平军来迎，由海口入大海，冒涉风涛，颇历危险。经半月至白藤，径入海汊，乘潮而行。凡宿泊之所皆有茅舍三间，营葺尚新，目为馆驿。至长州渐近本国，桓张皇虚诞，务为夸诧，尽出舟师战棹，谓之军[2]。

自是宵征抵海岸，至交州仅十五里，有茅亭五间，题曰茅径驿。至城一百里，驱部民畜产，妄称官牛，数不满千，扬言十万。又广率其民混于军旅，以杂色之衣[3]，乘船鼓噪。近城之山虚张白旗，以为陈兵之象。俄而拥从桓至，展郊迎之礼，桓敛马侧身，问皇帝起居毕，按辔偕行。时以槟榔相遗，马上食之，此风俗待宾之厚意也。城中无居民，止有茅竹屋数十百区，以为军营。而府署湫隘，题其门曰明德门。

桓质陋而目眇，自言近岁与蛮寇接战，坠马伤足，受诏不拜。信宿之后，乃张筵饮宴。又出临海汊，以为娱宾之游。桓跣足持竿，入水标鱼，每中一鱼，左右皆叫噪欢跃。凡有宴会，预坐之人悉令解带，冠以帽子。桓多衣花缬及红色之衣，帽以真珠为饰，或自歌劝酒，莫能晓其词。尝令数十人扛大蛇长数丈，馈于使馆，且曰："若能食此，当治之为馔以献焉。"又羁送二虎，以备纵观。皆却之不受。士卒殆三千人，悉黥其额曰"天子军"。粮以禾穗日给，令自舂为食。兵器止有弓弩、木牌、梭枪、竹枪，弱不可用。

桓轻佻残忍，昵比小人，腹心阉竖五七辈错立其侧。好狎饮，以手令为乐。凡官属善其事者，擢居亲近左右，有小过亦杀之，或鞭其背一百至二百。宾佐小不如意，亦捶之三十至五十，黜为阍吏；怒息，乃召复其位。有木塔，其制朴陋，桓一日请同登游览。地无寒气，十一月犹衣夹衣挥扇云。

【校】

[1]明年：中华本《宋史》"年"后有"六月"二字。

[2]谓之军：中华本《宋史》"之"下有一"耀"字，中华本《宋史》校勘记云："耀字原脱，据《长编》卷三一，《通考》卷三三〇四裔考补。"

[3]以杂色之衣：中华本《宋史》"以"上有一"衣"字。

淳化四年二月，静海军节度使黎桓封交址郡王。按《宋史·太宗本纪》云云。按《交址本传》：四年，进封桓交址郡王。

淳化五年三月，交址郡王黎桓遣使来贡。按《宋史·太宗本纪》云云。按《交址本传》：五年，遣牙校费崇德等来修职贡。然桓性本凶狠，负阻山海，屡为寇害，渐失藩臣礼。

至道

至道元年，交址入寇如洪镇，又寇邕州。按《宋史·太宗本纪》不载。按《交址本传》：至道元年春，广南西路转运使张观、钦州如洪镇兵马监押卫昭美皆上言，有交州战船百余艘寇如洪镇，略居民，劫廪实而去。其夏，桓所管苏茂州，又以乡兵五千寇邕州所管缘山[1]，都巡检杨文杰击走之。太宗志在抚宁荒服，不欲问罪。观又言，风闻黎桓为丁氏斥逐，拥余党山海间，失其所据，故以寇钞自给，今则桓已死。观仍上表称贺。诏太常丞陈士隆、高品武元吉奉使岭南，因侦其事。士隆等复命，所言与观同。其实桓尚存，而传闻者之误，观等不能审核。未几，有大贾自交址回，具言桓为帅如故。诏劾观等，会观病卒，昭美、士隆、元吉抵罪。先是，钦州如洪、咄步、如昔等三镇皆濒海，交州潮阳民卜文勇等杀人，并家亡命至如昔镇，镇将黄令德等匿之。桓令潮阳镇将黄成雅移牒来捕，令德固不遣，因兹海贼连年剽掠。

【校】

[1]又以乡兵五千寇邕州所管缘山："缘山"，中华本《宋史》、《武经总要前集》卷二〇、越南黎崱《安南志略》卷一一均作"绿州"。

至道二年，遣使抚慰黎桓，赐以美玉带，桓北望顿首谢。按《宋史·太宗本纪》不载。按《交址本传》：二年，以工部员外郎、直史馆陈尧叟为转运使，因赐桓诏书。尧叟始至，遣摄雷州海康县尉李建中赍诏劳问桓。尧叟又至如昔，诘得匿文勇之由，尽擒其男女老少一百三十口，召潮阳镇吏付之，且戒勿加酷法。成雅得其人，以状谢尧叟。桓遂上章感恩，并捕海贼二十五人送于尧叟，且言已约勒溪洞首领，不得骚动。七月，太宗遣主客郎中、直昭文馆李若拙赍诏书，充国信使，以美玉带往赐桓。若拙既至，桓出郊迎，然其词气尚悖慢，谓若拙曰："向者劫如洪镇乃外境蛮贼也，皇帝知此非交州兵否？若使交州果叛命，则当首攻番禺，次击闽、越，岂止如洪镇而已！"若拙从容谓桓曰："上初闻寇如洪镇，虽未知其所自，然以足下拔自交州牙校，授之制节[1]，固当尽忠以报，岂有他虑！及见执送海贼，事果明白。然而大臣佥议，以为朝廷比建节帅，以宁海表，今既蛮贼为寇害，乃是交州力不能独制矣。请发劲卒数万，会交兵以剪灭之，使交、广无后患。"上曰："未可轻举，虑交州不测朝旨，或致惊骇，不若且委黎桓讨击之，亦当渐至清谧。今则不复会兵也。"桓愕然避席，曰："海贼犯边，守臣之罪也。圣君容贷，恩过父母，未加诛责。自今谨守职约，保永清于涨海。"因北望顿首谢。

【校】

[1] 授之制节："制节"，中华本《宋史》作"节制"。按："节制"，指节度使。如《续资治通鉴·宋纪》卷四二有"去年授嘉勒斯赉节制"，"制节"应为"节制"之乙误。

至道三年三月，太宗崩，皇太子奉遗制即皇帝位。四月乙卯，静海军节度使、交址郡王黎桓加兼侍中，进封南平王。按《宋史·太宗本纪》不载。按《真宗本纪》云云。按《交址本传》：真宗即位，进封桓南平王兼侍中。桓前遣都知兵马使阮绍恭、副使赵怀德，以金银七宝装交椅一、银盆十、犀角象牙五十枚、绢绸布万匹来贡。诏陈于万岁殿太宗神御，许绍恭等拜奠。及回，赐桓带甲马，诏书慰奖。

真宗咸平

真宗咸平四年二月戊申，交州黎桓供驯犀、象[1]。按《宋史·真宗本纪》云云。按《交址本传》：咸平四年，又遣行军司马黎绍、留使副何庆常[2]，以驯犀一、象二、象二、象㺉二、七宝装金瓶一来贡。其年钦州言，交州效诚场民及头首八州使黄庆集等数百人来投，有诏慰抚，遣还本道。广南西路言，黎桓迎受官告使黄成雅附奏，自今国朝加恩，愿遣使至本道，以宠海裔。先是，使至交州，桓即以供奉为辞，因缘赋敛。上闻之，止令疆吏召授命，不复专使（㺉，按字典无此字）。

咸平六年三月辛卯朔，钦州言交州八州使黄庆集等来归。按《宋史·真宗本纪》云云。

【校】

[1]交州黎桓供驯犀、象："供"，中华本《宋史》作"贡"。

[2]又遣行军司马黎绍、留使副何庆常："留使副"，中华本《宋史》作"副使"。按：副使，派往外国的正使或公使的副手。疑底本衍一"留"字，"副"、"使"二字互乙。

景德

景德元年是岁，交州来贡。按《宋史·真宗本纪》云云。按《交址本传》：景德元年，又遣其子摄驩州刺史明提来贡，恳求加恩使至本道慰抚遐裔，许之，仍以明提为驩州刺史。

景德二年二月乙酉，遣使安抚交州。按《宋史·真宗本纪》云云。按《交址本传》：二年上元节，赐明提钱，令与占城、人食使观灯宴饮，因遣工部员外郎邵晔充国信使。

景德三年六月，知广州凌策请征交址，不允。按《宋史·真宗本纪》：景德三年六月，知广州凌策请发兵定交址乱，帝以黎桓素修职贡，不欲伐丧，命遵前诏安抚。七月，邵晔上邕州至交址水陆路及控制宜州山川等图，帝曰："祖宗辟土广大，惟当慎守，不必贪无用地，劳苦兵力。"[1]

按《交址本传》：三年，桓卒，立中子龙钺。龙钺兄龙全劫库财而遁，其弟龙廷杀龙钺自立。龙廷兄明护率扶兰寨攻战[2]。明提以国乱不能还，特诏广州优加资给。知广州凌策等言："桓诸子争立，众心离叛，头首黄庆集、黄秀蛮等千余人以不从驱率，戮及亲族，来投廉州，请发本道二千人平之，庆集等愿为前锋。"上以桓素忠顺，屡修职贡，今幸乱而伐丧，不可。就改国信使邵晔为缘海安抚使，令晓譬之。庆集等仍计口赐田粮。晔乃贻书交州，谕以朝廷威德，如其自相鱼肉，久无定位，偏师问罪，则黎氏尽灭矣。明护惧，即奉龙廷主军事。龙廷自称节度、开明王[3]，遂欲修贡。晔以闻，上曰："遐荒异俗，不晓事体，何足怪也？"令削去伪官。晔又言，头首黄庆集先避乱归化，其种族尚多，若复遣还，虑遭屠戮。诏以庆集隶三班，厘务于郴州，遂许入贡。

按《邵晔传》：景德中，假光禄卿，充交址安抚国信使。会黎桓死，其子龙钺嗣立，兄龙全率兵劫库财而去，其弟龙廷杀钺自立，龙廷兄明护率扶兰寨兵攻战。晔驻岭表，以事上闻，改命为缘海安抚使，许以便宜设方略。晔贻书安南，谕朝廷威德，俾速定位。明护等实时听命，奉龙廷主军事。初，诏晔俟其事定，即以黎桓礼物改赐新帅。晔上言：怀抚外夷，当示诚信，不若俟龙廷贡奉，别加封爵而宠赐之。真宗甚嘉纳。使还，改兵部员外郎，赐金紫。（又）尝上《邕州至交州水陆路》及《宜州山川》等四图，颇详控制之要。

【校】

[1] 劳苦兵力："劳苦"，中华本《宋史》、《资治通鉴》卷二六作"苦劳"，义可两通。

[2] 龙廷兄明护率扶兰寨攻战：中华本《宋史》"寨"下有一"兵"字。

[3] 龙廷自称节度、开明王：中华本《宋史》校勘记云："《宋会要》蕃夷四之二七作'自称静海军节度观察处置等史，检校太尉、开明王'。"

景德四年七月乙亥，交州来贡，赐黎龙廷《九经》及佛氏书。辛巳，以龙廷为静海军节度、交址郡王，赐名至忠。九月己巳，赐交址郡王印及安南旌节。按《宋史·真宗本纪》云云。按《交址本传》：四年，龙廷称权安南静海军留后，遣弟峰州刺史明昶、副使安南掌书记殿中丞黄成雅等来贡。会含光殿大宴，上以成雅坐远，欲稍升位着，访于宰相王旦，旦曰："昔子产朝周，周王飨以上卿之礼，子产固辞，受下卿之礼而还。国家惠绥远方，优待客使，固无嫌也。"乃升成雅于尚书省五品之次。诏拜龙廷特进、检校太尉，充静海军节度观察处置等使、安南都护，兼御史大夫、上柱国，仍封交址郡王，食邑三千户，食实封一千户；赐推诚顺化功臣；仍赐名至忠，给以旌节。又追赠桓中书令、南越王。进奉使黎明昶等并进秩。

大中祥符

大中祥符元年正月乙酉，制加交阯郡王黎至忠功臣食邑。十二月辛亥，交阯郡王黎至忠加同平章事。按《宋史·真宗本纪》云云。按《交阯本传》：大中祥符元年，天书降，加翊戴功臣，食邑七百户，实封三百户。东封毕，加至忠同平章事，食邑一千户，食实封四百户。

大中祥符二年十二月，交州黎至忠贡驯犀。按《宋史·真宗本纪》云云。按《交阯本传》：二年，广南西路言，蛮人劫海口蜑户[1]，如洪砦主李文着以轻兵袭逐，中流矢死。诏督安南捕贼。明年，执狄獠十三人以献。至忠又遣推官阮守疆以犀角、象齿、金银、纹绵等来贡。并献驯犀一。上以犀违土性，不可豢畜，却不纳。又以逆至忠意，使者既去，乃令纵之海滋（按：《传》既曰二年则明年，宜为三年矣，而下又曰三年，且贡犀。《本纪》作二年十二月事，明年二字存疑）。

【校】

[1] 蛮人劫海口蜑户：中华本《宋史》、《续资治通鉴》卷七一"蛮"上有"钦州"二字。

大中祥符三年春正月[1]，交州黎至忠卒，以留后李公蕴为静海军节度使，封交阯郡王。按《宋史·真宗本纪》：大中祥符三年春二月癸巳，交州黎至忠卒，大校李公蕴自称留后。三月壬辰，以权静海军节度留后李公蕴为静海军节度[2]，封交阯郡王，赐衣带、器币。十二月辛未，以太宗御书赐交州李公蕴。是岁，交州来贡。

按《交阯本传》：三年，遣使来朝，表求甲胄具装，诏从其请。又求互市于邕州，本道转运使以闻，上曰："濒海之民，数患交州侵寇，仍前止许廉州及如洪砦互市，盖为边隅控扼之所。今或直趋内地，事颇非便。"诏令本道以旧制谕之。至忠纔年二十六，苛虐不法，国人不附。大校李公蕴尤为至忠亲任，尝令以黎为姓。其年，遂图至忠，逐之，杀明提、明昶等，自称留后，遣使贡奉。上曰："黎桓不义而得，公蕴尤而效之，甚可恶也。"然以其蛮俗不足责，遂用桓故事，制授特进、检校太傅，充静海军节度观察处置等使、安南都护，兼御史大夫、上柱国，封交址郡王，食邑三千户，实封一千户，赐推诚顺化功臣。公蕴又表求太宗御书，诏赐百轴。

【校】

[1]大中祥符三年春正月："正月"，下文引《宋史·真宗本纪》有"大中祥符三年春二月癸巳，交州黎至忠卒，大校李公蕴自称留后。三月壬辰，以权静海军留后李公蕴为静海军节度，封交址郡王，赐衣带、器币"，疑"正月"有误。

[2]以权静海军节度留后李公蕴为静海军节度：第一个"节度"，中华本《宋史》、《续资治通鉴》卷二八无。

大中祥符四年，交州来贡。按《宋史·真宗本纪》云云。按《交址本传》：四年，祀汾阴后土，公蕴遣节度判官梁任文、观察巡官黎再严以方物来贡，礼成，加公蕴同平章事，食邑一千户，实封四百户，任文等并优进秩。

大中祥符五年，交州来贡。按《宋史·真宗本纪》云云。按《交址本传》：五年夏，以进奉使李仁美为诚州刺史、陶庆文为太常丞，其从隶有道病死者，所赐附还其家。是冬，圣祖降，加公蕴开府仪同三司，食邑七百户，实封三百户，赐翊戴功臣。

大中祥符七年秋七月辛丑，交州李公蕴败鹤拓蛮[1]，献捷。按《宋史·真宗本纪》云云。按《交址本传》：七年春，又加保节守正功臣，食邑一千户，实封四百户。诏交址诸国使入贡者，所在馆饩供亿，务令丰备。其年，遣知唐州刺史陶硕等来贡。诏以硕为顺州刺史，充安南静海军行军司马；副使吴怀副为澄州刺史[2]，充节度副使。先是，交州狄獠张婆看避罪来奔，知钦州穆重颖召之，至中路复拒焉，都巡检臧嗣遂令如洪寨犒以牢酒[3]。交州侦知其事，因捕狄獠，故钞如洪寨，掠人畜甚众。诏转运司督公蕴追索，仍令疆吏自今不得诱召蛮獠致生事。公蕴或间岁或仍岁以方物入贡。

【校】

[1]交州李公蕴败鹤拓蛮："鹤拓"，中华本《宋史》作"鹤柘"。

[2]副使吴怀副为澄州刺史："吴怀副"，中华本《宋史》作"吴怀嗣"。

[3]都巡检臧嗣遂令如洪砦犒以牢酒："牢酒"，中华本《宋史》作"牛酒"。按：牛酒，牛和酒。古代用作馈赠、犒劳、祭祀的物品。疑底本"牢"为"牛"之讹。

天禧

天禧元年二月庚寅，进封李公蕴为南平郡王[1]。按《宋史·真宗本纪》云云。按《交址本传》：天禧元年，进封公蕴南平王，加食邑一千户，实封四百户。

【校】

[1]进封李公蕴为南平郡王："南平郡王"，中华本《宋史》作"南平王"。按：《续资治》卷三七有"南平王李公蕴卒"，又下文引《交址本传》有"进封公蕴南平王"，疑"郡"为衍字。

天禧二年[1]，加李公蕴检校太尉。按《宋史·真宗本纪》不载。按《交址本传》：三年，加检校太尉，食邑一千户，实封四百户。每加恩皆遣使将命至其境上，仍赐器币、袭衣、金带、鞍马焉。

【校】

[1]天禧二年："二年"，中华本《宋史·交址本传》作"三年"。

乾兴

乾兴元年二月戊午，真宗崩，遗诏太子即皇帝位。四月丙寅，交州来贡。是岁，南平王李公蕴遣使进贡。按《宋史·真宗本纪》不载。按《仁宗本纪》云云。按《交址本传》：仁宗即位，加公蕴检校太师。遣长州刺史李宽泰、都护副使阮守疆来贡。

仁宗天圣

仁宗天圣五年，南平国王李公蕴遣人来贡。按《宋史·仁宗本纪》云云。

天圣六年五月乙未朔，交址寇边。按《宋史·仁宗本纪》云云。按《交址本传》：天圣六年，遣骥州刺史李公显来贡，除叙州刺史。既而令其子弟及其婿申承贵率众内寇，诏广南西路转运司发溪峒丁壮讨捕之。

天圣七年四月辛卯，南平王李公蕴卒，其子德政遣人来告，以为交址郡王。按《宋史·仁宗本纪》云云。按《交址本传》：公蕴，卒，年四十四。其子德政自称权知留后事，来告哀。赠公蕴为侍中、南越王，命本路转运使王惟正为祭奠使，又为赐官告使。除德政检校太尉、静海军节度使、安南都护、交址郡王。

天圣八年十二月辛丑，交址王李德政加赐功臣。按《宋史·仁宗本纪》云云。

天圣九年是岁，南平王李德政遣人谢加恩[1]。按《宋史·仁宗本纪》云云。按《交址本传》：天圣九年，遣知峰州刺史李偓佺、知爱州刺史帅日新等来谢，以偓佺为骧州刺史、日新为珍州刺史。

【校】

[1] 南平王李德政遣人谢加恩：中华本《宋史》校勘记云："按李德政由交趾郡王进封南平王在宝元元年十二月，并见本书卷四八八交趾传、《长编》卷一二二、《编年纲目》卷一〇，此处'南平王'当为'交趾郡王'之误。"

明道

明道元年，加李德政同平章事，遣使恭谢。按《宋史·仁宗本纪》不载。按《交趾本传》：明道元年，恭谢，加同中书门下平章事。按《文献通考》：明道初，加同平章事。

景祐

景祐元年六月壬辰，交州民六百余人内附。是岁，南平王李德政献驯象二，诏还之。按《宋史·仁宗本纪》云云。按《交址本传》：景祐中，郡人陈公永等六百余人内附，德政遣兵千余境上捕逐之。诏遣还，仍戒德政毋得辄诛杀。寻遣静海军节度判官陈应机、掌书记王惟庆来贡，以应机为太子中允、惟庆为大理寺丞，德政加检校太师。

景祐三年是岁，南平王李德政来贡。按《宋史·仁宗本纪》云云。按《交址本传》：三年，其甲峒及谅州、门州、苏茂州、广源州、大发峒、丹波县蛮寇邕州之思陵州、西平州、石西州及诸峒，略居人马牛，焚室庐而去。下诏责问之，且令捕酋首正其罪以闻。

康定

康定元年，交址来贡。按《宋史·仁宗本纪》不载。按《交址本传》：康定元年，遣知峰州刺史帅用和、节度副使杜犹兴等来贡。

庆历

庆历三年十二月丁巳，交址献驯象五。按《宋史·仁宗本纪》云云。按《交址本传》：庆历三年，又遣节度副使杜庆安、三班奉职梁材来，以庆安为顺州刺史、材为太子左监门率府率。

庆历六年是岁，交址献驯象十。按《宋史·仁宗本纪》云云。按《交址本传》：六年，又遣兵部员外郎苏仁祚、东头供奉官陶惟幪来，以仁祚为工部郎中、惟幪为内殿崇班（幪，按字典无此字）。

庆历七年，交址遣使来贡。按《宋史·仁宗本纪》不载。按《交址本传》：七年，又遣秘书丞杜文府、左侍禁文昌来，以文府为屯田员外郎、昌为内殿崇班。初，德政发兵取占城，朝廷疑其内畜奸谋，乃访自唐以来所通道路凡十六处，令转运使杜杞度其要害而戍守之，然其后亦未尝寇边。前后累贡驯象。

皇祐

皇祐二年，诏尽还苏茂州韦绍嗣等。按《宋史·仁宗本纪》不载。按《交址本传》：皇祐二年，邕州诱其苏茂州韦绍嗣、绍钦等三千余人入居省地，德政表求所诱。诏尽还之，仍令德政约束边户，毋相侵犯。其后，广源州蛮侬智高反，德政率兵二万，由水路欲入助王师，朝廷优其赐而却其兵。

至和

至和二年十一月乙卯，交址来告李德政卒，其子日尊上德政遗贡物及驯象[1]。按《宋史·仁宗本纪》云云。按《交址本传》：至和二年，德政卒。其子日尊遣人告哀，命广南西路转运使、尚书屯田员外郎苏安世为吊赠使，赠德政为侍中、南越王，赒赉甚厚。寻除日尊特进、检校太尉、静海军节度使、安南都护，封交址郡王。

【校】

[1] 其子日尊上德政遗贡物及驯象："遗贡物"，中华本《宋史》作"遗留物"，下文嘉祐八年条引《交址本传》有"以大行皇帝诏及遗留物赐日尊"。

嘉祐

嘉祐三年六月丁卯，交趾贡异兽。按《宋史·仁宗本纪》云云。按《交趾传》：嘉祐三年，贡异兽二。

嘉祐四年二月庚午，广南言交趾寇钦州。按《宋史·仁宗本纪》云云。按《交址传》：四年，寇钦州思禀管。

嘉祐五年秋七月癸巳，邕州言交址与甲峒蛮合兵寇边，都巡检宋士尧拒战，死之，诏发诸州兵讨捕。按《宋史·仁宗本纪》云云。按《交址本传》：五年，与甲峒贼寇邕州，诏知桂州萧固发部兵与转运使宋咸、提点刑狱李师中同议掩击；又诏安抚使余靖等发兵捕讨。靖遣谍诱占城同广南西路兵甲趋交址，日尊惶怖，上表待罪。诏未得举兵，听日尊贡奉至京师。

按《萧注传》：注知邕州居邕数年，阴以利啖广源群蛮，密缮兵甲，乃上疏曰："交址虽奉朝贡，实包祸心，常以蚕食王土为事。往天圣中，郑天益为转运使，尝责其擅赋云河洞。今云河乃落蛮数百里，盖年侵岁吞，驯致于是。臣已尽得其要领，周知其要害。今不取，异日必为中国忧。愿驰至京师，面陈方略。"未报，而甲洞申绍泰犯西平，五将被害。谏官论注不法致寇，罢为荆南钤辖、提点刑狱。李师中又劾其沮威嗜利，略智高阎民为奴，发洞丁采黄金无帐籍可考。中使按验颇有实，贬泰州团练副使。淮南转运使言："注椎牛屠狗，招集游士，部勒为兵，教之骑射，请徙大州以縻之。"诏改镇南军节度副使。近臣有讼注广州功者，起为右监门将军、邠州都监。

嘉祐八年春正月辛亥，交址贡驯象九。按《宋史·仁宗本纪》云云。按《交址传》：八年，遣文思使梅景先、副使大理评事李继先贡驯象[1]。嘉祐九年，以遗留物赐日尊，加同中书门下平章事。按《宋史》仁宗、英宗本纪俱不载。

【校】

[1] 遣文思使梅景先、副使大理评事李继先贡驯象：中华本《宋史》"象"下有一"九"字，上文引《宋史·仁宗本纪》有"交址贡驯象九"。

按《刑法志》：嘉祐九年，知桂州沈起欲经略交址，取其慈恩州，交人遂破钦，犯邕管。诏边人横遭屠戮，职其致寇，罪悉在起，特削官爵，编置远恶州。按《交址本传》：九年四月戊寅，以大行皇帝诏及遗留物赐日尊，加同中书门下平章事。是日，交址使辞，命内侍省押班李继和喻以申绍泰入寇，本路屡乞讨伐，而朝廷以绍泰一夫肆狂，又本道已遣使谢罪，故未欲兴兵。

英宗治平

英宗治平□年，交址来求侬宗旦男日新及取温闷洞等地。按《宋史·英宗本纪》不载。按《交址本传》：治平初，知桂州陆诜言，交州来求侬宗旦男日新及欲取温闷洞等地，帝问交址于何年割据，辅臣对曰："自唐至德中改安南都护府，梁贞明中，土豪曲承美专有此地。"韩琦曰："向以黎桓叛命，太宗遣将讨伐，不服，后遣使招诱，始效顺。交州山路崄僻，多潦雾瘴毒之气，虽得其地，恐不能守也。"

治平四年二月戊子，进封交址郡王李日尊为南平王。按《宋史·英宗本纪》不载。按《神宗本纪》云云。按《交址传》：神宗即位，进封日尊南平王。

神宗熙宁

神宗熙宁元年，加交址郡王开府仪同三司。按《宋史·神宗本纪》不载。按《交址本传》云云。

熙宁二年九月甲了朔，交州来贡。按《宋史·神宗本纪》云云。按《交址本传》：二年，表言：占城国久阙贡，臣亲帅兵讨之，虏其王。诏以其使郭士安为六宅副使，陶宗元为内殿崇班。日尊自帝其国，僭称法天应运崇仁至道庆成龙祥英武睿文尊德圣神皇帝，尊公蕴为太祖神武皇帝，国号大越，改元宝象，又改神武。

熙宁三年是岁，交址入贡。按《宋史·神宗本纪》云云。

熙宁五年三月甲午，日尊卒，遣使吊赠。按《宋史·神宗本纪》云云。按《交址本传》：五年三月，日尊卒[1]。命广西转运使康卫为吊赠使。予所夺州县[2]。诏报之曰："卿抚有南交，世受王爵，而乃背德奸命，窃暴边城。弃祖考忠顺之图，烦朝廷讨伐之举。师行深入，势蹙始归。迹其罪尤，在所绌削。今遣使修贡，上章致恭，详观词情，灼见悛悔。朕抚绥万国，不异迩遐。但以邕、钦之民，迁劫炎陬，久失乡井，俟尽送还省界，即以广源等赐交州。"乾德初，约归三州官吏千人，久之，才送民二百二十一口，男子年十五以上，皆刺额曰"天子兵"，二十以上曰"投南朝"，妇人刺左手曰"官客"。以舟载之而泥其户牖，中设灯烛，日行一二十里则止，而伪作更鼓以报，凡数月乃至，盖以绐示海道之远也。顺州落南深，置戍镇守，被罹瘴雾多病没，陶弼亦终于官。朝廷知其无用，乃悉以四州一县还之。然广源旧隶邕管羁縻，本非交址所有也。按《文献通考》：五年，日尊卒，子乾德嗣，来告哀，诏遣使吊，赠授乾德袭封如故。

【校】

[1] 日尊卒：中华本《宋史》"日"上有一"李"字。

[2] 予所夺州县：中华本《宋史》校勘记云："《宋会要》蕃夷四之三六至三七、《长编》卷二八〇、《通考》卷三三〇四裔考等书，日尊卒后，子乾德嗣，会对宋战争。'予所夺州县'系干德战败求和，请宋归还所古交趾州县，事在熙宁十年，此句上有脱文。"

熙宁六年三月甲子，交州来贡。按《宋史·神宗本纪》云云。按《萧注传》：熙宁初，以礼宾使知宁州。环庆李信之败，列城皆坚壁，注独启关夜宴如平时。复合门使，管干麟府军马。辞云："身本书生，差长拊纳，不闲战斗，惧无以集事。"时有言："交人挫于占城，众不满万，可取也。"遂以注知桂州。入觐，神宗问攻取之策，对曰："昔者臣有是言，是时溪洞之兵，一可当十；器甲坚利，亲信之人皆可指呼而使。今两者不如昔，交人生聚教训十五年矣，谓之'兵不满万'，妄也。"既至桂，种酋皆来谒。注延访山川曲折，老幼安否，均得其欢心，故李干德动息必知之。然有献征南策者，辄不听。会沈起以平蛮自任，帝使代注而罢。

按《沈起传》：六年，拜天章阁待制、知桂州。自王安石用事，始求边功。是时，议者言交址可取，朝廷命萧注守桂经略之。注盖造谋者也，至是，复以为难。起言："南交小丑，无不可取之理。"乃以起代注，遂一意攻讨。妄言密受旨，擅令疆吏入溪洞，点集土丁为保伍，授以阵图，使岁时肄习。继命指使因督馈盐之海滨，集舟师寓教水战。故时交人与州县贸易，悉禁止之。于是交址益二，大集兵丁谋入寇。

熙宁八年十一月戊寅，交址陷钦州。甲申，交址陷廉州。十二月辛亥，天章阁待制赵卨为安南道招讨使，嘉州防御使李宪副之，以讨交址。按《宋史·神宗本纪》云云。

熙宁九年正月，交址陷邕州，知州苏缄死之。二月，以郭逵为安南道招讨使。十二月，败交址于富良江，李干德降，遂班师。按《宋史·神宗本纪》：熙宁九年春正月戊辰，交址陷邕州，知州苏缄死之。己卯，下溪州刺史彭师晏及天赐州降。庚辰，遣使祭南岳、南海，告以南伐。辛巳，赠苏缄奉国军节度使，谥忠勇，以其子子元为西头供奉官、合门祗候。二月戊子，宣徽南院使郭逵为安南道招讨使，罢李宪，以赵卨副之。诏占城、真腊合击交址。四月甲辰，给空名告身付安南，以招降赏功。五月壬申，诏安南诸军过岭有疾者，所至护治。六月丁亥，诏安南将吏，视军士有疾者月以数闻。七月，安南行营次桂州，郭逵遣钤辖和斌等督水军涉海自广东入，诸军自广南入[1]。十一月乙亥，以安南行营将士疾疫，遣同知太常礼院王存祷南岳，遣中使建祈福道场。十二月丙戌，安南伪观察使刘纪降。癸卯，郭逵败交址于富良江，获其伪太子洪真，李干德遣人奉表诣军门降，逵遂班师。

按《沈起传》：苏缄知邕州，以书抵起，请止保甲，罢水运，通互市。起不听，劾缄阻议[2]，起坐边议罢。命刘彝代之以守广，日遏绝其表疏，于是交人疑惧，率众犯境，连陷廉、白、钦、邕四州，死者数十万人。事闻，贬起团练使，安置郢州，徙越，又徙秀而卒。

【校】

[1] 诸军自广南入：中华本《宋史》校勘记云："《长编》卷二七七作'诸将九军自广西进'。上文既说'水军涉海自广东入'，此处'广南'当为'广西'之误。"

[2] 劾缄阻议："阻"，中华本《宋史》作"沮"。按：沮议，即异议、非议。《续资治通鉴》卷二〇有"诸将多沮议不协"。疑"阻"为"沮"之讹。

熙宁十年三月[1]，复广源、苏茂等州，以交址降，赦广南东路。按《宋史·神宗本纪》：熙宁十年二月丙午，以复广源、苏茂等州，群臣表贺,赦广州囚罪一等,徒以下释之。赐行营诸军钱,民缘征役者恤其家。以广源州为顺州,赦李乾德罪。以郭逵判潭州,赵卨知桂州。己酉,以交址降,赦广南东路、荆湖南路系囚,余各降一等,徒以下释之。七月乙亥,郭逵以安南失律,贬为左卫将军。

【校】

[1] 熙宁十年三月:"三月",中华本《宋史》作"二月",《续资治通鉴》卷二七之熙宁十年二月条下亦有"以复广源、苏茂等州,群臣表贺"。

元丰

元丰元年二月戊辰,诏赦安南战棹都监杨从先等,仍论功行赏。九月癸酉,交址来贡。癸未,李乾德表乞还广源等州,诏不许。按《宋史·神宗本纪》云云。

元丰二年冬十月戊申,交址归所掠民,诏以顺州赐之。按《宋史·神宗本纪》云云。

元丰五年六月壬申,交址献驯犀二。按《宋史·神宗本纪》云云。按《交址传》:元丰五年,献驯象二、犀角象齿百(按:是年献犀象纪传不同,并存之)。

元丰七年冬十月戊子,诏分画交址界,以六县二峒赐之。按《宋史·神宗本纪》云云。

按《交址本传》:六年,以追捕侬智会为辞,犯归化州。又遣其臣黎文盛来广西辨理顺安、归化境界,经略使熊本遣左江巡检成卓与议,文盛称陪臣,不敢争执。诏以文盛能遵乾德恭顺之意,赐之袍带及绢五百匹。乃以八隘之外保乐六县、宿桑二峒予乾德[1]。

按《熊本传》:本知桂州,谍告交人明年将入寇,使者实其言,诏访,本曰:"使者在道,安得此?藉使有谋,何自先知之?"已而果妄。是时,既以顺州赐李乾德,疆画未正,交人缘是辄暴勿阳地而逐侬智会。智会来乞师,本檄问状,乾德敛兵谢本,因请以宿桑八洞不毛之地赐之,南荒遂安。言者谓本弃八洞为失谋,夺一官。

【校】

[1] 乃以八隘之外保乐六县、宿桑二峒予乾德:"乃",中华本《宋史》作

"仍"。

元丰八年三月戊戌，神宗崩，太子即皇帝位。四月甲戌，加李乾德同中书门下平章事。按《宋史·神宗本纪》不载。按《哲宗本纪》云云。按《交阯传》：哲宗立，加同中书门下平章事。

哲宗元祐

哲宗元祐元年，交阯上表求地，不许。按《宋史·哲宗本纪》不载。按《交阯本传》：元祐中，又数上表求勿恶、勿阳峒地，诏不许。

元祐二年夏四月丙戌，交趾入贡。秋七月，进封李乾德为南平王。按《宋史·哲宗本纪》云云。按《交趾本传》：二年，遣使入贡，进封南平王。按《礼志》：元祐二年，知颖昌府韩缜言："交阯小国，其使人将及境，臣尝迓饷，难以抗礼。按元丰中迓以兵官，饯以通判，使副诣府，其辖设令兵官主之。请如故事。仍诏所过郡，凡前宰相、执政官知判者亦如之。"

元祐六年，交阯入贡。按《宋史·哲宗本纪》云云。元祐七年八月乙亥，前陷交阯将吏苏佐等十七人，自拔来归。按《宋史·哲宗本纪》云云。

绍圣

绍圣二年，交阯入贡。按《宋史·哲宗本纪》云云。

元符

元符三年正月己卯，哲宗崩，皇太后召端王入，即皇帝位。二月壬寅，以南平王李乾德为检校太师。按《宋史·哲宗本纪》不载。按《徽宗本纪》云云。

徽宗大观

徽宗大观□年，交阯来贡乞市书，许之。按《宋史·徽宗本纪》不载。按《交阯本传》：徽宗时，累加开府仪同三司、检校太师。大观初，贡使至京乞市书籍，有司言法不许，诏嘉其慕义，除禁书、卜筮、阴阳、历算、术数、兵书、敕令、时务、边机、地理外，余书许买。

政和

政和元年，交阯入贡。按《宋史·徽宗本纪》云云。政和□年，宽和市之禁。按《宋史·徽宗本纪》不载。按《交址本传》：政和末，又诏以交人自熙宁以来，全不生事，特宽和市之禁。

宣和

宣和元年，加李乾德守司空。按《宋史·徽宗本纪》不载。按《交址本传》云云。

高宗建炎

高宗建炎元年，诏毋受安南逋逃。按《宋史·高宗本纪》不载。按《交址本传》：建炎元年，诏广西经略安抚司禁边民毋受安南逋逃，从其主乾德之请也。按《文献通考》：建炎元年，乾德上表乞禁本道边兵逃入省地，诏令广西经略司约束。

建炎四年十二月庚午，安南请入贡，却之。按《宋史·高宗本纪》云云。按《交址本传》：四年，安南入贡，诏却其方物之华靡者[1]，赐敕书，厚其报以怀柔之。按《文献通考》：四年入贡，边事未宁，免，使人诣阙，所进方物除华靡不受，余就界所交从本路提刑司，依例计价，赐回其表，递进令学士院降敕书回答，自后每遇入贡，即行之。

【校】

[1] 诏却其方物之华靡者："却"，中华本《宋史》作"欲"。

绍兴

绍兴二年，李乾德卒，封其子阳焕为交址郡王。按《宋史·高宗本纪》不载。按《交趾本传》：绍兴二年，乾德卒。赠侍中，追封南越王。子阳焕嗣，授静海军节度使、特进、检校太尉，封交址郡王，赐推诚顺化功臣。绍兴八年，李阳焕卒，封其子天祚为交址郡王。

按《宋史·高宗本纪》：八年三月己亥，以李天祚为静海军节度使、交址郡王。按《交址本传》：八年，阳焕卒，以转运副使朱芾充吊祭使，赠阳焕开府仪同三司，追封南平王。子天祚嗣，授官如其父初封之制。

绍兴九年，诏毋受赵智之贡。按《宋史·高宗本纪》不载。按《交址本传》：九年，诏广西师司毋受赵智之入贡。初，乾德有侧室子奔大理，变姓名为赵智之，自称平王[1]。闻阳焕死，大理遣归，与天祚争立，求入贡，欲假兵纳之，帝不许。

【校】

[1] 自称平王："平王"，《文献通考》卷三〇四作"南平王"。

绍兴十四年六月戊子，安南国入贡。按《宋史·高宗本纪》云云。绍兴十六年六月，安南献驯象[1]。按《宋史·高宗本纪》云云。

【校】

[1] 安南献驯象：中华本《宋史》"象"下有一"十"字。

绍兴十七年，赐李天祚鞍鞯。按《宋史·高宗本纪》不载。按《交址本传》：十七年，诏文思院制鞍鞯以赐天祚。

绍兴二十一年，加天祚功臣号。按《宋史·高宗本纪》不载。按《交址本传》：二十一年，累加天祚崇义怀忠保信乡德安远承和功臣。

绍兴二十五年六月，安南入贡。七月甲戌，封李天祚为南平王。按《宋史·高宗本纪》云云。按《交址本传》：二十五年，诏馆安南使者于怀远驿，赐宴，以彰异数。进封天祚南平王，赐袭衣、金带、鞍马。

绍兴二十六年八月庚寅，安南国遣使入贡。按《宋史·高宗本纪》云云。按《交址本传》：二十六年，命右司郎中汪应辰宴安南使者于玉津园。八月，天祚遣李国等以金珠、沉水香、翠羽、良马、驯象来贡。诏加天祚检校太师，增食邑。绍兴二十七年三月丁亥，诏焚交址所贡翠羽于通衢。按《宋史·高宗本纪》云云。

绍兴三十一年，安南献驯象，诏令后勿来献。按《宋史·高宗本纪》不载。按《礼志》：绍兴三十一年正月，安南献驯象。帝曰："蛮夷贡方物乃其职，但朕不欲以异兽劳远人。其令帅臣告谕，自今不必以驯象入贡。"

绍兴三十二年冬十月己丑，安南都护、南平王李天祚并加食邑实封。按《宋史·高宗本纪》不载。按《孝宗本纪》云云。按《礼志》：三十二年，孝宗登极，诏曰："比年以来，累有外国入贡，太上皇帝冲谦弗受，况朕凉菲，又何以堪！自今诸国有欲朝贡者，令所在州军以理谕遣，毋得以闻。"

孝宗隆兴

孝宗隆兴二年九月乙未，交址入贡。按《宋史·孝宗本纪》云云。按《交址本传》：隆兴二年，天祚遣尹子思、邓硕俨等贡金银、象齿、香物。

乾道

乾道六年，加天祚功臣号。按《宋史·孝宗本纪》不载。按《交址本传》：乾道六年，累加天祚归仁协恭继美遵度履正彰善功臣。帝自即位，屡却安南贡使。

乾道九年十二月辛未，交址入贡。按《宋史·孝宗本纪》云云。按《交址本传》：九年，天祚复遣尹子思、李邦正求入贡。帝嘉其诚，许之，诏馆于怀远驿。广南西路经略安抚使范成大言："本司经略诸蛮，安南在抚绥之内，其陪臣岂得与中国王官亢礼？政和间，贡使入境，皆庭参，不复报谒。宜遵旧制，于礼为得。"朝廷从其请。

淳熙

淳熙元年正月丙午，以交趾入贡，诏赐国名安南，封南平王李天祚为安南国王。按《宋史·孝宗本纪》云云。

按《交址本传》：淳熙元年二月，进封天祚安南国王，加号守谦功臣。

按《文献通考》：淳熙元年正月，引见安南进奉副使。二月[1]，诏：安南入贡，礼意可嘉。令有司讨论赐国名，典故以闻。于是特赐安南国名，制南平王李天祚特授依前官，封安南国王，仍加守谦功臣。上以天祚嗣位四十年，故厚其礼，封以安南国焉。旧日章奏行移，止称安南道，加封之后，浸自尊大，文书称国，不复可改矣。押伴安南进奉梁衍言：安南入贡，所过州县差夫数多，自静江水路可至容州，又自北流遵陆一百二十里至郁林，自郁林州水路可至广州，皆有回脚盐船、运盐牛车可雇[2]，自廉航海一日之程，即交址则从静江而南二千余里，可不役一夫而办。诏逐路帅臣详其行程[3]，既而尹子思等以为涉夏水溢，乞依例由钦州路以归。

【校】

[1] 二月：中华本、浙江书局本《文献通考》作"二年"。按：上文引《宋

史·交阯本传》有"淳熙元年二月,进封天祚安南国王",当以"二月"为是。

[2]皆有回脚盐船、运盐牛车可雇:"雇",中华本、浙江书局本《文献通考》作"顾"。按:"雇"通"顾"。

[3]诏逐路帅臣详其行程:"行程",中华本、浙江书局本《文献通考》作"陈行"。

淳熙二年八月甲子,赐安南国王印。按《宋史·孝宗本纪》云云。按《交阯传》同。按《文献通考》:二年安南国请印,以安南国王之印六字为文赐之,其印比附枢密尚书省印,方二寸,仍给牌,皆以铜铸涂金为饰。

淳熙三年五月癸丑,安南国王李天祚卒。戊午,遣使吊祭。按《宋史·孝宗本纪》云云。按《交阯本传》:三年,赐安南国历日。天祚卒。按《文献通考》:三年赐安南国历日,有司言天祚已薨,其子未有封爵,欲作赐安南国王嗣子龙翰,敕书从之。

淳熙四年三月壬子,诏李龙翰袭封安南国王。按《宋史·孝宗本纪》云云。按《交阯本传》:三年,赐安南国历日。天祚卒。明年,子龙翰嗣位,授静海军节度使观察处置等使、特进、检校太尉兼御史大夫、上柱国,特封安南国王,加食邑;仍赐推诚顺化功臣,制曰:"即乐国以肇封,既从世袭;极真王而锡命,何待次升?示殊礼也。"按《文献通考》:四年授龙翰袭爵。故事,其王初立,即封交阯郡王,久之,进南平王,死则赠侍中、南越王。

淳熙五年,贡方物,上表称谢。按《宋史·孝宗本纪》不载。按《交阯本传》云云。

淳熙十年闰月壬寅,诏却安南献象。按《宋史·孝宗本纪》云云。按《交阯本传》:九年,诏却安南所贡象,以其无用而烦民,他物亦止受什一。淳熙十二年春正月己丑,禁交阯盐入省地。按《宋史·孝宗本纪》云云。

淳熙十六年,累加龙翰守义奉国履常怀德功臣。按《宋史·孝宗本纪》不载。按《交阯本传》云云。

光宗绍熙

光宗绍熙元年十一月甲寅,安南入贡。按《宋史·光宗本纪》云云。按《交址本传》：光宗即位，奉表入贡称贺。绍熙五年六月戊戌，孝宗崩，光宗以疾不能出。七月辛酉，请于太皇太后，奉御批皇子嘉王扩即皇帝位。八月乙卯，加安南国王李龙翰思忠功臣。十一月甲午，复加安南国王李龙翰济美功臣。按《宋史·光宗本纪》不载。按《宁宗本纪》云云。

宁宗庆元

宁宗庆元六年冬十月庚子，复加安南国王李龙翰保节功臣。按《宋史·宁宗本纪》云云。按《交址本传》：宁宗朝，赐衣带、器币，累加谨度思忠济美勤礼保节归仁崇谦协恭功臣及食邑焉。

嘉定

嘉定五年夏五月癸酉，安南国王李龙翰卒，以其子昊旵为安南国王。按《宋史·宁宗本纪》云云。按《交址本传》：嘉定五年，龙翰卒。诏以广西运判陈孔硕充吊祭使，特赠侍中。依前安南国王制，以其子昊旵袭封其爵位，给赐如龙翰始封之制，仍赐推诚顺化功臣。其后谢表不至，遂辍加恩。昊旵卒，无子，以女昭圣主国事，遂为其婿陈日煚所有。李氏有国，自公蕴至昊旵，几八传[1]，二百余年而国亡。

【校】

[1]几八传："几"，中华本《宋史》作"凡"。

理宗端平

理宗端平二年十一月戊子，安南国贡方物。

端平三年正月，赐安南国王封爵、袭衣、金带。十月丙午，安南国贡方物，诏授金紫光禄大夫、静海军节度、观察等使，赐袭衣、金银带。按以上俱《宋史·理宗本纪》云云。

淳祐

淳祐三年春正月辛丑[1]，诏安南国王陈日煚元赐功臣号，特增守义二字。按《宋史·理宗本纪》云云。按《交址本传》：淳祐二年，诏安南国王陈日煚，元赐效忠顺化保节功臣增守义二字。

【校】

[1]淳祐三年春正月辛丑："三年"，下文引《交址本传》作"二年"。

淳祐十一年，安南来贡。按《宋史·理宗本纪》不载。按《礼志》：十一年，再来贡。

宝祐

宝祐五年十一月乙丑，奖谕安南国，赐金器币、香茗。按《宋史·理宗本纪》云云。

宝祐六年九月甲寅，诏安南情状叵测，申饬边防。按《宋史·理宗本纪》云云。按《交址本传》：宝祐六年，诏安南情状叵测，申饬边备。

景定

景定二年十一月甲戌，安南国贡象[1]。按《宋史·理宗本纪》云云。按《交址本传》：景定二年，贡象一[2]。

【校】

[1] 安南国贡象：中华本《宋史·理宗本纪》"象"下有一"二"字。

[2] 贡象一："一"，中华本《宋史·理宗本纪》、《宋史·交址本传》作"二"。

景定三年六月庚戌，安南国王日煚上表乞世袭，诏授检校太师、安南国王，加食邑，男威晃授静海军节度观察处置使、检校太尉兼御史大夫、上柱国、安南国王、效忠顺化功臣，仍赐金带、器币、鞍马。按《宋史·理宗本纪》云云。按《交址本传》：三年，表乞世袭。诏日煚授检校太师、安南国大王，加食邑；男威晃，授静海军节度使、观察处置使、检校太尉兼御史大夫、上柱国、安南国王、效忠顺化功臣，赐金带、器币、鞍马。

景定五年五月乙未，安南国奉表谢恩，进方物，诏却之，仍赐金帛，以奖恭顺。按《宋史·理宗本纪》云云。

度宗咸淳

度宗咸淳元年，加安南王功臣号，兼赐金带、鞍马、衣服。按《宋史·度宗本纪》不载。按《礼志》：咸淳元年二月，加安南大国王陈日煚功臣，增"安善"二字；安南国王陈威晃功臣，增"守义"二字，各赐金带、鞍马、衣服。

咸淳二年八月甲申，安南国遣使贺登位，献方物。按《宋史·度宗本纪》云云。按《礼志》：二年，复上表进贡礼物，赐金五百两，赐帛一百匹，降诏嘉奖。

咸淳五年十二月戊子，诏安南国王父陈日煚、国王陈威晃并加食邑一千户。按《宋史·度宗本纪》云云。按《交址本传》：咸淳五年，诏安南国王父日煚、国王威晃加食邑。

咸淳八年十一月己巳，诏明堂礼成，安南国王陈日煚、陈威晃各加食邑一千户，赐鞭、鞍、马等物。按《宋史·度宗本纪》云云。按《交址本传》：八年，明堂礼成，日煚、威晃各加食邑，赐鞍马等物。咸淳十年十一月丁酉，加安南国王陈日煚宁远功臣，其子威晃奉正功臣。按《宋史·度宗本纪》不载。按《恭宗本纪》云云。

元

宪宗

宪宗七年冬十一月，兀良合台伐交趾，败之，入其国。安南主陈日煚窜海岛，遂班师。按《元史·宪宗本纪》云云。

按《安南本传》：安南国，古交趾也。秦并天下，置桂林、南海、象郡。秦亡，南海尉赵佗击并之。汉置九郡，交趾居其一。后女子征侧叛，遣马援平之，立铜柱为汉界。唐始分岭南为东、西二道，置节度，立五筦，安南隶焉。宋封丁部领为交趾郡王，其子琏亦为王，传三世为李公蕴所夺，即封公蕴为主。李氏传八世至昊旵，陈日煚为昊旵婿，遂有其国。元宪宗三年癸丑，兀良合台从世祖平大理。世祖还，留兀良合台攻诸夷之未附者。

七年丁巳十一月，兀良合台兵次交趾北，先遣使二人往谕之，不返，乃遣彻彻都等各将千人，分道进兵，抵安南京北洮江上，复遣其子阿术往为之援，并觇其虚实。交人亦盛陈兵卫。阿术遣军还报，兀良合台倍道兼进，令彻彻都为先锋，阿术居后为殿。十二月，两军合，交人震骇。阿术乘之，败交人水军，虏战舰以还。兀良合台亦破其陆路兵，又与阿术合击，大败之，遂入其国。日煚窜海岛。得前所遣使于狱中，以破竹束体入肤，比释缚，一使死，因屠其城。国兵留九日，以气候郁热，乃班师。复遣二使招日煚来归。日煚还，见国都皆已残毁，大发愤，缚二使遣还。

按《兀良合台本传》：七年秋九月，遣使招降交趾，不报。冬十月，进兵压境。其国主陈日煚，隔江列象骑、步卒甚盛。兀良合台分军为三队济江，彻彻都从下流先济，大师居中[1]，驸马怀都与阿术在后。仍授彻彻都方略曰："汝军既济，勿与之战，彼必来逆我，驸马随断其后，汝伺便夺其船。蛮若溃走，至江无船，必为我擒矣。"师既登岸，即纵与战，彻彻都违命，蛮虽大败，得驾舟逸去。兀良合台怒曰："先锋违我节度，军有常刑。"彻彻都惧，饮药死。兀良合台入交趾，为久驻计，军令严肃，秋毫无犯。越七日，日煚请内附，于是置酒大飨军士。还军柙赤城。

【校】

[1] 大师居中："师"，中华本《元史》作"帅"。

宪宗八年二月，陈日煚传国于长子光昺。光昺遣婿与其国人以方物来见，兀良合台送诣行在所。按《元史·宪宗本纪》云云。按《安南本传》：八年戊午二月，日煚传国于长子光昺，改元绍隆。夏，光昺遣其婿与其国人以方物来见，兀良合台送诣行在所，别遣讷剌丁往谕之曰："昔吾遣使通好，尔等执而不返，我是以有去午之师。以尔国主播在草野，复令二使招安还国，尔又缚还吾使。今特遣使开谕，如尔等矢心内附，则国主亲来，若犹不悛，明以报我。"光昺曰："小国诚心事上，则大国何以待之？"讷剌丁还报。时诸王不花镇云南，兀良合台言于王，复遣讷剌丁往谕，使遣使偕来。光昺遂纳款，且曰："俟降德音，即遣子弟为质。"王命讷剌丁乘传入奏。

世祖中统

世祖中统元年十二月，以礼部郎中孟甲、礼部员外郎李文俊使安南、大理。按《元史·世祖本纪》云云。按《安南本传》：世祖中统元年十二月，以孟甲为礼部郎中，充南谕使，李文俊为礼部员外郎，充副使，持诏往谕之。其略曰："祖宗以武功创业，文化未修。朕缵承丕绪，鼎新革故，务一万方。适大理国守臣安抚聂只陌丁驰驿表闻[1]，尔邦有乡风慕义之诚。念卿昔在先朝，已尝臣服，远贡方物，故颁诏旨，谕尔国官僚士庶：凡衣冠典礼风俗，一依本国旧制。已戒边将不得擅兴兵甲，侵尔疆场，乱尔人民。卿国官僚士庶，各宜安治如故。"复谕甲等，如交趾遣子弟入觐，当善视之，毋致寒暑失节，重劳苦之也。

【校】

[1] 适大理国守臣安抚聂只陌丁驰驿表闻："驰驿"，中华本《元史》作"驰驲"，义可两通。按：朱骏声曰："车曰驲，曰传，马曰驿，曰递。"

中统二年秋七月壬午，遣纳速剌丁、孟甲等使安南[1]，按《元史·世祖本纪》云云。按《安南本传》：二年，孟甲等还，光昺遣其族人通侍大夫陈奉公、员外郎诸卫寄班阮琛、员外郎阮演诣阙献书，乞三年一贡。帝从其请，遂封光昺为安南国王。

【校】

[1] 遣纳速剌丁、孟甲等使安南："纳速剌丁"，中华本《元史》校勘记云："按本书卷二○八安南传及《元文类》卷四一经世大典序录征伐，蒙哥汗八年，兀良合歹遣纳剌丁使安南，往返蒙古、安南两国间，中统三年，以纳剌丁为安南达鲁花赤。'纳剌丁'，安南志略作'耨剌丁'，此处疑'纳速剌丁'为'纳剌丁'之误。"

中统三年九月己未，安南国陈光昺遣使贡方物。壬申，授安南国王陈光昺及达鲁花赤纳剌丁虎符。按《元史·世祖本纪》云云。按《安南本传》：三年九月，以西锦三、金熟锦六赐之，复降诏曰：卿既委质为臣，其自中统四年为始，每三年一贡，可选儒士、医人及通阴阳卜筮、诸色人匠各三人，及苏合油、光香、金、银、朱砂、沉香、檀香、犀角、玳瑁、珍珠、象牙、绵、白磁盏等物同至。仍以纳剌丁充达鲁花赤，佩虎符，往来安南国中。

中统四年，安南遣使奉表入谢。按《元史·世祖本纪》不载。按《安南本传》：四年十一月，纳剌丁还，光昺遣杨安养充员外郎及内令武复桓、书舍阮求、中翼郎范举等奉表入谢，帝赐来使玉带、缯帛、药饵、鞍辔有差。

至元

至元二年秋七月癸亥，安南国王陈光昺遣使奉表来贡。甲子，诏赐光昺至元三年历。按《元史·世祖本纪》云云。按《安南本传》：至元二年七月，使还，复优诏答之，仍赐历及颁改元诏书。

至元三年，安南遣使上表三通。按《元史·世祖本纪》不载。按《安南本传》：三年十二月，光昺遣杨安养上表三通，其一进献方物，其二免所索秀才工匠人，其三愿请纳剌丁长为本国达鲁花赤。

至元四年九月戊申，安南国王陈光昺遣使来贡，优诏答之。庚戌，遣云南王忽哥赤镇大理、鄯阐、茶罕章、赤秃哥儿、金齿等处，诏抚谕吏民。又诏谕安南国，俾其君长来朝，子弟入质，编民出军役、纳赋税，置达鲁花赤统治之。按《元史·世祖本纪》云云。按《安南本传》：四年九月，使还，答诏许之，仍赐光昺玉带、金缯、药饵、鞍辔等物。未几，复下诏谕以六事：一，君长亲朝；二，子弟入质；三，编民数；四，出军役；五，输纳税赋；六，仍置达鲁花赤统治之。十一月，又诏谕光昺，以其国有回鹘商贾，欲访以西域事，令发遣以来。是月，诏封皇子为云南王，往镇大理、鄯阐、交趾诸国。

至元五年，赐安南国锦绣，及其群臣有差。又诏云南王忽哥赤统兵同安南征占城、真腊二国。按《元史·世祖本纪》：至元五年九月庚申，赐安南国王陈光昺锦绣，及其诸臣有差。己丑，诏谕安南陈光昺："来奏称占城、真腊二寇侵扰，已命卿调兵与不千并力征讨[1]，今复命云南王忽哥赤统兵南下，卿可遵前诏，遇有叛乱不庭为边患者，发兵一同进讨，降服者善为抚绥。"按《安南本传》：五年九月，以忽笼海牙代纳剌丁为达鲁花赤，张庭珍副之，复下诏征商贾回鹘人。

【校】

[1] 已命卿调兵与不丁并力征讨："千"，中华本《元史》作"干"。

至元六年十一月庚午，安南国王陈光昺遣使来贡。按《元史·世祖本纪》云云。

按《安南本传》：六年十一月，光昺上书陈情，言："商旅回鹘，一名伊温，死已日久，一名婆婆，寻亦病死。又据忽笼海牙谓陛下须索巨象数头。此兽躯体甚大，步行甚迟，不如上国之马，伏候敕旨，于后贡之年当进献也。"又具表纳贡，别奉表谢赐西锦、币帛、药物。

按《张庭珍传》：至元六年，安南入贡不时，以庭珍为朝列大夫、安南国达鲁花赤，佩金符，由吐蕃、大理诸蛮至于安南。世子光昺立受诏，庭珍责之曰："皇帝不欲以汝土地为郡县，而听汝称藩，遣使喻旨，德至厚也。王犹与宋为唇齿，妄自尊大。今百万之师围襄阳，拔在旦夕，席卷渡江，则宋亡矣，王将何恃。且云南之兵不两月可至汝境，覆汝宗祀有不难者，其审谋之。"光昺惶恐，下拜受诏，既而语庭珍曰："圣天子怜我，而使者来多无礼，汝官朝列，我王也，相与抗礼，古有之乎？"庭珍曰："有之。王人虽微，序于诸侯之上。"光昺曰："汝过益州，见云南王拜否？"庭珍曰："云南王，天子之子，汝蛮夷小邦，特假以王号，岂得比云南王？况天子命我为安南之长，位居汝上耶。"光昺曰："既称大国，何索吾犀象？"庭珍曰："贡献方物，藩臣职也。"光昺无以对，益惭愤，使卫兵露刃环立以恐庭珍。庭珍解所佩弓刀，坦卧室中曰："听汝何为。"光昺及群下皆服。明年，遣使随庭珍入贡。庭珍见帝，以所对光昺之言闻，帝大悦，命付翰林承旨王盘纪之。

至元七年十一月，安南国王陈光昺遣使来贡，优诏答之。按《元史·世祖本纪》云云。按《安南本传》：七年十一月，中书省移牒光昺，言其受诏不拜，待使介不以王人之礼，遂引《春秋》之义以责之，且令以所索之象与岁贡偕来，又前所贡药物品味未佳[1]，所征回鹘辈，托辞欺诳，自今已往，其审察之。

【校】

[1] 又前所贡药物品味未佳："佳"，中华本《元史》作"佳"。

至元八年，安南王陈光昺复书辨对。按《元史·世祖本纪》不载。按《安南本传》：八年十二月，光昺复书言："本国钦奉天朝，已封王爵，岂非王人乎？天朝奉使复称：王人与之均礼，恐辱朝廷。况本国前奉诏旨，命依旧俗，凡受诏令，奉安于正殿而退避别室，此本国旧典礼也。来谕索象，前恐忤旨，故依违未敢直对，实缘象奴不忍去家，难于差发。又谕索儒、医、工匠，而陪臣黎仲佗等陛见之日，咫尺威光，不闻诏谕，况中统四年已蒙原宥，今复谕及，岂胜惊愕，惟阁下其念之。"

至元九年，以叶式捏为安南达鲁花赤，李元副之。按《元史·世祖本纪》不载。按《安南本传》云云。

至元十年正月，安南使者还，言陈光昺受诏不拜。中书移文责问，昺称从本俗[1]。十二月，安南国王陈光昺遣使来贡方物。按《元史·世祖本纪》云云。

按《安南本传》：十年正月，叶式捏卒，命李元代式捏，以合撒儿海牙副之。中书省复牒光昺言：

比岁奉使还者言，王每受天子诏令，但拱立不拜，与使者相见或燕席，位加于使者之上。今览来书，自谓既受王爵岂非王人乎？考之《春秋》叙王人于诸侯之上，《释例》云：王人盖下士也。夫五等邦君，外臣之贵者也。下士，内臣之微者也。以微者而加贵者之上，盖以王命为重也。后世列王为爵，诸侯之尤贵者，顾岂有以王爵为人者乎？王宁不知而为是言耶，抑辞令之臣误为此言耶。至于天子之诏，人臣当拜受，此古今之通义，不容有异者也。乃云前奉诏旨，并依旧俗，本国遵奉而行，凡受诏令，奉安于正殿而退避别室，此旧典礼也。读之至此，实颇惊讶[2]。王之为此言，其能自安于心乎？前诏旨所言，盖谓天壤之间不啻万国，国各有俗，骤使变革，有所不便，故听用本俗，岂以不拜天子之诏而为礼俗也哉。且王之教令行于国中，臣子有受而不拜者，则王以为何如。君子贵于攻过[3]，缅想高明，其亮察之。

【校】

[1] 昺称从本俗：中华本《元史》"昺"上有一"光"字。

[2] 实颇惊讶："颇"，中华本《元史》作"顿"。

[3] 君子贵于攻过："攻"，中华本《元史》作"改"。

至元十一年，安南入贡。按《元史·世祖本纪》不载。按《安南本传》：十一年，光昺遣童子冶、黎文隐来贡。

至元十二年正月，安南国使者还，敕以旧制籍户、设达鲁花赤、签军、立站、输租及岁贡等事谕之。二月，诏安南国王陈光昺，仍以旧制六事谕之，趣其来朝。按《元史·世祖本纪》云云。

按《安南本传》：十二年正月，光昺上表请罢本国达鲁花赤，其文曰：

微臣僻在海隅，得沾圣化与函生，骧抃鼓舞。乞念臣自降附上国，十有余年，虽奉三年一贡，然迭遣使臣，疲于往来，未尝一日休息。至天朝所遣达鲁花赤，辱临臣境，安能空回？况其行人，动有所恃，陵轹小国[1]。虽天子与日月并明，安能照及覆盆？且达鲁花赤可施于边蛮小丑，岂有臣既席王封为一方藩屏，而反立达鲁花赤以监临之，宁不见笑于诸侯之国乎？与其畏监临而修贡，孰若中心悦服而修贡哉！臣恭遇天朝建储、册后，大恩雾霈，施及四海，辄敢哀鸣，伏望圣慈特赐矜恤。今后二次发遣纲贡，一诣鄂闸奉纳，一诣中原拜献。凡天朝所遣官，乞易为引进使，庶免达鲁花赤之弊，不但微臣之幸，实一国苍生之幸也。

二月，复降诏，以所贡之物无补于用，谕以六事，且遣合撒儿海牙充达鲁花赤，仍令子弟入侍。

【校】

[1] 陵轹小国："陵轹"，中华本《元史》作"凌轹"。按：陵轹，亦作"凌轹"，意为倾轧，欺压。《史记·孔子世家》："楚灵王兵强，陵轹中国。"《明史·周怡传》："嵩威灵气焰，凌轹百官司。"

至元十三年，安南奉表乞免六事。按《元史·世祖本纪》不载。按《安南本传》：十三年二月，光昺遣黎克复、文粹入贡，以所奏就鄂闸输纳贡物，事属不敬，上表谢罪，并乞免六事。

至元十四年，安南遣使来朝。按《元史·世祖本纪》不载。按《安南本传》：十四年，光昺卒，国人立其世子日烜，遣中侍大夫周仲彦、中亮大夫吴德邵来朝。

至元十五年六月辛巳，安南国王陈光昺遣使奉表来贡。八月壬子，遣礼部尚书柴椿等使安南国，诏切责之，仍俾其来朝（按：光昺十四年已卒，而此又云光昺遣使，自是日烜二字之讹，可无疑也）。按《元史·世祖本纪》云云。

按《安南本传》：十五年八月，遣礼部尚书柴椿、会同馆使哈剌脱因、工部郎中李克忠、工部员外郎董端，同黎克复等持诏往谕日烜入朝受命。初，使传之通也，止由郜阐、黎化往来，帝命柴椿自江陵直抵邕州，以达交趾。闰十一月，柴椿等至邕州永平寨，日烜遣人进书，谓："今闻国公辱临弊境，边民无不骇愕，不知何国人使而至于斯，乞回军旧路以进。"椿回牒云："礼部尚书等官奉上命与本国黎克复等由江陵抵邕州入安南，所有导护军兵，合乘驿马，宜来界首远迓。"日烜差御史中赞兼知审刑院事杜国计先至，其太尉率百官自富梁江岸奉迎入馆[1]。十二月二日，日烜就馆见使者。四日，日烜拜读诏书。椿等传旨曰：汝国内附二十余年，向者六事犹未见从。汝若弗朝，则修尔城，整尔军，以待我师。又云："尔父受命为王[2]，汝不请命而自立，今复不朝，异日朝廷加罪，将何以逃其责。请熟虑之。"日烜仍旧例设宴于廊下，椿等弗就宴。既归馆，日烜遣范明字致书谢罪，改宴于集贤殿。日烜言："先君弃世，予初嗣位。天使之来，开谕诏书，使予喜惧交战于胸中。窃闻宋主幼小，天子怜之，尚封公爵，于小国亦必加怜。昔谕六事，已蒙赦免。若亲朝之礼，予生长深宫，不习乘骑，不谙风土，恐死于道路。子弟太尉以下亦皆然。天使回，谨上表达诚，兼献异物。"椿曰："宋主年未十岁，亦生长深宫，如何亦至京师？但诏旨之外，不敢闻命。且我四人实来召汝，非取物也。"椿等还，日烜遣范明字、郑国瓒、中赞杜国计奉表陈情[3]，言："孤臣禀气软弱，且道路艰难[4]，徒暴白骨，致陛下哀伤而无益天朝之万一。伏望陛下怜小国之辽远，令臣得与鳏寡孤独保其性命，以终事陛下。此孤臣之至幸，小国生灵之大福也。"兼贡方物及二驯象。

【校】

[1] 其太尉率百官自富梁江岸奉迎入馆："梁"，中华本《元史》作"良"。按：富梁江，即富良江，《孙公谈圃》卷上作"富梁江"；《读史方舆纪要》卷一一二、《梦溪笔谈》卷二五杂志二等诸多史籍亦作"富良江"。

[2] 尔父受命为王："尔"，中华本《元史》作"汝"。

[3] 日烜遣范明字、郑国瓒、中赞杜国计奉表陈情："郑国瓒"，中华本《元史》校勘记云："《安南志略》卷三大元奉使、卷一四历代遣使作'郑庭瓒'，《大越史记》本纪五陈圣宗纪戊寅六年条作'郑廷瓒'。疑此处'国'为'廷'，'庭'之误。下同。"

[4] 且道路艰难:"且",中华本《元史》作"恐"。按:《安南志略》卷六有"恐道上有妨,徒暴白骨",作"恐"更胜。

至元十六年秋七月丁巳,交趾国遣使来贡驯象。冬十一月壬子,遣礼部尚书柴椿偕安南国使杜中赞赍诏往谕安南国世子陈日烜,责其来朝。十二月庚辰,安南国贡药材。按《元史·世祖本纪》云云。

按《安南本传》:十六年三月,椿等先达京师,留郑国瓒待于邕州。枢密院奏:"以日烜不朝,但遣使臣报命,饰辞托故,延引岁时,巧佞虽多,终违诏旨,可进兵境上,遣官问罪。"帝不从,命来使入觐。十一月,留其使郑国瓒于会同馆。复遣柴椿等四人与杜国计持诏再谕日烜来朝,"若果不能自觐,则积金以代其身,两珠以代其目,副以贤士、方技、子弟、工匠各二[1],以代其土民。不然,修尔城池,以待其审处焉。"

【校】

[1] 副以贤士、方技、子弟、工匠各二:"子弟",中华本《元史》作"子女"。

至元十七年七月甲子,遣安南国王子倪还。十月,遣使谕交趾国。始制象轿。十一月己亥朔,翰林学士承旨和礼霍孙等言,"交趾国遣使进表,乞答诏"。从之,仍赐交趾使职名及弓矢鞍勒[1]。庚戌,命和礼霍孙拣汰交趾国使[2],除可留者,余皆放还。十二月,安南国来贡驯象。按《元史·世祖本纪》云云。

【校】

[1] 仍赐交趾使职名及弓矢鞍勒:中华本《元史》"使"下有一"人"字。

[2] 命和礼霍孙拣汰交趾国使:"拣",中华本《元史》作"柬"。按:《康熙字典》:"(拣)与柬同。选也,择也,分别之也。"

至元十八年,易所赐安南国畏吾字虎符,以国字书之。立日烜之叔遗爱为安南国王,发军卫送。

按《元史·世祖本纪》:至元十八年闰月庚申,安南国贡方物。冬十月己亥，议封安南王号，易所赐安南国畏吾字虎符，以国字书之；降诏谕安南国[1]，立日烜之叔遗爱为安南国王。丁未，安南国置宣慰司，以北京路达鲁花赤孛颜帖木儿参知政事，行安南国宣慰使，都元帅、佩虎符柴椿、忽哥儿副之。庚戌，以安南国王陈遗爱入安南，发新附军千人卫送。十一月，诏安南国王给占城行省军食。己酉[2]，赐安南国出征新军钞[3]。

按《安南本传》：十八年十月，立安南宣慰司，以卜颜铁木儿为参知政事、行宣慰使都元帅，别设僚佐有差。是月，诏以光昺既没[4]，其子日烜不请命而自立，遣使往召，又以疾为辞，止令其叔遗爱入觐，故立遗爱代为安南国王。

【校】

[1] 降诏谕安南国：中华本《元史》"降"上有一"仍"字。

[2] 己酉："己酉"，按中华本《元史》校勘记云："是月癸亥朔，无己酉日，此'己酉'在丁亥（二十五日）后，为己丑（二十七日）之误。"

[3] 赐安南国出征新军钞：中华本《元史》"新"下有一"附"字。

[4] 诏以光昺既没："没"，中华本《元史》作"殁"。按："没"，通"殁"，指物入死亡，《玉篇》：（殁）古文没字。《说文通训定声》："没，沉也。假借为殁"，下同。

至元十九年九月丁卯，安南国进贡犀兕、金银器、香药等物。按《元史·世祖本纪》云云。

至元二十年八月甲午，安南国遣使以方物入贡。按《元史·世祖本纪》云云。

按《安南本传》：二十年七月，日烜致书于平章阿里海牙，请还所留来使，帝即遣还国。是时，阿里海牙为荆湖占城行省平章政事，帝欲交趾助兵粮以讨占城，令以己意谕之。行省遣鄂州达鲁花赤赵翥以书谕日烜。十月，朝廷复遣陶秉直持玺书往谕之。十一月，赵翥抵安南。日烜寻遣中亮大夫丁克绍、中大夫阮道学等持方物从翥入觐，又遣中奉大夫范至清、朝请郎杜抱直等赴省计事，且致书于平章，言：

添军一件：占城服事小国日久，老父惟务以德怀之，迨于孤子之身，亦继承父志。自老父归顺天朝，三十年于兹，干戈示不复用，军卒毁为民丁，一资天朝贡献，一示心无二图，幸阁下矜察。助粮一件：小国地势濒海，五谷所产不多，一自大军去后，百姓流亡，加以水旱，朝饱暮饥，食不暇给；然合下之命，所不敢违，拟于钦州界上永安州地所，俟候输纳。续谕孤子亲身赴阙，面奉圣训。老父在时，天朝矜悯，置之度外；今老父亡没，孤子居忧，感病至今，尚未复常，况孤子生长遐陬，不耐寒暑，不习水土，艰难道涂，徒暴白骨。以小国陪臣往来，尚为沴气所侵，或十之五六，或死者过半，合下亦已素知。惟望曲为爱护，敷奏天朝，庶知孤子宗族官吏一一畏死贪生之意。岂但孤子受赐，抑一国生灵赖以安全，共祝合下享此长久自天之大福也。

至元二十一年闰五月甲辰，安南国王世子陈日烜遣其中大夫陈谦甫贡玉杯、金瓶、珠绦、金领及白猿、绿鸠、币帛等物。七月戊子，诏遣所留安南使黎英等还其国，日烜遣其中大夫阮道学等以方物来献。十二月，镇南王军至安南，杀其守兵，分六道以进，安南兴道王以兵拒于万劫，进击败之，万户倪闰战死于刘邨。按《元史·世祖本纪》云云。

按《安南本传》：二十一年三月，陶秉直使还，日烜复上表陈情，又致书于荆湖占城行省，大意与前书略同。又以琼州安抚使陈仲达听郑天佑言"交趾通谋占城，遣兵二万及船五百以为应援"。又致书行省，其略曰："占城乃小国内属，大军致讨，所当哀吁，然未尝敢出一言，盖天时人事小国亦知之矣。今占城遂为叛逆，执迷不复，是所谓不能知天知人者也。知天知人，而反与不能知天知人者同谋，虽三尺儿童亦知其弗与，况小国乎？幸贵省裁之。"八月，日烜弟昭德王陈璨致书于荆湖占城行省，自愿纳款归降。十一月，行省右丞唆都言："交趾与真腊、占城、云南、暹、缅诸国接壤，可即其地立省；及于越里、潮州、毗兰三道屯军镇戍，因其粮饷以给士卒，庶免海道转输之劳。"

至元二十二年，乌马儿等败安南于富良江，唆都战死。按《元史·世祖本纪》：至元二十二年正月壬午，乌马儿领兵与安南兴道王遇，击败之，兵次富良江北。乙酉，安南世子陈日烜领战船千余艘以拒。丙戌，与战，大破之，日烜遁去，入其城。还屯富良江北，唆都、唐古带等引兵与镇南王会。三月癸未，荆湖占城行省请益兵，时陈日烜所逃天长、长安二处兵力复集，兴道王船千余艘聚万劫，阮盝在永平，而官兵远行久战，悬处其中，唆都、唐古带之兵又不以时至，故请益兵。帝以水行为危，令遵陆以往。五月戊戌，陈日烜走海港，镇南王命李恒追袭，败之。适暑雨疫作，兵欲北还思明州，命唆都等还乌里。安南以兵追摄[1]，唆都战死；恒为后拒，以卫镇南王，药矢中左膝，至思明，毒发而卒。秋七月庚寅，枢密院言："镇南王脱欢所总交趾兵久战力疲，请于奥鲁赤等三万户分蒙古军千人，江淮、江西、荆湖三行院分汉军、新附军四千人，选良将将之，取镇南王脱欢、阿里海牙节制，以征交趾。"从之。复以唐兀带为荆湖行省左丞。唐兀带请放征交趾军还家休憩，诏从脱欢、阿里海牙处之。

按《安南本传》：二十二年二月[2]，荆湖占城行省言："镇南王昨奉旨统军征占城，遣左丞唐兀觯驰驿赴占城，约右丞唆都将兵会合。又遣理问官曲烈、宣使塔海撒里同安南国使阮道学等，持行省公文，责日烜运粮送至占城助军；镇南王路经近境，令其就见。"比官军至衡山县，闻日烜从兄兴道王陈峻提兵界上。既而曲烈及塔海撒里引安南中亮大夫陈德钧、朝散郎陈嗣宗以日烜书至，言其国至占城水陆非便，愿随力奉献军粮。及官军至永州，日烜移牒邕州，言："贡期拟取十月，请前涂预备丁力，若镇南王下车之日，希文垂报。"行省命万户赵修己以己意复书，复移公文，令开路备粮、亲迎镇南王。及官军至邕州，安南殿前范海崖领兵屯可兰韦大助等处。至思明州，镇南王复令移文与之。至禄州，复闻日烜调兵拒守丘温、丘急岭隘路，行省遂分军两道以进。日烜复遣其善忠大夫阮德舆、朝请郎阮文翰奉书与镇南王，言："不能亲见末光，然中心欣幸。以往者钦蒙圣诏云别敕我军不入尔境；今见邕州营站桥梁，往往相接，实深惊惧，幸昭仞忠诚，少加矜恤。"又以书抵平章政事，乞保护本国生灵，庶免逃窜之患。镇国王命行省遣总把阿里持书与德舆同往谕日烜以兴兵之故实为占城，非为安南也。至急保县地，安南管军官阮盝屯兵七源州，又村李县短万劫等处，俱有兴道王兵，阿里不能进。行省再命倪闰往歕虚实，斟酌调军，然不得杀掠其民。未几，撒答儿觯、李邦宪、孙佑等言：至可离隘，遇交兵拒敌，佑与之战，擒其管军奉御杜尾、杜佑，始知兴道王果领兵迎敌。官军过可离隘，至洞板隘，又遇其兵，与战败之，其首将秦岑中伤死。闻兴道王在内傍隘，又进兵至变住村，谕其收兵共开路，迎拜镇南王，不从。至内傍隘，奉令旨令人招之，又不从。官军遂分六道进攻，执其将大僚班段台。兴道王逃去。追至万劫，攻诸隘，皆破之。兴道王尚有兵船千余艘，距万劫十里。遂遣兵士于沿江求船，及聚板木钉灰，置场创造，选各翼水军，令乌马儿拔都部领，数与战，皆败之。得其江岸遗弃文字二纸，乃日烜与镇南王及行省平章书，复称："前诏别敕我军不入尔境，今以占城既臣复叛之故，因发大军，经由本国，残害百姓，是太子所行违误，非本国违误也。伏望勿外前诏，勒回大军，本国当具贡物驰献，复有异于前者。"行省复以书抵之，以为："朝廷调兵讨占城，屡移文与世子俾开路备粮，不意故违朝命，俾兴道王辈提兵迎敌，射伤我军，与安南生灵为祸者，尔国所行也。今大军经尔国讨占城，乃上命。世子可详思尔国归附已久，宜体皇帝涵洪慈悯之德，即令退兵开道，安谕百姓，各务生理。我军所过，秋毫无扰，世子宜出迎镇南王，共议军事。不然，大军止于安南开府。"因令其使阮文翰达之。及官军获生口，乃称日烜调其圣翊等军，船千余艘，助兴道王拒战。镇南王遂与行省官亲临东岸，遣兵攻之，杀伤甚众，夺船二十余艘。兴道王败走，官军缚栰为桥，渡富良江北岸。日烜沿江布兵船，立木栅，见官军至岸，即发炮大呼求战。至晚，又遣其阮奉御奉镇南王及行省官书，请小却大军。行省复移文责之，遂复进兵。日烜乃弃城遁去，仍令阮效锐奉书谢罪，并献方物，且请班师。行省复移交招谕，遂调兵渡江，壁于安南城下。

明日，镇南王入其国，宫室尽空，惟留屡降诏敕及中书牒文，尽行毁抹。外有文字，皆其南北边将报官军消息及拒敌事情。日烜僭称大越国主宪天体道大明光孝皇帝陈威晃，禅位于皇太子，立太子妃为皇后，上显慈顺天皇太后表章，于上行使"昊天成命之宝"。日烜即居太上皇之位，见立安南国王系日烜之子，行绍宝年号。所居宫室五门，额书大兴之门，左、右掖门；正殿九间书天安御殿；正南门书朝天阁。又诸处张榜云："凡国内郡县，假有外寇至，当死战。或力不敌，许于山泽逃窜，不得迎降。"其险隘拒守处，俱有库屋以贮兵甲。其弃船登岸之军犹众，日烜引宗族官吏于天长、长安屯聚，兴道王、范殿前领兵船复聚万劫江口，阮孟驻西路永平。

行省整军以备追袭，而唐兀䚟与唆都等兵至自占城，与大军会合。自入其境，大小共七战，取地二千余里、王宫四所。初，败其昭明王兵，击其昭孝王、大僚护皆死，昭明王远遁不敢复出。又于安演州、清化、长安获亡宋陈尚书婿、交趾梁奉御及赵孟信、叶郎将等四百余人。万户李邦宪、刘世英领军开道自永平入安南，每三十里立一寨，六十里置一驿，每一寨一驿屯军三百镇守巡逻。复令世英立堡，专提督寨驿公事。右丞宽彻引万户忙古䚟、孛罗哈答儿由陆路，李左丞引乌马儿拔都由水路，败日烜兵船，禽其建德侯陈仲。日烜逃去，追至胶海口，不知所往。其宗族文义侯、父武道侯及子明智侯、婿张怀侯并张宪侯[3]、亡宋官曾参政、苏少保子苏宝章、陈尚书子陈丁孙，相继率众来降。唐兀䚟、刘𢎞皆言占城无粮，军难久驻。镇南王令唆都引元军于长安处就粮。日烜至安邦海口，弃其舟楫甲仗，走匿山林。官军获船一万艘，择善者乘之，余皆焚弃，复于陆路追三昼夜。获生口，称上皇、世子止有船四艘，兴道王及其子三艘，太师八十艘，走清化府。唆都亦报：日烜、太师走清化。乌马儿拔都以军一千三百人、战船六十艘，助唆都袭击其太师等兵。复令唐兀䚟沿海追日烜，亦不知所往。日烜弟昭国王陈益稷率其本宗与其妻子官吏来降。乃遣明里、昔班等送彰宪侯、文义侯及其弟明诚侯、昭国王子义国侯入朝。文义侯得北上，彰宪侯、义国侯皆为兴道王所杀[4]，彰宪侯死，义国侯脱身还军中。

官军聚诸将议："交人拒敌官军，虽数败散，然增兵转多；官军困乏，死伤亦众，蒙古军马亦不能施其技。"遂弃其京城，渡江北岸，决议退兵屯思明州。镇南王然之，乃领军还。是日，刘世英与兴道王、兴宁王兵二万余人力战。又官军至如月江，日烜遣怀文侯来战，行至册江，系浮桥渡江，左丞唐兀䚟等军未及渡而林内伏发，官军多溺死，力战始得出境。唐兀䚟等驰驿上奏。七月，枢密院请调兵以今年十月会潭州，听镇南王及阿里海牙择帅总之。

按《来阿八赤传》：二十二年，授征东宣慰使、都元帅。皇子镇南王征交趾，授湖广等处行中书省右丞，召见，世祖亲解衣衣之，并金玉束带及弓矢甲胄赐焉。二十四年，改湖广等处行尚书省右丞，诏四省所发士马，俾阿八赤阅视。九月，领中卫亲军千人，翊导皇子至思明州。贼阻险拒守，于是选精锐与贼战于女儿关，斩馘万计，余兵弃关走。于是大军深入，进至交州，陈日烜空其城而遁。阿八赤曰："贼弃巢穴而匿山海者，意待吾之敝而乘之耳。将士多北人，春夏之交瘴疠作，贼弗就擒，吾不能持久矣。今出兵分定其地，招降纳附，勿纵士卒侵掠，急捕日烜，此策之善者也。"时日烜屡遣使约降，欲以赂缓我师。诸将皆信其说，且修城以居而待其至。久之，军乏食，日烜不降，拥众据竹洞、安邦海口。阿八赤率兵往攻之，屡与贼遇，昼夜迎战，贼兵败遁。会将士多疫不能进，而诸蛮复叛，所得关阨皆失守，乃议班师。选诸军步骑，命先启行，且战且行，日数十合。贼据高险，射毒矢，将士裹疮以战，诸军护皇子出贼境，阿八赤中毒矢三，首项股皆肿，遂卒。

按《李恒传》：诏命恒从皇子镇南王征交趾，结筏渡海，夺天长府。交趾遂空其国，航海而遁。恒封其宫庭府库，追袭于海洋，败之，得船二百艘，几获其世子。会盛夏，军中疾作，霖潦暴涨，浸灌营地。议者谓交趾且降，请班师，恒弗能夺，遂还。蛮兵追败后军，王乃改命恒殿后，且战且行。毒矢贯恒膝，一卒负恒而趋。至思州[5]，毒发，卒。

【校】

[1] 安南以兵追摄："摄"，中华本《元史》作"蹑"。按：蹑，追踪，跟随，轻步行走的样子。摄，无此义。

[2] 二十二年二月："二"，中华本《元史》作"三"。

[3] 父武道侯及子明智侯、婿张怀侯并张宪侯："张"，中华本《元史》、《安南志略》卷四、卷一八、卷一九作"彰"。

[4] 彰宪侯、义国侯皆为兴道王所杀：中华本《元史》校勘记云："按下文有'彰宪侯死，义国侯脱身还军中'，此处云'所杀'不可通，史文有误。道光本改'杀'为'奴'。"

[5] 至思州：中华本《元史》"思"下有一"明"字，校勘记云："据《元文类》卷二一姚燧李恒家庙碑补。按本书卷一三世祖至元二十二年五月戊戌条及《柳待制》卷九李恒新庙碑、《吴文正集》卷一四李恒家传序皆云李恒死于思明州。"

至元二十三年，大举伐安南，封陈益稷为安南王，下诏谕安南吏民。以湖南宣慰司上言乞缓师，湖广行省臣线哥是其议奏闻，帝即日下诏止军。

按《元史·世祖本纪》：二十三年正月辛卯，命阿里海牙等议征安南事宜。二月，以阿里海牙仍安南行中书省左丞相，奥鲁赤平章政事，都元帅乌马儿、亦里迷失[1]、阿里、昝顺、樊楫并参知政事。遣使谕皇子也先铁木儿[2]，调合剌章军千人或二三千，付阿里海牙从征交趾，仍具将士姓名以闻。丁巳，命湖广行省造征交趾海船三百，期八月会钦、廉州。戊午，并江南行枢密院四处入行省。命荆湖占城行省将江浙、湖广、江西三行省兵六万人伐交趾。荆湖行省平章奥鲁赤以征交趾事宜请入觐，诏乘传赴阙。封陈益稷为安南王，陈秀嵈为辅义公，仍下诏谕安南吏民。复立岳、鄂、常德、潭州、静江榷茶提举司。四月，仍谕纳速剌丁分阿剌章、蒙古军千人，以能臣将之，赴交趾助皇子脱欢。五月辛卯，安南国遣使来贡方物。六月辛亥，以亦马剌丹忒忽里使交趾。癸丑，湖广行省线哥言："今用兵交趾，分本省戍兵二万八千七百人，期以七月悉会静江，今已发精锐启行，余万七千八百人，皆羸病、屯田等军，不可用。"敕今岁姑罢之。十一月己巳，改思明等四州并为路。以阿八赤为征交趾行省右丞。十二月丙辰，赐安南国王陈益稷羊马钞百锭。

按《安南本传》：二十三年正月，诏省臣共议，遂大举南伐。二月，诏谕安南官吏百姓，数日烜罪恶，言其戕害叔父陈遗爱及弗纳达鲁花赤不颜铁木儿等事。以陈益稷等自拔来归，封益稷为安南国王，赐符印，秀嵈为辅义公，以奉陈祀。申命镇南王脱欢、左丞相阿里海牙平定其国，以兵纳益稷。五月，发忙古台麾下士卒合鄂州行省军同征之。官兵入其境，日烜复弃城遁。

六月，湖南宣慰司上言："连岁征日本及用兵占城，百姓罢于转输，赋役繁重，士卒触瘴疠多死伤者，群生愁叹，四民废业，贫者弃子以偷生，富者鬻产而应役，倒悬之苦，日甚一日。今复有事交趾，动百万之众，虚千金之费，非所以恤士民也。且举动之间，利害非一，又兼交趾已尝遣使纳表称藩，若从其请，以苏民力，计之上也。无已，则宜宽百姓之赋，积粮饷，缮甲兵，俟来岁天时稍利，然后大举，亦未为晚。"湖广行省臣线哥是其议，遣使入奏，且言："本省镇戍凡七十余所，连岁征战，士卒精锐者罢于外，所存者皆老弱，每一城邑，多不过二百人。窃恐奸人得以窥伺虚实。往年平章阿里海牙出征，输粮三万石，民且告病，今复倍其数。官无储畜，和籴于民间，百姓将不胜其困。宜如宣慰司所言，乞缓师南伐。"枢密院以闻，帝即日下诏止军，纵士卒还各营。益稷从师还鄂。

按《刘宣传》：至元二十三年，入为礼部尚书，遂迁吏部。时将伐交趾，宣上言曰："连年日本之役，百姓愁戚，官府扰攘，今春停罢，江浙军民欢声如雷。安南小邦，臣事有年，岁贡未尝愆期，边帅生事兴兵，彼因避窜海岛，使大举无功，将士伤残。今又下令再征，闻者莫不恐惧。自古兴兵，必须天时，中原平土，犹避盛夏，交广炎瘴之地，毒气害人，甚于兵刃。今以七月，会诸道兵于静江，比至安南，病死必众，缓急遇敌，何以应之。又交趾无粮，水路难通，无车马牛畜驮载，不免陆运。一夫担米五斗，往还自食外，官得其半；若十万石，用四十万人，止可供一二月。军粮搬载，船料军须，通用五六十万众。广西、湖广调度频数，民多离散，户令供役，亦不能办。况湖广密迩，溪洞寇盗常多，万一奸人伺隙，大兵一出，乘虚生变，虽有留后，人马疲弱衰老，卒难应变。何不与彼中军官深知事体者，论量万全方略，不然，将复蹈前辙矣。"

【校】

[1] 亦里迷失："里"，中华本《元史》作"黑"。

[2] 遣使谕皇子也先铁木儿："皇子"，中华本《元史》作"皇孙"，中华本校勘记云："按本书卷一○七宗室系表，营王也先帖木儿为元世祖第五子云南忽哥赤之子，此处'子'当作'孙'，本证已校。"

至元二十四年，发新附军讨安南，又发三省及云南并海外四州黎兵，分道致讨，总受镇南王节制。及陈仲达等出兵船助征，水陆并进，所向皆捷。遂次交趾城下，日烜遁去。

按《元史·世祖本纪》：二十四年春正月丁亥，以不颜里海牙为参知政事。发新附军千人从阿八赤讨安南。辛卯，诏发江淮、江西、湖广三省蒙古、汉券军及云南兵，及海外四州黎兵，命海道运粮万户张文虎等运粮十七万石，分道以讨交趾。置征交趾行尚书省，奥鲁赤平章政事，乌马儿、樊楫参知政事，总之，并受镇南王节制。八月己巳，谕镇南脱欢，禁戢从征诸王及省官奥鲁赤等，毋纵军士焚掠，毋以交趾小国而易之。九月己亥，湖广省臣言："海南琼州路安抚使陈仲达、南宁军总管谢有奎、延栏总管符庇成，以其私船百二十艘、黎兵千七百余人，助征交趾。"诏以仲达仍为安抚使，佩虎符，有奎、庇成亦仍为沿海管军总管，佩金符。丁未，安南国遣中大夫阮文彦、通侍大夫黎仲谦贡方物。十一月壬辰，云南省右丞爱鲁兵次交趾木兀门，其将昭文王以四万人守之，爱鲁击破之，获其将黎石、何英。己亥，镇南王次思明，程鹏飞与奥鲁赤等从镇南王分道并进，阿八赤以万人为前锋。辛丑，乌马儿樊楫及程鹏飞等遂趋交趾，所向克捷。丙午，镇南王次界河，交趾发兵拒守，前锋皆击破之。十二月癸酉，镇南王次茅罗港，攻浮山寨，破之。乙酉，镇南王以诸军渡富良江，次交趾城下，败其守兵，日烜与其子弃城走敢喃堡。

按《安南本传》：二十四年正月，发新附军千人从阿八赤讨安南。又诏发江淮、江西、湖广三省蒙古、汉、券军七万人，船五百艘，云南兵六千人，海外四州黎兵万五千，海道运粮万户张文虎、费拱辰、陶大明运粮十七万石，分道以进。置征交趾行尚书省，奥鲁赤平章政事，乌马儿、樊楫参知政事总之，并受镇南王节制。五月，命右丞程鹏飞还荆湖行省治兵。六月，枢密院复奏，令乌马儿与樊参政率军士水陆并进。九月，以琼州路安抚使陈仲达、南宁军民总管谢有奎、延栏军民总管符庇成出兵船助征交趾，并令从征。日烜遣其中大夫阮文通等入贡。十一月，镇南王次思明，留兵二千五百人命万户贺祉统之，以守辎重。程鹏飞、孛罗合答儿以汉、券兵万人由西道永平，奥鲁赤以万人从镇南王由东道女儿关以进。阿八赤以万人为前锋，乌马儿、樊楫以兵由海道，经玉山、双门、安邦口，遇交趾船四百余艘，击之，斩首四千余级，生擒百余人，夺其舟百艘，遂趋交趾。程鹏飞、孛罗合答儿经老鼠、陷沙、茨竹三关，凡十七战，皆捷。十二月，镇南王次茅罗港，交趾兴道王遁，因攻浮山寨，破之。又命程鹏飞、阿里以兵二万人守万劫，且修普赖山及至灵山木栅。命乌马儿将水兵，阿八赤将陆兵，径趋交趾城。镇南王以诸军渡富良江，次城下，败其守兵。日烜与其子弃城走敢喃堡，诸军攻下之。

至元二十五年，陈日烜复遁入海，追之不及，还兵破其诸寨，以师老粮尽还军。陈日烜遣使谢罪，因遣使谕其亲身入朝。

按《元史·世祖本纪》：二十五年春正月，日烜复走入海，镇南王以诸军追之，不及，引兵还交趾城。命乌马儿将水兵迎张文虎等粮船，又发兵攻其诸寨，破之。二月丁巳，镇南王引兵还万劫。乌马儿迎张文虎等粮船不至，诸将以粮尽师老，宜全师而还，镇南王从之。壬午，镇南王命乌马儿、樊楫将水兵先还，程鹏飞、塔出将兵护送之。三月辛卯，镇南王以诸军还。张文虎粮船遇贼兵船三十艘，文虎击之，所杀略相当。费拱辰以风不得进[1]，皆至琼州。凡亡士卒二百二十人、船十一艘、粮万四千三百石有奇。甲午，镇南王次内傍关，贼兵大集以遏归师，镇南王遂由单己县趣盝州[2]，间道以出。壬寅，镇南王次思明州，命爱鲁引兵还云南，奥鲁赤以诸军北还。日烜遣使来谢，进金人代己罪。夏四月甲戌，命征交趾诸军还家休息一岁。庚辰，安南国王陈日烜遣中大夫陈克用来贡方物。癸未，云南省右丞爱鲁上言："自发中庆，经罗罗、白衣入交趾，往返三十八战，斩首不可胜计，将士自都元帅以下获功者四百七十四人。"秋七月丙戌，敕征交趾兵官还家休息一岁。十一月己亥，命李思衍为礼部侍郎，充国信使，以万奴为兵部郎中副之，同使安南，诏谕陈日烜亲身入朝，否则必再加兵。

按《安南本传》：二十五年正月，日烜及其子复走入海。镇南王以诸军追之，次天长海口，不知其所之，引兵还交趾城。命乌马儿将水兵由大滂口迓张文虎等粮船，奥鲁赤、阿八赤等分道入山求粮。闻交趾集兵个沉、个黎、磨山、魏寨，发兵皆破之，斩万余级。二月，镇南王引兵还万劫。阿八赤将前锋，夺关系桥，破三江口，攻下堡三十二，斩数万余级，得船二百艘、米十一万三千余石。乌马儿由大滂口趋塔山，遇贼船千余，击破之；至安邦口，不见张文虎船，复还万劫，得米四万余石。普赖、至灵山木栅成，命诸军居之。诸将因言："交趾无城池可守、仓庾可食，张文虎等粮船不至，且天时已热，恐粮尽师老，无以支久，为朝廷羞，宜全师而还。"镇南王从之。命乌马儿、樊楫将水兵先还，程鹏飞、塔出将兵护送之。三月，镇南王以诸军还。张文虎粮船以去年十二月次屯山，遇交趾船三十艘，文虎击之，所杀略相当。至绿水洋，贼船益多，度不能敌，又船重不可行，乃沉米于海，趋琼州。费拱辰粮船以十一月次惠州，风不得进，漂至琼州，与张文虎合。徐庆粮船漂至占城，亦至琼州。凡亡士卒二百二十人、船十一艘、粮万四千三百石有奇。镇南王次内傍关，贼兵大集，王击破之。命万户张均以精锐三千人殿，力战出关。谍知日烜及世子、兴道王等，分兵三十余万，守女儿关及丘急岭，连亘百余里，以遏归师。镇南王遂由单己县趋盂州，间道以出，次思明州。命爱鲁引兵还云南，奥鲁赤以诸军北还。日烜寻遣使来谢，进金人代己罪。十一月，以刘庭直、李思衍、万奴等使安南，持诏谕日烜来朝。

按《昔都儿传》：二十五年春正月，大兵进逼伪兴道王居，与交人战于塔儿山，奋戈撞击之，右臂中毒矢，流血盈掬，洒血奋战，射死交人二十余，仍督诸军乘胜继进，大败之，遂入其都城。四月，战于韩村堡，擒其将黄泽。是夜二鼓，交人突至，谋劫营，官军坚壁以待，敌失计，诘旦，鸣鼓出营，交人却追，杀甚众。还营立木栅增逻卒，交人不敢犯。五月，镇南王引兵还，以昔都儿为前军，行次陷泥关，战数十合，交人却，遂还迎镇南王于女儿关。交人四万余截其要道，时我军乏食，且疲于战，将佐相顾失色，昔都儿率勇士奋戈冲击之，交人却二十余里，遂得全师而还。

按徐明善《天南行记》：至元二十五年，安南国上表曰：安南国世子微臣陈日烜皇恐百拜，昧死伏罪，上言于上天眷命皇帝，陛下圣旨方今熏风解愠钦，惟圣躬起居万福，微臣父子归顺天朝三十有余年矣，虽微臣因婴疾病，道途辽远，陛下置之度外，纲贡方物使臣进献，岁月未曾欠款。至元二十三年，阿里海牙平章贪邀边功，违却圣诏，是以小国一方生灵化为涂炭，大军回后，微臣知其下情，壅塞恶语见诬，执反称成臣罪[3]，特差通侍大夫阮义全协忠大夫阮德荣、右武大夫段海穹[4]、中大夫阮文彦等奉赍贡方物，前诣款省，意谓必加矜恤，岂期并不回归，至元二十四年冬，又见大军水陆进伐，焚烧国内寺宇，开掘祖先坟墓，掳杀民家老小，摧破百姓产业，诸残负行，无所不为，时臣怕死，先已逃去[5]，乌马儿参政说与国人，传报臣云："你走上天我上天去，你走入地我入地去，你逃山里我山里去[6]，你逃水里我水里去。"百般毁辱不可容言[7]，臣闻斯语知其不免，愈行远遁，迨蒙太子矜恤，曲从小国，情愿发回大军，乌马儿参政又领船军别出海外[8]，尽捕海道边民，大者杀之，小者掠去[9]，至于悬缚解剐身首异处，百姓逼死辄兴鸟穷兽蹙之祸[10]，微臣恐为自累，亲来质证[11]，道远已无及者也，闻见百姓送到昔庚机大王[12]，一名称系大国贵戚，臣于是日平礼相待，极加尊重，敬与不敬大王必知，若乌马儿所行酷虐，大王眼见，微臣不敢妄道，小国水土甚恶，炎瘴实繁[13]，臣虑住坐久淹，或生疾病，虽微臣尽于奉养，亦不免贪利边功，诬奏流言之罪也。微臣谨具行路礼物，差人前就界，首递送大王归国，伏望陛下德配乾坤，恩过父母，智可以烛幽显，辨可以识情伪，愿垂矜察曲，加宽宥庶，令微臣免于罪戾，得全始终[14]，事大之意[15]，岂惟微臣与一方生灵死生骨肉世受生成大造之恩，亦普率诸国实享陛下仁心仁闻之大幸也。外大军遗亡者殆千余人，臣已发令归了[16]，或后别有见之臣，亦寻教回去，小国近遭兵火，今且天气尚热，贡物人使难于即办，待至冬间方可发遣，臣下情无任叩天吁圣，惶恐昧死伏罪之至，谨奏。

　　至元二十五年四月，安南国世子微臣陈日烜上奏，既而诏谕安南国曰：上天眷命皇帝圣旨谕，陈日烜省所上表已尽来情，又唐兀歹哈散剌瓮吉剌歹口奏事亦以听悉，朕君临万邦，诲威并用，岂于尔国独忍加兵，盖自混一以来屡讲会同之礼，尔名为向化，实未造朝，累示征书[17]，辄辞以疾，及命尔叔摄守彼疆，公然拒违，敢行专杀。至若阿里海牙占城之役，就尔假途俾之，缮治津梁，飞挽刍粟，不惟失信乃复抗师，此而不征，王宪何在，民残国破实自取之，今尔表称伏辜，似已知悔，据来人代奏，谓尔自责者三：被召不来一也，脱欢抚军而不迓二也，唆都根么曾遮当来三也，若蒙赦宥当遣质子进美姬，且岁贡方物，凡兹缪敬将焉用此，若使果出诚悃，何不来此面陈，安有闻遣将则惟事遁逃，见班师则声言入贡，以此奉上，情伪可知。尔试思与其岭海偷生，日虞兵至，曷若阙庭归命[18]，被宠荣迁，二策之间孰得孰失，尔今一念迷悟，系彼一方存亡，故遣山北辽东道提刑按察使刘廷直、礼部侍郎李思衍、检校兵部郎奴同唐兀歹哈散瓮吉剌等将引前所差来人阮义全等二十四人回国，亲谕朕旨，尔能趣装一来，足明臣节，朕当悉宥前过，复尔旧封，或更迟疑难决，但已宜修尔城郭，砺尔甲兵，听尔所为，候朕此举，尔尝臣事亡宋，自度气力何如合早知，机无贻后悔。昔戾机忝为族属，以礼遣还彼，乃有过谪成之人，譬如以此饰情，合将乌马儿拔都军官等发送回来，方表忠顺，诏书到日乌马儿拔都军官等一同来见，彼中所宜事理，朕当区处完备，尽遣回还。故兹诏示，想宜知悉。

至元二十五年十一月十二日，礼部侍郎李思衍呈都堂以明善辅行，十六日，诣都堂，奉钧旨，相副使安南元者[19]，二十六日，出顺城门。

【校】

[1] 费拱辰以风不得进：中华本《元史》"辰"下有"徐庆"二字。按：下文至元二十五年条引《安南本传》有"徐庆粮船漂至占城，亦至琼州"。

[2] 镇南王遂由单己县趣盂州："单己"，中华本《元史》作"单巳"。按：《续资治》卷一八八之至元二十五年条亦作"单己"，疑此处中华本《元史》有误。

[3] 执反称成臣罪："成臣"，中华本《元史》作"臣成"。

[4] 右武大夫叚海穹："叚"，说郛本《天南行记》作"段"。按：叚，假的古字。《集韵》："叚，何加切，音瑕。姓也。""叚"亦可作姓，然"叚"与"段"并非同一字，右武大夫姓"叚"还是"段"今不确定。

[5] 先已逃去："已"，说郛本《天南行记》作"巳"。

[6] 你成逃山里我山里去："你"，说郛本《天南行记》无。

[7] 百般毁辱不可容言："般"，说郛本《天南行记》作"端"。

[8] 乌马儿参政又领船军别出海外："船"，说郛本《天南行记》作"般"。

[9] 小者掠去："掠"，说郛本《天南行记》无。

[10] 百姓逼死辄兴鸟穷兽蹩之祸："蹩"，说郛本《天南行记》作"穷"。

[11] 亲来质证："质证"，说郛本《天南行记》作"制正"。

[12] 闻见百姓送到昔戾机大王："送"，说郛本《天南行记》作"逸"。

[13] 炎瘴实繁："实"，说郛本《天南行记》作"寔"。按："实"，通"寔"。相当于"是"。即；就是。下同。

[14] 得全始终："始"，说郛本《天南行记》作"誓"。

[15] 事大之意："大"，说郛本《天南行记》无。

[16] 臣已发令归了:"已",说郛本《天南行记》作"巳"。

[17] 累示征书:"征",说郛本《天南行记》作"微"。

[18] 曷若阙庭归命:"归",说郛本《天南行记》作"皈"。按:《字汇补》:"皈,与归同。"

[19] 相副使安南元者:"元",说郛本《天南行记》作"玄"。按:此处疑为避讳康熙皇帝名字"玄烨"而改"玄"为"元"。

　　至元二十六年二月丁卯,成都管军万户刘德禄上言,愿以兵五千招降八番蛮夷,因以进取交趾。枢密院请立元帅府,以药剌罕及德禄并为都元帅,分四川军万人隶之,帝从之。四月戊辰,安南国王陈日烜遣其中大夫陈克用等来贡方物。十月丁亥,安南国王陈日烜遣使来贡方物。按《元史·世祖本纪》云云。

　　按《安南本传》:二十六年二月,中书省臣奏既罢征交趾,宜拘收行省符印。四月,日烜遣其中大夫陈克用等来贡方物。

　　按徐明善《天南行记》:至元二十五年十一月十二日,以明善副使安南。二十六日,出顺城门。二十六年己丑二月二十八日,至其国门。世子之弟大师迓上香致敬,问圣躬起居万福、使者道途安好,各上马至驿。二十九日,世子与使者相见,驿后有重屋,世子由后门先至其中,启中扃延使者,立揖问圣躬万福,使者道途安好。三月一日,具旗帜黄伞,鼓吹迎诏书,闻者入王城,及殿门下马,再入门曰:集贤殿世子再拜上香,又再拜宣诏书。闻者,世子之左右亲侍而已,礼毕宴使者。二日,世子遣翰林等来言,乌马儿参政将北归,往辞兴道,世子之弟夜卧舟中,为风涛所溺,及老病不堪朝觐之意。六日,世子延使者观表稿。十日[1],世子延使者观万佛。十三日,押方物使臣谭名献壶飧。十五日,太师使者至江。七月八日,至京。安南国表曰:安南国世子微臣陈日烜,惶恐昧死伏罪上言于上天眷命皇帝陛下[2],方今三春明媚,万汇敷荣,恭惟圣躬起居万福,微臣于至元二十六年三月初一日,见刘天使[3]、李侍郎郎中同唐兀歹哈散瓮吉剌歹等,奉赍诏及将小使臣阮义全等数辈回归,微臣不胜欣幸,谨于正殿焚香拜读,至于趣装一来一同来见,微臣神魂俱丧,心胆如摧,所谓乐未极而悲来,喜未终而惧至也。

微臣僻处海隅，久婴病疾，道途辽远，水土艰难，虽命由天数之所付，而死乃人情之最怕，加以大军屡伐，杀、伐尤多，兄弟无良，构谗不少，往者国叔遗爱的是境外逃亡，反诬指以为专杀，继而仲弟益稷将使军前，投拜乃先去以为己功，又况来人代奏辄为讹言，微臣十死殆无一生，陛下德过唐虞，明并日月，诚伪无所不周，幽微无所不烛，是以大军前后屠灭，微臣常以忠顺二字铭于心腑，年纲岁信不曾废阙，盖恃其圣人在上，天日照临，未有不明者矣。大军纔去，天使未来，微臣已差中大夫陈克用从义郎阮孟聪等敬赍谢罪，菲物诣阙，驰献倘蒙宽宥，曲赐矜察，谅亦明见，微臣怕死贪生之意，除外别无敢行悖逆事也。去年小国百姓送遗军，微臣亲问只得昔戾机大王乌马儿参政樊参政三名，百姓皆为杀它妻子烧它房宇之故，多欲肆行非义，惟微臣深自庇护，厚加给养，妻妾完全，衣食允到，先备行物，特差使臣从义郎阮盛，随昔戾机大王同唐兀歹等赴阙，其间二参政落后，缘于大军纔退，意恐参政未息怒心必兴祸害，是以慢息方行津遣，岂期微臣无福，事与愿违，樊参政忽遭热病，微臣尽其所有药物，购彼部下医人疗之不可，渐至身亡，微臣火葬修功德讫，因给马匹付它妻妾，驼其香骨，千户梅世英薛文正等为之护送，一并还家，其刘天使至日皆云邕州过了，凡兹平日馆待敬之与否问诸妻妾亦可知已。乌马儿参政期当续后回去，彼以归路经由万佃，因请先就，兴道资其行具水土，程中夜因触舟为水漏[4]，参政身材长大，难于拯拔遂致溺亡，小国人夫寻亦俱死，它之妻妾小僮几陷没，赖身轻小[5]，救之得免，微臣大葬，修之功津海，天使郎中眼所亲见，其或不恭，有妻妾在难可掩藏，微臣谨具送礼亦付之妻妾，一同舍人郎中续后回国，外在前数。限微臣所军人通计八千余人，其间或有头目皆不知之，今蒙诏谕微臣更行搜索，得所军人头目若干名，军人若干名，并从天使回者，别后尚有遗亡，犹未尽到，微臣亦当发遣，不敢一留，伏望陛下山海包含，污垢藏纳，疏其目明扩其耳聪[6]，一一宽宥置之度外，微臣岂特一生保全首领以终事大之心[7]，更期世世生生粉骨碎身图报圣恩万一[8]，抑亦一国生灵万口一辞，共祝圣寿无疆之万万也。微臣无任瞻天，望圣激切屏营之至，谨奏。

　　至元二十六年三月日[9]，安南国世子微臣陈日烜上奏进方物状，云：安南国世子微臣陈日烜伏，以今年月日见天使刘按察等赍奉天诏，微臣久婴疾病，惧罪谨具菲物，差陪臣谭明通侍大夫周英种等一行人使随天使，诣国进献，今具名数物件于后，附在卷末，右前件项菲物随状上进，伏望圣慈俯赐鉴纳，谨状。至元二十六年三月日，安南国世子微臣陈日烜状进皇后笺云：安南国世子臣陈日烜谨顿首上笺，方今蕙路风光，椒涂日暇，钦惟皇后殿下起居万福，主张内治兴隆，功迈于百王，表正母仪，聪育仁同，于一视化基正始德体好生，故得万国之欢心，不忍一夫之失所，乞怜荒僻，预沐洪慈，尚应玉律之和，益分瑶池之寿，谨具菲物，在于别幅进[10]，献伏惟鉴纳，臣诚惶诚恐，顿首谨言。至元二十六年三月日，安南国世子臣陈日烜上笺进方物，状云：金悬珥结真珠一双，连玕瑉盏一口，赭色珠金朝领一领，盛用银匣一口，色珠十八颗，真珠二百七十六颗，妆金真珠钏一双，金劝杯一副，共重四两五钱，花犀盏盛用金堞一口，重三两，金杯连盖一口，重九两六钱，锦一匹，天丝缎子二匹，五色细着绢二十匹，阇婆国白布一匹，翠羽五十只，右前件项菲物随笺上进，伏望洪慈俯赐鉴纳，谨状。

至元二十六年三月日[11]，安南国世子臣陈日烜状：一金镀银廓朱木表函连匙镇一副[12]，驯象一头[13]，楞金鞍子连坐具贩一坐，楞金重十两，一金镀银孽牛犀，连球五副，共重十四两六钱，金镀铜铎七口羚羊角几一坐，藉彩锦席一片，红锦索四条，红绫销金霞帔一片，楞金镀银御前花石盘一面，琉璃瓶连金盖二口，共重一两六钱，金烛台一对重十四两，楞金镀银牙犀盘一面，楞金沉香盏连盖底一口，盛金莲叶楪一口，金底盖三两七钱，金莲叶楪五两，金瓜样楪一口，六两八钱，金瓢一口十两，楞金犀楪连底一口四两，楞金犀盏一口，楞金五钱，盛用金楪一口四两三钱，金契连筯金一副共六两，金契一口四两，金筯一两三钱，金穿肉一七钱，真金垂带四条，楞金镀银金乌文木〈牛屯〉象骨象棋盘一面，金线三两，金间镀锟匣连契一口二十五两，象牙棋子一具三十二件，一花犀三株金镀银间底三件，底重十两八钱，一大乌犀角五株，连画木底五片，一金厮锣五面，共一百两，一锟厮锣十面共重三百两，一苏合香油盛用银瓶二口[14]，油共重一百六十三两，瓶共重七十九两，一西洋国黄毛缎子三匹，一五色细绢五十匹，一五色绫一百匹，一蛮锦一百匹，一阇婆国白布二十个，一阇婆国间色布十个，一翠羽一百只，一白檀香二齐共重十斤十五两，一梅檀香五齐七十斤，一甘梅然香一百斤，一草果十斤，一象牙二十扎，一犀角二十株，一鹰鸟二只，一雉鸟二只，一风狸一头，一鳄鱼八尾，一八哥儿鸟一只。

【校】

［1］十日："日"，说郛本《天南行记》作"月"，由上下文可知，当以底本为是。

［2］惶恐昧死伏罪上言于上天眷命皇帝陛下："惶恐"，说郛本《天南行记》作"皇恐"。按："皇恐"，惊惶；恐惧。皇，通"惶"。如《汉书·刘屈牦传》："胜之皇恐，自杀。"

［3］见刘天使："天"，说郛本《天南行记》作"大"。按：卜文有"天使郎中眼所亲见"，当以"天"为是。

［4］桯中夜因触舟为水漏："夜因触舟"，说郛本《天南行记》作"夜困融舟"。

［5］赖身轻小："身"，说郛本《天南行记》作"手"。

［6］疏其目明扩其耳聪："疏"，说郛本《天南行记》作"毓"。

［7］微臣岂特一生保全首领以终事大之心："大"，说郛本《天南行记》作"天"。

［8］更期世世生生粉骨碎身图报圣恩万一："恩"，说郛本《天南行记》作"之"。

［9］至元二十六年三月日："至元"，说郛本《天南行记》作"至正"。

［10］在于别幅进："别幅"，说郛本《天南行记》作"别副"。

［11］至元二十六年三月日："至元二十六年"，说郛本《天南行记》作"至元二十三年"，据上下文此段所记应为至元二十六年之事，又《天南行记》原文亦以时间为序，当以"至元二十六年"为是。

［12］一金镀银廓朱木表函连匙镇一副："镀"，说郛本《天南行记》作"度"。按："镀"，"度"，通假字。

［13］驯象一：说郛本《天南行记》"驯"上有一"一"字。

［14］一苏合香油盛用银瓶二口："二"，说郛本《天南行记》作"三"。

至元二十七年春正月癸丑，安南国王陈日烜遣其中大夫陈克用来贡方物。按《元史·世祖本纪》云云。按《安南本传》：二十七年，日烜卒，子日烜遣使来贡。

按《张立道传》，二十七年，安南世子陈日烜遣其臣严仲罗[1]、陈子良等诣京师告袭爵。先是，其国主陈日烜累召不至，仅遣其族父遗爱入贡，朝廷因封为安南王。遗爱还，日烜阴害之。遣使问罪，日烜拒使者不受命，遂遣将讨之，失利而还。帝怒，欲再发兵，丞相完泽、平章不忽木言："蛮夷小邦，不足以劳中国。张立道尝再使安南有功，今复使往，宜无不奉命。"帝召至香殿，谕之曰："小国不恭，今遣汝往谕朕意，宜尽乃心。"立道对曰："君父之命，虽蹈水火不敢辞，臣愚恐不足专任，乞重臣一人与俱，臣为之副。"帝曰："卿朕腹心臣，使一人居卿上，必败卿谋。"遂授礼部尚书，佩三珠虎符，赐衣缎[2]、金鞍、弓矢以行。至安南界，谓郊劳者曰："语尔世子，当出郭迎诏。"日烜乃率其属，焚香伏谒道左。既抵府，日烜拜跪，听诏如礼。立道传上命，数其罪，为书晓之。日烜曰："比三世辱公使，公大国之卿，小国之师也，何以教我？"立道曰："昔镇南王奉词致讨，汝非能胜之也，由其不用乡导，率众深入，不见一人，迟疑而还，曾未出险，风雨骤至，弓矢尽坏，众不战而自溃，天子亦既知之。汝所恃者，山海之险、瘴疠之恶耳。且云南与岭南之人，习俗同，而技力等，今发而用之，继以北方之劲卒，汝复能抗哉？汝战不利，不过遁入海中，岛夷乘衅，必来寇抄汝，汝食少不能支，必为彼屈，汝为其臣，孰若为天子臣乎？今海上诸夷，岁贡于汝者，亦畏我大国之尔与也。圣天子有德于汝甚厚。前年之师，殊非上意，边将诳汝尔。汝曾不悟，不能遣一介之使，谢罪请命，辄称兵抗拒，逐我使人，以怒我大国之师，今祸且至矣，惟世子计之。"日烜拜，且泣涕而言曰："公之言良是也，为我计者，皆不知出此。前日之战，救死而已，宁不知惧。天子使公来，必能活我。"北面再拜，誓死不敢忘天子之德。遂迎立道入，出奇宝为贿，立道一无所受，但要日烜入朝。日烜曰："贪生畏死，人之常情，诚有诏贷以不死，臣将何辞。"乃先遣其臣阮代之、何惟岩等随立道上表谢罪，修岁贡之礼如初，且言所以愿朝之意。廷臣有害其功者，以为必先朝而后赦。日烜惧，卒不敢至，议者惜之。

【校】

[1]安南世子陈日燇遣其臣严仲罗："罗",中华本《元史》、《安南志略》卷三、卷六作"维"。

[2]赐衣缎："缎",中华本《元史》作"段"。按："缎"、"段",通假字。

至元二十八年秋七月己酉,召交趾王弟陈益稷、右丞陈岩、郑鼎子那怀并诣京师。九月辛亥,安南王陈日烜遣使上表贡方物,且谢不朝之罪。冬十月癸巳,以武平路总管张立道为礼部尚书,使交趾。按《元史·世祖本纪》云云。按《安南本传》：二十八年十一月,镇守永州两淮万户府上千户蔡荣上书,言军事大要,以朝廷赏罚不明,士不用命,将帅不和,坐失事机,其弊有不可胜言者。书上,不报（按《安南传》二十七年,囗烜卒,囗燇立。而《本纪》于二十八年,犹云陈日烜上表进贡,又《张立道传》二十七年授以礼部尚书使交趾,而《本纪》又作二十八年,并存参）。

至元二十九年三月,以安南国王陈益稷遥授湖广等处行中书省平章政事,佩虎符,居鄂州。闰月,礼部尚书张立道、郎中歪头使安南回,以其使臣阮代之、何维岩至阙。陈日燇拜表笺,修岁贡。九月辛酉,诏谕安南国陈日燇使亲入朝。按《元史·世祖本纪》云云。

按《安南本传》：二十九年九月,遣吏部尚书梁曾、礼部郎中陈孚持诏再谕日燇来朝。诏曰："省表具悉。去岁礼部尚书张立道言,曾到安南,识彼事体,请往开谕使之来朝。因遣立道往彼。今汝国罪愆既已自陈,朕复何言。若曰孤在制,及畏死道路不敢来朝,且有生之类宁有长久安全者乎。天下亦复有不死之地乎。朕所未喻,汝当具闻。徒以虚文岁币,巧饰见欺,于义安在。"

按《梁曾传》：二十九年,有旨令曾再使安南,授吏部尚书,赐三珠金虎符、袭衣、乘马、弓矢、器币,以礼部郎中陈孚为副。十二月,改授淮安路总管而行。按《陈孚传》：二十九年,世祖命梁曾以吏部尚书再使安南,选南士为介,朝臣荐孚博学有气节,调翰林国史院编修官,摄礼部郎中,为曾副。陛辞,赐五品服,佩金符以行。

至元三十年秋七月己巳,命刘国杰从诸王亦吉里督诸军征交趾[1]。

八月庚寅，奉使安南国梁曾、陈孚以安南使人陶子奇、梁文藻偕来。冬十月，赐交趾陶子奇等十七人冬衣，荆南安置。十二月乙未，遣使督思、播二州及镇远、黄平，发宋旧军八千人，从征安南。按《元史·世祖本纪》云云。

按《安南本传》：三十年，梁曾等使还，日燇遣陪臣陶子奇等来贡。廷臣以日燇终不入朝，又议征之。遂拘留子奇于江陵，命刘国杰与诸侯王亦里吉觯等同征安南[2]，敕至鄂州与陈益稷议。八月，平章不忽木等奏立湖广安南行省，给二印，市蜑船百斛者千艘，用军五万六千五百七十人、粮三十五万石、马料二万石、盐二十一万斤，预给军官俸津、遣军人水手宝钞二锭，器仗凡七十余万事。国杰设幕官十一人，水陆分道并进。又以江西行枢密院副使彻里蛮为右丞，从征安南，陈岩、赵修己、云从龙、张文虎、岑雄等亦令共事。益稷随军至长沙，会寝兵而止（按《元史·本纪》作亦吉里，传作亦里吉，觯必有一讹，今姑从，原本并存之）。

按《梁曾传》：三十年正月，至安南。其国有三门：中曰阳明，左曰日新，右曰云会，部臣郊迎[3]，将由日新门入。曾大怒曰："奉诏不由中门，是我辱君命也。"即回馆，既而请开云会门入，曾复执不可，始自阳明门迎诏入。又责日燇亲出迎诏，且讲新朝尚右之礼。以书往复者三次，具宣布天子威德，而讽其君入朝[4]。世子陈日燇大感服，三月，令其国相陶子奇等从曾诣阙请罪，并上万寿颂、金册表章、方物，而以黄金器币奇物遗曾为赆，曾不受，以还诸陶子奇。八月，还京师，入见，进所与陈日燇往复议事书。帝大悦，解衣赐之，且令坐地上，右丞阿里意不然，帝怒曰："梁曾两使外国，以口舌息兵戈，尔何敢尔！"是日，有亲王至自和林，帝命酌酒，先赐曾，谓亲王曰："汝所办者汝事，梁曾所办，吾与汝之事，汝勿以为后也。"复于便殿赐酒馔，留宿禁中，语安南事，至二鼓方出。明日，陶子奇等见诏，陈其方物象、鹦鹉于庭，而命曾引所献象。曾以袖引之，象随曾转，如素驯者，复命引他象，亦然。帝以曾为福人，且问曰："汝亦惧否？"对曰："虽惧，君命不敢违。"帝称善。或谮曾受安南赂者，帝以问曾，曾对曰："安南以黄金器币奇物遗臣，臣不受，以属陶子奇矣。"帝曰："苟受之，何不可也！"寻赐白金一锭、金币二；敕中书以使安南三珠金虎符与之。

按《不忽木传》：王师征交趾失利，复谋大举，不忽木曰："岛夷诡诈，天威临之，宁不震惧，兽穷则噬，势使之然。今其子日燇袭位，若遣一介之使，谕以祸福，彼能悔过自新，则不烦兵而下矣。如或不悛，加兵未晚。"帝从之。于是交趾感惧，遣其伪昭明王等诣阙谢罪，尽献前六岁所当贡物。帝嘉曰[5]："卿一言之力也。"即以其半赐之，不忽木辞曰："此陛下神武不杀所致，臣何功焉。"[6]惟受沉水假山、象牙镇纸、水晶笔格而已。

按《陈孚传》：三十年正月，至安南，世子陈日燇以忧制不出郊，遣陪臣来迎，又不由阳明中门入，曾与孚回馆，致书诘日燇以不庭之罪，且责日燇当出郊迎诏，及讲新朝尚右之礼，往复三书，宣布天子威德，辞直气壮，皆孚笔也。其所赠，孚悉却之。

按《哈剌哈孙传》：三十年，平章刘国杰将兵征交趾，哈剌哈孙戒将吏无扰民。会有夺民鱼菜者，杖其千户，军中肃然。俄有旨发湖湘富民万家屯田广西，以图交趾。哈剌哈孙密遣使奏曰："往年远征无功，疮痍未复，今又徙民瘴乡，必将怨叛。"吏莫知其奏，抱卷请署弗答。吏再请，则曰："姑缓之。"未几，使还，报罢，民皆感悦。

【校】

[1] 命刘国杰从诸王亦吉里督诸军征交趾：中华本《元史》"里"下有一"台"字。按："亦吉里台"，蒙古语，意为"亦乞列思部人"。

[2] 命刘国杰与诸侯王亦里吉鰯等同征安南："亦里吉鰯"，中华本《元史》作"亦吉里鰯"。

[3] 部臣郊迎："部"，中华本《元史》作"陪"。

[4] 而讽其君入朝："讽"，中华本《元史》作"风"。按："风"，通"讽"，用含蓄的语言暗示或劝告。如：《汉书·田蚡传》："蚡乃微言太后风上。"（颜师古注："风，读曰讽。"）

[5] 帝嘉曰："嘉"，中华本《元史》作"喜"。

[6] 臣何功焉：中华本《元史》"臣"上有一"而"字。

至元三十一年春正月，世祖崩。夏四月甲午，皇太子即皇帝位。庚子，遣礼部侍郎李衎、兵部郎中萧泰登赍诏使安南。按《元史·世祖本纪》不载。按《成宗本纪》云云。按《安南传》：三十一年五月，成宗即位，命罢征。安南遣陶子奇归国[1]。日燇遣使上表慰国哀，献方物。六月，遣礼部侍郎李衎、兵部郎中萧泰登持诏往抚绥之，其略曰："先皇帝新弃天下，朕嗣守大统，践祚之始，大肆赦宥，无间远近。惟尔安南，亦从宽宥，已敕有司罢兵，遣陪臣陶子奇归国。自今以往，所以畏天事大者，其审思之。"

【校】

[1] 安南遣陶子奇归国："安南"，中华本《元史》无。

成宗元贞

成宗元贞元年三月乙巳朔，安南世子陈日燇遣使上表慰国哀，又上书谢宽贳恩，并献方物。闰四月，赐安南国王陈益稷钞千锭。十月戊辰，遣安南朝贡使陈利用等还其国，降诏谕陈日燇。按《元史·成宗本纪》云云。

元贞二年五月，安南国遣人招诱叛贼黄胜许。六月丙午，叛贼黄胜许遁入交趾。按《元史·成宗本纪》云云。

大德

大德元年五月戊辰，安南国遣使来朝。按《元史·成宗本纪》云云。

大德二年九月，交趾国贡方物。十一月庚寅，安南国贡方物。按《元史·成宗本纪》云云。

大德五年，以安南来使邓汝霖等所为不法，遣使责以大义。按《元史·成宗本纪》不载。按《安南本传》：大德五年二月，太傅完泽等奏：安南来使邓汝霖窃画宫苑图本，私买舆地图及禁书等物，又抄写陈言征收交趾文书，及私记北边军情及山陵等事宜，遣使持诏责以大义。三月，遣礼部尚书马合马、礼部侍郎乔宗亮持诏谕日燇，大意以汝霖等所为不法，所宜穷治，朕以天下为度，敕有司放还。自今使价必须选择；有所陈请，必尽情悃。向以虚文见绐，曾何益于事哉，勿惮改图以贻后悔。中书省复移牒取万户张荣实等二人，与去使偕还。

大德六年六月乙亥，安南国以驯象二及朱砂来献。按《元史·成宗本纪》云云。

大德七年二月，以安南陈益稷久居鄂州，赐钞千锭。按《元史·成宗本纪》云云。大德八年冬十月丁亥，安南遣使入贡。大德九年冬十月，赐安南王陈益稷湖广地五百顷。大德十年冬十月丁卯，安南国遣黎亢宗来贡方物。按以上俱《元史·成宗本纪》云云。

武宗至大

武宗至大元年七月，下诏谕安南。按《元史·武宗本纪》：至大元年秋七月癸酉，诏谕安南国曰："惟我国家，以武功定天下，文德怀远人，乃眷安南，自乃祖乃父，世修方贡，朕甚嘉之。迩者，先皇帝晏驾，朕方抚军朔方，为宗室诸王、贵戚、元勋之所推戴，以谓朕乃世祖嫡孙，裕皇正派，宗藩效顺于外，臣民属望于下，人心所共，神器有归。朕俯徇舆情，大德十一年五月二十一日即皇帝位于上都。今遣少中大夫、礼部尚书阿里灰，朝请大夫、吏部侍郎李京，朝列大夫、兵部侍郎高复礼谕旨。尚体同仁之视，益坚事大之诚，辑宁尔邦，以称朕意。"按《安南本传》：武宗即位，下诏谕之，屡遣使来贡。

至大四年，安南世子日㷃奉表朝贡，诏仍授安南国王陈益稷勋爵、受田如故。按《元史·武宗本纪》不载。按《仁宗本纪》：四年八月丙戌，安南世子陈日㷃奉表，以方物来贡。九月丙午，遥授湖广平章、安南国王陈益稷入见，言："臣自世祖朝来归，妻子皆为国人所害，朝廷授以王爵，又赐汉阳田五百顷，俾自赡以终余年。今臣年几七十，而有司拘臣所授田，就食无所。"帝谓省臣曰："安南国王慕义来归，宜厚其赐，以怀远人，其进勋爵、受田如故。"[1]按《安南传》：至大四年八月，世子陈日㷃遣使奉表来朝。

【校】

[1] 受田如故："受"，中华本《元史》作"授"。按："受"，通"授"。授予；交给。如：《管子·君臣上》："以劳受禄，则民不幸生。"

仁宗皇庆

仁宗皇庆元年八月，安南国王陈益稷来朝。按《元史·仁宗本纪》云云。

皇庆二年夏四月,安南国遣使来贡方物。按《元史·仁宗本纪》云云。

按《安南本传》:仁宗皇庆二年正月,交趾军约三万余众,马军二千余骑,犯镇安州云洞,杀掠居民,焚烧仓廪庐舍,又陷禄洞、知洞等处,虏生口孳畜及居民赀产而还,复分兵三道犯归顺州,屯兵未退。廷议俾湖广行省发兵讨之。四月,复得报:交趾世子亲领兵焚养利州官舍民居,杀掠二千余人,且声言:"昔右江归顺州五次劫我大源路,掠我生口五千余人;知养利州事赵珏禽我思浪州商人,取金一碾,侵田一千余顷,故来雠杀。"六月,中书省俾兵部员外郎阿里温沙,枢密院俾千户刘元亨,同赴湖广行省询察之。元亨等亲诣上、中、下由村,相视地所,询之居民农工[1],又遣下思明知州黄嵩寿往诘之,谓是阮盉世子太史之奴,然亦未知是否。于是牒谕安南国,其略曰:"昔流置九郡,唐立五管,安南实声教所及之地。况献图奉贡,上下之分素明;厚往薄来,怀抚之惠亦至。圣朝果何负于贵国,今胡自作不靖,祸焉斯启。虽由村之地所系至微,而国家舆图所关甚大。兼之所杀所虏,皆朝廷系籍编户,省院未敢奏闻。然未审不轨之谋谁实主之?"安南回牒云:"边鄙鼠窃狗偷辈,自作不靖,本国安得而知?"且以货赂偕至。元亨复牒责安南饰辞不实,却其货赂,且曰:"南金、象齿,贵国以为宝,而使者以不贪为宝。来物就付回使,请审察事情,明以告我。"而道里辽远,情辞虚诞,终莫得其要领。元亨等推原其由:因交人向尝侵永平边境,今复仿效成风。兼闻阮盉世子乃交趾跋扈之人。为今之计,莫若遣使谕安南,归我土田,返我人民,仍令当国之人正其疆界,究其主谋,开衅之人戮于境上,申饬边吏毋令侵越。却于永平置寨募兵,设官统领,给田土牛具,令自耕食,编立部伍,明立赏罚,令其缓急首尾相应,如此则边境安静,永保无虞。事闻,有旨,俟安南使至,即以谕之。自延祐初年以及至治之末,疆场宁谧,贡献不绝。

【校】

[1] 询之居民农工:"工",中华本《元史》作"五"。

延祐

延祐三年二月戊寅，命湖广行省谕安南，归占城国主。

延祐四年六月丁巳，安南国遣使来贡。

延祐五年正月丙子，安南国遣其臣尹世才等以方物来贡。

延祐六年五月丙子，加安南国王陈益稷仪同三司。按以上俱《元史·仁宗本纪》云云。

延祐七年正月辛丑，仁宗崩。三月庚寅，帝即位。十月，安南国遣其臣邓恭俭来贡方物。十一月戊戌，交趾蛮侬志德寇脱零那乞等六洞，命守将讨之。十二月，上思州猺结交趾寇忠州。按《元史·仁宗本纪》不载。按《英宗本纪》云云。

英宗至治

英宗至治元年秋七月癸巳，遣吏部尚书教化、礼部郎中文矩使安南，颁登极诏。按《元史·英宗本纪》云云。

至治二年春正月己巳朔，安南遣使来贡方物。十一月，安南国遣使来贡方物，回赐金四百五十两、金币九，帛如之。按《元史·英宗本纪》云云。

泰定帝泰定

泰定帝泰定元年秋七月丙午[1]，以山东盐运司判官马合谟为吏部尚书，佩虎符，翰林修撰杨宗瑞为礼部郎中，佩金符，奉即位诏往谕安南。冬十月壬申，安南国世子陈日㷆遣其臣莫节夫等来朝贡。按《元史·泰定帝本纪》云云。按《安南本传》：泰定元年，世子陈日爌遣陪臣莫节夫等来贡。益稷久居于鄂，遥授湖广行省平章政事。

【校】

[1] 泰定帝泰定元年秋七月丙午："丙午"，中华本《元史》作"丁未"。

泰定二年三月乙亥，安南国世子陈日㷆遣使贡方物。十月乙巳，宁远知州添插言，安南国土官押那攻掠其木末诸寨，请治之，敕安南世子谕押那归其俘。按《元史·泰定帝本纪》云云。

泰定三年正月戊辰，安南国阮叩寇思明路，命湖广行省督兵备之。三月，安南国言为龙州万户赵雄飞所侵，乞谕还所掠。按《元史·泰定帝本纪》云云。

泰定四年十月，安南遣使来献方物。十二月癸卯，安南遣使来贡方物。按《元史·泰定帝本纪》云云。

致和

致和元年，安南国遣使来贡。按《元史·泰定帝本纪》：致和元年五月甲申，安南国遣使献方物。按《文宗本纪》：致和元年九月，安南国来贡方物。

文宗天历

文宗天历二年，安南国王益稷卒，诏赐钱五千缗。是岁，安南世子日㷆入贡。按《元史·文宗本纪》不载。按《安南本传》：益稷久居于鄂，遥授湖广行省平章政事；当成宗朝，赐田二百顷；武宗朝，进银青荣禄大夫[1]，加金紫光禄大夫，复加仪同三司。文宗天历二年夏，益稷卒，寿七十有六，诏赐钱五千缗。按《续文献通考》：文宗天历二年，世子陈日㷆遣使来贡。

【校】

[1] 进银青荣禄大夫：中华本《元史》该句后有"仁宗朝"。

文宗至顺

至顺元年闰七月，加赠安南国王陈益稷，谥忠懿。九月，命龙州万户府申严边防。按《元史·文宗本纪》：至顺元年闰七月，赠安南国王陈益稷仪同三司、湖广行省平章政事，王爵如故，谥忠懿。益稷在世祖时自其国来归，遂授以国王，即居于汉阳府，天历二年卒，至是加赠、谥。九月，成都广源贼弗道闭覆寇龙州罗回洞，龙州万户府移文诘安南国，其国回言："本国自归顺天朝，恪共臣职，彼疆我界，尽归一统。岂以罗回原隶本国[1]，遂起争端？此盖边吏生衅，假闭覆为名尔，本府宜自加穷治。"湖广行省备其言以闻，命龙州万户府申严边防。按《安南传》：益稷卒[2]，至顺元年，谥忠懿王。

【校】

[1] 岂以罗回原隶本国："原"，中华本《元史》作"元"。

[2] 益稷卒：中华本《元史》无。

至顺二年正月己亥，遣吏部尚书撒里瓦，佩虎符，礼部郎中赵期颐，佩金符，赍即位诏告安南国，且赐以《授时历》。五月己卯，安南世子陈日焴遣其臣段子贞来朝贡。按《元史·文宗本纪》云云。

至顺三年夏四月乙丑，安南世子陈日焴遣其臣邓世延等二十四人来贡方物。按《元史·文宗本纪》云云。

顺帝至元

顺帝至元元年三月乙巳，封安南王世子陈端午为安南国王。五月丙戌，占城国遣其臣剌忒纳瓦儿撒来献方物，且言交趾遏其贡道，诏遣使宣谕交趾。按《元史·顺帝本纪》云云。

明

太祖洪武

太祖洪武元年，安南国王陈日焴遣使朝贡。按《明通纪》云云。

按《明会典》：洪武元年，赐国王《大统历》及彩缎等物[1]。

按《续文献通考》：洪武元年，登极，诏谕薄海内外，日焴大惧。又闻征南将军廖永忠、副将军朱亮祖，帅师逾岭，降何真定广东西，日焴欲纳款，又以梁王尚在云南，持两端。

按《明外史·安南传》：安南，古交趾地。唐以前皆隶中国。五代时，始为土人曲承美窃据。宋初，始封丁部领为交趾郡王[2]，三传为大臣黎桓所篡。黎氏亦三传为大臣李公蕴所篡。李氏八传，无子，传其婿陈日炬[3]。元时，屡破其国。洪武元年，王日焴闻廖永忠定两广，将遣使纳款，以梁王在云南，未果。十二月，太祖命汉阳知府易济诏谕之。日焴即遣少中大夫同时敏，正大夫段悌、黎安世等，奉表来朝，贡方物。明年六月达京师（按《通考》及《明史》，是年始遣使来朝贡，尚未至也。会典赐历及彩缎等云云，疑更入二年似是）。

【校】

[1] 赐国王《大统历》及彩缎等物：四库本《明会典》"王"下有"镀金银印并"。

[2] 始封丁部领为交趾郡王："始"，中华本《明史》无。

［3］传其婿陈日炬："陈日炬"，中华本《明史》校勘记云："《明史稿》传一九五安南传、《元史》卷二〇九安南传都作'陈日熞'，《大越史记》全书本纪全书卷四作'陈熞'。"

洪武二年，封陈日熞为安南国王，使者未至日熞卒，侄日煃嗣，遣使请命，是时安南占城构兵，遣使谕之，皆奉命。

按《明·一统志》：古南交之地，秦属象郡，汉初为南越所有，武帝平南越置交趾九真日南三郡，兼置交趾刺史治嬴陵，东汉郡属交州，吴增置九德武平新昌三郡，宋又增置宋平郡，而徙交州治龙编，梁陈于交州置都督府，隋初郡废，改都督府为总管府，唐初仍曰交州，调露初改安南都护府，至德初改镇南都护府，大历间，复曰安南。五代梁时，土豪曲承美专有其地，后为刘隐所并，后杨延艺、绍洪相继为交趾节度使，既而管内大乱，推丁部为州帅，其子琏继立，宋平岭表，琏内附，封交趾郡王，弟璇嗣立，为其将黎桓所篡，其后李公蕴篡黎氏，陈日熞篡李氏，然皆臣服中国，封交趾郡王，元宪宗时遣将破其国，日熞窜海岛，后归附，封其子光昺为安南国王，光昺死，子日烜自立，世祖又发兵讨破之，日烜卒，子日熞遣使入贡，本朝洪武初，陈日熞率先归附，仍赐安南国王印。安南东至海三百二十里，西至云南老挝宣慰司界五百六十里，南至占城国界一千九百里，北至广西思明府凭祥县界四百里，自其国至南京七千七百二十里，至京师一万一千一百六十五里。

按《续文献通考》：二年，始遣其少中大夫同时敏、正大夫段悌、黎安世等来朝贡请封，遣侍读学士张以宁典簿牛谅封日熞为安南国王，赐驼钮涂金银印，以宁等至安南界日熞已卒，其弟日煃嗣立，遣阮汝亮迎请诰印，以宁等不从，日煃遣杜舜钦等请命于朝，以宁驻安南候命诏封日煃为王，是年，遣翰林编修罗复仁、兵部主事张福，诏谕安南占城国王，各罢兵息民，皆听命焉。

按《明外史·安南传》：洪武元年十二月，日熞遣使奉表来朝，贡方物。明年六月达京师。帝喜，赐宴，命侍读学士张以宁、典簿牛谅往封为安南国王，赐驼钮涂金银印。诏曰："咨尔安南国王陈日熞，惟乃祖父，守境南陲，称藩中国，克恭臣职，以永世封。朕荷天地之灵，肃清华夏，驰书往报。卿即奉表称臣，专使来贺，法前人之训，安遐壤之民。睹兹勤诚，深可嘉尚。是用遣使赍印，仍封尔为安南国王。于戏！视广同仁，思效哲王之盛典；爵超五等，俾承奕叶之遗芳。益茂令猷，永为藩辅，钦哉。"赐日煃《大统历》、织金文绮纱罗四十匹，同时敏以下皆有赐。以宁等至，日煃先卒，侄日熞嗣位。遣其臣阮汝亮来迎，请诰印，以宁等不予。日熞乃复遣杜舜钦等请命于朝，以宁驻安南俟命。而是时安南、占城构兵[1]，帝命翰林编修罗复仁、兵部主事张福谕令罢兵，两国皆奉诏。

【校】

[1] 而是时安南、占城构兵："而是"，中华本《明史》无。

洪武三年，安南告哀请命，遣使吊祭，封日熞为安南国王，日熞复遣使谢恩贡方物。

按《明通纪》：洪武三年，安南使臣杜舜钦，以其主陈日煃卒，来告哀请命。上召见，亲制祭文，命翰林编修王廉往祭，别设日煃灵位于殿，廉南面布宣其君臣，拜伏而听，成礼而还。

按《续文献通考》：三年，日煃卒，封其子日熞嗣王。

按《明外史·安南传》：三年四月，舜钦等至告哀。帝素服御西华门引见，遂命编修王廉往祭，赙白金五十两、帛五十匹。别遣吏部主事林唐臣封日熞为王，赐金印及织锦文绮纱罗四十匹[1]。廉既行，帝以汉马援立铜柱镇南蛮，厥功甚伟，命廉就祀之。寻颁科举诏于其国，且以更定岳渎神号及廓清沙漠，两遣官诏告之。日熞遣上大夫阮兼、中大夫莫季龙、下大夫黎元普等谢恩，贡方物。兼卒于道，诏赐其王及使臣，而送兼柩归国。顷之，复仁等还，言却其赆不受，帝嘉之，加赐季龙等。

按《名山藏·王享记》：安南国王陈日煃入贡求封[2]，使学士张以宁持诏封为安南王[3]，行至境上，日煃已卒。其兄子日熞嗣，欲即求王印，以宁抱玺书不予，使请于朝而待之境上。既奏，上命以宁予日熞印，别使使吊祭日煃，以宁乃入。日熞郊迎，为日煃位北向使者南向授诏，日熞俯伏谢。其明日，长跪、稽首、受印。交人故以揖为礼，至是长跪稽首，以宁还报命，上悦。其详曰：是吾使者。日煃居国色荒，尝以两女进，其婉娈艳丽，缝纫工巧，六宫无与比。高帝受之。既数年，复以两女进。高帝不悦，曰：彼谓朕渔色耶。并出前二女返之，命使者曰：归语王嫁之，犹女体也（按《通考》：二年，日煃卒，其弟日煃嗣，三年日煃卒，其子日煃嗣。《名山藏》云：日煃卒，其兄子日煃嗣。《明外史》云日煃卒，侄日煃嗣，并存之以备参考）。

【校】

[1] 赐金印及织锦文绮纱罗四十匹："锦"，中华本《明史》作"金"。

[2] 安南国王陈日煃入贡求封：崇祯本《名山藏》该句下有"先高帝嘉之"。

[3] 使学士张以宁持诏封为安南王：崇祯本《名山藏》该句下有"赐驼纽银印黄金涂杂缯四十匹，颁正朔令，世世毋伐其国"。

洪武四年春，遣使贡象，贺平沙漠，复遣使随以宁唐臣廉等来朝[1]。其冬，日煃为伯父叔明逼死。按《明外史·安南传》云云。按《名山藏·王享记》：日煃竟以荒昏不治，为其叔父叔明所逼死，而叔明自立为王（按：伯父叔父不同，未知孰是）。

洪武五年，陈叔明遣人朝贡，却不受。按《续文献通考》云云。按《明外史·安南传》：四年冬，日煃为叔明逼死。叔明惧罪，贡象及方物。踰年至京，礼官见署表非日煃名，诘得其实，诏却之。

【校】

[1] 复遣使随以宁唐臣廉等来朝："唐臣廉"，中华本《明史》无。

洪武六年，安南又遣入纳贡谢罪，请封。按《续文献通考》云云。

按《明外史·安南传》：叔明复朝贡谢罪，请封。其使者抵言日煃实病死，叔明逊避于外，为国人所推。帝命国人为日煃服，而叔明姑以前王印视事。

洪武七年，诏定朝贡之期。按《明外史·安南传》：七年三月[1]，叔明遣使谢恩，自称年老，乞命弟煓摄政，从之。煓遣使谢恩，已而请贡期[2]。诏三年一贡，新王世见。寻复遣使贡，帝令所司谕却，且定使者毋过三四人，贡物无厚。

【校】

［1］七年三月："三月"，中华本《明史》无。按：《明太祖实录》七年三月条有载，底本当无误。

［2］已而请贡期："已而"，中华本《明史》无。

洪武十年，煓侵占城，败没。弟炜嗣，上以安南恃其强悍数侵占城，敕谕叔明。按《明外史·安南传》：十年正月[1]，煓侵占城，败没。弟炜代立，遣使告哀，命中官陈能往祭。时安南怙强，欲灭占城，反致丧败。帝遣官谕前王叔明毋构衅贻祸，以叔明实主国事也，叔明贡方物谢罪，乃宴赉如制[2]。广西思明土官诉安南犯境，安南亦诉思明扰边。帝恶其饰词，贡使至却之，移檄数其奸诳罪[3]，敕守臣勿纳其使。炜惧，遣使谢罪，频年贡奄竖、金银、紫金盘、黄金酒尊、象马之属。帝命助教杨盘往使，令馈云南军饷，炜即输五千石于临安。

【校】

［1］十年正月："正月"，中华本《明史》无。按：《明太祖实录》卷一一一之十年正月条有"安南陈煓与占城国构兵相攻，大败于占城境上，煓战死"。底本当无误。

［2］乃宴赉如制：该句中华本《明史》无。

［3］帝恶其……数其奸诳罪：中华本《明史》作"帝移檄数其奸诳罪"。

洪武二十年，炜遣使贡贺圣寿。按《续文献通考》云云。

洪武二十一年，诏安南仍三年一贡。是年，国相黎季犛废日炜，弑之，立叔明子日焜，仍假炜名入贡。按《明外史·安南传》：二十一年，帝复命礼部郎中邢文伟赍敕及币往赐[1]。炜遣使谢，复进象。帝以其频烦，且贡物侈，命仍三岁一贡，毋进犀象。当是时国相黎季犛窃柄[2]，怀不轨谋[3]。十二月[4]，废其主炜，寻弑之，立叔明子日焜主国事，仍假炜名入贡。朝廷不知而纳之，越数年始觉，命广西守臣绝其使。季犛惧。

【校】

［1］帝复命礼部郎中邢文伟赍敕及币往赐："邢文伟"，《明太祖实录》卷一八九洪武二十一年三月条作"邢文博"。

［2］当是时国相黎季犛窃柄："当是"二字，中华本《明史》无。

[3] 怀不轨谋：中华本《明史》无。

[4] 十二月：中华本《明史》无，《明太祖实录》卷一九四之洪武二十一年十二月条有载，底本当无误。

洪武二十二年，陈日焜假炜名遣人来贡。按《续文献通考》云云。

洪武二十七年五月[1]，安南遣使由广东入贡。帝怒，遣官诘责，却其贡。季犛益惧。按《明外史·安南传》云云。

【校】

[1] 洪武二十七年五月："五月"，中华本《明史》无，《明太祖实录》卷二三三之洪武二十七年五月条有"甲寅安南遣其臣阮均等捧表由广东贡方物"，底本当无误。

洪武二十八年，安南复入贡，纳之，遣使谕令输米饷龙州军。按《明外史·安南传》：二十八年，复诡词入贡。帝虽恶其弑逆，而不欲劳师远征[1]，乃纳之。大军方讨龙州赵宗寿，命礼部尚书任亨泰、御史严震直谕日焜，毋自疑。季犛闻师出甚，惧闻亨泰等言[2]，稍自安。帝又遣刑部尚书杨靖谕令输米八万石，饷龙州军。季犛输一万石，而馈金千两、银二万两[3]，且言龙州陆道险[4]，请运至凭祥洞。靖不可，令输二万石于海江，江距龙州止半日。靖因言：日焜年幼，国事皆决季犛父子，闻宗寿已蒙贷[5]，故观望如此[6]。时帝以宗寿纳款，移兵征向武诸蛮，乃谕靖令输二万石给军[7]，而免其所馈金银。

【校】

[1] 而不欲劳师远征："而"，中华本《明史》无。

[2] 季犛闻师出甚，惧闻亨泰等言：中华本《明史》作"季犛闻言"。

[3] 而馈金千两、银二万两："而"，中华本《明史》无。

[4] 且言龙州陆道险："且"，中华本《明史》无。

[5] 闻宗寿已蒙贷：该句中华本《明史》无。

[6] 故观望如此："故"，中华本《明史》作"乃"。

[7] 乃谕靖令输二万石给军："乃"，中华本《明史》作"遂"。

洪武二十九年，遣行人陈诚、吕让谕令还思明五县，不听。按《续文献通考》云云。按《明外史·安南传》：二十九年二月[1]，季犛告前王叔明之讣。帝以叔明本篡弑，吊祭则奖乱，止不行，而移檄使知之[2]。思明土官黄广成言：自元设思明总管府，所辖左江州县，东上思州，南铜柱为界。元征交趾，去铜柱百里立永平寨万户府，遣兵戍守，令交人给其军。元季丧乱，交人攻破永平，越铜柱二百余里，侵夺思明所属丘温、如嶅、庆远、渊、脱等五县地，逼民附之[3]，近又告任尚书置驿思明洞登地。臣尝具奏，蒙遣杨尚书勘实。乞敕安南以五县地还臣，仍画铜柱为界。帝命行人陈诚、吕让往谕，季犛执不从。诚自为书谕日焜，季犛贻书争，且为日焜书移户部。诚等复命，帝知其终不肯还，乃曰：蛮夷相争，自古有之。彼恃顽，必召祸，姑俟之而已[4]。

【校】

[1] 二十九年二月："二月"，中华本《明史》无，《明太祖实录》卷二四四之二十九年二月条有"安南以其前王陈叔明卒遣其使来告哀"。底本当无误。

[2] 而移檄使知之："而"，中华本《明史》无。

[3] 逼民附之：中华本《明史》无。

[4] 姑俟之而已："而已"，中华本《明史》无。

惠宗建文

惠宗建文元年，安南黎季犛弑其王而自立，更名胡一元，寻又传位于其子夷。按《明外史·安南传》：建文元年，季犛弑日焜，立其子颙。未几又弑颙[1]，立其弟奆，方在襁褓中，复弑之。大杀陈氏宗族而自立，更姓名为胡一元，名其子苍曰胡夷，谓出帝舜裔胡公后，僭国号大虞，年号元圣，寻自称太上皇，传位夷，朝廷不知也（奆，按字典无此字）。

【校】

[1] 未几又弑颙："未几"，中华本《明史》无。

成祖永乐

成祖永乐元年，封胡夷为安南国王，适老挝送安南前王陈氏后裔天平，乞师讨胡夷篡弑之罪。按《明外史·安南传》：成祖既承大统，遣官以即位诏告其国。永乐元年四月[1]，夷自署权理安南国事，遣使奉表朝贡，言："高皇帝时安南王日煃率先输诚，不幸早亡，后嗣绝。臣陈氏甥，为众所推，权理国事，于今四年。望天恩赐封爵，臣有死无二。"事下礼部，部臣疑之，请遣官廉访。乃命行人杨渤等赍敕谕其陪臣父老，凡陈氏继嗣之有无，胡夷推戴之诚伪，具以实闻。赍夷使者遣还，复命行人吕让、丘智赐绒锦、文绮、纱罗。既而夷使随渤等还，进陪臣父老所上表，如夷所以诳帝者，乞即赐夷封爵。帝乃命礼部郎中夏止善封为安南国王。夷遣使谢恩，然帝其国中自若也。思明所辖禄州、西平州、永平寨为所侵夺，帝谕令还，不听。占城诉安南侵掠，有诏令修好[2]。夷阳言奉命，侵掠如故，且授印章逼为属，又邀夺天朝赐物。帝恶之，方遣官切责，而故陪臣裴伯耆诣阙告难，言："臣祖父皆执政大夫，死国事。臣母，陈氏近族。故臣幼侍国王，官五品，后隶武节侯陈渴真为裨将。洪武末年[3]，代渴真御寇东海。而贼臣黎季犛父子弑主篡位，屠戮忠良，灭族者以百十数，臣兄弟妻孥亦遭其害。遣人捕臣，欲加诛醢。臣弃军遁逃，伏处山谷，思诣阙庭，披沥肝胆，展转数年，始睹天日。窃惟季犛乃故经略使黎国氂之子，世事陈氏，叨窃宠荣，及其子苍，亦蒙贵任。一旦得志遂成篡夺[4]，更姓易名，僭号改元，不恭朝命。忠臣良士疾首痛心，愿兴吊伐之师，隆继绝之义，荡除奸凶，复立陈氏之后[5]，臣死且不朽。敢效申包胥之忠，哀鸣阙下，惟皇帝垂察。"帝得奏感动，命所司周以衣食。会老挝送陈天平至，言："臣天平，前王日煃孙，奣予，日煃弟也。黎贼尽灭陈族，臣越在外州获免。臣僚佐激于忠义，推臣为主以讨贼。方议招军，贼兵见迫[6]，仓皇出走，窜伏岩谷，万死一生，得达老挝。恭闻皇帝陛下入正大统，臣有所依归。匍匐万里，哀愬明庭。陈氏后裔止臣一人，臣与此贼不共戴天。伏祈圣慈垂怜，迅发六师，用章天讨。"帝益感动，命所司馆之。夷方遣使贺正旦，帝出天平示之，皆错愕下拜，有泣者。伯耆责使者以大义，惶恐不能答。帝谕侍臣："夷父子悖逆，鬼神所不容，而国中臣民共为欺蔽。一国皆罪人也，朕乌能容。"

【校】

[1] 永乐元年四月："四月"，中华本《明史》无。

［2］有诏令修好："有"，中华本《明史》无。

［3］洪武末年："年"，中华本《明史》无。

［4］一旦得志遂成篡夺："得志遂成"，中华本《明史》无。

［5］复立陈氏之后："之"，中华本《明史》无。

［6］贼兵见追："追"，中华本《明史》作"迫"。

永乐三年，安南胡夷诈请陈天平归，奉为主，敕广西将军黄中吕毅将兵送之。按《明外史·安南传》：永乐三年正月[1]，命御史李琦、行人王枢赍敕责夷，令具篡弑之实以闻。云南宁远州复诉夷侵夺七寨，掠其妇女[2]。夷遣其臣阮景真从琦等入朝谢罪，诋言未尝僭号改元，而请迎天平归，奉为主，且退还禄州、宁远地。帝不虞其诈，许之。命行人聂聪赍敕往谕，言："果迎还天平，事以君礼，当建尔上公，封以大郡。"夷复遣景真从聪等还报，迎天平。聪力言夷诚可信，帝乃令天平还国，敕广西左、右副将军黄中、吕毅将兵五千送之。

【校】

［1］永乐三年正月："正月"，中华本《明史》无。按：《明太宗实录》卷三八之永乐三年正月有载，《明史纪事本末》卷二二"安南叛服"亦云："三年（乙酉，1405）春正月，遣御史李琦、行人王枢赍敕往安南问胡夷篡夺陈氏之故"，此事发生在"正月"当无误。

［2］掠其妇女："妇"，中华本《明史》作"婿"。

永乐四年，安南黎季犛叛，成国公朱能、西平侯沐晟等帅师讨之。五年，安南平，改立郡县。按《明外史·安南传》：永乐四年正月[1]，天平陛辞，帝加厚赍[2]，敕封夷顺化郡公，尽食所属州县。三月，中等护天平入鸡陵关，将至芹站，夷伏兵邀杀天平，中等败还。帝大怒，召成国公朱能等谋，决意讨之。七月命能佩征夷将军印充总兵官，西平侯沐晟佩征夷副将军印为左副将军，新城侯张辅为右副将军，丰城侯李彬、云阳伯陈旭为左、右参将，督师南征。能至龙州病卒，辅代将其军。入安南坡垒关，传檄数一元父子二十大罪，谕国人以辅立陈氏子孙意。度鸡陵关至芹站，走其伏兵[3]，遂造浮桥于昌江以济师[4]。前锋抵富良江北嘉林县，而辅由芹站西取他道至江北府新福县[5]，谍晟、彬军亦自云南至白鹤，乃遣骠骑将军朱荣往会之。时辅等分道进兵，所至皆克捷[6]。贼乃缘江树栅，增筑土城于多邦隘，城栅连九百余里，大发江北民二百余万守之。诸江海口皆下木桩，所居东都，严守备，水陆兵号七百万，欲持久以老官军。辅等乃移营三带州个招市江口，造战舰。帝虑贼缓师以待瘴疠，敕辅等必以明年春灭贼。十二月，晟次洮江北岸，与多邦城对垒。辅遣旭攻洮州[7]，造浮桥济师，遂俱抵城下，攻拔之。贼所恃惟此城，既破，胆裂。大军循富良江南下，遂捣东都。贼弃城走，大军入据之，薄西都。贼大烧宫室，驾舟入海。郡县相继纳款，抗拒者辄击破之。士民上书陈黎氏罪恶，日以百数。

永乐五年正月大破季犛于木丸江，宣诏旨访求陈氏子孙。于是耆老千一百二十余人诣军门，言："陈氏为黎贼杀尽，无可继者。安南本中国地，乞仍入职方，同内郡。"辅等以闻。寻大破贼于富良江，季犛父子以数舟遁去。诸军水陆并追，次茶笼县，知犛走乂安[8]，遂循举厥江，追至日南州奇罗海口，命柳升出海追之。贼数败，不能军。五月获季犛及伪太子芮于高望山[9]，安南尽平。群臣请如耆老言，设郡县。六月朔，诏告天下，改安南为交趾，设三司：以都督佥事吕毅掌都司事，黄中副之，前工部侍郎张显宗、福建布政司左参政王平为左、右布政使，前河南按察使阮友彰为按察使，裴伯耆授右参议，又命尚书黄福兼掌布、按二司事。设交州、北江、谅江、三江、建平、新安、建昌、奉化、清化、镇蛮、谅山、新平、演州、乂安、顺化十五府，分辖三十六州，一百八十一县。又设太原、宣化、嘉兴、归化、广威五州，直隶布政司，分辖二十九县。其它要害，咸设卫所控制之。乃敕有司，陈氏诸王被弑者，咸予赠谥，建祠治冢，各置洒扫二十户。宗族被害者赠官，军民死亡暴露者，瘗埋之。居官者仍其旧，与新除者参治。黎氏苛政一切蠲除，遭刑者悉放免。礼待高年硕德。鳏寡孤独无告者设养济院。怀才抱德之彦敦遣赴京。未几又诏求山林隐逸[10]、明经博学、贤良方正、孝弟力田、聪明正直、廉能干济、练达吏事、精通书算、明习兵法及容貌魁岸、语言便利、膂力勇敢、阴阳术数、医药方脉诸人，悉以礼敦致，送京录用。于是张辅等先后奏举九千余人。九月，季犛、苍父子俘至阙下，与伪将相胡杜等悉属吏。赦苍弟卫国大王澄、子芮，所司给衣食。

【校】

［1］永乐四年正月："正月"，中华本《明史》无。按：《明太宗实录》卷五〇之永乐四年正月条有"前安南王孙陈天平陛辞"等，底本当无误。

［2］帝加厚赍："加厚"，中华本《明史》作"厚加"。

［3］度鸡陵关至芹站，走其伏兵：中华本《明史·安南传》作"师次芹站"。按：《明史》卷一五四有"四年十月……进破隘留、鸡陵二关，道芹站，走其伏兵，抵新福"。由此可知，底本所述符合史实。

［4］遂造浮桥于昌江以济师："师"，中华本《明史》无。

［5］而辅由芹站西取他道至江北府新福县："江北府"，中华本《明史》作"北江府"。

［6］所至皆克捷："捷"，中华本《明史》无。

［7］辅遣旭攻洮州："洮州"，中华本《明史》、《太宗实录》卷五〇之永乐五年六月癸未条、《明·一统志》卷九〇均作"洮江州"。

［8］知氂走乂安：中华本《明史》"知"下有一"季"字，按：上文亦有"季氂父子以数舟遁去"。

［9］五月获季氂及伪太子芮于高望山："芮"，中华本《明史》无。按：《殊域》卷五有"安南土人武如卿等复于永盐海口高望山获伪大虞国王黎苍、伪太子黎芮"。

［10］未几又诏求山林隐逸："未几"，中华本《明史》无；中华本《明史》"诏"下有一"访"字。

按丘濬《平定交南录》：太宗文皇帝入正大统之初，安南国王陈日焜为其臣黎季氂所弑，季氂诡姓名为胡一元，子苍为胡夷表称陈氏绝嗣[1]，夷其甥请权署国事，上不逆其诈，从其请。未几求袭王爵，许之。

踰年，陈氏孙天平始从老挝遁至京[2]，愬其实，季氂闻之惧，遣使上表，请迎天平，还以国。永乐四年春，遣使者以兵五千人送天平归。达其境，季氂伏兵杀之，及使者。上闻之[3]，震怒，谕群臣曰："朕为万国主，蠢尔蛮夷，乃敢为不道，以戕其主夺其国，朕不正其罪，如天道何？"既而占城亦告其侵轶疆界，强授以印服，又闻其僭号大虞，纪年号，苍伪称尊号，季牦称太上皇，毁中国儒教，谓孟子为盗儒，程朱为剽窃。乃议兴兵问其罪，群臣咸赞成之。乃遣大臣告于郊庙，分遣近侍，遍告天下山川。

秋七月癸未，制谕："太子太傅、成国公朱能佩征蛮大将军印，充总兵官；西平侯沐晟为征蛮左副将军；新城侯张辅为征蛮右副将军；丰城侯李彬为左参将；云阳伯陈旭为右参将。"敕大将军率右副将军、右参将又清远伯朱友、领骠骑将军朱荣、刘札出、鹰扬将军吕毅、方政、神机将军程宽、罗文、游击将军朱广、王恕、横海将军鲁麟、刘清等二十五将军，统两京畿、荆、湖、闽、浙、广东、西之军，从广西思明府凭祥县进；左副将军率左参将，领都指挥陈浚、卢旺等，统巴蜀、建昌、云、贵之军，从云南临安府蒙自县进；以兵部书刘镎参赞戎机[4]、刑部尚书黄福[5]、大理寺卿陈洽、给事中冯贵督馈饷，于凡所过名山大川修祀事。

乙酉出师，上亲幸龙江禡祭，将帅陪位受脤[6]，惟谨，讫事，驻跸江浒，誓于众曰："朕命汝等，奉行天罚[7]，罪惟元凶，尚体朕心。毋究武，毋杀降，毋系累老稚，毋毁坏室墓，虽一草一木，亦勿妄剪除。违朕命者，虽劳勿绩，且底于罚。"能等顿首受命，万众鼓舞，登舟以行。

是年九月，师次龙川[8]，大将军遘疾，以师授右副将军，十月庚子，大将军薨。众议军机事重，不容以缓，请右副将军代总其兵，行大将军事。急驿以闻，上命辅就佩征蛮大将军印[9]，代能总兵，且降敕谕之曰："昔太祖皇帝命开平王常遇春为大将军[10]，岐阳王李文忠为偏将军，率师北征，开平王卒于柳河川，岐阳王率诸将扫荡残孽，终建大勋，著名青史。尔宜取法前人，以建万世之功。此定兴忠烈王受命专征之始。"

先是，王与大将军榜示黎贼父子大罪二十，以明天讨之意，数季牦两杀其主，以夺其国，罪一；凡陈氏子孙杀之殆尽，罪二；淫刑以逞，视国人如雠，重敛暴征，民不聊生，罪三；世本黎氏，背祖更姓，罪四；既篡主位，乃诈称权署国事，以罔朝廷，罪五；表请陈氏孙还以国，及朝廷使送之，乃敢拒遏，罪六；杀国主孙，罪七；侵云南之宁远州七寨，罪八；杀土官猛慢，虐其女[11]，征其银，罪九；威逼近边土官，致其骇散，罪十；侵广西之禄州地界，罪十一；擅据西平州，杀土官，罪十二；占城国王占巴的赖国新遭丧，兴兵攻其旧州格烈等地，罪十三；又攻板达郎黑、白等州，掠其人民，罪十四；勒取占城象百余，仍加兵不已，罪十五；占城既受天朝章服，辄伪造金印带服，逼使其受，罪十六；责占城王惟知尊重中国，而欲其以所以事中国者事之，罪十七；朝使送占城陪臣还其国，以兵劫之于昆陵港口，罪十八；既奉正朔，又僭称国号，伪纪圣元。绍成，开大年号，罪十九；朝贡不遣陪臣，辄以罪人充使，罪二十。初，交人闻天兵南下，罔知所以。既闻榜示，咸知其曲在彼。及见榜末云：待黎贼父子就擒之后，选求陈氏立之。莫不延颈跂足，以待王师之至。

王以十月丁未至凭祥县，祃牙入境，并望祀其国中山川，谕于众曰："皇帝非利安南土地人民，乃为黎贼害其国主，虐其黎庶，奉行天讨，以继绝世苏民困，命我等以吊民伐罪，丁宁告戒，非临阵不得杀人，非禀令不许取物，毋掠子女，毋焚庐舍，毋践禾稼，尔等宜奉承圣天子德意，以立奇功。不用命者，必以军法从事，无赦。"众皆欢呼用命。是日，大军入坡垒关[12]，揭前榜谕国中吏民，以朝廷伐罪吊民之意，以招徕之。王询知坡垒以南，由隘留关，历鸡翎关至芹站，山菁深险，林木阴翳，且多溪涧，虑贼有伏，先遣鹰扬将军吕毅哨探，及檄都督同知韩观荣于坡垒修道路，缮桥梁，督粮运。戊申，大军次丘温县。己酉，哨至隘留关，贼众二万，依山结寨。毅攻拔之，斩首四十级，生擒六十余人。是日，骠骑将军朱荣等亦破鸡翎关，斩首八十余级，生擒十一人。贼闻二关破，其屯兵设伏者悉奔散。壬子，大军次鸡翎关。癸丑，次芹站。是日，先遣鹰扬将军方政、游击将军王恕等，直抵富良江北岸嘉林县。

是时，左副将军西平侯，亦自云南蒙自县进兵，经野蒲蛮入境。都指挥朱浚等夺猛烈关，俞让等拔栅华隘，随处筑堡驻兵，伐木造舟。都指挥徐源、孔斌等，突出宣光江口，夺其澳洄等沙。左参将丰城侯领兵渡其上游，都督程达等中夜舁舟越山，自间道以出洮水江[13]，纵火焚贼舟，遂夺富良江。

十一月乙巳，西平侯统军至三带州，与王所遣都督朱荣会。癸酉，横海将军鲁麟、骠骑将军刘札出拔因吾寨。是日，有伪三带州金判邓原南、策州人莫邃等来降，因询降人，知贼巢穴在东、西二都，恃宣江、洮江、富良江以为险，自三江府洮江南岸伞圆山起，由富良江南岸东下直至宁江，又自富良江北岸自海潮江，由希江、麻牢江直至盘滩，因拔山，立木为栅，及增筑土城于多邦隘，树栅立城，连桥接舰七百余里，又于富良江南岸缘江下木椿[14]，悉国中舟舰泊其内，凡诸港汊可通舟处，俱下拒木以备。贼众聚屯，守水陆者，号七百万，盖悉驱国中老幼妇女，以助声势，非真也。大军屯富良江北岸，王以书谕季牦曰："予奉命统兵来问尔罪，尔能战，则率众于嘉林以待。不能，赴军门以听处分。"王意欲挑其急战也。会朝遣行人朱劝赉敕至谕牦贼以祸福，及许其输金五万两，象百只以赎罪。行人至其国，季牦不出见，以诡辞答曰："文书比对原发勘合不同，此必非上所遣。"又云："兵已入境，若兵回，即贡，否则，自有准备。"王知此敕，是欲以款其兵，而贼亦无改过悔罪之意。乃移军二带州[15]，屯个招市口。与左副将军西平侯会议造船置铳以图进取。时时有划船出没江口[16]，王命鲁麟夜升舟从上流下水，夺其船，斩首百余级。自是划船不敢出没，王与西平侯议于上流渡江。乃遣朱荣等于下流八十里嘉林置舟筏，为欲渡之势，以掣其势。贼果分遣水军于嘉林，夺我舟。荣等奋击，大破之。

十二月己亥，大军与左副军合势。王与西平侯议曰[17]："贼边江立栅，势逼地狭难以列军，惟多邦隘城外沙滩上平阔，足以容军。然其城峻濠深，守具无不备，而外设坑坎布竹签，贼所恃者此耳。蛮人绵薄不耐苦，不足虑也。今我攻具若云梯仙人洞之类俱备，易于攻取。"乃召将士谕之曰："汝等报国成功在此一举。宜奋力争先[18]，以立奇功。先登者，不次升赏。"将士闻命，无不踊跃。乃议分地界，大军攻其西南，左副军攻其东南。己酉各列军沙滩之上。布置已定，别调军距欲袭之处里许，作欲攻势，以出贼不意，于是出内府所制夜明光火药，散军士俾执之，有先登者燃之，及吹角为号。是夜四鼓，都督黄中率官军潜升攻具，越重濠抵城下，用云梯先附城。都指挥蔡福等数人先蹑梯登，用刀乱斫，贼众惊呼，城上火齐明，角应之士皆蚁附而上，贼于城内列阵，驱象来冲我军。乃出内府所制狮子服蒙马，象见狮形，惊畏而颤，又为铳箭所伤，倒回奔突，贼溃乱，自相蹂践，及官军杀死者，不可胜计。大军乘胜长驱。明日，追至伞圆山。又明日，循富良江南岸而下，纵火焚缘江一带木栅，烟焰涨天。辛亥，直捣其东都，克之。王与左副将军驻军于城之东南，给榜招谕，吏民降者日以数万计，王召其父老谕以吊伐之意，欢声动地。

乙卯，议遣左参将丰城侯李彬、右参将云阳伯陈旭伐其西都，贼首闻多邦破，先已焚其仓库，携妻子遁于海岛。我军至，焚其宫室，据其城池，余党依天建山困枚山等处，水陆据守，乃分遣清远伯王友、都督黄中、都指挥柳琮等，随贼所在而征剿之。自是年冬至明年春，前后斩首三万七千余级。

时王留交州镇，适闻贼了黎澄聚舟黄江，左副将军、左参将领军循富良江，左右水陆并进，次于木丸江对岸下营。辛巳，贼船三百余艘来犯，我军水陆夹击，贼众大败，斩首万余级，溺死者无算。

二月乙巳，王闻贼首遁于闷海口，出鲁江口与左副将军会兵，下胶水县，贼闻大军至，又远遁大安海口，王谓左副将军曰："贼闻大军来，不敢敌，故潜遁他所，以观我动静，我若回军交州，留兵于咸水关两岸[19]，留战船守备，彼必出闷海口以袭我，我俟其出，水陆并击之，贼必成擒。"

三月癸酉，大军回交州。甲午，贼果犯咸子关。报至，已酉，王与左副将军合兵，水陆并进。贼以海船横截江中，而以战船、划船，两岸齐进，既而登岸，植木为栅。王乘其栅之未备，亲督精锐攻之。都督柳升等亦率舟师来奋击，贼遂大败，富良江水为之赤，积尸数十里。右参将云阳伯乘势长驱直抵闷海口，黎贼父子闻败，乘船远遁于灵源。王谕将士宜乘破竹之势[20]，追剿殄灭，乃回军交州，留左参将镇守，备御黄江等处。

四月乙亥，王与左副将军统军由清化府倍道兼进，调柳升、鲁麟、土官莫邃等分领战船，由水路穷追；戊寅，舟师至清化之磊江，贼众聚船以拒，升等击败之，斩首万余级；五月丁卯，王至演州，柳升等舟师来会，途中降者相继，诇知黎贼父子遁于乂安府之深江，王议与左副将军兵从陆路，柳升等率舟师由水路追贼；壬申，大军至乂安府上油县[21]，王从举厥江东路、左副将军从举厥江西路进兵，两军俱至盘石县下营；甲戌，柳升率舟师至奇罗海口，与贼战，大败之，获贼船三百艘，余船分散，贼首潜窜草野。乙亥，升所领军士王柴胡等七人，擒贼伪上皇黎季牦，黄中所领军士李保保等十人，获伪卫国大王黎澄。丙子，莫邃下土人武如卿五人，获伪国主黎苍，及其伪太子芮于高望山。凡黎氏亲属，俘获无遗，安南地悉平。所得府、州四十八，县一百六十六[22]，户三百一十二万五百，象、马、牛、羊、舟、粮、器械无算。遣都督柳升等献俘阙下，露布以闻。

先是，王等受命时，诏令求陈氏子孙立之。至是平定，王遍访国中官吏耆老人等，咸称黎贼于己卯年，杀光泰王颐，立其子，颐而杀之，遂篡其国。前后杀其近属五十余人，及其远族又千余人，血属尽绝，无可继立者。请依汉、唐故事，立郡县如内地，以复古。王疏以闻，上从其请。乃于其地立交址等处，承宣布政使司、都指挥使司、按察司，分其地为十七府、四十七州、一百五十七县，据其要害设卫十一、守御千户所三，又于交、广分界处如潼关卫例，设丘温卫，及坡垒、隘留二守御所，军隶广西，民属交址，以相制驭。

是岁，大诏天下，以平安南复古郡县之故，并敕有司，为陈王赠谥。凡其宗亲为贼所害者，各赠以官。又为之建祠立碑，葺坟墓，禁樵采，各给户三十。凡黎贼苛政暴敛，悉皆除之。擢用贤能，优礼耆老，赈恤穷独，革去旧俗以复华风。使秦、汉以来之土宇陷于蛮夷者，四百四十六年，一旦复入中国版图，诏布天下。文武群臣、亲王藩服咸上表称贺。

按《明·一统志》：洪武初，陈日煃率先归附，赐安南国王印，传至日焜，其臣黎季牦篡立，僭称伪号；永乐四年，诏遣新城侯张辅西平侯沐晟率兵分道并进，俘获季牦父子，诏求陈氏后立之无所得，因郡县其地，置府十七州五领各州县，又建交址布政司、提刑按察司及都指挥使司于交州府。永乐六年，安南平，班师。是年安南旧官简定复叛。

【校】

[1] 子苍为胡夷表称陈氏绝嗣："表"，说郛本、《纪录汇编》本作"矫"，上

句亦有"季牦诡姓名为胡一元"。

［2］陈氏孙天平始从老挝道至京："天平"，底本、清借月山房汇钞本同，说郛本、《纪录汇编》本作"添平"。按：上文中华本《元史》永乐三年条引，"而请迎天平归"，今从底本。

［3］上闻之：底本、《纪录汇编》本同，说郛本"上"上有一"以"字。

［4］以兵部书刘儁参赞戎机：《纪录汇编》本"部"下有一"尚"字。

［5］刑部尚书黄福："刑部"，《明史》卷一五四黄福传、卷一一七七卿年表及《太宗实录》卷三四之永乐三年四月癸未条作"行部"。按：其时刑部尚书为吕震，黄福已改行部尚书。

［6］将帅陪位受脤："脤"，底本、《纪录汇编》本同，说郛本作"赈"。按："脤"，古代祭社用的生肉。《左传·闵公二年》："帅师者受命于庙，受脤于社。"后因以"受脤"指奉命帅师出征。"赈"，无此用法，疑为"脤"之讹。

［7］奉行天罚："天"，底本、《纪录汇编》本同，说郛本作"及"，据文义，疑为"天"之讹。

［8］师次龙川："师"，说郛本、《纪录汇编》本作"帅"。

［9］上命辅就佩征蛮大将军印："蛮"，底本、《纪录汇编》本同，说郛本空缺。

［10］昔太祖皇帝命开平王常遇春为大将军："太"，说郛本空缺。

［11］虐其女："虐"，《纪录汇编》本作"掳"。

［12］大军入坡垒关："坡垒关"，说郛本、《纪录汇编》本作"破垒关"。按：下文有"王询知坡垒以南"句，又《明史》卷一五四、一六六、三二一均作"坡垒关"，"破"，当是"坡"之讹。

［13］自间道以出洮水江："洮"，说郛本作"逃"。按：顾祖禹《读史方舆纪要》："洮阳废县，（全）州北三十五里，汉置县，以洮水经其南而名。"全州邑人蒋冕有《洮水考》一文，考证《史记·高祖本纪》所载"汉将别击（英）布军洮水南北"，其中提到的"洮水"，应为此处的"洮水江"，据此，疑"逃"为"洮"之形讹。

［14］又于富良江南岸缘江下木桩："桩"，说郛本、《纪录汇编》本作"椊"。

［15］乃移军二带州："二"，说郛本、《纪录汇编》本作"三"，上文有亦"西平侯统军至三带州"。

［16］时时有划船出没江口：第二个"时"，《纪录汇编》本作"贼"。

［17］王与西平侯议曰："侯"，说郛本、《纪录汇编》本无。

［18］宜奋力争先："力"，说郛本、《纪录汇编》本作"勇"。

［19］留兵于咸水关两岸："水"，《纪录汇编》本、《明史》卷三二一作"子"。下同。

［20］王谕将士宜乘破竹之势："士"，说郛本、《纪录汇编》本无。

［21］大军至乂安府上油县："上"，《纪录汇编》本作"土"。

［22］县一百六十六：底本、明朱当㴐国朝典故本、《纪录汇编》本、清胜朝遗事本皆作"县一百六十六"，《明史》卷一五四张辅传作"一百八十"。

按《明外史·安南传》：永乐六年六月，辅等振旅还京，上交址地图，东西一千七百六十里，南北二千八百里。安抚人民三百一十二万有奇，获蛮人二百八万七千五百有奇，象、马、牛二十三万五千九百有奇，米粟一千三百六十万石，船八千六百七十余艘，其军器以二百五十三万九千八百计[1]。于是大行封赏，辅进英国公，晟黔国公，余叙赉有差。时中朝所置吏，务以宽厚辑新造，而蛮人自以非类，数相惊恐。陈氏故官简定者，先降，将遣诣京师，偕其党陈希葛逃去，与化州伪官邓悉、阮帅等谋乱。定乃僭大号，纪元兴庆，国曰大越。出没乂安、化州山中，伺大军还，即出攻盘滩咸子关，扼三江府往来孔道，寇交州近境。而慈廉、威蛮、上洪、天堂、应平、石室诸州县皆响应，守将屡出讨，皆无功。八月事闻[2]，命沐晟为征夷将军，统云南、贵州、四川军四万人，由云南往讨[3]。而遣使赍敕招降者予世官。城不应[4]，晟与战生厥江，大败，吕毅及参赞尚书刘儁死之。

按《平定交南录》：永乐六年春，班师入朝，秋七月策功行赏，进封王英国公，西平侯黔国公，清远伯王友进侯爵，都督柳升升安远伯，余擢官增禄有差；赐王诰券玉带金帛，命子孙世袭，加禄米三千石；既大宴，上亲制平安南歌，以褒嘉之。

【校】

［1］其军器以二百五十三万九千八百计："其"、"以"、"计"，中华本《明史》无。

［2］八月事闻："八月"，中华本《明史》无。按：《明史纪事本末》卷二二永乐六年条有"秋八月，交趾蛮寇简定反"；《明太宗实录》卷八二永乐六年八月条有"乙酉，交趾都司布政司按察司奏逆贼简定邓悉等聚众作乱"。底本当无误。

[3] 由云南往讨:"往讨",中华本《明史》作"征讨"。
[4] 城不应:"城",中华本《明史》作"贼"。

永乐七年,安南叛党推简定为太上皇,别立陈季扩为帝。命英国公张辅讨之。按《明外史·安南传》:永乐七年正月[1],败书闻,益发南畿、浙江、江西、福建、湖广、广东、广西军四万七千人,从英国公辅征之。辅以贼负江海,不利陆师,乃驻北江仙游,大造战舰,而抚诸遭寇逋播者,遂连破慈廉、广威诸营栅。侦其党邓景异扼南策州泸江渡太平桥[2],乃进军咸子关。伪金吾将军阮世每众二万,对岸立寨栅,列船六百余艘,树桩东南以扞蔽。时八月,西北风急,辅督陈旭、朱广、俞让、方政等舟齐进,炮矢飙发,斩首三千级,生擒伪监门将军潘低等二百余人,获船四百余艘。遂进古景异,景异先走,乃定交州、北江、谅江、新安、建昌、镇蛮诸府。追破景异太平海口,获其党范必栗。时阮帅等推简定为太上皇[3],别立陈季扩为帝,纪元重光。乃遣使自称前安南王孙,求封爵。辅叱斩之,由黄江、阿江、大安海口至福成江,转入神投海口,尽去贼所树桩栅。十余日抵清化,水陆毕会。定已奔演州,季扩走乂安,帅、景异等亦散亡。于是驻军,捕余党。定走美良县吉利栅,辅等穷追及之。定走入山,大索不得,遂围之,并其伪将相陈希葛、阮汝励、阮晏等俱就擒。

按《平定交南录》:安南余孽简定作乱,定自称陈姓,本前陈氏官,先已降附,既而遁于义安府,与其党邓悉阮师陈希葛等谋反,伪称日南王,既而僭号大越,称兴庆年号,朝命黔国公沐晟为将军[4],从云南往征之,久不能遏绝,廷议谓非王不可。

七年正月乃命王佩征蛮副将军印,往共剿之。王以四月至南宁会兵,五月入境,王躬督战舰,破孔目栅,再破咸子关,斩俘无数,贼退保黄江,乘胜击之于太平海口,贼窜义安茶偈江,冬十二月师至清化,越四日生擒简定于吉利栅之山,并其党陈希葛等,槛送京师,明年二月王还朝,上嘉劳之。

【校】

[1] 永乐七年正月:"正月",中华本《明史》无。按:《明史纪事本末》列入

六年十二月条，《明太宗实录》卷八七永乐七年正月条有"庚午，交趾总兵官黔国公沐晟奏师出，败绩。命兵部益兵，命英国公张辅总师剿之"。当以永乐七年正月为是。

[2] 侦其党邓景异扼南策州泸江渡太平桥："江渡"，中华本《明史》作"渡江"。

[3] 时阮帅等推简定为太上皇："太上皇"，中华本《明史》卷一五四张辅传作"越上皇"，《明史纪事本末》卷二二有"七年夏五月，简定称上皇，立陈季扩为大越皇帝，改元重光"。

[4] 朝命黔国公沐晟为将军："沐晟为"，说郛本、《纪录汇编》本无。

永乐八年，安南陈季扩乞降。按《明外史·安南传》：先是，贼党阮师桧僭王，与伪金吾上将军杜元措等据东潮州安老县之宜阳社，众二万余人。八年正月，辅进击之，斩首四千五百余级，擒其党范支、陈原卿、阮人柱等二千余人，悉斩之，筑京观。是月[1]，辅将班师，言："季扩及党阮帅、胡具、邓景异等尚在演州、乂安，逼清化。而邓镕塞神投福成江口，据清化要路，出没乂安诸处。若诸军尽还，恐沐晟兵少不敌。请留都督江浩，都指挥俞让、花英、师佑等军，佐晟守御。"从之。五月，晟追季扩至虞江，贼弃栅遁。追至古灵县及会潮、灵长海口，斩首三千余级，获伪将军黎弄。季扩大蹙，奉表乞降。帝心知其诈，姑许之，诏授交趾布政使，阮帅、胡具、邓景异、邓镕并都指挥，陈原樽右参政，潘季佑按察副使。诏既下，贼无悛心[2]。

【校】

[1] 是月：中华本《明史》无。

[2] 贼无悛心：中华本《明史》"贼"上有一"念"字，后接"九年复命辅督军二万四千"句。

永乐九年，陈季扩叛党邓宗稷等就擒，是年追杀殆尽。按《明外史·安南传》：永乐九年正月[1]，复命辅督军二万四千，合晟军讨之。贼据月常江，树桩四十余丈，两崖置栅二三里，列船三百余艘，设伏山右。其秋，辅、晟等水陆并进，阮帅、胡具、邓景异、邓镕等来拒。辅令朱广等连舰拔桩以进，而自率方政等以步队剿其伏兵，水陆夹攻，贼大败，帅等皆散走。生擒伪将军邓宗稷、黎德彝、阮忠、阮轩等，获船百二十艘。辅乃督水军剿季扩，闻石室、福安诸州县伪龙虎将军黎蕊等断锐江浮桥阻生厥江交州后卫道路，遂往征之。蕊及其党范慷来拒[2]，蕊中矢死。斩伪将军阮陋，获伪将军杨汝梅、防御使冯禽，斩首千五百级，追杀余贼殆尽。慷及党[3]杜个旦、邓明、阮思瑊等亦就擒。

【校】

[1]永乐九年正月："正月"，中华本《明史》无。按：《明太宗实录》卷一一二永乐九年正月己卯条，《明史纪事本末》永乐九年正月条有载，底本当无误。

[2]蕊及其党范慷来拒："其党"，中华本《明史》无。

[3]慷及党："党"，中华本《明史》无。

永乐十年，陈季扩叛党陈敏等相继请降。按《明外史·安南传》：永乐十年八月朔[1]，辅督方政等击贼舟于神投海，大败之，擒伪将军陈磊、邓汝戏等。阮帅等远遁，追之不及。辅军至乂安上黄[2]，伪少保潘季佑等皆窜俄请降[3]，率伪官十七人上谒。辅承制授季佑按察副使，署乂安府事。于是伪将军、观察、安抚、招讨诸使陈敏、阮士勤、陈全勖、陈全敏等相继降。

【校】

[1]永乐十年八月朔："八月朔"，中华本《明史·安南传》无。按：《明史》卷六有"八月癸丑，张辅大破交址贼于神投海"；《明史纪事本末》卷二二有"十年秋八月，英国公张辅破贼于神投海口"。

[2]辅军至乂安上黄："上黄"，中华本《明史》校勘记云，《太宗实录》卷五〇之永乐五年六月癸未条，卷八五之永乐十年十月戊寅条及大南一统志卷一四均作"土黄"。

[3]伪少保潘季佑等皆窜俄请降："皆窜俄"，中华本《明史》无。

永乐十一年，陈季扩叛党邓镕等尽降。按《明外史·安南传》：永乐十一年十二月[1]，辅及晟合军至顺州。阮帅等设伏爱子江，而据昆传山险，列象阵迎敌。诸军大破之，生擒伪将军潘径、阮徐等五十六人，追至爱母江。贼溃散，邓镕弟伪侯铁及将军潘鲁、潘勤等尽降。

【校】

［1］永乐十一年十二月："十二月"，底本、《殊域》卷五、《明史纪事本末》卷二二同，中华本《明史·安南传》无，《明史》卷一五四有"十一年冬，与晟会顺州，战爱子江"，卷六有"十二月壬子，张辅、沐晟大败交址贼于爱子江"。

永乐十二年，陈季扩就擒，安南复平。按《明外史·安南传》：永乐十二年春，进军政和。贼帅胡同降，言伪大将军景异率党黎蟾等七百人逃暹蛮昆蒲栅。遂进罗江[1]，舍骑步行，比至，贼已遁。追至叱蒲捺栅，又遁。昏夜行二十余里，闻更鼓声，辅率政等御枚疾趋，黎明抵叱蒲干栅，江北贼犹寨南岸。官军渡江围之，矢中景异胁，擒之。镕及弟銃亡走，追擒之，尽获其众。别将朱广追伪大将军阮帅于暹蛮，大搜暹人关诸山，获帅及季扩等家属。帅逃南灵州，依土官阮茶汇。指挥薛聚追获帅，斩茶汇。初，邓镕之就执也，季扩逃又安竹排山。辅遣都指挥师佑袭之，走老挝。佑踵其后，老惧官军蹯其地，请自缚以献。辅檄索之，而令佑深入，克三关，抵金陵个，贼党尽奔，遂获季扩其弟伪相国骝国王季撎亦获，他所贼尽平[2]。

按《平定交南录》：简定余党陈季扩复啸聚，僭称重光年号。季扩乃简定从子，简定为阮帅等所废而立季扩，定败潜远窜，闻王班师复与陈景异等同反，九年春正月，复授王前印，往督师征之。夏五月，师次东关。六月，进兵，贼闻王至，以石填神头海口，三十丈许，设拒木以抗。王督将士悉起其石，以通舟楫。贼惧，立堡常月江。王戒众曰："此堡不足攻。其山南险阻，彼必设伏以挠我。"乃使骁将率土兵搜山，果得其伏者斩之，遂夺其堡，贼遂远遁，王随所至而追之，贼或聚或散，竟莫得其要领。

时关以东群盗蜂起，所完者交州一城耳，盖新设州县军卫太多，交人久外声教，乐宽纵不堪官吏将卒之扰，往往思其旧俗。一闻贼起，相扇以动，贼兵所至[3]，辄为之供亿隐蔽。以故贼溃复聚。朝廷屡下诏招抚之，授季扩以布政使，彼欲受命，制于其党，服而复叛，伪称王孙，以复陈氏为辞。大军至，则深入山海避之，军退复出，用是官军不能成功。

王既莅军，始大申赏罚而诸将疲于奔走[4]，往往因循玩寇。都督黄中不用命，王以军法从事，由是人人知惧，不敢辞难避险。是时，贼恃荷花海险，谓我师不能渡，于日丽海口立堡以守，王率舟师自奇罗海大洋过荷花海口，直抵日丽，贼焚堡而遁，至茶偈江，连进兵破之。贼惊曰："天兵飞来也。"遂大溃，夺其化口城，谍知贼悉众守爱子江，复追至其境，贼伏巨象数十以为前敌，列人马于后，尽力以抗我师，王戒将校曰："擒贼在此一举，机不可失。"乃鞭马先进，象伏突起，王一箭落其象奴，再箭中其象鼻，象叫号退走，自踩其众，乘势击之，斩艾僵仆，填满山涧，贼散遁暹蛮等处，王部分将领随处搜捕，至暹蛮蒲干等栅，山径崎岖，林麓阴翳，马不能前，王乃下马徒步，履险兼程趋之，士卒不能从，惟将校百余人仅属。

与贼遇，杀数十人，贼首陈季扩暨其妻子皆就擒，时十一年冬也（按：《平定交南录》此作十一年事，《明外史》作十二年，今并存之）。

【校】

[1] 遂进罗江："罗江"，中华本《明史》作"罗蒙江"。按：《读史方舆纪要》，"罗蒙江，在县西四十里。《志》云：江源有三：一出佛子岭，为羊镇堡江；一出县南天星里，为天星江；一出贵州洪州泊里长官司界，为洪州江。合流经此，西南流至广西怀……"

[2] 他所贼尽平："所"，中华本《明史》无。

[3] 贼兵所至："兵"，《纪录汇编》本作"酋"。

[4] 始大申赏罚而诸将疲于奔走："始"，《纪录汇编》本作"明"。

永乐十三年，辅晟等平安南班师，是年复命辅佩将军印出镇。按《明外史·安南传》：永乐十三年二月，辅、晟等班师入京。四月复命辅佩征夷将军印，出镇。按《平定交南录》：永乐十二年，班师还京，自王出师至是，首尾踰三年，始获首难[1]，说者谓王此役较之前平定之功为难云。十三年四月，朝命佩征蛮将军印，充总兵官，往镇交趾。又有平陈月之功[2]。十五年上以王久劳于外，诏还京师。

王以正统己巳没于王事，至是三十有七年矣，嗣子太子太傅袭封英国公，懋出其家阃者福住所录王平安南时前后所上奏，启见示属予次第之。予因参考交趾郡志所载露布榜文，及胡文穆公奉敕作《平安南碑》，杨文贞公撰，东平武烈王及定远忠敬王神道碑，附以所闻，以为此录云。永乐十四年冬，召辅还京[3]。按《明外史·安南传》云云。

【校】

[1] 始获首难："难"，《纪录汇编》本作"虏"。

[2] 又有平陈月之功：《纪录汇编》本"月"下有一"胡"字。

[3] 永乐十四年冬，召辅还京：此句中华本《明史》作"十四年召还"。

永乐十五年，命丰城侯李彬镇安南，其时叛者并起，东西征剿，日不暇给。按《明外史·安南传》：永乐十五年正月[1]，命丰城侯李彬代镇。交人故好乱。中官马麒以采办至，大索境内珍宝，人情骚动，桀黠者鼓煽之，大军甫还，即并起为乱。陆那阮贞、顺州黎核、潘强与土官同知陈可论、判官阮昭、千户陈恼、南灵州判官阮拟、左平知县范伯高、县丞武万、百户陈己律等一时并反。彬皆遣将讨灭之，而反者犹不止。俄乐巡检黎利、四忙故知县车绵之子三、乂安知府潘僚、南灵州千户陈顺庆、乂安卫百户陈直诚，亦乘机作乱。其它奸宄，范软起浮乐[2]，武贡、黄汝典起偈江，侬文历起丘温，陈水果起武定[3]，阮特起快州，吴巨来起善誓、郑公证、黎侄起同利，陶强起善才，丁宗老起大湾，范玉起安老，皆自署官爵，杀将吏，焚庐舍。有杨恭、阮多者，皆自称王，署其党韦五、谭兴邦、阮嘉为太师、平章，与群贼相倚[4]，而潘僚、范玉尤猖獗。僚者，故乂安知府季佑子也，嗣父职，不堪马麒虐，遂反。土官指挥路文律、千户陈苔等从之。玉为涂山寺僧[5]，自言天降印剑，遂僭称罗平王，纪元永宁，与范善、吴中、黎行、陶承等为乱，署为相国、司空、大将军，攻掠城邑。彬东西征剿，日不暇给。

【校】

[1] 永乐十五年正月："正月"，中华本《明史》无。按：《明史》卷七有"二月癸亥，谷王橞有罪，废为庶人。丁卯，丰城侯李彬镇交址"，《明史纪事本末》列于十四年冬十一月条，《明太宗实录》卷一八四永乐十五年正月条未见载，疑底本作"正月"有误。

[2] 范软起浮乐："浮乐"，中华本《明史》卷一五四李彬传作"俄乐"，又上

文有"俄乐巡检黎利"。

[3]陈水果起武定:"水",中华本《明史》作"木"。

[4]与群贼相倚:"贼",中华本《明史》作"寇"。

[5]玉为僧涂山寺:"僧涂山寺",中华本《明史》作"涂山寺僧"。

永乐十八年,敕丰城侯李彬速剿安南叛寇。按《明外史·安南传》:中朝以贼久未平,永乐十八年三月[1],命荣昌伯陈智为左参将,助之。又降敕责彬曰:"叛寇潘僚、黎利、车三、侬文历等迄今未获,兵何时得息,民何时得安。宜广为方略,速奏荡平。"彬惶恐,督诸将追剿。

【校】

[1]永乐十八年三月:"三月",中华本《明史》无,《明史纪事本末》列于永乐十八年夏五月条,《明太宗实录》卷二二五之永乐十八年夏五月丁丑条有载。

永乐十九年秋,贼悉破灭,惟黎利不能得。潘僚遁老挝与之合。按《明外史·安南传》云云。

永乐二十年,诏荣昌伯陈智镇安南,以不能灭黎利敕责之。按《明外史·安南传》:永乐二十年春,彬卒,官诏智代镇[1]。利初仕陈季扩为金吾将军,后归正,用为清化府俄乐县巡检,邑邑不得志。及大军还,遂反,僭称平定王,以弟石为相国,与其党段莽、范柳、范晏等放兵肆掠。官军讨之,生擒晏等,利遁去。久之,出据可蓝堡行劫[2]。诸将方政、师佑剿获其伪将军阮个立等,利逃匿老挝。及政等还,利复出[3],杀玉局巡检。他将追之,复遁去。十七年夏天暑瘴盛,议秋凉进兵,利得为计。其秋出掠磊江,被击败辄遁老挝[4]。及群盗尽灭,利益深匿。彬奏言:"利窜老挝,将发兵袭老挝[5],请官军毋入,当尽发所部兵捕利。今久不遣,情叵测。"帝疑老挝匿贼,令彬送使臣至京诘问,老挝乃逐利。会智代彬,帝以其不能灭贼,降敕责之。

【校】

[1]官诏智代镇:"镇",中华本《明史》作"彬",下文亦有"会智代彬"。

[2]出据可蓝堡行劫:"可蓝堡",中华本《明史》校勘记云:"'可蓝栅',原作'可蓝堡',据本书卷一五四李彬传及《太宗实录》卷一一三永乐十七年五月乙巳条改。"

[3] 利复出："复",中华本《明史》作"潜"。

　　[4] 他将追之,复遁去。十七年夏天暑瘴盛,议秋凉进兵,利得为计。其秋出掠磊江,被击败辄遁老挝:此处三句中华本《明史》作"已,复出掠磊江,每追击辄遁去"。

　　[5] 将发兵袭老挝:中华本《明史》无。

　　永乐二十一年正月[1],智追利于宁化州车来县,败之,利复远窜。按《明外史·安南传》云云。永乐二十二年,黎利头目范仰等来降。按《明外史·安南传》:永乐二十二年秋,智奏利初逃老挝,后被逐归魂县[2]。官军进击,其头目范仰等已率男妇千六百人降,利虽求抚,愿以所部来归,而止俄乐不出,造军器未已,必当进兵。

【校】

　　[1] 永乐二十一年正月:"正月",中华本《明史》无,《明太宗实录》卷二五五永乐二十一年正月癸卯条有载,底本当无误。

　　[2] 后被逐归魂县:"魂",中华本《明史》作"瑰",龙继栋《集成考证》:"敕撰大清一统志,瑰县隶宜化州。"

仁宗洪熙

　　仁宗洪熙元年,以中官山寿请赍敕谕黎利,利仍寇掠不已。按《明外史·安南传》:仁宗已践阼,大赦天下,因敕智善抚之。而利已寇茶笼州,败方政军,杀指挥伍云。利未叛时,与镇守中官山寿善。至是寿还朝,力言利与己相信,今往谕之,必来归。帝曰:"此贼狡诈,若为所绐,则其势益炽,不易制也。"寿叩头言:"如臣往谕,而利不来,臣当万死。"帝领之,遣寿赍敕授利清化知府,慰谕甚至。敕甫降,利已寇清化,杀都指挥陈忠。洪熙初元利得敕,无降意,即借抚愚守臣,佯言俟秋凉赴官,而寇掠不已。智素无将略,惮贼,因借抚以愚中朝,且与方政迕,遂顿兵不进。贼益无所忌,再围茶笼,智等坐视不救。阅七月,城中粮尽,巡按御史以闻,奏至而仁宗崩。

宣宗宣德

　　宣宗宣德元年,讨安南黎利,不克。命成山侯王通为征夷将军、都督。通战败,擅割清化以南地予贼。又命安远侯柳升为总兵督师讨之。

按《明外史·安南传》：宣宗初即位，敕责智及三司官。智等不为意，茶笼遂陷，知州琴彭死之。尚书掌布按二司陈洽言："利虽乞降，内携二[1]，既陷茶笼，复结玉麻土官、老挝酋长与之同恶。始言俟秋凉，今秋已过，复言与参政梁汝笏有怨，乞改授茶笼州，而遣逆党潘僚、路文律等往嘉兴、广威诸州招集徒众，势日滋蔓。乞命总兵者速行剿灭。"仁宗尝铸将军印分颁边将，智得征夷副将军印，又命安平伯李安往佐之。及洽奏上[2]，为降敕切责，期来春平贼。智始惧，与政薄可留关，败还，至茶笼又败。政勇而寡谋，智懦而多忌，素不相能，而山寿专招抚，拥兵父安不救，是以屡败。

宣德元年春，事闻，复降敕切责。当是时渠魁未平[3]，而小寇蜂起，美留潘可利助逆，宣化周庄、太原黄庵等结云南宁远州红衣贼大掠。帝敕沐晟剿宁远，又发西南诸卫军万五千、广西弩手三千赴交址[4]，且敕老挝不得容叛人。四月，命成山侯王通为征夷将军，都督马瑛为参将，往讨黎利。削陈智及方政职，充为事官。通未至，贼犯清化。政不出战，都指挥王演击败之。帝有诏大赦交址罪人[5]，黎利、潘僚降亦授职；停采办金银、香货，冀以弭贼，而贼无悛心。政督诸军进讨，李安及都指挥于瓒、谢凤、薛聚、朱广等先奔，政由此败，诏俱谪为事官，立功赎罪。未几，智遣都指挥袁亮击贼黎善于广威州，欲渡河，土官何加佋言有伏。亮不从，遣指挥陶森、钱辅等渡河，中伏发并死，亮亦被执。善遂分兵三道犯交州，其攻下关者为都督陈浚所败，攻边江小门者为李安所败，善夜走。通闻之，亦分兵三道出击。马瑛败贼清威，至石室与通会，俱至应平宁桥。士卒行泥泞中，遇伏兵，大败。尚书陈洽死焉，通亦中胁还。利在清化闻之[6]，鼓行至清潭，攻北江，进围东关。通素无战功，以父真死事封。朝廷不知其庸劣，误用之。一战而败，心胆皆丧，举动乖张，不奉朝命，擅割清化以南地予贼，尽撤官吏军民还东关。惟清化知州罗通不从，利移兵攻之不下。贼分兵万人围隘留关，百户万琮奋击，乃退。帝闻通败，大骇，命安远侯柳升为总兵官，保定伯梁铭副之，督师赴讨，又命沐晟为征南将军，兴安伯徐亨、新宁伯谭忠为左、右副将军，从云南进兵，两军共七万余人。复敕通固守，俟升。

【校】

[1] 内携二:"二",中华本《明史》无。

[2] 及洽奏上:"及洽",中华本《明史》无。

[3] 当是时渠魁未平:"当是"二字,中华本《明史》无。

[4] 广西弩手三千赴交址:"广西",中华本《明史》无。

[5] 帝有诏大赦交址罪人:"帝有"二字,中华本《明史》无。

[6] 利在清化闻之:"清化",中华本《明史》校勘记云:"'又安',原作'清化',据本书卷一五四壬通传,室宗实录卷二二宣德元年十一月乙未条及王世贞安南传改。按时清化未破,黎利不得在清化,作'又安'是。"

宣德二年,王通弃交址,与黎利议和,因黎利诡称陈氏有后,封陈暠为安南王。

按《明外史·安南传》:宣德二年春,利犯交州。通与战,斩伪太监黎秘及太尉、司徒、司空等官,获首级万计。利破胆奔遁,诸将请乘势追之,通逗遛三日。贼知其怯,复立寨浚濠,四出剽掠。三月,复发三万三千人,从柳升、沐晟征讨。贼分兵围丘温,都指挥孙聚力拒之。先是,贼以昌江为大军往来要道,发众八万余人攻之[1],都指挥李任等力拒,杀贼甚众。阅九月,诸将观望不救,贼惧升大军至,攻益力。夏四月,城陷,任死之。时贼围交州久,通闭城不敢出,贼益易之,致书请和。通欲许之,集众议,按察使杨时习曰:"奉命讨贼,与之和,而擅退师,何以逃罪!"通怒,厉声叱之,众不敢言,遂以利书闻。

升奉命久,俟诸军集,九月始抵隘留关。利既与通有成言,乃诡称陈氏有后,率大小头目具书诣升军,乞罢兵,立陈氏裔。升不启封,遣使奏闻。无何,升进薄倒马坡,陷殁,后军相继尽殁。通闻,惧甚,大集军民官吏,出下哨河,立坛与利盟誓,约退师。遂遣官偕贼使奉表及方物进献。沐晟军至水尾,造船将进,闻通已议和,亦引退,贼乘之,大败。鸿胪寺进贼与升书,略言:"高皇帝龙飞,安南首朝贡,特蒙褒赏,锡以玉章。后黎贼篡弑,太宗皇帝兴师讨灭,求陈氏子孙。陈族避祸方远窜,故无从访求。今有遗嗣暠,潜身老挝二十年,本国人民不忘先王遗泽,已访得之。倘蒙转达黼宸,循太宗皇帝继绝明诏,还其爵土，匪独陈氏一宗，实蛮邦亿万生民之幸。"帝得书额之。明日，暠表亦至，自称先陈王頔三世嫡孙，其词与利书略同。帝心知其诈，欲借此息兵，遂纳其言。初，帝嗣位，与杨士奇、杨荣语交址事，即欲弃之。至是，以表示廷臣，谕以罢兵息民意。士奇、荣力赞之，惟蹇义、夏原吉不可。然帝意已决，廷臣不敢争。十一月朔，命礼部左侍郎李琦、工部右侍郎罗汝敬为正使，右通政黄骥、鸿胪卿徐永达为副使，赍诏抚谕安南人民，尽赦其罪，与之更新，令具陈氏后人之实以闻。因敕利以兴灭继绝之意，并谕通及三司官，尽撤军民北还。诏未至，通已弃交址，由陆路还广西，中官山寿、马骐及三司守令，由水路还钦州。凡得还者止八万六千人，为贼所杀及拘留者，不可胜计。天下举疾通弃地殃民，而帝不怒也。

按《明·一统志》：宣德二年，黎利势屈，始奉表乞立陈氏后，曰暠者，主其国，诏封为安南王。

【校】

[1] 发众八万余人攻之："攻之"，中华本《元史》作"来攻"。

宣德六年，命礼部侍郎章敞、右通政徐琦赍敕印，命黎利权署安南国事。

按《明外史·安南传》：宣德三年夏，通等至京，文武诸臣合奏其罪，廷鞫具服，乃与陈智、马瑛、方政、山寿、马骐及布政使弋谦，俱论死下狱，籍其家。而帝终不诛，长系待决而已。骐恣虐激变，罪尤重，而谦实无罪，皆同论，时议非之。廷臣复劾沐晟、徐亨、谭志逗遛及丧师辱国罪，帝不问。

琦等还朝，利遣使奉表谢恩，诡言暠于正月物故，陈氏子孙绝，国人推利守其国，谨俟朝命。帝亦知其诈，不欲遽封，复遣汝敬、永达谕利及其下，令访陈氏，并尽还官吏人民及其眷属。四年春，汝敬等还，利复言陈氏无遗种，请别命。因贡方物及代身金人。又言："臣九岁女遭乱离散，后知马骐携归充宫婢，臣不胜儿女私，冒昧以请。"帝心知陈氏即有后，利必不言，然以封利无名，复命琦、汝敬敕谕再访，且以利女病死告之。

五年春，琦等还，利遣使贡金银器方物，复饰词具奏，并具头目耆老奏请令利摄国政。使臣归，帝复以访陈氏裔，还中国遗民二事谕之，而词不甚坚。六年夏，利遣使谢罪，且以二事饰词对，而进头目耆老奏[1]，仍为利乞封。帝乃许之，命礼部右侍郎章敞、右通政徐琦赍敕印，命权署安南国事[2]。利遣使赍表及金银器方物，随敞等入贡。

【校】

[1] 而进头目耆老奏：中华本《明史》"而"下有一"复"字。

[2] 命权署安南国事：中华本《明史》"命"上有一"利"字。

宣德七年二月，随敞等入贡。达京师，北还[1]，利及使臣皆有赐。按《明外史·安南传》云云。

【校】

[1] 北还："北"，中华本《明史》作"比"。

宣德八年，安南黎利死，命其子麟权署国事。按《明外史·安南传》：宣德八年八月，来贡，命兵部侍郎徐琦等与其使偕行，谕以顺天保民之道。是年，利卒。利虽受命[1]，其居国称帝，纪元顺天，建东、西二都，分十三道：曰山南、京北、山西、海阳、安邦、谅山、太原、明光、谅化、清华、乂安、顺化、广南。各设承政司、宪察司、总兵使司，拟中国三司。东都在交州府，西都在清华府。置百官，设学校，以经义、诗赋二科取士，彬彬有华风焉。僭位六年，私谥太祖。子麟继，麟一名龙。自是其君长皆有二名，以一名奏天朝，贡献不绝如常制。麟遣使告讣，命侍郎章敞、行人侯班敕麟权署国事。

【校】

[1] 利虽受命：中华本《明史》"受"下有一"敕"字。

宣德九年，安南权署国事麟遣使入贡谢恩[1]。按《明外史·安南传》云云。

【校】

[1] 安南权署国事麟遣使入贡谢恩："安南权署国事麟"，中华本无。

英宗正统

英宗正统元年，封麟为安南国王。按《明外史·安南传》：正统元年四月，以宣宗宾天，遣使进香。又以英宗登极，及尊上太皇太后、皇太后位号，并遣使表贺，贡方物。闰六月，复贡。帝以陈氏宗支既绝，欲使麟正位，下廷议，咸以为宜。乃命兵部右侍郎李郁、左通政奈亨赍敕印，封麟为安南国王。

正统二年，安南国王麟遣使入贡谢恩，又遣使谢思郎州土官侵掠之罪。按《明外史·安南传》：正统二年遣使入贡谢恩。时安南思郎州土官攻掠广西安平、思陵二州，据二峒二十一村。帝命给事中汤鼐、行人高寅敕麟还侵地。麟奉命，遣使谢罪，而诉安平、思陵土官侵掠思郎。帝令守臣严饬。

正统七年，安南王麟卒，册封其子浚为国王。按《明外史·安南传》：正统七年，安南贡使还，令赍皮弁冠服、金织袭衣赐其王。是岁，麟卒，私谥太宗。其改元二：绍平六年，大宝三年。子濬继，一名墓隆[1]，遣使告讣。命光禄少卿宋杰、兵科都给事中薛谦持节册封为国王。

【校】

[1] 一名墓隆："墓"，中华本《明史》作"基"。

代宗景泰

代宗景泰元年，敕安南王濬归所掠占城王及人口，濬不奉诏。按《明外史·安南传》：濬遣将侵占城，夺新州港，掳其王摩诃贲该以归。帝为立新王摩诃贵来，敕安南使，谕濬归其故王。濬不奉诏，侵掠人口至三万三千余，占城入诉。

景泰二年，赐安南锦彩。按《明会典》：景泰二年，照朝鲜国宣德十年例给，赐彩段十表里、锦四段。景泰四年，安南王濬遣使贺册立皇太子[1]。

【校】

[1] 景泰四年，安南王濬遣使贺册立皇太子：此句四库本《明会典》无，《明

史》卷三二一有载。

英宗天顺

英宗天顺元年，安南遣使入贡，乞赐衮冕，如朝鲜例，不从。其使者乞以土物易书籍、药材，从之。天顺二年，安南遣使贺英宗复辟。按以上《明外史·安南传》云云。

天顺三年，安南谅山王琮弑濬自立。既为国人诛之，濬弟灏嗣位。按《明外史·安南传》：天顺三年十月，其庶兄谅山王琮弑之而自立。濬改元二：大利十一年，延宁六年。私谥仁宗。琮，一名宜民，篡位九月，改元天与，为国人所诛，贬厉德侯，以濬弟灏继。灏，一名思诚。初，琮弑濬，以游湖溺死奏。天朝不知，将遣官吊祭。琮恐天使至觉其情，言礼不吊溺，不敢烦天使，帝即已之。其使者言濬无子，请封琮。乃命通政参议尹旻、礼科给事中王豫往封。未入境，闻琮已诛，灏嗣位，即却还。灏连遣使朝贡请封，礼官疑其诈，请命广西守臣核实奏请，从之。其使臣言："礼，生有封，死有祭。今濬死既白，请赐祭。"乃命行人往祭。

天顺六年，封濬弟灏为安南国王。按《明外史·安南传》：天顺六年二月，命侍读学士钱溥、给事中王豫封灏为国王。

宪宗成化

宪宗成化元年，安南国王灏遣使进香，命赴裕陵行礼。按《明外史·安南传》：宪宗践祚，命尚书卿凌信[1]、行人郤震赐王及妃彩币。灏遣使来贡，因请冕服，不从，但赐皮弁冠服及纱帽犀带。成化元年八月以英宗宾天，遣使进香，命赴裕陵行礼。灏雄桀，自负国富兵强，辄坐大。

【校】

[1] 命尚书卿凌信："尚书卿"，中华本《明史》作"尚宝卿"。按："尚宝卿"，明代官制中一官职名。尚宝司（管理御玺），长官称尚宝卿（正五品）。如《明史》卷二八四有"子章光，进士，尚宝卿。士容，字仁常，广济人"。

成化四年四月[1]，安南发兵侵据广西凭祥。帝闻，命守臣谨备之。

按《明外史·安南传》云云。

【校】

[1] 成化四年四月："四月"，中华本《明史》无，《明宪宗实录》卷五三成化四年四月条有载，底本当无误。

成化七年，安南王灏假道云南，大扰边地，诏守臣诘之。又奏称占城之破，不系侵夺。是岁遣使贺册立皇太子，诏禁饬之。按《明外史·安南传》：成化七年，破占城，执其王盘罗茶全。逾三年，又破之，执其王盘罗茶悦。遂改其国为交南州，设兵戍守。安南贡道，故由广西。时云南镇守中官钱能贪恣，遣指挥郭景赍敕取其货。灏素欲窥云南，遂以解送广西龙州罪人为词，随景假道云南入京，索夫六百余，且发兵继其后，云南大扰。兵部言云南非贡道，龙州罪人宜解广西，不必赴京。乃令守臣檄谕，且严边备。灏既得凭祥，灭占城，遂侵广东琼、雷，盗珠池。广西之龙州、右平，云南之临安、广南、镇安，亦数告变。诏守臣诘之，辄诡词对。庙堂务姑息，虽屡降敕谕，无厉词。灏益玩侮无畏忌，言："占城王盘罗茶全侵化州道，为其弟盘罗茶悦所弑，因自立。及将受封，又为子茶质苔所弑[1]。其国自乱，非臣灏罪。"中朝知其诈，不能诘，但为好言劝令还其土宇[2]。而已久之[3]，灏奏言："占城非沃壤，家鲜积贮，野绝桑麻，山无金宝之收，海乏鱼盐之利，止产象牙、犀角、乌木、沉香。得其地不可居，得其民不可使，得其货不足富，此臣不侵夺占城故也。明诏令臣复其土宇，乞遣朝使申画郊圻，俾两国边陲休息，臣不胜至愿。"时占城久为所据，而其词诞如此。先是，安南入贡，多携私物，道凭祥、龙州，乏人转运，辄兴仇衅。会遣使贺册立皇太子，有诏禁饬之。

【校】

[1] 又为子茶质苔所弑："茶质苔"，中华本《明史》校勘记云："《宪宗实录》卷一四四成化十一年八月辛丑条，《国榷》卷三七页二三五八及《殊域周咨录》卷七俱作'茶质苔来'。"

[2] 但为好言劝令还其土宇："为好言"，中华本《明史》无。

[3] 而已久之：中华本《明史》无。

成化十五年，安南王灏侵掠邻国，廷议令云南、两广守臣戒边备。按《明外史·安南传》：成化十五年冬，灏遣兵八百余人，越云南蒙自界，声言捕盗，擅结营筑室以居。守臣力止之，始退。灏既破占城，志意益广，亲督兵九万，开山为三道，攻破哀牢，侵老挝，复大破之，杀宣慰刀板雅、兰、掌父子三人，其季子伯雅赛走八百以免[1]。灏复积粮练兵，颁伪敕于车里，征其兵合攻八百。将士暴死者数千，咸言为雷霆所击。八百乃遏其归路，袭杀万余人，灏始引还。帝下廷议，请令广西布政司檄灏敛兵，云南、两广守臣戒边备而已。既而灏抵未侵老挝[2]，且不知八百疆宇何在，语甚诳诞。帝复慰谕之，迄不奉命。

【校】

[1] 其季子伯雅赛走八百以免："伯"，中华本《明史·安南传》、《明史》卷三一五云南土司三作"怕"。

[2] 既而灏抵未侵老挝："抵"，中华本《明史》作"言"。按：下文有"语甚诳诞"，据文意，当以"言"为是。

成化十七年，敕安南王灏睦邻，既使臣入贡请冠带，许之。按《明外史·安南传》：成化十七年秋，满剌加亦以被侵告，帝敕使谕令睦邻保国。未几，使臣入贡，请如暹罗、瓜哇例赐冠带。许之，不为例。

孝宗弘治

孝宗弘治元年，安南使臣来贡。按《明外史·安南传》：孝宗践祚，命侍读刘戬诏谕其国。其使臣来贡，以大丧免引奏。

弘治三年，占城王愬安南见侵，兵部马文升召安南使臣戒谕之。按《明外史·安南传》：弘治三年，时占城王古来以天朝力得还国，复愬安南见侵。兵部尚书马文升召安南使臣曰："归语尔主，各保疆土享太平。不然，朝廷一旦赫然震怒，天兵压境，如永乐朝事，尔主得毋悔乎？"安南自是有所畏。

弘治十年，安南王灏卒，子晖嗣位，遣使告讣。寻赐弁服，使臣乞改赐，不许。按《明外史·安南传》：弘治十年二月[1]，灏卒，私谥圣宗。其改元二：光顺十年，洪德二十八年。子晖继，一名镛，遣使告讣，命行人徐钰往祭。寻赐晖皮弁服、金犀带。其使臣言，国主受王封,赐服与臣下无别,乞改赐。礼官言:"安南名为王,实中国臣也。嗣王新立,必赐皮弁冠服,使不失主宰一国之尊,又赐一品常服,俾不忘臣事中国之义。今所请,紊乱祖制,不可许。然此非使臣罪,乃通事者导之妄奏,宜惩。"帝特宥之。

【校】

[1]弘治十年二月:"二月",中华本《明史》无。

弘治十七年五月[1],安南王晖卒,私谥宪宗,其改元曰景统。子㵮继,一名敬甫,七月而卒,私谥肃宗。弟谊继,一名璜。按《明外史·安南传》云云。

【校】

[1]弘治十七年五月:"五月",中华本《明史》无。

武宗正德

武宗正德元年,册安南王㵮弟谊为国王。按《明外史·安南传》:武宗践祚,命修撰伦文叙、给事中张弘至诏谕其国。谊亦遣使告讣,命官致祭如常仪。正德元年册为王。谊宠任母党阮种、阮伯胜兄弟,恣行威虐,屠戮宗亲,酖杀祖母。种等怙宠窃权。

正德四年,安南王谊为阮种等所逼自杀,立种弟伯胜,国人诛之,立灏孙䎖。按《明外史·安南传》:正德四年十一月[1],逼谊自杀,拥立其弟伯胜,贬谊为厉愍王。国人黎广等诛之,立灏孙䎖,改谥谊威穆帝。谊在位四年,改元端庆䎖,一名滢。

【校】

[1]正德四年十一月:"十一月",中华本《明史》无。

正德七年,安南王灏孙䎖受封,多行不义。按《明外史·安南传》云云。

正德十一年,安南官陈暠与二子昺、升,弑其王䎖而自立,大臣阮弘裕等讨之。乃共立䎖兄子譓,后譓请封,以国乱不果。按《明外史·安南传》:正德十一年四月[1],社堂烧香官陈暠与二子昺、升作乱,杀晭而自立。诡言前王陈氏后，仍称大虞皇帝，改元应天，贬晭为灵隐王。晭臣都力士莫登庸初附裛，后与黎氏大臣阮弘裕等起兵讨之。裛败走，获裛及其党陈璲等。裛与升奔谅山道，据长宁、太原、清节三府自保。登庸等乃共立晭兄灏之子譓，改谥晭襄翼帝。晭在位七年，改元洪顺。譓将请封，因国乱不果。以登庸有功，封武川伯，总水陆诸军。既握兵柄，潜蓄异志。黎氏臣郑绥，以譓徒拥虚位，别立其族子酉榜，发兵攻都城。譓出走，登庸击破绥兵，捕酉榜杀之，益恃功专恣，遂逼妻譓母，迎譓归，自为太傅仁国公。十六年率兵攻陈裛，裛败走死。

【校】

[1] 正德十一年四月："四月"，中华本《明史》无。

世宗嘉靖

世宗嘉靖元年，安南莫登庸谋弑其主譓，譓间行免，登庸立其弟㤅。按《明外史·安南传》：嘉靖元年，登庸自称安兴王，谋弑譓。譓母以告，乃与其臣杜温润间行以免，居于清华。登庸立其庶弟㤅，迁居海东长庆府。世宗践祚，命编修孙承恩、给事中俞敦诏谕其国。至龙州，闻其国大乱，道不通，乃却还。

嘉靖四年，安南国主黎譓间道请封，阻于登庸。按《明外史·安南传》：嘉靖四年夏，譓遣使间道通贡，并请封，为登庸所阻。

嘉靖五年，登庸为其自立国主㤅求封。按《明外史·安南传》：嘉靖五年春，登庸赂钦州判官唐清，为㤅求封。总督张嵿逮清，死于狱。

嘉靖六年，安南登庸篡㤅自立。按《明外史·安南传》：嘉靖六年三月[1]，登庸令其党范嘉谟伪为㤅禅诏，篡其位，改元明德，立子方瀛为皇太子。旋酖杀㤅，谥为恭皇帝。踰年，遣使来贡，至谅山城，被攻而还。

【校】

[1] 嘉靖六年三月："三月"，中华本《明史》无。

嘉靖九年，登庸禅位于其子方瀛，其年黎譓卒。按《明外史·安南传》：嘉靖九年正月[1]，登庸禅位于方瀛，自称太上皇，移居都斋、海阳，为方瀛外援，作《大诰》五十九条，颁之国中。方瀛改元大正。其年九月，黎谌卒于清华，国亡。

【校】

[1] 嘉靖九年正月："正月"，中华本《明史》无。

嘉靖十五年，遣官勘安南篡弑罪人主名，议征之。中永言安南频奉表贡，为守臣所拒，又命俟勘官还更议。按《明外史·安南传》：嘉靖十五年冬，皇太子生[1]，当颁诏安南。礼官夏言言："安南不贡已二十年，两广守臣谓黎谌、黎均非黎㦲应立之嫡，莫登庸陈暠俱彼国篡逆之臣，宜遣官按问，求罪人主名。且前使既以道阻不通，今宜暂停使命。"帝以安南叛逆昭然，宜亟遣官往勘，而命言会兵部议征讨。丁是言及本兵张瓒等力言逆臣篡主夺国，朝贡不修，决宜致讨。乞先遣锦衣官二人往核其实，敕两广、云南守臣整兵积饷，以俟师期，制可。乃命千户陶凤仪、郑玺等，分往广西、云南，诘罪人主名，而敕四川、贵州、湖广、福建、江西守臣，预备兵食，候征调。户部侍郎唐胄上疏，力陈用兵七不可[2]，永言：安南虽乱，犹频奉表笺，具方物，款关求入，守臣以其姓名不符，拒之。是彼欲贡不得，非负固不贡也。章下兵部，亦以为然，命俟勘官还更议。

【校】

[1] 皇太子生："太"，中华本《明史》无。
[2] 力陈用兵七不可：中华本《明史》该句后有"语详其传"。

嘉靖十六年，安南黎宁遣人陈登庸篡弑状，言宁即谌子。国人立宁权主国事，是年登庸父子奉表乞降。

按《明外史·安南传》：嘉靖十六年二月[1]，安南黎宁遣国人郑惟憭等赴京[2]，备陈登庸篡弑状，言："宁即谌子。谌卒，国人立宁为世孙，权主国事。屡驰书边臣告难，俱为登庸邀杀。乞兴师问罪，亟除国贼。"时严嵩掌礼部，谓其言未可尽信，请羁之，待勘官回奏，从之。寻召凤仪等还，命礼、兵二部会廷臣议，列登庸十大罪，请大振宸断，克期徂征。起右都御史毛伯温于家，参赞军务，命户部侍郎胡琏、高公韶先驰云、贵、两广调度军食，以都督佥事江桓、牛桓为左、右副总兵，督军征讨，其大将需后命。兵部复奉诏，条用兵机宜十二事[3]。独侍郎潘珍持不可，抗疏切谏。帝怒，褫其职。两广总督潘旦亦驰疏请停前命，言："朝廷方兴问罪之师，登庸即有求贡之使，宜因而许之，戒严观变，以待彼国之自定。"严嵩、张瓒窥帝旨，力言不可宥，且言黎宁在清都图恢复，而旦谓彼国俱定，上表求贡，决不可许。旦疏遂寝。五月，伯温至京，奏上方略六事，以旦不可共事，请易之，优旨褒答。及兵部议上，帝意忽中变，谓黎宁诚伪未审，令三方守臣从宜抚剿，参赞、督饷大臣俱暂停，旦调用，以张经代之。未几御史徐九皋[4]、给事中谢廷蒆以修省陈言，亦请罢征南之师至。

八月，云南巡抚汪文盛以获登庸间谍及所撰伪《大诰》上闻。帝遂发怒[5]，命守臣仍遵前诏征讨。时文盛招纳黎氏旧臣武文渊得其进兵地图，谓登庸必可破，遂上之于朝。而广东按臣余光言："莫之篡黎，犹黎之篡陈，不足深校。但当罪其不庭，责以称臣修贡，不必远征，疲敝中国。臣已遣使宣谕，彼如来归，宜因而抚纳。"[6]帝罪以轻率，夺禄一年。帝之命从宜抚剿也[7]。文盛即传檄安南，登庸能束身归命，籍上舆图，待以不死。于是登庸父子遣使奉表乞降，且投牒文盛及黔国公沐朝辅，具述黎氏衰乱，陈暠叛逆，已与方瀛有功，为国人归附，所有土地，已载《一统志》中，乞贷其罪戾[8]，修贡如制。

【校】

[1] 嘉靖十六年二月："二月"，中华本《明史》无，《明史》卷一九八："十五年冬……礼部尚书夏言以安南久失朝贡，不当遣使，请讨之……明年五月至京，上方略六事。会安南世孙黎宁遣陪臣郑惟僚等诉莫登庸弑逆，请兴师复仇"，《明世宗实录》卷一百九十七嘉靖十六年二月条有载，底本当无误。

[2] 安南黎宁遣国人郑惟憭等赴京："憭"，中华本《明史》、《东西洋考》卷一作"僚"。

[3] 条用兵机宜十二事："十二事"，中华本《明史》校勘记云："《世宗实录》卷一九九嘉靖十六年四月辛酉条作'十一事'，具列十一事条文。"

[4] 未几御史徐九皋："未几"，中华本《明史》作"时"。

[5] 帝遂发怒："遂发"，中华本《明史》作"震"。

［6］宜因而抚纳："而"，中华本《明史》作"以"。

［7］帝之命从宜抚剿也：中华本《明史》无。

［8］乞贳其罪戾："戾"，中华本《明史》无。

嘉靖十九年，登庸诣军门降事定，疏闻削安南国为安南都统使司，授登庸都统，更令核黎宁系黎氏真伪。

按《明外史·安南传》：嘉靖十七年三月，朝辅等奏闻，而黎宁承前诏，惧天朝竟纳其降，备以本国篡弑始末及军马之数、水陆进兵道里来上。俱下兵部，集廷臣议。佥言黎氏罪不可赦，亟宜进师。请以原推咸宁侯仇鸾总督军务，伯温仍为参赞，从之。张经上言："安南进兵之道有六，兵当用三十万，一岁之饷当用百六十万，造舟、市马、制器、犒军诸费又须七十余万。若兵未可期月，期费尚不止此[1]，况我调大众，涉炎海，与彼自战其地者[2]，劳逸殊势，不可不审处也。"疏方上，而钦州知州林希元，又力陈登庸可取状。兵部不能决，复请廷议。及议上，率多前所已奏者[3]，帝不悦曰："朕闻卿士大夫私议，咸谓不当兴师。尔等职司邦政，漫无主持，悉委之会议。既不协心谋国，其已之。鸾、伯温别用。"

十八年二月册建皇太子[4]，当颁诏安南。特起黄绾为礼部尚书，学士张治副之，往使其国。命甫下，方瀛遣使上表降，并籍其土地、户口，听天朝处分，凡为府五十有三，州四十有九，县一百七十有六。帝纳之，下礼、兵二部协议。至七月，绾犹未行，以忤旨落职，遂停使命。初，征讨之议发自夏言，帝既责绾，因发怒曰："安南事，本一人倡，众皆随之。乃讪上听言计，共作慢词。此国应弃应讨，宜有定议，兵部即集议以闻。"于是瓒及廷臣惶惧，请如前诏，仍遣鸾、伯温南征。如登庸父子束手归命，无异心，则待以不死，从之。登庸闻，大喜。

十九年，伯温等抵广西，传檄谕以纳款宥罪意。时方瀛已卒，登庸即遣使请降。十一月，率从子文明及部目四十二人入镇南关，囚首徒跣，匍匐叩头坛上，进降表，伯温称诏赦之。复诣军门匍匐再拜，上土地军民籍，请奉正朔，永为藩臣。伯温等宣示威德，令归国俟命。事乃定[5]，疏闻，帝大喜，命削安南国为安南都统使司，授登庸都统使，秩从二品，银印。旧所僭拟制度悉除去，改其十三道为十三宣抚司，各设宣抚、同知、副使、佥事，听都统黜陟。广西岁给《大统历》，仍三岁一贡以为常。更令核黎宁真伪，果黎氏后，割所据四府奉其祀事，否则已之。制下，登庸悚惕受命。

【校】

[1] 若兵未可期月，期费尚不止此：此句中华本《明史》无。

[2] 与彼自战其地者："自战其地者"，中华本《明史》无。

[3] 率多前所已奏者：中华本《明史》无。

[4] 十八年二月册建皇太子："二月"，中华本《明史》无，《明史纪事本末》卷二二有载；"建"，中华本《明史》作"立"。

[5] 事乃定：中华本《明史》无。

嘉靖二十年，改都统使，令广西布政司每年印给《大统历》一千本。按《明会典》云云。

嘉靖二十一年，令都统使仍照安南国王例给赏。按《明会典》云云。

嘉靖二十二年二月[1]，登庸卒，方瀛子福海嗣，遣宣抚同知阮敬典等来朝[2]。按《明外史·安南传》云云。按《明会典》：嘉靖二十二年，安南都统使司差来人员下程，减旧例三分之一。

【校】

[1] 嘉靖二十二年二月："二月"，中华本《明史》无，《殊域周咨录》卷六有"登庸归自南关，染瘴得疾。二十年八月二十二日死"。《明史纪事本末》卷二二嘉靖二十年条下有载。

[2] 遣宣抚同知阮敬典等来朝："阮敬典"，中华本《明史》作"阮典敬"。按：（明）严从简《殊域周咨录》卷六"南蛮"有"莫福海差交北宣抚同知阮典敬、佥事阮公仪等赍捧表笺赴京谢恩"。

嘉靖二十五年，安南都统使福海卒，子宏瀷嗣。遣使来贡，礼官以其国内乱，止来使弗进，令守臣核所当立者。按《明外史·安南传》：嘉靖二十五年五月[1]，福海卒，子宏瀷嗣。初，登庸以石室人阮敬为义子，封西宁侯。敬有女嫁方瀛次子敬典，因与方瀛妻武氏通，得专兵柄。宏瀷立，方五岁，敬益专恣用事。登庸次子正中文明避之都斋[2]，其同辈阮如桂、范子仪等亦避居田里。敬举兵逼都斋，正中、如桂、子仪等御之，不胜。正中、文明率家属奔钦州，子仪收残卒遁海东。敬诡称宏瀷殁，迎立正中为词[3]，犯钦州，为参将俞大猷所败，诛死。宏瀷初立时，遣使黎光贲来贡，至南宁，守臣以闻。礼官以国乱[4]，名分未定，止来使勿进，令守臣核所当立者。

【校】

[1] 嘉靖二十五年五月："五月"，中华本《明史》无。
[2] 登庸次子正中文明避之都斋：中华本《明史》"中"下有一"及"字。
[3] 迎立正中为词：中华本《明史》"迎"上有一"以"字。
[4] 礼官以国乱：中华本《明史》"国"下有一"内"字。

嘉靖三十年，命授宏瀷都统使，会部人来攻，宏瀷奔海阳。按《明外史·安南传》：嘉靖三十年，事白，命授宏瀷都统使，赴关领牒。会部目黎伯骊与黎宁臣郑检合兵来攻，宏瀷奔海阳，不克赴。光贲等留南宁且十五年，其偕来使人物故大半。宏瀷祈守臣代请，诏许入京，其都统告身，仍俟宏瀷赴关则给。

嘉靖四十三年二月，宏瀷卒，子茂洽嗣。按《明外史·安南传》云云。

神宗万历

神宗万历三年，安南都统使莫茂洽遣使谢恩，时黎宁臣郑检子松立黎维潭，世居清华，自为一国。按《明外史·安南传》：万历元年，授都统使。三年七月[1]，遣使谢恩，贺即位，进方物，又补累年所缺之贡。然是时莫氏渐衰[2]，黎氏复兴，时相构兵[3]，其国益多故。始黎宁之据清华也，仍僭帝号，以嘉靖九年改元元和。居四年，为登庸所攻，窜占城界。国人立其弟宪，改元光照。十五年六月[4]，廉知宁所在，迎归清华，后迁于漆马江。宁卒，其臣郑检立宁子宠。宠卒，无子，国人共立黎晖四世孙维邦。维邦卒，检子松立其子维潭，世居清华，自为一国。

【校】

[1] 三年七月："七月",中华本《明史》无。

[2] 然是时莫氏渐衰："然是",中华本《明史》无。

[3] 时相构兵："时",中华本《明史》作"互"。

[4] 十五年六月："六月",中华本《明史》无。

万历四年,定赐安南贡使之制。按《明会典》:万历四年,以庆谢补贡回赐例,外加彩段四表里锦二段,差来陪臣每员彩段二表里纱罗各一匹,织金纻丝衣一套,折钞绢五匹,靴袜各一双,行人从人有差。

万历十九年,安南维潭渐强,举兵攻茂洽,茂洽败奔喜林县[1]。按《明外史·安南传》云云。

【校】

[1] 茂洽败奔喜林县："喜林县",中华本《明史》、《太宗实录》卷五〇永乐五年六月癸未条、《明一统志》卷九〇均作"嘉林县"。

万历二十年,郑松诱杀茂洽,夺其印,莫敬用等告难,而黎维潭亦叩关求通贡使。按《明外史·安南传》:万历二十年冬,松诱土人内应,袭杀茂洽,夺其都统使印,亲党多遇害。有莫敦让者,奔防城告难,总督陈蕖以闻。未几松复擒敦让[1],势益张。茂洽子敬恭与宗人履逊等奔广西思陵州,莫履机奔钦州。独莫敬邦有众十余万,起京北道,击走黎党范拔萃、范百禄诸军,敦让得复归。众乃推敬邦署都统,诸流寓思陵、钦州者亦悉还[2]。已而黎兵攻南策州[3],敬邦被杀,莫氏势益衰。时敬恭、敬用屯谅山高平[4],敬璋屯东海新安,惧黎兵追索,窜至龙州、凭祥界,令土官列状告当事。而维潭亦叩关求通贡,识以国王金印。

【校】

[1] 未几松复擒敦让："未几",中华本《明史》无。

[2] 诸流寓思陵、钦州者亦悉还："亦",中华本《明史》无。

[3] 已而黎兵攻南策州："已而",中华本《明史》无。

［4］时敬恭、敬用屯谅山高平："时"，中华本《明史》无。

万历二十五年，授黎维潭安南都统使，而莫敬恭等听居高平一郡。

按《明外史·安南传》：万历二十一年正月，广西巡抚陈大科等上言："蛮邦易姓如弈棋，不当以彼之叛服为顺逆，止当以彼之叛我服我为顺逆。今维潭虽图恢复，而茂洽固天朝外臣也，安得不请命而然戮之。窃谓黎氏擅兴之罪，不可不问。莫氏子遗之绪，亦不可不存。倘如先朝故事，听黎氏纳款，而仍存莫氏，比诸漆马江，以不殄其祀[1]，于计为便。"廷议如其言。

二十二年七月[2]，大科方遣官往察，敬用即使使叩军门告难[3]，且乞兵。二十三年秋，维潭亦使使谢罪，求款。时大科已为两广总督，与广西巡抚戴耀并以属左江副使杨寅秋，寅秋窃计曰："不拒黎，亦不弃莫，吾策定矣。"两遣官往问，以敬恭等愿居高平来告，而维潭求款之使亦数至。寅秋乃与之期，具报督抚。会敬璋率众赴永安，为黎氏兵击败，海东、新安地尽失，于是款议益决。然是时维潭负恢复名[4]，不欲以登庸自处，无束身入关意。寅秋复遣官谕之，其使者来报如约，至期忽言于关吏曰："士卒饥病，款仪未备。且莫氏吾雠也，栖之高平，未敢闻命。"遂中宵遁去。大科等疏闻，谓其臣郑松专柄所致。已而维潭复使使叩关，白己非遁。大科等再遣官谕之，维潭听命。

二十五年正月[5]，使使请期，寅秋示以四月。届期，维潭至关外，译者诘以六事。首擅杀茂洽，曰："复雠急，不遑请命。"次维潭宗派，曰："世孙也，祖晖，天朝曾锡命。"次郑松，曰："此黎氏世臣，非乱黎氏。"也然则何宵遁，曰："以仪物之不戒，非遁也。"何以用王章，曰："权仿为之，立销矣。"惟割高平居莫氏，犹相持不决。复谕之曰："均贡臣也，黎昔可栖漆马江，莫独不可栖高平乎？"乃听命。授以款关仪节，俾习之。维潭率其下入关谒御幄，一如登庸旧仪。退谒寅秋，请用宾主礼，不从，四拜成礼而退。安南复定。诏授维潭都统使，颁历奉贡。一如莫氏故事。先是，黎利及登庸进代身金人，皆囚首面缚，维潭以恢复名正，独立而肃容。当事嫌其倨，令改制，乃为俯伏状，镌其背曰："安南黎氏世孙，臣黎维潭不得匍匐天门，恭进代身金人，悔罪乞恩。"自是，安南复为黎氏有，而莫氏但保高平一郡。

【校】

[1] 以不蕲其祀："以"，中华本《明史》作"亦"。

[2] 二十二年七月："七月"，中华本《明史》无。

[3] 敬用即使使叩军门告难："使使"，中华本《明史》作"遣使"，义可两通。下同。

[4] 然是时维潭负恢复名："然是"，中华本《明史》无；"负"，中华本《明史》作"图"。

[5] 二十五年正月："正月"，中华本《明史》无。

万历二十七年，黎维潭卒，子维新嗣，郑松专其柄。会叛酋潘彦构乱，维新与松移保清化。按《明外史·安南传》云云。

万历三十四年，授黎维新安南都统使，时莫氏宗党犹侵轶边境。已而维新卒，子维祺嗣。按《明外史·安南传》：万历三十四年，遣使入贡，命授都统使。其时莫氏宗党多窜处海隅，往往僭称公侯伯名号，侵轶边境，维新亦不能制。守臣檄问，数发兵夹剿，虽应时破灭，而边方颇受其害。维新卒，子维祺嗣。

熹宗天启

熹宗天启四年，发兵击莫敬宽，胜之[1]，敬宽复逃入高平。按《明外史·安南传》：天启四年，发兵击莫敬宽，胜之，杀其长子，掠其妻妾及少子以归。敬宽与次子逃入山中，复回高平，其势益弱[2]。然迄明之世，二姓分据，终不能归一云。安南都会在交州，即唐都护治所。其疆域东距海，西接老挝，南渡海即占城，北连广西之思明、南宁，云南之临安、元江。土膏腴，气候热，谷岁二稔。人性犷悍。骥、演二州多文学，交、爱二州则多倜傥士，较他方为异。

【校】

[1] 胜之：中华本《明史》作"克之"。

[2] 其势益弱："其"，中华本《明史》无。

皇清

顺治

世祖章皇帝顺治十八年，《大清会典》：顺治十八年，广东巡抚奏称安南国王黎维祺，差官奉表投诚，礼部题准，照琉球国例颁赐。敕谕一道，付差官赍捧还国，并赏给银缎等物。

康熙

康熙二年，《大清会典》：康熙二年，安南国遣使进贡，其贡期定为三年一次。又安南国王黎维祺病故，嗣王黎维禧具疏告哀。

康熙三年，《大清会典》：康熙三年，恩赐谕祭银绢，遣内院礼部官各一员前往读文致祭。

康熙四年，《大清会典》：康熙四年，题准安南国贡道由广西凭祥州起送。

康熙五年，《大清会典》：康熙五年，安南国王缴送伪永历诰命一道金印一颗，礼部题准给与封典，照常朝贡，遣内院礼部官各一员为正副使前往。又题准安南国王给送奉使官路费银绢布等物，令其收受，余物概不准收受。

康熙七年，《大清会典》：康熙七年，安南国王差官岁贡及奉谢恩，册封奉谢赐恤奉叙款贡各具奏疏，并乞将三年一贡之例，改为六年两贡。奉旨允行。又题准安南国人员归国差司宾序班一员，伴送至广西，交该抚差官护送出境。

康熙十三年，《大清会典》：康熙十三年，安南国王黎维禧病故，嗣王黎维具疏告哀，遣陪臣赍到，康熙八年、十一年，岁贡方物。

康熙二十一年，《大清会典》：康熙二十一年，安南国王嗣黎维征差陪臣赍捧谢恩礼物，又差陪臣赍捧款贡方物，又差陪臣赍捧，康熙十四年，岁贡方物，又差陪臣赍捧，康熙十七年，岁贡方物。

康熙二十二年，《大清会典》：康熙二十二年，钦遣翰林院礼部官各一员，赐恤致祭安南国故王，复遣翰林院官二员册封王嗣黎维征为安南国王，赐以诰命，并换给新铸驼钮镀金银印，御书忠孝守邦四字赐之。贡物旧有白绢降真香白木香中黑线香，后俱免进。香炉花瓶四副，银盆十二个，沉香九百六十两，速香二千三百六十八两，象牙二十枝，犀角二十座。

《博物志》

外国

外国交趾民在穿胸东[1]。

【校】

[1]外国交趾民在穿胸东：范校本《博物志》校勘记云："案士礼居刊本'民'作'足交'二字，疑此处有脱误。《海外南经》云：'交胫国……其为人交胫，一曰在穿胸东。'据此，则'趾'当作'胫'，但作'趾'亦通，'民'下疑有'其为人交足'五字。"

《交州记》

竹鼠

竹鼠：竹鼠，如小猫大[1]，食竹根，出封溪县。

金蹀屣

金蹀屣：赵妪者，九真军安县女子，乳长数尺，不嫁[2]，入山聚郡盗[3]，常着金樆蹀屣[4]。

古度树

古度树：古度树，不花而实，实从皮中出，大如安石榴，色赤可食[5]，其实中如有蒲梨者，取之为粽[6]，数日不煮，皆化成虫，如蚁有翼，穿皮飞出，着屋正黑。

多感子

多感子：多感子，黄色，围一寸。

椰浆

椰浆：椰子有浆，截花以竹筒承其汁作酒，饮之亦醉也。

合浦杉

合浦杉：合浦东二百，里有一杉树，叶落入风[7]，入洛阳城内。汉时，善相者云：此休征当出王者。故遣千人伐树，役夫多死。三百人坐断株上食，过足相容。

土肉为腥

土肉为腥：九真太守陶璜，立郡筑城，于土穴中，得一白色形似蚕蛹，无头，长数十丈，大余围，软软动，莫能名。割腹有肉如猪豚，遂以为腥，其香美[8]。璜噉一杯，三军尽食。

炙鳖

炙鳖[9]：鳖鱼，其形如龟，十二足，子如麻，子可为酱，色黑，足似蟹在腹，雌负雄而行，南方作炙噉之。

【校】

[1] 如小猫大：底本，说郛本《交州记》作"如小猫大"，《东西洋考》卷一引作"竹鼠如小狗大"，《御览》卷九一一引作"鼠留，竹鼠也，如犬"，《艺文类聚》卷九五引作"竹鼠如小狗子"。

[2] 不嫁："嫁"，底本、《御览》卷四九九引作"嫁"，说郛本《交州记》作"家"。

[3] 入山聚郡盗："郡"，《集成考证》云："太平御览引作'郡盗'"，然四部丛刊本《太平御览》引作"群盗"，说郛本《交州记》亦作"群"，当以"群"为是。

[4] 常着金檎踶屣：底本，说郛本同，《御览》卷三七一引作"金揭踪屣"，卷四九九作"金踢踶"，卷六九八作"金擒踶屣"，卷八一一作"金擒提屣"。

[5] 色赤可食："色"，底本、说郛本同；《齐民要术》卷一〇引作"正"，今从底本。

[6] 取之为粽："为粽"，底本、说郛本同；《齐民要术》卷一〇无。

[7] 叶落入风："入"，底本、说郛本、（晋）嵇含《南方草木状》卷中引同，《御览》卷九五七，《艺文类聚》作"随"。

[8] 其香美："其"，说郛本《交州记》作"甚"，"美"说郛本《交州记》作"羹"。按："羹"，《尔雅·释器》：肉谓之羹。【注】肉腥也。【疏】肉之所作腥名羹。按：说郛本《交州记》作"甚香羹"，语意不通，疑误，"其香美"，"甚香美"均可通。

[9] 炙鳖：说郛本《交州记》作"鳖炙"。

《水经注》

斤江斤江水，出交址龙编县，东北至郁林领方县，东注于郁。《地理志》云：径临尘县至领方县，注于郁。容容夜，堪乘牛渚须，无无濡，营进皇无地零侵黎。

侵黎水出广州晋兴郡，郡以太康中分郁林置得，至临尘入郁。无会重濑夫省无变，由蒲王都融勇外，此皆由日南郡西东，东入于海。《汉书·地理志》：日南郡，有小水十六，并行三千二百八十里。属交州。此无会诸水，盖十六水之名也。容容水在南垂，名之以次转北也，右三十水从江已南至日南郡也。

《元史·安南郡县附录》

《安南郡县附录》

安南，古交址也。陈氏叛服之迹，已见本传，今取其城邑之可纪者，录于左方。大罗城路，汉交址郡。唐置安南都护府。宋时郡人李公蕴立国于此。及陈氏立，以其属地置龙兴、天长、长安府。龙兴府，本多冈乡。陈氏有国，置龙兴府。天长府，本多墨乡，陈氏祖父所生之地。建行宫于此，岁一至，示不忘本，故改曰天长。长安府，本华闾洞，丁部领所生之地。五代末，部领立国于此。归化江路，地接云南。宣化江路，地接特磨道。沱江路，地接金齿。谅州江路，地接左右两江。北江路，在罗城东岸，泸江水分入北江，江有六桥。如月江路。南册江路。大黄江路。烘路。快路。国威州，在罗城南。此以下州，多接云南、广西界，虽名州，其实洞也。古州，在北江。仙州，古龙编。富良。司农。一云杨舍。定边。一云明媚。万涯。一云明黄。文周。一云门州。七源。思浪。大原。一云黄源。通农。罗顺。一云来神。梁舍。一云梁个。平源。光州。一云明苏。渭龙。一云乙舍。道黄。即平林场。武宁。此以下县，接云南、广西界，虽名县，其实洞也。万载。丘温。新立。恍县。纸县。历县。阑桥。乌延。古勇。供县。窟县。上坡。门县清化府路，汉九真。隋、唐为爱州。其属邑更号曰江、曰场、曰甲、曰社。梁江。波龙江。古农江。宋舍江。茶江。安暹江。分场。古文场[1]。古藤甲。支明甲。古弘甲。古战甲。缘甲。乂安府路，汉日南。隋、唐为驩州。倍江。恶江。偈江。尚路社。唐舍社。张舍社。演州路，本日南属县，曰扶演、安仁。唐改演州。孝江。多壁场。巨赖社。他袁社。布政府路，本日南郡象林县，东滨海，西际真蜡，南接扶南，北连九德。东汉末，区连杀象林令，自立国，称林邑。唐时有环王者，徙国于占，曰占城。今布政乃林邑故地。自安南大罗城至燕京，约一百一十五驿，计七千七百余里。边氓服役 占城。王琴。蒲伽。道览。渌淮。稔婆逻。獠。

【校】

[1]古文场：中华本《元史》校勘记云："'古文场'疑当作小字注。嘉庆重修《一统志》作'分场古文场'，谓分场即古之文场，与《安南志略》卷一作'文场'相符。"

《明·一统志》

安南国郡县考

《安南国郡县考》

交州府 领慈廉、福安、威蛮、利仁三带五州，东关、慈廉、石室、芙蕾、清潭、清威、应平、平陆、利仁、安朗、安乐、扶宁、立石一十三县。

北江府 领嘉林、武宁、北江三州，嘉林、超类、细江、善才、东岸、慈山、善誓七县。

谅江府 领谅江、上洪二州，清远、那岸、平河、凤山、陆那、安宁、保禄、古陇、唐安、多锦十县。

谅山府 领上文、下文、七源、万涯、广源、上思、下思七州，丘温、镇夷、渊县、丹巴、脱县五县。

新安府 领东潮、靖安、南策、下洪四州，至灵、峡山、古费、安老、水棠、支封、新安、安和、同利、万宁、云屯、四岐、清沔一十三县。

建昌府 领快州及建昌布县真利，东结芙蓉永涧六县。

镇蛮府 领廷河、太平、古兰、多翼四县。

奉化府 领美禄、西真、胶水、顺为四县。

建平府 领长安一州，懿安、大湾、安本、望瀛、安宁、黎平六县。

三江府 领洮江、宣江、沱江三州，麻溪、夏华、清波、西阑、古农五县。

宣化府　领旷县、当道、文安、平原、底江、收物、大蛮、杨县、乙县九县。

太原府　领富良、司农、武礼、洞喜、永通、宣化、弄石、大慈、安定、感化、太原一十一县。

清化府　领九真、爱州、清化、葵州四州，安定、永宁、古藤、梁江、东山、古雷、农贡、宋江、俄乐、磊江、安乐一十一县。

乂安府　领骥州、南靖、茶笼、王麻四州，衙仪、友罗、丕禄、上油、偈江、真福、古社、上黄、东岸、石塘、奇罗、盘石、河华一十三县。

新平府　领政平、南灵二州，衙仪、福康、左平三县。

顺化府　领顺化二州，利调、石兰、巴阆、安仁、茶褐[1]、利蓬、乍令、思蓉、蒲苔、蒲浪、士荣一十一县。

升华府　领升、华、思、义四州，黎江、都和、安备、万安、具熙、礼悌、持羊、白乌、义纯、鹅杯、溪锦一十一县。

广威州　领麻笼、美良二县。嘉兴州　领笼县、蒙县、四忙三县。

归化州　领安立、丈盘、文振、水尾四县。

宣化州　领赤土、车来、瑰三县。

演州　领琼林、茶清、芙蕾三县。

【校】

[1] 茶褐："褐"，四库本《明一统志》、《读史方舆纪要》卷一一二均作"偈"。

安南国山川考

《安南国山川考》

佛迹山　在交州府石室县，上有巨人迹，下有池，景物清丽，为一方胜概。勾漏山在石室县，相传古勾漏，县在其下，《汉书》：勾漏县有潜，水牛上岸共斗，角软，还复出。

东究山　在北江府嘉林州，一名东皋山，唐刺史高骈建塔其上。

仙游山　在北江府武宁县，一名烂柯，山相传有樵夫观二仙奕碁于此，不觉斧柯已烂。

金牛山 在武宁县，相传唐刺史高骈欲凿其山，见金牛奔出，遂止，《汉书》：九真郡居风县有山出金牛，往往夜见光辉十里。

昆山 在谅江府凤山县，上有清虚洞，山腰有濑玉桥，白云庵林岫之胜。

丘皤山 在谅江府丹巴县，上有石门，广三丈，相传汉伏波将军马援所凿。

安子山 在新安府东湖县，一名象山，汉安期生得道处，宋海岳《名山图》以此山为第四福地。

云屯山 在新安府云屯县，大海中两山对峙，一水中通蕃国，商舶多聚于此。

大圆山 在新安府新安县，大海中突起圆峤，永乐十六年此山获白象二来献。

凤翼山 在三江府夏华县，邑人岁时登览于此。

三岛山 在宣化府杨县，三峰特起。芄山在太原府美石县，下有岩洞，水穿洞中，可行舟。

陇山 在太原府洞喜县，四面峭壁，中有村墟。戏马山在清化府永宁县，一名游英山，巍然独立，横枕长江，为邑人九日登高处。

安镬山 在清化府东山县，出美石，汉豫章太守范宁尝遣吏于此采石为磬。

天琴山 在乂安府奇罗县东海边，相传陈氏主游此，夜闻天籁声，故名本朝，永乐初天兵擒黎贼子苍于此。

横山 在乂安府河华县，昔林邑告交州刺史朱蕃，求以日南、北鄙、横山为界即此。

伞圆山 在嘉兴州，其势高峻雄伟。

艾山 在嘉兴州蒙县，面临大江，峭石环立，人迹罕至，相传上有仙艾，每春开花，雨后漂水，群鱼吞之便过龙门江化为龙。

海 环交州等府东南，唐沈佺期《渡海诗》："尝闻交址郡，南与贯胸连，四气分寒少，三光置日偏，越人遥捧翟，汉将下看鸢，北斗崇山挂，南风涨海牵，别离频破月，容鬓骤催年，虚道崩城泪，明心不应天。"

富良江 在交州府东关县，一名泸江，上接三带州白鹤江经府城东，下通利仁县大黄江，以达于海。宋郭逵破蛮决里隘，次富良江，本朝张辅等尝破黎寇于此处。

天德江 一名廷蕴江，又名东岸江。永乐初，黎寇惧讨，役民堙塞已久。天兵既平寇，重加浚治，舟楫复通。

来苏江 旧名苏历江，自交州府城东北转而西下，直抵锐江，昔有人名苏历者开此，故名。本朝永乐初，工部尚书黄福重浚，因王师吊伐，乃更名来苏。

宣光江 在宣化府旷县，源自云南，教化长官司入境，流七百余里，以达宣化江。永乐初，沐晟自云南引兵驻此。

海潮江 在建昌府快州，自阿鲁江分流，下通玉球江，昔陈氏破占城军处。

龙门江 在嘉兴州蒙县，《汉书》：封溪县有堤防龙门水即此，源出云南宁远州，至此横截江流，中分三道，飞湍声闻百里，舟过此必异上岸方可复行，傍有穴，多出鹦鹉鱼，色青绿，口曲而红，似鹦鹉嘴，相传此鱼能化龙云。

夜泽 在建昌府东结县。梁武帝时，有阮贲者，世为豪右，因命陈霸先击破之。贲逃泽中，夜则出掠，因号夜泽。

龙溪 在镇蛮府廷河县，昔陈氏夜过此江，不能渡。忽见一桥跨江，既渡，回顾不见。及有国，改名龙溪。

天威泾 唐高骈以交州至邕川海多潜石、漕运不通，遂凿开五道，有青石泾，或传汉马援所不能治，既而震碎，其石亦得通，因名天威泾。

东津渡 在交州府东关县泸江，旧以舟楫往来，阻于风涛。永乐初，张辅沐晟始置浮桥，桥岁一易。

安南国古迹考

《安南国古迹考》

越王城 在乂安府东岸县，又名螺城，以其屈曲如螺，汉时安阳王所筑，安阳王旧都越地，故称为越王城[1]，城中宫址尚存。

玺城望海城　俱在交州府安明县，汉建，武中马援平交址，分置封溪、望海二县，筑此二城守之。

大罗城　在交州府城外汉交址郡，唐安南都护府皆在此，其城唐张伯仪所筑，高骈尝修广之，宋时李公蕴立国于此。

洛王宫　在交州府三带州，未有郡县时有洛田，随潮水上下。垦其田者为洛民，统其民者为洛王，副二者为洛将，皆铜印、青绶，号文朗国，以淳朴为俗，以结绳为治，传十八世为蜀王子泮所灭，宫址尚存。

天使馆　元傅与砺《使安南题诗》云："使旌入馆青云动，仙盖临江白日回。喻蜀岂劳司马檄，朝周终见越裳来。"

浪泊　在交州府东关县，一名西湖。马援既平交址谓官属曰："吾弟少游，常哀吾慷慨有大志，叹曰：'士生一世，但取衣食纔足。为邵县吏守坟墓，使乡里称为善人，足矣。至求赢余，自苦耳。'吾在浪泊西里间，贼未灭时，下潦上雾，毒气熏蒸，仰视飞鸢，跕跕堕水中[2]，念少游语，何可得也。"

铜柱　汉马援既平交址，立铜柱为汉界。相传在钦州古森洞上，有援誓云："铜柱折，交址灭。"唐马总又建二铜柱，镌着唐德以明其为伏波之裔。今未详所在。日南郡西有西屠夷国，援尝经其地，亦植二铜柱，表汉界。及北还，留十余户于柱下。至隋，乃有三百余户，悉姓马。按《林邑记》：林邑大浦口，有五铜柱。唐天宝中，何履光伐云南，收安宁城，立援铜柱以定疆界。亦未详所在。**铜鼓**　交址服役有头飞獠子、赤裈、獠子、鼻饮獠子，皆穴居巢处，好饮酒击铜鼓。鼓初成，置庭中，招同类，来者盈门。豪富女子，以金银钗击鼓叩，竟留与主人。或云铜鼓乃诸葛亮征蛮钲也。

【校】

[1]　故称为越王城：四库本《明一统志》"故"下有一"又"字。

[2]　跕跕堕水中："跕跕"，四库本《明一统志》作"砧砧"。按：《后汉书·马援传》，《东观汉记》，《艺文类聚》卷二均作"跕跕"，跕鸢，言瘴气之盛，虽鸢鸟亦难以飞越而堕落。后引以为典，多喻指艰难与险阻。"跕跕"亦作"砧砧"。魏元旷《蕉庵诗话》卷三："溪鸢飞砧砧，穴鼠碟频频。"苏伯衡《送王希旸编修使交址》："堕鸢从砧砧，驯鹿自呦呦。"

安南国土产考

《安南国土产考》

金 太原谅山乂安等府出。

珠 靖安云屯海中出，海贾云，中秋有月，是岁多珠。

珊瑚 有数种[1]，在海直而软，见日曲而坚，汉初赵佗献赤珊瑚，名火树。

玳瑁 状类龟，而壳稍长，其足有六，后两足无爪。

丹砂 晋葛洪欲炼丹，求为勾漏令。杜甫诗："交址丹砂重。"

沉香 有香木斫断，岁久朽烂，而心节独存，置水中则沉，曰沉香。

安息香 树如苦楝[2]，大而直，叶类羊桃而长，中心有脂作香。

苏合油 树生膏，可为药。

胡椒 蔓生，似山薯，春花秋实。

羚羊角 高石山出，一角而中实，极坚能碎金刚石。

犀象

兕 汉灵帝时，九真献为奇兽。元时，安南尝贡兕。

白鹿 晋元康初，白鹿见交址武宁县。宋元嘉末，交址献白鹿。

猩猩 《南中志》：猩猩，人面豕身，似猿，常数辈为群，人以酒并糟设路侧，连结草屐。猩猩见之，即知张者。祖先姓名呼曰：奴。欲张我，亟舍去。复自谓试，共尝酒。逮醉，取屐着之，为人所擒。

狒狒 晋郭璞云：出交州山中，状如人面，长臂、黑身、被发、迅走、食人，见人则笑。蒙贵状如猱而小，紫黑色，畜之捕鼠甚于猫。

白雉 周成王时，越裳氏来献。汉光武时，日南九真贡。

翡翠 羽可为首饰。

蚺蛇 形大而长，其胆性极冷，能疗眼疾及诸疮。

蚁子盐醢 古载交州溪洞酋长，多收蚁卵盐为酱，非官客亲族不得食。《周礼·醢人》：馈食之豆，有蚳蚁子，即此。庵罗果 俗名香盖，乃果中极品，或谓种，出西域，实似北梨，四五月间熟，多食无害。

波罗蜜[3] 大如东瓜，皮有软刺，五六月熟，味最香甜，核可煮食，能饱人，奉化府嘉林州出者尤佳。

乌木 坚致可为器。

苏木 一名多邦。

【校】

［1］有数种：四库本《明一统志》作"有黑二种"，《殊域周咨录》卷六、《东西洋考》卷一、《安南志略》卷一五均作"有赤、黑二种"。

［2］苦楝："楝"，底本、《东西洋考》卷一、《本草纲目》木部卷三四引作同，四库本《明一统志》作"练"。

［3］波罗蜜："蜜"，四库本《明一统志》、《东西洋考》卷一引作"密"。

交趾国

【交趾国】【参考页面图像】

艺文

安南部艺文一（文）

《交州牧箴》　　　　　　　　　　　（汉）扬　雄

交州荒裔，水与天际。越裳是南，荒国之外。爰是开辟[1]，不羁不绊[2]，周公摄祚，白雉是献。昭王陵迟，周室是乱。越裳绝贡，荆楚逆叛。四国内侵，蚕食周宗[3]。臻于季赧，遂入灭亡[4]。大汉受命，中国兼该。南海之宇，圣武是恢。稍稍受羁，遂臻黄支。航海三万[5]，来牵其犀[6]。盛不可不忧，隆不可不惧。顾瞻陵迟，而忘其规摹。亡国多逸豫，而存国多艰难[7]，泉竭中虚，池竭濒干。牧臣司交，敢告执宪。

【校】

［1］爰是开辟："是"，张校本《扬》作"自"。

［2］不羁不绊："羁"，《初学记》八作"裹"。

［3］蚕食周宗："宗"，张校本《扬》作"京"。

［4］遂入灭亡："入"，张校本《扬》作"以"。

［5］航海三万："航"，张校本《扬》校勘记云："抗、《艺文类聚》六作抗，非。"

［6］来牵其犀："来牵"，《初学记》作"牵来"。

[7]而存国多艰难:"艰",张校本《扬》无。

《赐赦交州诏》　　　　　　　　　　　　　　　（梁）江　淹

门下:交部昔值时诐,负海不朝。因迷遂往,归款莫由。今创制万寓[1],絪缊造物。原刑四裔,泽浃中畿。愍彼边氓,未均王化。宣弘远仁,荡以更始。可曲赦被州统内[2],咸同旷泰。李叔献一人,即抚南土,其股肱文武,详材选推;并遣大使,宣扬朝旨。

【校】

[1]今创制万寓:"寓",俞校本《江》作"宇"。

[2]可曲赦被州统内:"被",俞校本《江》校勘记云:"从刊本","梁本"均作"彼"。

《平安南颂》　　　　　　　　　　　　　　　　（明）梁　潜

念彼交趾[1],作贡南土。亦既有年,以奠其所。惟厥奸臣[2],敢背厥常。狂言盈庭[3],以幸乐康[4]。天鉴在兹,惟常服训[5]。奉若天命,以征弗顺。皇皇圣谟,百万其师。赳赳虎臣,如熊如罴。帝临送之,于江之浒。鸣笳沸天,挥戈如雨。皇帝曰:吁,来尔将臣,汝弗究武,往吊乃民。皇帝曰:吁,来尔统师,参将副将[6],左右其宜。神机横海,骠骑游击。爰及鹰扬,各率乃职。浩浩江流,桓桓我旅。有截其所,有赫其武。在江之西[7],桂岭之墟。万垒云屯,万马电趋。王师未来,虎穴狼区。蜃气昼暝,虺沫林枯。王师至止,有风泠泠。飞霜被野,天开日晶。堂堂之阵,道行无留。偏将别趋,乃斧其喉。乃斫其寨,飙飞火烈。泥沙嵝[8],何有嶙峋。富良之江,有徒林立。一炬宵投,群舸如鸭。大江失据,连栅齐拔[9]。乃荡其郛,乃夷其城。两都既平,四郊遂宁。按丘止戈[10],宣我皇德。乃诏庶鳏,载欣载悦。有羊在牵,有酒盈尊。延颈促武,拜手辕门。交人既来,乃告乃谓。曰予天氓,皇勿遐弃,皇之宏化,如天浩浩。曾谓交民,而不覆帱。飞章帝阙,帝悯且吁。曰奠交民,曷图厥初,爰昔汉唐,制纳内地[11]。宋化失宣,投之丑类。今五百年,天运载旋。朕惟几逢,敢弗顺天。乃断自衷,乃择俊乂。立之百司,统以庶吏。乃发洪音,乃厉庶士。交民困疲,汝惠鲜之。毋俾交民，忧心孔怀。于乎噫嘻，圣泽洋洋。自今其始，交民永康。

【校】

［1］念彼交趾：四库本《泊庵集》此句上有“于惟圣皇统天建极，肇此表四海，际天极，地无有小大，以主以育，惟帝是赖，曰迪于彝，帝则受之，阙为弗迪，帝用纠之，是曰天宽，匪帝其私”。

［2］惟厥奸臣：“奸臣”，四库本《泊庵集》作“臣奸”。

［3］狂言盈庭：“狂”，四库本《泊庵集》作“诳”。

［4］以幸乐康：“乐”，四库本《泊庵集》作“冀”。

［5］惟常服训：“常”，四库本《泊庵集》作“帝”。

［6］参将副将：“参将”，四库本《泊庵集》作“参军”。

［7］在江之西：“在”，四库本《泊庵集》作“左”。

［8］泥沙嵝：四库本《泊庵集》作“如涉培塿”。

［9］连栅齐拔：“栅”，四库本《泊庵集》作“寨”。

［10］按丘止戈：“丘”，四库本《泊庵集》作“兵”。

［11］制纳内地：“纳”，四库本《泊庵集》作“内”。

《交南赋》　　湛若水

予奉命往封安南国王晭[1]。正德七年二月七日出京。明年正月十七日，始达其国。睹民物风俗黠陋，无足异者，怪往时传过其实。托三神参订而卒归之于常，作《交南赋》。

皇穹极乎无朕兮，廓空窿而罔象。厚壤渊其莫测兮，又坱圠而无垠。爰下上乎中土兮[2]，中气聚其曰人。由四渐而四荒兮[3]，极泱漭乎禽兽草木而为邻。维中气以风之又渐兮，圣神肇乎盘古。降皇皇而帝帝兮，哲王以之疆理乎中土。列四方而五服兮，薄四海又建长而以五。森内夏而外夷兮，析要荒以为度。帝曰：南之荒裔兮，畴分野而代工。南翼轸而朱鸟兮，帝炎帝而神祝融。窅乎皇后君之攸治兮，曰火仙而征龙。烛九阴于赤水兮，觌冯夷之幽宫。昔陶唐之咨命兮，羲叔南宅乎交址。庸均秩乎南讹兮，亦暨时之与事。季德凉而莫遐兮，荒忽以之自异。维彼交之蕞尔兮，北五管而越南裔。际尉佗之七郡兮，汉九郡而同置。凭都卢于天末兮，望越裳乎海际。南迤逦兮占不劳，西联属兮滇溟之尾,派诸葛之度泸兮,州炎刘之经始。李唐承乎厥后兮,恢都护之府治。昔炎氏之方殷兮,泛海外之楼船。二女蘖乎中叶兮[4],薏苡用惑夫马援。矻铜柱之磷磷兮,厌橇枪乎南天。彼高氏之定交兮,建石塔之岿然。胡津崒乎桥市兮,立富良之江埏。彼尔黠曰炎均兮,冒耳聃之仍云[5]。维公蕴之肇绪兮,绍八叶以斯君。京用篡而易位兮,附胡公之远孙。和叔后其曰黎兮,亦攘之于累传。昔少暤之方衰兮,九黎扰而乱德。北正黎之司地而属民兮[6],羌始受之颛顼。彼三苗以效尤兮,陶唐亦复乎贞则。皇混一以为家兮,亘地载而天覆。一正朔以同文兮,又同轨而辐辏。物土方之包甂兮,则九载而三奏。厥易世而来王兮,叩天王而庭受。析圭玉乎上方兮,球弁旒而七缀。袜陵波以赤舄兮,带灵犀之与玉佩。乘龙节于云亭兮,将天语于扬对。帝曰:"畴咨若时余其以兮,畴专对而学诗。"缪曰:"予之颛蒙兮之四方其以宜。"班麟服其煜煜兮[7],畴予佩之陆离。带飞霞之弱弱兮,冠切云之巍巍。书忠绅以忠信兮,申笃敬而行之。怅世途兮曲蘖[8],又修阻兮崄巇。羌跋疐兮淮泗,乃笑歌兮江湄[9]。望南极于岭峤兮,冯炎飙而长叹。徘徊苍梧之墟兮,揖重华而联翩。西遥睇乎桂湘兮,见二妃之婵娟。眺昆仑而容与兮,憩舒笑乎筹边。岁月经于五管兮,青牛服乎南关。凯风薰而迎余兮,余因与寄兴于五弦[10]。扳南巢而盘桓兮[11],睹凤鸟之翩跹。始问道兮谅山,孰凤眼兮七源。晞晴曛于坡垒兮,濯北峨之清湍[12]。朝曦发乎不博兮,度卜邻而仆山。步飞空于风磴兮,逞缥缈乎云巅。悬岩崖兮渊际,设鸟道兮侧旋。或深入兮厚土,又上登兮高天。郁山林之险隘兮,川屈诘而缠绵。暮虎豹之蜿蜒兮,朝蝮蛇之蜒蜒。过丕礼而昌河兮,度市桥而吕瑰[13]。炎均遥遥以斯迎兮[14],渡富良兮洞湾。曰余中华之子族兮,家增城之九重。从游帝之佽圃兮,闲逍遥乎阆风。初离郡之豫章兮,嘉厥名之清源[15]。派炎汉之司农兮,居余都兮甘泉。依云母兮高岭,迓安期兮左邻。处太乙之穹庐兮[16],抱罗浮之飞云。承帝歌之皇华兮,兼咨诹乎炎德。泛淫游乎方外兮,观浟漨之无极。岁摄提之癸酉兮,杓斗忽其东揆[17]。火轮躔乎娵訾兮,魄下弦之次夕。塞余渡以王舟兮,亦勦黄而丹垩。纷龙舟其后先兮,沓蛟人而裸涉。楫百桡以象刀兮[18],扶黑欐而刃白[19]。夫唯寓艺夫水战兮,或因用以刺击。肆迎拜于厥明兮,濒祥寿之别殿。入修门其大兴兮，见广文之颜匾。临炎官之窈窕兮[20]，祝融跸而东转。依南风以弭节兮，睇天使之离馆。炎均俯候于朝元兮，肃敬天之北面。俨百辟以皇皇兮，奔重侯之款款。陈黄幄兮月殿，时六龙兮临下。虹桥度而未云兮，又鹊桥而参伍。聆天书乎洪音兮，伏群黎于下土。时中律之太簇兮，洪钟寂而不作。置鸣凤之巇管，击灵鼍之高鼓。应河鼓之磅硠兮，屡天吴之蹈舞[21]。夜叉奋其怒臂兮[22]，裸竖挺而前杜。开广宴于勤政兮，崇余东之席端。珍羞虫虾兮大牢[23]，别陈椰席数重兮下地[24]。登土偶兮簌盘，粔籹杂俎兮远荵芬。

呜呼！广乐兮蔑弃大吕，跳梁舞蹈兮弗事干羽，登庸瓦缶兮捐谢鼎俎。时斗枸之孟陬兮，列青梅之碧弹。累杯盘之狼藉兮，瓜亦先期以为献。奏夷乐于殿上兮，鼓噪杂进而零乱。列雄虺以为阵兮，又沐猴而加冠。曰而重黎其苗裔兮，实乃祖之司农也[25]。曷不返乎初服兮，乃祝发而脱屣也。敷余闻其度关兮，实孟陬之中适。嗟阳候之迥绝兮，茁芊苗乎三尺。丰告毕而苗离离兮[26]，鹭亦以之藏色。望炎火之千里兮，临回风而就炙。盻仙果以舒怀兮，丹实累其枝碧。倾都人以杂观兮，士女不分而塞途。悉鞠躬而加额兮，恒首下而尻高[27]。儒戴冠而伏迎兮，交大指而跮踱。见枭扬之拂拂兮，披发走而迅徂。肃龙节兮启行，前指南兮先路。驾象舆兮太乙[28]，使风伯兮为之御。搴云霓以为梁兮，先朱雀而向道。揽苍龙而左骖兮，縶右骓乎白虎。骑箕尾之浏浏兮，秉烛龙而先后[29]。掣日旌之辉煌兮[30]，填雷鼓之轰轰。闪云旗之委蛇兮，参星韬之锵锵。飘风袅袅兮朝霞缨，举风袂兮扬扬。右余参之以蓐收兮，左携拉乎勾芒[31]。厌旄头以无光兮，曳鹑尾之阆阆。击木星以节行兮，披鹤氅而荷戈。兵衔枚以无言兮，挟天弧而谁何。伏万矢于林中兮，一夫呼而众呀。设丹幄于群馆兮，云帔具而不移。罗销金之蕙帐兮，缀五彩之流苏。坐沉香兮氤氲，列绛帷兮缅缅[32]。或高歌以击壶兮，涤陶砚于天池。山鬼下兮吹灯[33]，招木客兮题诗。重侯佩玉兮进羞，俨礼神兮益卑。贵者冠兮跣途，餐席地兮跌居。咨由余于戎方兮，访有吴之季子。纷披发而冠缨兮[34]，胡观乐乎大方而与之论诗旨。悬秋千兮缥缈，乘风云兮步虚。眺有娀之娴女兮，觏蒙山之都姝。羌雪白而漆黑兮，亦蛾眉而曼肤。上依古而过骭兮[35]，又罔裳而重褥。袖飘飘其仍风兮，跣双足而泥涂[36]。资珍毷以弗售兮,齿黝黝而牙礊。仍葛洪之丹砂兮,将博访乎勾漏。逢鲍靓于南海兮[37],余亦与之幽遘。观民居之鸟翼兮,恒居高而檐低。方甍瓦而锐下兮,概厥形如短圭。爰乘茸而平敷兮,象鳞鳞其鱼鱼[38]。岂水族相感而则然兮,乃厥类而象诸？鸟翼堂而里置兮,日中市于墟落。环四面以施榻兮,中市官而均榷。国无马之千乘兮,又何择乎骥与驺？曰国君之称富也,又曷数以为对？兵裸以靡甲兮,亦焉用夫犀兕。岂厥家之罔藏兮,恐其德之未改。木寄生之累累兮,亦既繁而未萎。藉若人之福威兮,不再世而贻殆。炎均赆予以菲芷兮[39],又蕙兰之旖旎[40]。余辞以帝之纫襟兮,有县圃之芳蔼。又重余以椒苓兮。曰余襟之难改。余受阆风之纷缤兮[41],兼月殿之菌桂。慨有职乎咨询兮,虽草木鸟兽而莫予。或申申而问俗兮,恐邦人之予给。招朱鸟兮七宿,分南野而司天。乃灵哲夫天飞兮,盍于余而具陈。鸟恍惚而夕降兮,曰余不习乎世言。交三趾而作篆兮,庶余意之或宣。曰普天兮殊方,迥风气兮不同[42]。俯南极兮地下,仰南斗兮天中。规毁度兮鹑尾,天地罔肃兮凉风。爰又戾兮依梧,泽不腹坚兮溶融。冯碧鸡兮右掖,接乌衣兮邻邦。服余华虫兮乘驾鹅,跨鸿鹄兮鸣天鸡。振鹭吾其洁修兮,海鸥嗒乎忘机。疾黄鸟之谗巧兮,鸠痴黠而攘栖。雉胡臻化蜃而呈楼兮,鳝声霹雳而震怒。鹦鹉慧而诉寒兮,翡翠胡丧质于奇羽。彼纷纷乎斗筲兮,亦焉足以多数。奋九万于溟溟兮,鹍鹏翼其垂天。纷有鸟而九头兮,雀蛤胡感而化迁。鹍鴃鸣而草芳兮,天虹藏而不雪。随阳憒乎冰泮兮,布谷啼乎冬月。曰邈邈乎皇穹之冥佁也,昭昭乎博厚迩而不可原也。挥祝融之冥冥兮,而南纪之专也。纷总总其渊陆兮,盍悉余之昌言也。曰维扬之末裔兮,土亦殊乎涂泥。贡奇南以沉水兮,又南金之与纤绨。橘柚包而莫致兮,丹荔远而见遗。繄铸山兮为金,又煮海兮以为盐。波罗特乎彼岸兮,安息以液而自歼。猁具矢而捷射兮,兽带甲而穿山。麝藉香以为祟兮,猩猩机疏乎能言。探余骊龙之颔珠兮,又网海根之珊瑚。佩明月乎南海兮,拂若木于明都。兽为舞而衔戈兮,蓬莱浮海而负鳌。射工巧而俟影兮,巴蛇吞象而吐哺。又九首吞人兮,天吴怒号。犀胡灵兮而厥角通天,象奚知乎而委齿,自埋乎远郊[43]。有儵忽兮依虬,负黄熊兮出游。眺西皇之青鸟兮,见王乔之双凫。悦海若兮夜出,水妃偕兮朋邀。

胡冯夷兮娶妇，谅佳期兮好逑。何海上之居人兮，头宵飞而海食。晨则返而完归兮，又追随于往夕。歌曰："二神僑诡诞慌惚兮，憎乎余狐。疑助莫决兮，骑彼箕尾，揖傅说兮，天路漫漫。何修越兮，昔羲氏之宅交兮，化为神于日驭。曰南訛以平秩兮，就余订以一语。依朝曦而折衷兮，庶决吾之犹豫。"曰："物之生颀佽趾基，一体齐气，孰首飞之？断永不续，孰能弥之？补天有石，谁其治之[44]？鳌足立极，孰睹裁之？象能埋牙[45]，谁亲掘之？无爪无角，谁与插之？冯夷娶妇，匪形安协。水仙有宫，胡身业之？鹏翼垂天，谁能运之？扶摇而起，击水三千，孰能仞之？有鸟九头，孰啄食之？维天一本，谁参析之？虺毒一足，谁附益之？天地之常，传物有极。日月曜灵，风动雷析[46]。动植潜飞，咸识其职。百家九流，荒唐莫测。爰有典谟圣人作式。厥民析因，鸟兽孳尾。过此则非，吾之所识。"

于时日车就驾，引挽羲和。朱明离离，扶桑参差。炎均击鼓，且笑且歌。乃临桥梁，送余于河。怳乎忽忽，若梦南柯。载歌曰："中气磅礴，山川缪兮。蝘蜒纠隔，离中州兮。常而不常，怪诡幽兮，不常而常，三光周兮。圣人耀德，文明流兮。海波不扬，庶征休兮。"结余忠兮，为轴又揆信兮以为路。乘余敬兮于堪舆。廓自得而容与兮，余因以从容乎周道。观八极之无穷兮，浮游驰骋乎宇宙而上下。聊反观而知天兮，迢逍遥于闳户[47]。乃旋氛旄之班班兮，揽霓旗之禽禽。挈摇摇之云旌兮，叫帝阍乎阊阖[48]。入钧天兮紫微，闻广乐兮九合。

【校】

[1] 予奉命往封安南国王暊："暊"，《赋汇》、《增城县志》作"睭"。

[2] 爰下上乎中土兮："下上"，底本、《增城县志》同，《赋汇》作"上下"。

[3] 由四渐而四荒兮："由"，底本、《赋汇》同，《增城县志》作"中"。

[4] 二女蘖乎中叶兮："蘖"，《赋汇》作"蘗"，"蘖"，树木砍去后重生的枝条。据文义，疑以"蘖"为是。

[5] 冒耳聃之仍云："聃"，《赋汇》作"耼"。按："聃"同"耼"，耳长而大。旧以为寿征。

[6] 北正黎之司地而属民兮："北"，《增城县志》作"比"。按：《史记》卷一三〇："昔在颛顼，命南正重以司天，北正黎以司地。"当以底本为是。

[7] 班麟服其煜煜兮："煜"，《赋汇》作"晔"，《增城县志》作"烨"。

[8] 怅世途兮曲囏："囏"，《增城县志》作"艰"。按："囏"，"艰"的古字。

[9] 乃笑歌兮江湄："笑"，底本、《赋汇》同，《增城县志》作"啸"。

[10] 余因与寄兴于五弦："与"，《赋汇》、《增城县志》作"以"；"弦"，《赋汇》缺笔，避讳。

[11] 扳南巢而盘桓兮："扳"，底本、《增城县志》同，《赋汇》作"攀"。按："扳"同"攀"，攀援。

[12] 濯北峨之清湍："峨"，底本、《增城县志》同，《赋汇》作"蛾"。

[13] 度市桥而吕瑰："瑰"，《赋汇》缺笔。

[14] 炎均遥遥以斯迎兮：《增城县志》、《赋汇》该句上"有余息徒而班班"。

[15] 嘉厥名之清源："之"，《增城县志》、《赋汇》作"曰"。

[16] 处太乙之穹庐兮："乙"，《增城县志》、《赋汇》作"一"。

[17] 杓斗忽其东掅："杓斗"，《增城县志》、《赋汇》作"斗杓"；"东"，《增城县志》作"束"。

[18] 楟百椀以象刀兮："象"，底本、《赋汇》同，《增城县志》作"像"。

[19] 扶黑欘而刃白："欘"，《增城县志》作"把"。

[20] 临炎官之窈窕兮："兮"，底本、《增城县志》同，《赋汇》作"分"。

[21] 屡天吴之蹈舞："蹈舞"，底本、《赋汇》同，《增城县志》作"舞蹈"。

[22] 夜叉奋其怒臂兮："叉"，底本、《增城县志》同，《赋汇》作"义"。

[23] 珍羞虫虾兮大牢："大"，底本、《赋汇》同，《增城县志》作"太"。按：祭祀、宴享时，牛、羊、豕三牲并用，称"太牢"，又作"大牢"。"大"，读如"太"，古为一字，"太"字后出。《周礼·秋官·大行人》："礼九牢。"郑玄注："三牲备为一牢。"《吕氏春秋·仲春纪》："以太牢祀于高禖。"高诱注："三牲具为太牢。"《国语·楚语下》："天子举以大牢，祀以会。"韦昭注："大牢，牛、羊、豕也。"《史记·滑稽列传》：楚人优孟曰："庙食太牢，奉以万户之邑。"

[24] 别陈椰席数重兮下地："数"，底本、《增城县志》同，《赋汇》作"敷"。

[25] 实乃祖之司农也："农"，底本、《赋汇》同，《增城县志》作"礼"。

[26] 丰告毕而苗离离兮："丰"，《赋汇》、《增城县志》作"农"。

[27] 恒首下而尻高："尻"，《增城县志》作"踞"。

[28] 驾象舆兮太乙："乙"，《赋汇》、《增城县志》作"一"。

[29] 秉烛龙而先后："秉"，《赋汇》、《增城县志》作"乘"。

[30] 掣日旌之辉煌兮："辉"，《赋汇》、《增城县志》作"辉"。

[31] 左携拉乎勾芒："勾"，底本、《赋汇》同，《增城县志》作"句"。

[32] 列绛帷兮缅缅："帷"，底本、《赋汇》同，《增城县志》作"幄"。

[33] 山鬼下兮吹灯："山鬼下"，《增城县志》作"山下鬼"。

[34] 纷披发而冠缨兮："披"，底本、《增城县志》同，《赋汇》作"被"。按："披"，"被"，通假字。

[35] 上依古而过骭兮："依"，《赋汇》、《增城县志》作"衣"。

[36] 跣双足而泥涂："双足"，底本、《赋汇》同，《增城县志》作"足足"。

[37] 逢鲍靓于南海兮："逢"，《增城县志》作"逄"。

[38] 象鳞鳞其鱼鱼："象"，《增城县志》作"像"。

[39] 炎均贶予以菲芷兮："菲"，底本、《赋汇》同，《增城县志》作"排"。

[40] 又蕙兰之旖旎："蕙兰"底本、《赋汇》同，《增城县志》作"兰蕙"。

[41] 余受阆风之纷缤兮："纷缤"，《赋汇》、《增城县志》作"缤纷"。

[42] 迥风气兮不同："风气"，底本、《赋汇》同，《增城县志》作"气风"。

[43] 自埋乎远郊：该句底本、《赋汇》同，《增城县志》无"乎远郊"三字。

[44] 谁其治之："其"，底本、《赋汇》同，《增城县志》作"能"。

[45] 象能埋牙："牙"，底本、《赋汇》同，《增城县志》作"玉"。

[46] 风动雷析：底本、《赋汇》同，《增城县志》作"风雷鼓柝"。

[47] 迢逍遥于闭户："迢"，底本、《赋汇》同，《增城县志》作"超"。

[48] 叫帝阍乎阊阖：底本、《赋汇》同，《增城县志》无"乎"字。

《谕安南国王陈日焜书》　　　　　　　　　　　　吕　让

迩者，思明府土官黄广成奏言安南侵据壤地，朝廷稽典册，考图记，遣使告谕，俾还所侵，自诚暨让至王国宣布上意[1]，开陈事理，而执事所执益固[2]，未肯听从。今以前代所纪疆场利害，为执事陈之：

按《志》，交址，古交州地。后汉时，女子征侧作乱，光武遣马援率师平之，遂以铜柱纪功[3]，亦所以限内外也。在唐则为五管之一，统以都护。宋时李乾德寇边，郭逵将兵征之，擒伪太子洪真，乾德惧而割广凉、门思、浪州、苏茂、桄榔之地以降。则当时此地，尚为中国所有也[4]。况铜柱以北丘温等地乎。元世祖时，而祖光炳入款称臣。及日烜嗣立，失臣子之节于世祖，是兴问罪之师[5]。日烜蒙荆棘，伏草莽，生民殆尽，城郭几墟。日焜嗣立，祈哀请罪。世祖遣使降诏，谕令入朝。当时诏书有还地之语，而日焜云："向者天使辱临小国，迎送于禄州，惧有侵越[6]，往往辞之丘温而已。"观此，则丘温以北之地，其属思明已明矣。

今安南乃越渊脱踰，如螯，庆远而尽有之。抑乘元末之乱侥幸而得之乎？行人下车之日，王之君臣皆曰：此地旧属安南。而不知所属之由陈、黎二国相及何执政，亦执前说，以为祖宗之地，未审何所据而然也。苟如执事所言，则《志》书所纪日焜之言无乃但为浮说邪？抑王惧有侵地之罪，固执无稽之言以自饰也？我皇上天锡智勇，表正万邦，怙终[7]，虽小过不赦，改过者，虽重罪亦释。《传》曰：过而能改，则复于无过；过而不改，是为过也[8]。改过致祥，往岁龙州赵宗寿之事是也。吝过召殃，近岁南丹奉议诸蛮酋是也。是皆明效大验，所共闻者，王能避祸迎祥，归其侵地。岂惟宗社之安，亦一国生民之幸也。释此不图，争而不让，是而怙终自祸矣[9]。惟执事图之。

【校】

[1] 自诚暨让至王国宣布上意：底本、《平度旧志》同，《殊域》卷五、《明太祖实录》卷二五〇作"自诚到王国宣布上意"。

[2] 而执事所执益固："所执"，《平度旧志》无。

[3] 遂以铜柱纪功："以"，底本、《平度旧志》同，《殊域》卷五、《明太祖实录》卷二五〇作"立"。

[4] 尚为中国所有也："也"，底本、《平度旧志》同，《殊域》卷五、《明太祖实录》卷二五〇无。

[5] 失臣子之节于世祖，是兴问罪之师：《明太祖实录》卷二五〇作"失臣子之节，于是世祖兴问罪之师"。

[6] 惧有侵越：底本、《平度旧志》同，《殊域》卷五、《明太祖实录》卷二五〇作"小国惧有侵越之罪"。

[7] 怙终：《平度旧志》、《殊域》卷五、《明太祖实录》卷二五〇"终"下有一"者"字。

[8] 是为过也："为"，底本、《平度旧志》同，《殊域》卷五、《明太祖实录》卷二五〇作"谓"。

[9] 是而怙终自祸矣："而"，《平度旧志》、《殊域》卷五、《明太祖实录》卷二五〇作"为"。

《论征安南疏》　　　　　　　　　　　张　岳

臣伏睹皇子诞生，涣颁诏命，内外臣民[1]，莫不覃敷。惟安南以久不入贡，诏使临遣为之停止，下外廷集议。咸谓罪当讨无赦，陛下宽仁恻怛[2]，不忍遽动甲兵，特诏使者驰入其国，究问缘由。

臣待罪边疆[3]，不能宣达朝廷威德，使雕题君长慕义向方，奔效职贡，至于上轸圣虑万里遣使，死有余罪。臣窃闻安南自正德十一年内，国王黎暊为逆臣陈暠与其子陈升所弑，国人立暊弟黎譓主国事，以兵逐陈暠父子奔据其国谅山府，黎譓立七年又为权臣莫登庸所逼，出居其国清华府[4]，登庸立譓幼弟黎㡤，相之，既又弑㡤而自立，国内分裂，日寻干戈，无暇请贡，此皆往岁传闻。及其国谅山长庆等府牒报之言，其间曲折及近日事情，虽不能详知，然其久爽贡期大抵由此，非真负封豕之势，敢于阻兵拒险以抗上国之命而不贡者也。自古蛮彝[5]，惟逆命则诛[6]，若其国不能通贡似不足以劳弊中国。今用兵之声先已传布，使中外共知，而首祸之[7]。

臣不能仰窥陛下所以遣使行勘之本意，迎合附会谋动兵戈[8]，臣不暇远引，请以目前义理事势，反复诘之。夫欲兴兵，必以黎氏为辞为讨其乱贼也[9]，为区区南交[10]，劳师万里之外，讨其贼而定之位，非中国长策，其不可一也；不定黎氏而因以取之，是乘人危难，而利其所有，五霸稍知义者不屑为也，而谓圣明为之乎。其不可二也；万一胜不可必，交人操长技毒弩[11]，乘高截险，以邀我师，如古人所谓厮舆之卒，一有不备而归者，此祸败，孰当之乎。其不可三也；今两广困弊，猺獞屯结[12]，官军仅足备守，所恃以调发者狼兵，然诸州土官及湖广勾刀手，连年疲于征调，内怀仇怨，若复驱以远征，深入数千里之险，进有难必之敌，退无旋反之期，狼顾两端，莫坚斗志，南交暑湿[13]，易生疾疫，万一师老财匮，猺獞乘虚而起[14]，安南事未可必，两广破败，可以立视，其不可四也；近日为大工役，府州县无碍[15]，银两尽起发赴部，梧州军饷亦因盐法壅滞，课额亏损，每年敷给诸军，剩积无多，兵兴十万，日费千金，永乐中用八十万人入交，今就折半言之，亦当有四十万人屯食两广，飞刍挽粟，约以二石致一石，何处措备，其不可五也；天下承平久矣，人不知兵，兵不习战，将帅皆膏粱子弟，少经行阵。而缙绅之喜谈兵者，类皆赵括房管之流，平居为大言尔。盖深于兵者，必不谈兵，其掇拾古人糟粕以谈者，多妄也，欲举大事，而使膏粱主兵，躁妄之士，得成其谋，不待两兵相交而不胜之机先见矣，其不可六也；此六不可者，臣特粗举其端耳，至于天下大势，其财用盈虚，兵马强弱，民情休戚，盖有非臣职事所及而不敢究言者，臣愚以为安南纵有可诛之罪，犹当重为民命爱惜，审酌轻重，于当用兵之中求所可不必用者，以全民生，以养元气。今其久不入贡之情，只是如此，以义理事势反复推之用兵一事，臣愚切以为不可。

天下大器也[16]，安之甚难，无故而动摇之，臣中夜以思，不寒自栗，伏望陛下上承上天仁爱之心，远思皇祖不祥之训，待行勘使者复命，乞下廷臣，将安南事势反复熟议，如黎氏尚存，力能入贡，则许之入贡；如果内难未定，则且申敕边臣，谨固疆场，禁戢奸宄，毋得妄生事端，致有惊骇摇动人心，待安南乱定，应否入贡，另行奏请定夺，此于国家事体初未有损，而生灵得免于兵革之祸，所全活者多矣。臣边吏也，遇此大征，义当擐甲执干躬率先所部[17]，以死效命，乃其职分，顾不度分量轻肆，瞽言干挠廷议，避事偷安，罪当万死，然臣非敢爱死也，恐死而无益，是以冒昧为陛下陈之[18]，伏冀陛下哀矜曲垂裁察，非特臣一身一郡之幸，实天下万世之幸。

【校】

[1] 内外臣民：《小山类稿》、《昭代典则》卷二七作"华夷内外"。

[2] 陛下宽仁恻怛：《小山类稿》、《昭代典则》卷二七该句下有"兼爱华夷"。

[3] 臣待罪边疆：《小山类稿》、《昭代典则》卷二七该句上有"本年三月初一日，使者已至梧州府，迤逦由南宁府前去"。

[4] 出居其国清华府："清"，《小山类稿》、《昭代典则》卷二七作"升"。

[5] 自古蛮彝："蛮彝"，《小山类稿》作"外裔"，《昭代典则》卷二七作"夷狄"。

[6] 惟逆命则诛：《小山类稿》该句上有"惟内扰则诛"；"内扰"，《昭代典则》卷二七作"滑夏"。

[7] 使中外共知，而首祸之：《小山类稿》、《昭代典则》卷二七作"使者行勘未复诚恐生事乐祸之"。

[8] 迎合附会谋动兵戈："兵"，底本、《小山类稿》同，《昭代典则》卷二七

作"干"。

［9］必以黎氏为辞为讨其乱贼也：《昭代典则》卷二七"为"下有一"之"字。

［10］为区区南交："区区南交",《小山类稿》、《昭代典则》卷二七作"夷狄"。

［11］交人操长技毒弩："交",《小山类稿》、《昭代典则》卷二七作"夷"。

［12］猺獞屯结：《小山类稿》、《昭代典则》卷二七"獞"下有"狑猭所在"。

［13］南交暑湿："交",《小山类稿》、《昭代典则》卷二七作"方"。

［14］猺獞乘虚而起：《小山类稿》、《昭代典则》卷二七"獞"下有"狑猭"二字。

［15］府州县无碍：《小山类稿》、《昭代典则》卷二七"县"下有"但系官"；"碍"下有"及军需吏农等项"。

［16］天下大器也：《小山类稿》、《昭代典则》卷二七该句上有"伏惟陛下圣学精深,洞见千古,制作盛备,远暨殊俗舞干羽以格苗,修文德而来远。稍迟俄顷理宜响应,况皇子诞生,神人欢悦,大庆之恩,将使天下含生之类无不得所,若军旅一兴,必有无辜之民陨于锋镝者。恐非陛下肆赫初心也。去年十月六日皇子生,是日近几地震数次,圣德纯熙,天眷云降,安得有此异。天之垂戒,其殆为升边乎？"

［17］义当攘甲执干躬率先所部："干",底本、《小山类稿》同,《昭代典则》卷二七作"戈"。

［18］是以冒昧为陛下陈之：底本、《小山类稿》同,《昭代典则》卷二七"以"下有一"敢"字。

《论安南》　　　　　　　　　　叶向高

安南,自宋以前[1],虽内属,然叛乱代有,固南服之外疆也。季牦之讨,彼恶已盈,宁席中国广大,轻用武哉？扫氛驱孽,还我旧封,皇灵畅矣。而铜墨朝颁羽书夕至,元戎三遣,旋戢旋梦[2]。昆明百粤之区,戈船下濑之士,骚扰相奉,困敝已极。国家曾不得其尺缕斗粟之用[3],幡然舍旃[4],与之更始[5],兵革不兴,版章无损,岂非继迷之善[6],而明圣之所图欤。维时反侧初安,刑余肆毒,官徇苟且之政,将乏折冲之才,遂启戎心卒堕成业,故谈者有遗论焉,黎莫相残,盛衰迭禅,程凶较逆[7],无所等差,然皆先后输诚叩关请命,王封永削,国体弥尊,威已加矣,然后释之,操纵有宜,抑亦参伍于前事也[8]。昔成化时,阉直幸功[9],数从中间所司征安南故籍,刘忠宣匿不与,事乃中寝。鸣乎,兹荩臣之用心哉[10]。

【校】

[1] 自宋以前:"前",《四夷考》作"来"。

[2] 旋戢旋棼:"旋",《四夷考》作"玄"。

[3] 国家曾不得其尺缕斗粟之用:"粟",《四夷考》作"票"。

[4] 幡然舍旃:"旃",《四夷考》作"谢"。按:"旃",代词,指代人或事物;舍旃,舍弃(它),"谢",疑为"旃"之讹。

[5] 与之更始:"始",《四夷考》作"使"。按:"更始",除去旧的,建立新的;"使",当为"始"之讹。

[6] 岂非继迷之善:"迷",《四夷考》作"述"。

[7] 程凶较逆:"程",《四夷考》作"逞"。

[8] 抑亦参伍于前事也:"抑",《四夷考》无。

[9] 阉直幸功:"直",《四夷考》作"臣"。

[10] 兹荩臣之用心哉:"荩",《四夷考》作"勋"。

《安南志序》

阙　名

安南,介在粤东西及滇南之间,粤东滇南由海道入,而粤西由陆道入,故颁朔传檄以及上表进贡举由粤西,其地形便也。明正嘉中,安南黎莫二彝互相雄据争,欲得中国之典为重,而中国亦察其情形,随宜应之第,羁縻弗绝耳,迨莫氏中微,黎氏复兴,旁观之议几于盈庭,大都英锐之士以汉唐郡县为名,必乘鹬蚌之势而清涨海之尘,老成之臣惕宋元之遗辙,皆欲以彝治彝,如嘉靖故事,今昔之情不甚相远,传曰:

上者因之,其次整齐之,最下者与之争。西京之时,宽其文网[1],而因其习俗,故其民安;东京之时,导以礼法,而恐以兵威,故其民疑;至汉之季而吏病民,民亦病吏,几不可收拾矣;唐宋而后,尤有甚焉。墨吏利其山泽之货,以安南为奇货,赭山而冶,竭泽而渔,虎狼之性,反噬随之,其号为强有力者,喜以功名自树,今日召募,明日征输,咸首未闻,而捉衿立见[2][3],元姑无论[4],西汉时交州置官为刺史者一[5]，为郡守者二[6]，邑令不数[7]；明则列为三司[8]，分为十七府，州县且以百计，而又镇以中官，彼其人岂皆饮冰茹蘗，匪躬之故乎[9]。闻之掌故，若参政冯贵，已有墨声，而中官马骐尤甚。初政若斯，后将安极宜乎。交人之屡叛也。昔合浦郡多墨吏，珠移之交，孟尝为郡，去珠复还。嗟夫今之世安能尽得，若人布之南交，令彝人不敢轻中夏哉。

【校】

[1] 宽其文网："其"，《国榷》卷二〇引作"以"。

[2] 而捉衿立见："衿"，《国榷》卷二〇引作"襟"。

[3] 而捉衿立见：《国榷》卷二〇该句下有"奈之何民民不容且次也"。

[4] 元姑无论："无"，《国榷》卷二〇引作"之"。

[5] 西汉时交州置官为刺史者一：《国榷》卷二〇该句下有"论我国家威德，迈西京远甚，然取之而不能守也，则其故可思已"。

[6] 为郡守者二："二"，《国榷》卷二〇引作"三"。

[7] 邑令不数：《国榷》卷二〇"数"下有一"数"字。

[8] 明则列为三司："明"，《国榷》卷二〇作"我朝"。

[9] 匪躬之故乎："乎"，《国榷》卷二〇引作"耶"。

《论安南》　　　　　　　　　　　　　　　　阙　名

昔汉武帝西征大宛西南，入牂牁、夜郎之墟，南平瓯闽，暨粤东西，以其余力，定交阯、九真、日南三郡，如反掌然，何其烈哉。元混一区宇，以宇内之全力不能下一安南，何也。汉以文告而元以兵威也。余观汉武时，楼船下濑之师未尝渡富良也，龙编谅山之域不以烦戍卒也，彼且无町畦吾与之，无町畦《礼》所谓：修其政不易其俗者，殆庶几哉。光武能闭西域之关而不能忘征侧之叛，虽铜柱标名，千古烂然，而南徼之役从此滥觞矣，试即建武之功，方于元鼎已不可并辔而驱，而况于元乎。贪墨之吏先携其心，虎狼之习难革其旧，即得之能终守之乎。明初，擒其罪人而郡县置之，岂不称烈，然旋复平旋复叛，则非胜之难也，乃守之难也。至宣宗时，强将陨干戈劲兵，润草野粮饷，不继海内为虚，虽欲不息兵，庸可得耶。后之议者，犹以三杨弃安南为失策。噫，老成石画，固未易为少年喜功者道也。

安南部艺文二（诗）

《旅寓安南》　　　　　　　　　　　　　　　唐　杜审言

交址殊风候，寒迟暖复催。仲冬山果熟，正月野花开。积雨生昏雾，轻霜下震雷。故乡踰万里，客思倍从来。

《度安海入龙编》[1]　　　　　　　　　　　　　沈佺期

我来交址郡[2]，南与贯胸连。四气分寒少，三光置日偏。尉佗曾驭国，翁仲久游泉。邑屋遗氓在，鱼盐旧产传[3]。越人遥捧翟，汉将下看鸢[4]。北斗崇山挂，南风涨海牵。别离频破月[5]，容鬓骤催年[6]。昆弟推由命，妻孥割付缘[7]。梦来魂向扰[8]，愁委疾空缠[9]。虚道崩城泪，明心不应天。

【校】

[1]《度安海入龙编》：《殊域》卷六、《东西洋考》卷九引作"《渡海诗》"。

[2] 我来交址郡："我来"，底本、中华本《全唐诗》、陶校本《沈集》同，《殊域》卷六、《东西洋考》卷九、《安南志略》卷一六引作"尝闻"。

[3] 尉佗……旧产传：此处两句《殊域》卷六、《东西洋考》卷九无。

[4] 汉将下看鸢："看"，底本、陶校本《沈集》、中华本《全唐诗》、《殊域》卷六、《安南志略》卷一六同，《东西洋考》卷九作"飞"。

[5] 别离频破月："破"，底本、陶校本《沈集》、中华本《全唐诗》、《殊域》卷六、《安南志略》卷一六同，《东西洋考》卷九作"改"。

[6] 容鬓骤催年："骤"，底本、陶校本《沈集》、中华本《全唐诗》、《安南志略》卷一六、《东西洋考》卷九同；《殊域》卷六作"聚"，疑为"骤"之讹。

[7] 妻孥割付缘："付"，底本、陶校本《沈集》、中华本《全唐诗》同，《安南志略》卷一六作"往"。

[8] 梦来魂向扰："向"，中华本《全唐诗》、陶校本《沈集》、《安南志略》卷一六作"尚"。

[9] 昆弟……空缠：此处两句《殊域》卷六、《东西洋考》卷九无。

《李云南征蛮诗》（并序）　　　　　　　　　　　高　适

天宝十一载，有诏伐西南夷，右相杨公兼节制之寄，乃奏前云南太守李宓涉海，自交址击之，道路险艰，往复数万里，盖百王所未通也。

十二载四月，至于长安，君子是以知庙堂使能，而李公效节，适忝斯人之旧，因赋是诗。

圣人赫斯怒，诏伐西南戎。肃穆庙堂上，深沈节制雄。遂令感激士，得建非常功[1]。料死不料敌，顾恩宁顾终。鼓行天海外，转战蛮夷中。梯巘近高鸟，穿林经毒虫。鬼门无归客，北户多南风。蜂虿隔万里，云雷随九攻。长驱大浪破，急击群山空。饷道忽已远，悬军垂欲穷。精诚动白日，愤薄连苍穹。野食掘田鼠，晡餐兼棘僮。收兵列亭堠，拓地弥西东。临事耻苟免，履危能饬躬。将星独照耀，边色何溟蒙。泸水夜可涉，交州今始通。归来长安道，召见甘泉宫。廉蔺若未死，孙吴知暗同。相逢论意气，慷慨谢深衷。

【校】

[1] 得建非常功："建"，《高适集校注》作"见"。

《越裳操》　　　　　　　　　　　　　　　　韩　愈

雨之施，物以孳，我何意于彼为。自周之先，其艰其勤。以有疆宇，私我后人。我祖在上，四方在下。厥临孔威，敢戏以侮。孰荒于门，孰治于田。四海既均，越裳是臣[1]。

【校】

[1] 越裳是臣："是"，底本、《乐府诗集》卷五七、《韩愈全集》卷一一同，《安南志略》卷一六作"来"。

《越裳献白翟》（一作丁仙芝诗）　　　　　　孙昌引

圣哲符休运，伊皋列上台。覃恩丹徼远，入贡素翚来。北阙欣初见，南枝顾未回。敛容残雪净，矫翼片云开。驯扰将无惧，翻飞幸莫猜。甘从上苑里，饮啄自襄回[1]。

【校】

[1] 饮啄自襄回："襄"，中华本《全唐诗》作"裴"。按："裴回"，徐行貌。《史记·司马相如列传》："于是楚王乃弭节裴回，翱翔容与。"

《送李大夫赴广州》　　　　　　　　　　　　钱　起

一贤间气生，麟趾凤凰羽。何意人之望，未为王者辅。出镇忽推才,盛哉文且武。南越寄维城,雄雄拥甲兵[1]。鼓门通幕府,天井入军营。厥俗多豪侈,古来难致礼。唯君饮冰心,可酌贪泉水。忠臣感圣君,徇义不邀勋。龙镜逃山魅,霜风破嶂云。征途凡几转,魏阙如在眼。向郡海潮迎,指乡关树远。按节化瓯闽,下车佳政新。应令尉陀俗,还作上皇人。支离交俊哲,弱冠至华发。昔许霄汉期,今嗟鹏鹢别。图南不可御,惆怅守薄暮。

【校】

[1] 雄雄拥甲兵:"拥",底本、《全唐诗》同,《唐音统签》卷二四二作"推"。

《供奉定法师归安南》　　　　　　　　　　杨巨源

故乡南越外,万里白云峰。经论辞天去,香花入海逢。
鹭涛清梵彻,蜃阁化城重。心到长安陌,交州后夜钟。

《经伏波神祠》　　　　　　　　　　　　　刘禹锡

蒙蒙篁竹下,有路上壶头。汉垒麏䴥斗,蛮溪雾雨愁。怀人敬遗像,阅世指东流。自负伯王略[1],安知恩泽侯。乡园辞石柱[2],筋力尽炎洲。一以功名累,翻思马少游。

【校】

[1] 自负伯王略:"伯",中华本《全唐诗》、《刘禹锡集》、《今体诗钞》、《瀛奎律髓》卷二八作"霸"。按:"伯"通"霸",古代诸侯联盟的首领,如:《韩非子·难四》:"桓公,五伯之上也。"

[2] 乡园辞石柱:"园",底本、中华本《全唐诗》、《刘禹锡集》同,《瀛奎律髓》卷二八、《今体诗钞》作"关"。

《送蛮客》　　　　　　　　　　　　　　　张　籍

借问炎州客,天南几日行。江连恶溪路,山绕夜郎城。
柳叶瘴云湿,桂丛蛮鸟声[1]。知君却回日,记得海花名。

【校】

[1] 桂丛蛮鸟声:"丛",中华本《全唐诗》校云:"一作'林'"。

《山中赠日南僧》[1]　　　　　　　　　　　　　　　　前　人

独向双峰老，松门闭两崖[2]。翻经上蕉叶，挂衲落藤花[3]。
甃石新开井，穿林自种茶。时逢海南客，蛮语问谁家。

【校】

[1] 山中赠日南僧："山中"，中华本《全唐诗》校云："一作'上国'"。

[2] 松门闭两崖："崖"，底本、中华本《全唐诗》同，《安南志略》卷一六、《瀛奎律髓》卷四七作"涯"。

[3] 挂衲落藤花："藤"，中华本《全唐诗》校云："一作'橙'，一作'藤'。"

《送郑尚书赴广州》　　　　　　　　　　　　　　　　前　人

圣朝选将持符节，内使宣时百辟听[1]。海北蛮夷来舞蹈，岭南封管送图经。
白鹇飞绕迎官舫，红槿开当燕客亭。此处莫言多瘴疠，天边看取老人星。

【校】

[1] 内使宣时百辟听："使"，中华本《全唐诗》校云："一作'制'。"

《蛮中》　　　　　　　　　　　　　　　　　　　　　前　人

铜柱南边毒草春[1]，行人几日到金潾[2]。玉环穿耳谁家女，自抱琵琶迎海神。

【校】

[1] 铜柱南边毒草春："毒"，（明）沈自征《簪花髻》引作"白"。

[2] 行人几日到金潾："潾"，《唐诗类苑》卷五三作"麟"。按：王世贞《艺苑卮言》载："金潾，交趾地名。《水经注》所谓'金沸清渚'。"当以"潾"为是。

《送王秀才往安南》　　　　　　　　　　　　　　　　杨　衡

君为蹈海客，客路谁谙悉。鲸度乍疑山，鸡鸣先见日。
所嗟回棹晚，倍结离情密。无贪合浦珠，念守江陵橘。

《送马判官赴安南》　　　　　　　　　　　　熊孺登

故人交址去从军，应笑狂生挥阵云。省得蔡州今日事，旧曾都护帐前闻。

《寄安南马中丞》　　　　　　　　　　　　　前　人

龙韬能致虎符分，万里霜台压瘴云。蕃客不须愁海路，波神今伏马将军。

《送黄知新归安南》[1]　　　　　　　　　　　贾　岛

池亭沈饮遍，非独曲江花。地远路穿海，春归冬到家。火山难下雪，瘴土不生茶。知决移来计[2]，相逢期尚赊。

【校】

[1] 送黄知新归安南："知"，中华本《全唐诗》校云："一作'和'。"

[2] 知决移来计："移"，底本、《瀛奎律髓》卷三八同，中华本《全唐诗》校云："一作'秋'。"

《赴安南却寄台司》　　　　　　　　　　　　高　骈

曾驱万里上天山[1]，风去云回顷刻间。今日海门南面事，莫教还似凤林关。

【校】

[1] 曾驱万里上天山："里"，中华本《全唐诗》、《尧山堂外纪》卷三六作"马"；"上天"，《尧山堂外纪》卷三六作"静江"。

《安南送曹别敕归朝》　　　　　　　　　　　前　人

云水苍茫日欲收，野烟深处鹧鸪愁。知君万里朝天去，为说征南已五秋。

《安南寓止》[1]　　　　　　　　　　　　　　韩　偓

此地三年偶寄家，枳篱茅厂共桑麻[2]。蝶矜翅暖徐窥草，蜂倚身轻凝看花。天近函关屯瑞气，水侵吴甸浸晴霞。岂知卜肆严夫子，潜指星机认海槎。

【校】

[1] 安南寓止："安南"，中华本《全唐诗》作"南安"。按："南安"，处闽南金三角中心区域的南安市，与台湾、金门隔海相望，素有"海滨邹鲁"之称，三国东吴永安三年（260）建县，名"东安县"，隋开皇九年（589）始称南安县。韩偓弃官入闽在沙县隐居，南安市有韩偓墓。疑《集成》编者将"南安"倒为"安南"，误收入安南部艺文中。

[2] 枳篱茅厂共桑麻："厂"，中华本《全唐诗》云："一作'屋'。"

《赠友人罢举赴交趾辟命》　　　　　　　　杜荀鹤

罢却名场拟入秦，南行无罪似流人。纵经商岭非驰驿，须过长沙吊逐臣。

舶载海奴镮硾耳，象驼蛮女彩缠身。何如待取丹霄桂，别赴嘉招作上宾。

《喜友人日南回》　　　　　　　　　　　　张　蠙

南游曾去海南涯，此去游人不易归。白日雾昏张夜烛，穷冬气暖着春衣。

溪荒毒鸟随船啅，洞黑冤蛇出树飞。重入帝城何寞寞[1]，共回迁客半轻肥。

【校】

[1] 重入帝城何寞寞："寞寞"，中华本《全唐诗》作"寂寞"。

《送人归南中》　　　　　　　　　　　　　前　人

有家谁不别，经乱独难寻。远路波涛恶，穷荒雨雾深。

烧惊山象出，雷触海鳌沉。为问南迁客，何人在瘴林。

《广州王园寺伏日即事寄北中亲友》　　　　王言史

南越逢初伏，东林度一朝。曲池煎畏景，高阁绝微飙。竹簟移先洒，蒲葵破复摇。地偏毛瘴近，山毒火威饶。裛汗絺如濯，亲床枕并烧。堕枝伤翠羽，萎叶惜红蕉。且困流金炽，难成独酌谣。望霖窥润础，思吹候纤条[1]。旅恨生乌浒，乡心系浴桥[2]。谁怜在炎客，一夕壮容销。

【校】

[1] 思吹候纤条："纤条"，中华本《全唐诗》作"生条"。按：四库本亦作"纤条"，"纤条"，在此指树的细枝。如晋张华《三月三日后园会诗》："纤条被绿，翠华含英。"当以"纤条"为是。

[2] 乡心系浴桥："浴"，中华本《全唐诗》作"洛"。按："洛桥"，指洛阳市天津桥。桥在洛水上，故亦称"洛桥"。（唐）祖咏《江南旅情》诗："为报空潭橘，无媒寄洛桥。"

《试越裳贡白雉》　　　　　　　　　　　　　王若岩

素翟宛昭彰，遥遥自越裳。冰睛朝映日，玉羽夜含霜。岁月三年远，山川九泽长。来从碧海路，入见白云乡。作瑞兴周后，登歌美汉皇。朝天资孝理，惠化且无疆。

《刺安南事》[1]（时许辛二千没于南乡）　　　　懿宗朝举子

南荒不择吏[2]，致我交址覆。联绵三四年，致我交址辱[3]。懦者斗则退，武者兵益黩[4]。军容满天下[5]，战将多金玉。刮得齐民疮[6]，分为猛士禄。雄雄许昌师[7]，忠武冠其族。去为万骑风，住为一川肉[8]。时有残卒回，千门万户哭。哀声动闾里，怨气成山谷[9]。谁能听鼓声[10]，不忍看金镞[11]。念此堪泪流[12]，悠悠颍川绿。

【校】

[1]《刺安南事》：全诗内容底本、中华本《全唐诗》、《北梦琐言》卷二均同，然《安南志略》卷一六引该诗与众本诸多不同，今将异文列出，以作参考。

[2] 南荒不择吏："荒"，《安南志略》卷一六作"方"。

[3] 致我交址辱：《安南志略》卷一六作"流为中夏辱"。

[4] 武者兵益黩："武"，《安南志略》卷一六作"勇"；"益"，《安南志略》卷十六作"乃"。

[5] 军容满天下："容"，《安南志略》卷一六作"庸"。

[6] 刮得齐民疮："疮"，《安南志略》卷一六作"痏"。

[7] 雄雄许昌师："雄雄"，《安南志略》卷一六作"雄健"。

[8] 住为一川肉："为"，《安南志略》卷一六作"作"。

[9] 怨气成山谷："成"，《安南志略》卷一六作"盛"。

[10] 谁能听鼓声："声"，《安南志略》卷一六作"鼙"。

[11] 不忍看金镞：《安南志略》卷一六此句下有"吾有制胜术，不奈贱碌碌。贮之胸臆间，惭见许师属。自嗟胡为者，得蹑前修躅。家不出军租，身不识部曲。亦衣许师衣，亦食许师粟。方知古人道，荫我已为足"。

[12] 念此堪泪流："堪泪流"，《安南志略》卷一六作"向谁羞"。

《安南即事》　　　　　　　　　　　　　（元）陈　孚

圣德天无外，恩光烛海隅。遂颁南越诏，载命北门儒。万里秋持节，千军夜执殳。前驱严弩矢，后纛拥樵苏。睠彼交州域，初为汉氏区。楼船征既克，征侧叛还诛。五代颁王纽，诸方裂霸图。遂令风气隔，顿觉版章殊。丁琏前猖獗，黎桓后觊觎。一朝陈业构，八叶李宗徂。下俗浇浮甚，中华礼乐无。讳嫌讹氏阮，托制僭称孤。祭祀宗祈绝，婚姻族属污。尊卑双跣足，老幼一圆颅。陟峤轻于鹿，泅波疾似凫。斜钩青缯帽，曲领黑罗襦。语笑堂前燕，趋跄屋上乌。抵鸦身偃豖，罗雀背拳狐[1]。寺号千龄陋，州名万劫愚。笙箫围丑妓，牢醴祀淫巫。国尉青盘护，军撾白梃驱。阅条亲狱讼，明字掌机枢。勃窣官中客，髯髷座上奴。台章中赞纠，邑赋大僚输。吏权槟榔税，人收安息租。黄金刑莫赎，紫盖律难踰。安化桥危矣，明灵阁岌乎。曲歌叹时世，乐奏入皇都。龙蕊常穿壁，蒌藤不离盂。珓簪穿短发，虬纽刻顽肤。有室皆穿窭，无床不尚炉。星华舟作市，花福水为郛。突兀山分腊，汪茫浪注泸。鼠关林翳密，狼塞涧萦纡。士燮祠将压，高骈塔未芜。铁船波影见，铜柱土痕枯。墟落多施榻，颠崖屡改途[2]。千艘商斥卤，四获粒膏腴。短短桑苗圃，丛丛竹刺衢。牛蕉垂似剑，龙荔缀如珠。宝罦罗鹦鹉，名香屑鹧鸪。揭旌图鬼像，击柝聚兵徒。鼻饮如瓴瓿，头飞似辘轳。蚺皮为鼓击，虾鬣作筇扶。家必烹蛇虺，人能幻虎貙。鱼鳞檐粲瓦，鹊尾海浮桴。水弩含沙掷，山猱出穴粗。鳄鱼鸣霹雳，蜃气吐浮屠。宇县伤分阻，生灵困毒痡。舞阶犹未格，折简岂能呼。大社初传祃，辕门合受俘。貔貅微偃戢，蛇豕偶逃逋。天已殂渠恶，民犹奉僭雏。势如纯据陇，政似皓亡吴。凤札重宣令，狼心更伏辜。幸能宽斧锧，犹自恋泥涂。献颂尊天子，腾章遣大夫。象鞬言可订，蠹册事非诬。功欲收边徼，威须仗庙谟。沐熏陈此什，礼部小臣孚。

【校】

[1] 罗雀背拳狐："雀"，《陈刚中诗集》、《元诗选》、《元诗纪事》卷九作"我"。《陈刚中诗集》注曰："象背上拖鞍辔凡座名曰'罗我'，人坐其上拳屈如狐。"

[2] 颠崖屡改途："改"，底本、《元诗选》、《元诗纪事》卷九同，《陈刚中诗集》作"变"。

《安南行》（送李景山侍郎出使） 袁 桷

辀轩使者安南来，紫泥封诏行风雷。湿云翻空海波立，铁网山裂狂蛟摧。神京煌煌镇无极，火鼠烛龙穷发北。弹丸之地何足论，蚯蚓为城雾为堿。瘴江如墨黄茅昏，群蛮渡江江水浑。千年白雪不到地，十月青梅犹满村。赤脚摇唇矜捷斗，竹箭藏蛇杂猿狖。崛强曾夸井底蛙，低徊自比泥中兽。龙飞天子元年春，万邦执璧修臣邻。朱干玉戚广庭舞，笑问铜柱今何人。君不闻，重译之人越裳氏，有道周王输白雉；又不闻，防风之骨能专车，神禹震怒行天诛，李侯桓桓，水苍佩舌本悬河，四方对后车并载，朝未央稽颡九拜，乞取金印归炎荒。

《赠刘宗道使安南》 李源道

一介强于十万兵，秋风持节使清泠。可容赞普窥唐壤，要遣莎车拜汉庭。

蜃吐瘴烟骊洞暗，鲸掀巨浪海云腥。元戎已办安边策，万古千秋汗简青。

《岳阳中秋值安南贡使因怀旧游》 傅若金

洞庭秋气满龙堆，为客偏惊节序催。铁笛乍闻云外过，琼楼应傍月中开。

越裳重译三年至，滇海浮槎八月来。忽忆旧游今万里，天涯长见雁飞回。

《送安南使还国应制》 （明）王 彝

帝德如天四海同，卉裳相率向华风。称臣特奉龙函表[1]，偃武仍包虎帐弓。贡自炎方归域内，心先流水到江东。路经日出知天大，城与山蟠见地雄。诏语陪臣趋玉陛，班随仙仗列彤宫。陈情委曲为蛮语，赐对从容彻圣聪。驼纽新颁玉印重[2]，蚁舩屡饮尚尊空[3]。承恩共识皇华使，命将毋劳夔铄翁[4]。已拟再将周日雉，底须复表汉年铜。五弦曲奏鲸涛息[5]，重译人还鸟道通。薏苡生仁供旅食，桄榔垂叶荫诗筒。部迎定见新王骑[6]，驿送犹思上国鸿。歌舞万年常率化[7]，扶携百越共摅忠。大明烛物今无外，从此看如禹甸中。

【校】

[1] 称臣特奉龙函表："臣"，《王常宗集》、《列朝诗集》均作"藩"。

[2] 驼纽新颁玉印重："颁"，底本、《王常宗集》同，《列朝诗集》作"领"。

[3] 蚁舩屡饮尚尊空：底本、《列朝诗集》作"尊"，《王常宗集》作"樽"。

[4] 将命毋劳夔铄翁："将命"，《列朝诗集》，《王常宗集》作"命将"。

[5] 五弦曲奏鲸涛息："弦"，《王常宗集》缺笔，避讳。

[6] 部迎定见新王骑："王"，《王常宗集》空缺。

[7] 歌舞万年常率化："常"，底本、《列朝诗集》同，《王常宗集》作"当"。

《送刘绣衣按交址》　　　　　　　　　　　　解　缙

虬髯白皙绣衣郎[1]，骢马南巡古越裳。城郭新开秦郡县，山河元是汉金汤。

天连铜柱蛮烟黑，地接朱崖海气黄。莫说炎荒冰雪少，须令六月见飞霜。

【校】

[1] 虬髯白皙绣衣郎："皙"，底本、《列朝诗集》乙集第一同，《明诗别裁集》卷三作"晳"。

《送王希旸编修使交址》　　　　　　　　　　苏伯衡

历数归真主，群方若缀旒。外藩须嗣续，当宁重怀柔。芝简文弥盛，茅封礼更优。代言欣尔属，将指副予求[1]。暂下层霄去，真成万里游。宫袍裁白苎[2]，厩马出骅骝。望重皇华使，名高好时侯。扬鞭随越鸟，祖席赠吴钩。自觉光辉远，那知跋涉修。几旬行岭峤，何处是交州。山拥鱼鳞集，江分燕尾流。堕鸢从站站[3]，驯鹿自呦呦。绿认桄榔浦，红看荔子洲。马人偏好客，蜑户总能舟。日上扶桑表，天垂瘴海头。昔闻铜作柱，今见蜃为楼。槲叶时交坠，沙虫或暗投。由来宣至德，直欲被遐陬。除馆迎京使，倾城拱道周。陪臣侦伺谨，膳宰往来稠。乐作聆铜鼓，衣更阅贝裘。珍羞罗海错，妙舞杂巴讴。蕉实垂垂重，椰浆盎盎浮。括囊惩薏苡，涩口却扶蒌。事大无违礼，新王实好修。有陈皆睿训，余事及冥搜。足使诚心服，端非缓颊侔。上方思子切，谁敢为王留。别袂逢梅雨，归期指麦秋。论思金马日，颂献碧鸡不。

【校】

[1] 将旨副予求："旨"，《列朝诗集》甲集第十二作"指"，"将指"，手中指及足大趾也。《左传》：阖闾伤将指。注：足大指见斩也。疏：将指者，言其将领诸指也。足之用力，大指为多，手之取物，中指最长，故足以大指为将指，手以中指为将指。

[2] 宫袍裁白苎："苎"，《列朝诗集》甲集第十二作"贫"。

[3] 堕鸢从站站："站"，《列朝诗集》甲集第十二作"帖"。

《送翰林王孟旸参将安南》　　　　　　　　王　縡

暂辍含香直晓班，新参将阃出平蛮。黄茅绿树千重岭，瘴雨蛮云几处关。

去马正逢椰子熟，归旌定及荔枝斑。知卿素有雄豪笔，须勒神功镇海山。

纪事

《后汉书·贾琮传》：交址土多珍产[1]，明玑、翠羽、犀、象、玳瑁、异香、美木之属，莫不自出。前后刺史率多无清行，上承权贵，下积私赂，财计盈给，辄复求见迁代，故吏民怨畔[2]。中平元年，交址屯兵反，执刺史及合浦太守，自称"柱天将军"。灵帝特敕三府精选能吏，有司举琮为交址刺史。琮到部，讯其反状，咸言赋敛过重，百姓莫不空单，京师遥远，告冤无所，民不聊生自活[3]，故聚为盗贼。琮即移书告示，各使安其资业，招抚荒散，蠲复徭役，诛斩渠帅为大害者，简选良吏试守诸县，岁间荡定[4]，百姓以定。巷路为之歌曰："贾父来晚，使我先反；今见清平，吏不敢饭。"

【校】

[1] 交址土多珍产："中华本《旧汉书》"交"上有一"旧"字。

[2] 故吏民怨畔："畔"，中华本《旧汉书》作"叛"。按："畔"通"叛"，背叛，叛乱。

[3] 民不聊生自活："自活"，中华本《后汉书》无，校勘记云："刊误谓案文'自活'非本传文，是注以解聊生耳。按《御览》二五六引无'自活'二字"。

[4] 岁间荡定："定"，中华本《旧汉书》作"安"。

《郑弘传》：弘建初八年，代郑众为大司农。旧交址七郡贡献转运，皆从东冶泛海而至，风波艰阻，沉溺相系。弘奏开零陵、桂阳峤道，于是夷通，至今遂为常路。

《吴志·陆引传》[1]：引为交州刺史、安南校尉。入界，谕以恩信，务崇招纳，高凉渠帅黄吴等支党三千余家，皆出降。引军而南，重宣至诚，遗以财币。贼帅百余人，民五万余家，深幽不羁，莫不稽颡，交域清泰。就加安南将军。复讨苍梧建陵贼，破之，前后出兵八千余人，以充军用。永安元年，征为西陵督，封都亭侯，后转左虎林。中书丞华核表荐胤曰："胤天资聪朗，才通行洁，昔历选曹，遗迹可纪。还在交州，奉宣朝恩，流民归附，海隅肃清。苍梧、南海，岁有旧风瘴气之害，风则折木，飞砂转石，气则雾郁，飞鸟不经、自胤至州，风气绝息，商旅平行，民无疾疫，田稼丰稔。州治临海，海流秋咸，胤又畜水，民得甘食。惠风横被，化感人神，遂凭天威，招合遗散。至被诏书当出，民感其恩，以忘恋土，负老携幼，甘心景从，众无携贰，不烦兵卫。自诸将合众，皆胁之以威，未有如引结以恩信者也。衔命在州，十有余年，宾带殊俗，宝玩所生，而内无粉黛附珠之妾，家无文甲犀象之珍，方之今臣，实难多得。宜在辇毂，股肱王室，以赞唐虞康哉之颂。江边任轻，不尽其才，虎林选督，堪之者众。若召还都，宠以上司，则天工毕修，庶绩咸熙矣。"

【校】

[1]《吴志·陆引传》："引"中华本《吴志》作"胤"，后同。

《吕岱传》：岱迁安南将军，假节，封都乡侯。交址太守士燮卒，权以燮子徽为安远将军，领九真太守，以校尉陈时代燮。岱表分海南三郡为交州，以将军戴良为刺史，海东四郡为广州，岱自为刺史。遣良与时南入，而徽不承命，举兵戍海口以拒良等。岱于是上疏请讨徽罪，督兵三千人晨夜浮海。或谓岱曰："徽藉累世之恩，为一州所附，未易轻也。"岱曰："今徽虽怀逆计，未虞吾之卒至，若我潜军轻举，掩其无备，破之必也。稽留不速，使得生心，婴城固守，七郡百蛮，云合响应，虽有智者，谁能图之？"遂行，过合浦，与良俱进。徽闻岱至，果大震怖，不知所出，即率兄弟六人肉袒迎岱。岱皆斩送其首，徽大将甘醴、桓治等率吏民攻岱，岱奋击大破之，进封番禺侯。于是除广州，复为交州如故。岱既定交州，复进讨九真，斩获以万数。又遣从事南宣国化，暨徼外扶南、林邑、堂明诸王，各遣使奉贡。

《薛综传》：综，守谒者仆射。吕岱从交州召出，综惧继岱者非其人，上疏曰："昔帝舜南巡，卒于苍梧。秦置桂林、南海、象郡，然则四国之内属也，有自来矣。赵佗起番禺，怀服百越之君，珠官之南是也。汉武帝诛吕嘉，开九郡，设交址刺史以镇监之。山川长远，习俗不齐，言语同异，重译乃通，民如禽兽，长幼无别，椎结徒跣，贯头左衽，长吏之设，虽有若无。自斯以来，颇徙中国罪人杂居其间，稍使学书，粗知言语，使驿往来，观见礼化。及后锡光为交址，任延为九真太守，乃教其耕犁，使之冠履；为设媒官，始知聘娶；建立学校，导之经义。由此已降，四百余年，颇有似类。自臣昔客始至之时，珠崖除州县嫁娶，皆须八月引户，人民集会之时，男女自相可适，乃为夫妻，父母不能止。交址糜泠、九真都庞二县，皆兄死弟妻其嫂，世以此为俗，长吏恣听，不能禁制。日南郡男女裸体，不以为羞。由此言之，可谓虫豸，有腼面目耳。然而土广人众，阻险毒害，易以为乱，难使从治。县官羁縻，示令威服，田户之租赋，裁取供办，贵致远珍名珠、香药、象牙、犀角、玳瑁、珊瑚、琉璃、鹦鹉、翡翠、孔雀奇物，充备宝玩，不必仰其赋入，以益中国也。然在九甸之外，长吏之选，类不精核。汉时法宽，多自放恣，故数反违法。珠崖之废，起于长吏睹其好发，髡取为髲。及臣所见，南海黄盖为日南太守，下车以供设不丰，挝杀主簿，仍见驱逐。九真太守儋萌为妻父周京作主人，并请大吏，酒酣作乐，功曹番歆起舞属京，京不肯起，歆犹迫强，萌忿杖歆，亡于郡内。歆弟苗帅众攻府，毒矢射萌，萌至物故。交址太守士燮遣兵致讨，卒不能克。又故刺史会稽朱符，多以乡人虞褒、刘彦之徒分作长吏，侵虐百姓，强赋于民，黄鱼一枚收稻一斛，百姓怨叛，山贼并出，攻州突郡。符走入海，流离丧亡。次得南阳张津，与荆州牧刘表为隙，兵弱敌强，岁岁兴军，诸将厌患，去留自在。津小检摄，威武不足，为所陵侮，遂至杀没。后得零陵赖恭，先辈仁谨，不晓时事，表又遣长沙吴巨为苍梧太守。巨武夫轻悍，不为恭所服。取相怨恨，逐出恭，求步骘。是时津故将夷廖、钱博之徒尚多，骘以次鉏冶，纲纪适定，会仍召出。吕岱既至，有士民之变。越军南征，平讨之日，改置长吏，章明王纲，威加万里，大小承风。由此言之，绥边抚裔，实有其人。牧伯之任，既宜清能，荒流之表，祸福尤甚。今日交州虽名粗定，尚有高凉宿贼；其南海、苍梧、郁林、珠官四郡界未绥，依作寇盗，专为亡叛逋逃之薮。若岱不复南，新刺史宜得精密，检摄八郡，方略智计，能稍稍以渐能治高凉者，假其威宠，借之形势，责其成效，庶几可补复。如但中人，近守常法，无奇数异术者，则群恶日滋，久远成害。故国之安危，在于所任，不可不察也。窃惧朝廷忽轻其选，故敢竭愚情，以广圣思。"

《晋书·陶璜传》：孙皓以璜为使持节、都督交州诸军事、前将军、交州牧。武平、九德、新昌土地阻险，夷獠劲悍，历世不宾，璜征讨，开置三郡，及九真属国三十余县。征璜为武昌都督，以合浦太守修允代之。交土人请留璜以千数，于是遣还。

皓既降晋，手书遣璜息融敕璜归顺。璜流涕数日，遣使送印绶诣洛阳。帝诏复其本职，封宛陵侯，改为冠军将军。

吴既平，晋减州郡兵，璜上言曰：交土荒裔，斗绝一方，或重译而言，连带山海。又南郡去州海行千有余里[1]，外距林邑纔七百里。夷帅范熊世为逋寇，自称为王，数攻百姓。且连接扶南，种类猥多，朋党相倚，负险不宾。往隶吴时，数作寇逆，攻破郡县，杀害官吏[2]。臣以尪驽，昔为故国所采，偏戍在南，十有余年。虽前后征讨，翦其魁桀，深山僻穴，尚有遗窜。又臣所统之卒本七千余人，南土温湿，多有气毒，加累年征讨，死亡减耗，其见在者二千四百二十人。今四海混同，无思不服，当卷甲消刃，礼乐是务。而此州之人，识义者寡，厌其安乐，好为祸乱。又广州南岸，周旋六千余里，不宾属者乃五万余户，及桂林不羁之辈，复当万户。至于服从官役，纔五千余家。二州唇齿，唯兵是镇。又宁州兴古接据上流，去交址郡千六百里，水陆并通，互相维卫。州兵未宜约损，以示单虚。夫风尘之变，出于非常。臣亡国之余，议不足采，圣恩广厚，猥垂饰擢，蠲其罪衅，改授方任，去辱即宠，拭目更视，誓念投命，以报所受，临履所见，谨冒馨陈。"又以"合浦郡土地磽确，无有田农，百姓唯以采珠为业，商贾去来，以珠货米。而吴时珠禁甚严，虑百姓私散好珠，禁绝来去，人以饥困。又所调猥多，限每不充。今请上珠三分输二，次者输一，粗者蠲除。自十月讫二月，非采上珠之时，听商旅往来如旧。并从之。

在南三十年，维恩着于殊俗。及卒，举州号哭，如丧慈亲。朝廷乃以员外散骑常侍吾彦代璜。

【校】

[1] 又南郡去州海行千有余里：中华本《晋书》"又"下有一"日"字。

[2] 杀害官吏："官"，中华本《晋书》作"长"。

《博物志》：交州夷，名曰俚子。俚子弓长数尺，箭长尺余，以燋铜为镝，涂毒药于镝锋，中人即死，不时敛藏，即腹胀沸烂[1]，须臾肌肉都尽，唯骨耳[2]。其俗誓不以此药法语人，治之，饮妇人月水及粪汁，时有差者，唯射猪犬者，无恙[3]，以其食粪故也。燋铜者，故烧器。其长老唯别燋铜声，以物杵之，徐听其声，得燋毒者，便凿取以为箭镝。景初中，苍梧吏到京，云："广州西南接交州数郡，桂林、晋兴、宁浦间，人有病将死，便有飞虫大如小麦，或云有甲，在舍上。人气绝，来食亡者，虽复扑杀，有斗斛，而来者如风雨，前后相寻续，不可断截，肌肉都尽，唯余骨在，便去尽。贫家无相缠者，或殡殓不时，皆受此弊。有物力者，则以衣服布帛五六重裹亡者。此虫恶梓木气，即以板鄣防左右，并以作器，此虫便不敢近也。入交界便无[4]，转近郡亦有，但微少耳。昔日南贡四象，各有雌雄，其一雄死于九真[5]，乃至南海百有余日，其雌涂土著身，不饮食茎草，长史问其所以[6]，闻之辄流涕矣[7]。"

【校】

[1] 即腹胀沸烂："腹"，底本、四库本同，范校本《博》作"膨"。

[2] 唯骨耳：《太平御览》卷二五〇引"骨"下有"在"字。

[3] 无恙："恙"，底本、四库本同，范校本《博》作"他"。

[4] 入交界便无："便"，范校本《博》作"更"。

[5] 其一雄死于九真："雄"，《艺文类聚》卷八五、《太平御览》卷八九〇引此文均作"雌"，范校本《博》校勘记云："《北户录》卷二引作'雄'，同此。"

[6] 不饮食茎草，长史问其所以：范校本《博》校勘记云："'史问'，弘治本、《格致》本并作'中间'，'草长史'，日本刻本作'卧草人'。《艺文类聚》卷八五、《北户录》卷二、《太平御览》卷八九〇引并作'不饮酒食肉，案'茎'当是'坐'之误，此句疑当作'坐卧草中，问'，于义较当。"

[7] 闻之辄流涕矣：《太平御览》卷八九〇引"涕"下有"有哀状"三字。

《述异记》：日南有香市，商人交易诸香处。日南郡出果下牛，高三尺；汉乐浪郡有果下马，并高三尺。

《续博物志》：交州安阳王有神人，名皋通[1]，为安阳王治弩一张，一发杀三百人[2]。天宝中，交址贡龙脑，如蝉蚕，老龙脑树节方有禁，中呼为瑞龙脑，上唯赐贵妃十枚，香气彻十余步。

【校】

[1] 名皋通：《水经注疏》卷三七该句后有"下辅佐"三字。

[2] 一发杀三百人：底本、《水经注疏》同，《太平御览》卷三四八有"安阳王有神人翏（音高）通为安阳王治神弩一张，一发万人死，三发杀三万人"。

《北梦琐言》：安南高骈奏开本州岛海路。初，交址以北拒南海，有水路，多覆巨舟。骈往视之，乃有横石隐隐然在水中。因奏请开凿，以通南海之利。其表略云："人牵利楫，石限横津。才登一去之舟，便作九泉之计。"时有诏听之，乃召工者，啖以厚利，竟削其石，交广之利，民至今赖之以济焉。或言骈以术假雷电以开之，未知其详。葆光子尝闻闽王王审知，患海畔石碕为舟楫之梗。一夜，梦吴安王，即伍子胥[1]，许以开导，乃命判官刘山甫躬往祈祭。三奠才毕，风雷勃起[2]。山甫凭高观焉，见海中有黄物，可长千百丈，奋跃攻击。凡三日，晴霁，见石港通畅，便于泛涉。于时录奏，赐名甘棠港。即渤海假神之力，又何怪焉？亦号此地为"天威路"，实神功也。

【校】

[1] 梦吴安王，即伍子胥：四库本"胥"下有一"也"字。林校本《北梦琐言》校勘记云"即伍子胥也"，疑为注混入原文。

[2] 风雷勃起："起"，《十七史商榷》卷九七引、四库本、林校本《北梦琐言》均作"兴"。

《宋史·李觉传》：觉为礼记博士，赐绯鱼。雍熙三年与右补阙李若拙同使交州，黎桓谓曰："此土山川之险，中朝人乍历之，岂不倦乎？"觉曰："国家提封万里，列郡四百，地有平易，亦有险固，此一方何足云哉！"桓默然色沮。

《许仲宣传》：仲宣改广南转运使，会征交州，其地炎瘴，士卒死者十二三，大将孙全兴等失律，仲宣因奏罢其兵。不待报，即以兵分屯诸州。开库赏赐，草檄书以谕交州。交州即送款内附，遣使修贡。仲宣复上章待罪，帝嘉之。

《陈尧叟传》：尧叟为广南西路转运使，会加恩黎桓，为交州国信使。初，将命者必获赠遗数千缗，桓责赋敛于民，往往断其手及足趾。尧叟知之，遂奏召桓子，授以朝命，而却其私觌。又桓界先有亡命来奔者，多匿不遣，因是海贼频年入寇。尧叟悉捕亡命归桓，桓感恩，并捕海贼为谢。

《孙固传》：固，同知枢密院事。时征安南，建顺州，其地瘴疠不堪守，固请弃之，内徙者二万户。

《齐东野语》：安南国王陈日照者[1]，本福州长乐邑人，姓名为谢升卿，少有大志，不屑为举子，业间为歌诗有云："池鱼便作鹍鹏化，燕雀安知鸿鹄心。"类多不羁语，好与博徒豪侠游，屡窃其家所有，以资妄用。遂失爱于父。其叔乃特异之，每加回护。会兄家有姻、集，罗列器皿颇盛，至夜悉席卷而去，往依族人之仕于湘者[2]。至半途，呼渡，舟子所须未满，殴之，中其要害，舟遽离岸，谢立津头以俟闻、人言，舟子殂，因变姓名逃去。至衡为人所捕。适主者亦闽人，遂阴纵之。至永州，久而无聊，授受生徒自给。永守林邑，亦同里，颇善，里人居无何[3]，有邕州永年寨巡检过永[4]，一见奇之，遂挟以南，寨居邕宜间，与交址邻近，境有弃地数百里，每博易则其国贵人皆出为市，国相乃王之婿，有女亦从而来，见谢美少年，悦之，因请以归，令试举人，谢居首选，因纳为婿。其王无子，以国事授相，相又昏老，遂以属婿，以此得国焉。自后，屡遣人至闽，访其家，家以为事不可料，不与之通，竟以岁久，难以访问，返命焉。其事得之陈合惟善佥枢云。

【校】

[1] 安南国王陈日照者："照"，《续资治通鉴》卷一五九宋纪、《元史》卷三宪宗本纪均作"煚"。

[2] 往依族人之仕于湘者："湘"，张校本《齐东野语》校勘记云："稗海本，学津本作'湖'。"

[3] 里人居无何："里人"，张校本《齐东野语》校勘记云："稗海本，学津本作'遇之'。"

[4] 有邕州永年寨巡检过永："永年寨"，张校本《齐东野语》、《岭外代答·财计门·邕州永平寨博易场》卷五均作"永平寨"。

《梦溪笔谈》：交址乃汉、唐交州故地。五代离乱，吴文昌始据安南，稍侵交、广之地。其后文昌为丁琏所杀，复有其地。国朝开宝六年，琏初归附，授静海军节度使；八年，封交址郡王。景德元年，土人黎威杀琏自立[1]；三年，桓死，安南大乱，久无酋长。其后国人共立闽人李公蕴为主。天圣七年，公蕴死，子德政立。嘉佑六年，德政死，子日尊立。自公蕴据安南，始为边患，屡将兵入寇。至日尊乃僭称"法天应运崇仁至道庆成龙祥英武睿文尊德圣神皇帝"，尊公蕴为"太祖神武皇帝"，国号大越。熙宁元年，伪改元宝象；次年又改神武。日尊死，子乾德立，以宦人李尚吉与其母黎氏号燕鸾太妃同主国事。熙宁八年，举兵陷邕、钦、廉三州。九年，遣宣徽使郭仲通、天章阁待制赵公才讨之,拔广源州,擒酋领刘纪,焚甲峒,破机郎、决里,至富良江。尚吉遣王子洪真率众来拒,大败之,斩洪真,众歼于江上,乾德乃降。是时,乾德方十岁,事皆制于尚吉。广源州者,本邕州羁縻。天圣七年,首领侬存福归附,补存福邕州卫职,转运使章频罢遣之,不授其地,存福乃与子智高东掠笼州,有之七源。存福因其乱,杀其兄,率土人刘川,以七源州归存福。庆历八年,智高自领广源州,渐吞灭右江、田州一路蛮峒。皇祐元年,邕州人殿中丞昌协奏乞招收智高,不报。广源州孤立,无所归。交址觇其隙,袭取存福以归。智高据州不肯下,反欲图交址;不克,为交人所攻,智高出奔右江文村,具金函表投邕州,乞归朝廷,邕州陈拱拒不纳。明年,智高与其酋卢豹[2]、黎貌、黄仲卿、廖通等,拔横山寨入寇,陷邕州,入二广。及智高败走,卢豹等收其余众,归刘纪,下广河。至熙宁二年,豹等归顺。未几,复叛从纪。至大军南征,郭帅遣别将燕达下广源,乃始得纪,以广源为顺州。甲峒者,交址大聚落,主者甲承贵,娶李公蕴之女,改姓甲氏。承贵之子绍泰,又娶德政之女。其子景隆,娶日尊之女。世为婚姻,最为边患。自天圣五年,承贵破太平寨,杀寨主李绪。嘉祐五年,绍泰又杀永平寨主李德用,屡侵边境。至熙宁大举,乃讨平之,收隶机郎县(按:此与汇考中《宋史》姓名年月多不同,然《梦溪笔谈》以宋人纪宋事似,宜并存之)。

【校】

[1]土人黎威杀琏自立:"威",胡校本《梦溪笔谈》作"桓"。

[2]智高与其酋卢豹:"酋",胡校本《梦溪笔谈》作"匹"。

《东轩笔录》:萧注在仁宗时以合门使知邕州几十年,屡献取交址之谋,朝廷不从。末年,交址寇左右江,杀巡检左明、宋士尧等,注坐备御无策,降为荆南钤辖。是时,李师中为广西提点刑狱,又言注在邕州擅发洞丁采金矿,无文历钩考,遂下注桂州狱,狱具,贬秦州团练副使,移洪州节度副使。英宗即位,起为监门卫将军邠州都监,移渭州钤辖,又加宁州[1]。神宗即位,王荆公执政,注度朝廷方以开边为意,又以斥官未复[2],思有以动君相之意,乃言向日久在邕州,知交址可取,朝廷遽召，复合门使，俾知桂州兼广西经略安抚。注至桂二年，而缪悠无状，有旨召还，死于潭州。然朝廷尚以交址为可取，又以沈起知桂州。起至桂，先取宜州王口寨，而兵屡折衄，又作战舰聚军储，虽兴作百端，而不中机，会朝廷疑其逗遛，移知潭州[3]，而以刘彝守桂。既而计谋谊露，一旦交址浮海载兵击陷廉、白、钦三郡，围邕州，仅四十日城陷，杀知州苏缄，屠其城，掠四郡生口而去。朝廷尽鉴前后守臣之罪，以次贬出，赠缄节度使[4]诏以赵卨为经略使[5]，诏以赵卨为经略使，卨引郭逵共事，遂以逵为宣徽使，而卨副之。逵顿兵邕州，久之，进克广源州机郎县[6]，而贼据富良江以扼我师，逵闭壁四十日，竟不能渡，既而粮道不继，瘴毒日甚，十万之众死亡十九，仅得交址降表，遂班师。朝廷夺逵宣徽使而斥之，卨亦削官，而建广源为顺州。明年，交人始入贡。广源岚瘴特甚，自置州，凡知州及官吏戍兵，至辄死[7]。数年间，死者不可纪。每更戍之卒，决知不还，皆与骨肉死别，至举营号哭不绝者月余。以是人情极不安。会曾布帅桂，擒得交址将侬智春，交人稍惧，曾因建议乞因此机会许交址还向所虏生口，而弃顺州，朝廷从之。明年，交人归生口数百，遂以广源与之。复曾龙图阁直学士，将佐迁官有差。自萧注等为经略，或挟诈以罔上下[8]，或不绥御远人[9]，致陷四郡，而郭逵逗挠自毙，仅得广源，又不可守，竟弃之，生口十不得一，而朝廷财费亿万，二广之民，自此大困。

【校】

[1] 又加宁州："加"，李校本《东轩笔录》作"知"。

又以斥官未复："斥"，李校本《东轩笔录》作"黜"。

[2] 移知潭州：李校本《东轩笔录》"移"下有一"起"字。

[3] 赠缄节度使：李校本《东轩笔录》"赠"下有一"苏"字。

[4] 诏以赵卨为经略使：李校本《东轩笔录》该句下有"料秦晋锐兵十万人，发车骑南讨"。

[5] 进克广源州机郎县："机"，李校本《东轩笔录》作"杭"。按：《梦溪笔谈》卷二五之杂志二，《元史》均作"机"。当以"机"为是。

[6] 至辄死：李校本《东轩笔录》"至"下有"者"字。

[7] 或挟诈以罔上下："下"，底本、稗海本、四库本同，李校本无。

[8] 或不绥御远人：李校本《东轩笔录》"或"下有一"能"字。

杂录

《汉宫仪》：孝武皇帝南平百越，北攘匈奴[1]，置交址、朔方之州，复徐梁之地，改雍曰梁，改梁曰益，凡十三州，所以交、朔独不州[2]，明示帝王未必相袭。始开地方[3]，遂交南方，为子孙基址也。

【校】

[1] 北攘匈奴："匈奴"，《函青阁金石记》卷三、《太平御览》卷一五七引作"戎狄"。

[2] 所以交、朔独不州：《太平御览》卷一五七、《函青阁金石记》卷三"不"下有一"称"字。

[3] 始开地方："地"，《函青阁金石记》卷三、《太平御览》卷一五七作"北"。

《水经注》：九真太守任延，始教耕犁，俗化交土，风行象林，知耕以来，六百余年，火耨耕艺，法与华同，名白田，种白谷，七月火作，十月登熟；名赤田，种赤谷，十二月作，四月登熟，所谓两熟之稻也。至于草更萌芽[1]，谷月代种，种稑早晚，无月不秀，耕耘功重，收获利轻，熟速故也。米不外散，恒为丰国，桑蚕年八熟茧，《三都赋》所谓八蚕之绵者矣。其小水崖幂㠠[2]，常吐飞溜，或雪霏沙涨，清寒无底，分溪别壑，津济相通；其水自城东北角流，水上悬起高桥，渡淮北岸，即彭龙区，粟之通逵也，檀和之东桥大战，杨迈被创落象，即是处也[3]。其水又东南流径船官口，船官川源徐狼，外夷皆裸身，男以竹筒掩体，女以树叶蔽形，外名狼荒，所谓裸国者也。虽习俗裸袒，犹耻无蔽，惟依暝夜，与人交市，暗中臭金，便知好恶，明朝晓看，皆如其言，自此外行，得至扶南。

【校】

[1] 至于草更萌芽："更"，陈校本《水经注》作"甲"，又《齐民要术》卷一〇引此文亦作"甲"。

[2] 其小水崖幂㠠：陈校本《水经注》作"其崖小水幂㠠"。

大战杨迈被创落象，是处也："杨迈"，《资治通鉴·宋纪》卷一二四、《梁书》卷五四诸夷列传均作"阳迈"。

《梦溪笔谈》：至和中，交址献麟，如牛而大，通身皆大鳞，首有一角。考之记传，与麟不类，当时有谓之山犀者。然犀不言有鳞，莫知其的。诏欲谓之麟，则虑夷獠见欺；不谓之麟，则未有以质之；止谓之异兽，最为慎重有体。今以予观之，殆天禄也。

按《汉书》：灵帝中平三年，铸天禄、虾蟆于平津门外。注云：天禄，兽名。今邓州南阳县北《宗资碑》旁两兽，镌其膊，一曰天禄，一曰辟邪。元丰中，予过邓境，闻此石兽尚在，使人墨其所刻天禄、辟邪字观之，似篆似隶。其兽有角鬣，大鳞如手掌。南丰曾阜为南阳令，题宗资碑阴云：二兽膊之所刻独在，制作精巧，高七八尺，尾鬣皆鳞甲，莫知何象而名此也。今详其形，甚类交址所献异兽，知其必天禄也。

《玉堂杂记》：淳熙丙申八月乙未，都堂召议赐交址，来年历日诏书，予谓李天祚去冬已薨，龙翰未经封拜，欲作安南国王嗣子龙翰执政然之先是予以兵部职事条具天祚赠典，按故事其王初立即封交址郡王，久之进南平王，死则赠侍中南越王。上以天祚自绍兴丁巳嗣位，今四十年。淳熙元年二月，又自南平王特封安南国王，故欲厚其礼，予请仍赠侍中，追封南越国王。诏可之，安南为国，盖曾丞相之失。闻奏章行移旧止称安南道，加封之后，寖自尊大，文书称国，不复可改。丁酉三月二十四日，制授龙翰静海军节度观察处置等使，特进检校太尉兼御史大夫上柱国[1]。安南国王，食邑三千户，食实封一千户，仍赐推诚顺化功臣，予适当制，其云：即乐国以肇封，既从世袭，极真王而锡命，何待次升，盖言不封郡王也。交州在唐为安南都护府，本朝太宗时黎氏夺丁璇节度，大中祥符二年李公蕴复篡之，传子德政，至孙日尊，尝称帝改元，日尊卒，乾德嗣；卒，阳焕嗣；卒，天祚嗣；卒，龙翰嗣，生数岁矣。制云：乃眷一邦，兹传七世，自公蕴言之也，其名曰日、曰干、曰阳、曰天、曰龙，皆有僭上之意，然表章字如蝇头，几不可辨，玉音每嘉其恭顺云。

【校】

[1] 特进检校太尉兼御史大夫上柱国："检"，汲古阁本《玉堂杂记》作"捡"。

《齐东野语》：野婆，邕宜西[1]，南诸蛮[2]，皆居穷崖绝谷间。有兽名野婆，黄发堆髻，跣足裸形，俨然一媪也，上下山谷如飞猱，自腰已下，有皮累垂盖，膝若犊鼻，力敌数壮夫，喜盗人子女。然性多疑，畏骂，已盗，必复至失子家窥伺之，其家知为所窃，则积邻里，大骂不绝口，往往不胜骂者之众，则挟以还之。其群皆雌，无匹偶，每遇男子，必负去求合。尝为健夫设计，挤之大壑中，展转哮吼，胫绝不可起。猺人集众刺杀之，至死，以手护腰间不置。剖之，得印方寸，莹若苍玉，字类符篆，不可识，非镌非镂，盖自然之文，然亦竟莫知其所宝为何用也。周子功，景定间，使大理，取道于此，亲见其所谓印者。此事前所未闻，是知穷荒绝徼，天奇地怪，亦何所不有？未可以见、闻所未及，遂以为诞也。《后汉》引《博物记》曰[3]："日南出野女，群行不见夫，其状皛且白，裸袒无衣襦。"得非此乎？《博物记》当是秦汉间古书，张茂先盖取其名而为志也。

【校】

[1] 邕宜西：张校本《齐东野语》"宜"下有一"以"字。

[2] 南诸蛮：张校本《齐东野语》"南"下有一"丹"字。

[3]《后汉》引《博物记》曰：张校本《齐东野语》"汉"下有"郡国志"三字。

扶南部

晋

武帝泰始

武帝泰始四年，扶南国遣使来献。按《晋书·武帝本纪》云云。按《扶南传》：扶南西去林邑三千余里，在海大湾中，其境广袤三千里，有城邑宫室。人皆丑黑拳发，身跣行。性质直，不为寇盗，以耕种为务，一岁种，二岁获[1]。又好雕文刻镂，食器多以银为之，贡赋以金银珠香。亦有书记府库，文字有类于胡。丧葬婚姻略同林邑。其王本是女子，字叶柳。时有外国人混溃者，先事神，梦神赐之弓，又教载舶入海。混溃旦诣神祠，得弓，遂随贾人泛海至扶南外邑。叶柳率众御之，混溃举弓，叶柳惧，遂降之。于是混溃纳以为妻，而据其国。后嗣衰微[2]，子孙不绍，其将范寻复世王扶南矣。

【校】

[1] 二岁获："二"，《通典》卷一八八边防四、《文献通考》卷三三一均作"三"。

[2] 后嗣衰微："嗣"，中华本《晋书》作"胤"。按：疑为避讳雍正皇帝名字胤禛，改"胤"为"嗣"。

武帝泰始初，遣使贡献。按《南齐书·扶南传》：扶南国，在日南之南大海西湾中，广袤三千余里，有大江水西流入海。其先有女人为王，名柳叶（《晋书》叶柳）。又有激国人混填（《晋书》溃），梦神赐弓二张[1]，教乘舶入海。混填晨起于神庙树下得弓，即乘舶向扶南。柳叶见舶，率众欲御之。混填举弓遥射，贯船一面通中人。柳叶怖，遂降。混填遂以为妻[2]。恶其裸露形体，乃迭布贯其首[3]。遂治其国，子孙相传。至王盘况死，国人立其大将范师蔓。蔓病，姊子旃慕立[4]，杀蔓子金生。十余年，蔓少子长袭杀旃，以刃镵旃腹曰："汝昔杀我兄，今为父兄报汝。"旃大将范寻又杀长，国人立以为王，是吴、晋时也。

按《梁书·扶南传》：扶南国，在日南郡之南，海西大湾中，去日南可七千里，在林邑西南三千余里。城去海五百里。有大江广十里，西北流，东入于海。其国轮广三千余里，土地洿下而平博，气候风俗大较与林邑同。出金、银、铜、锡、沉水香[5]、象牙、孔翠、五色鹦鹉。

其南界三千余里有顿逊国，在海崎上，地方千里，城去海十里。有五王，并羁属扶南。顿逊之东界通交州，其西界接天竺、安息徼外诸国，往还交市。所以然者，顿逊回入海中千余里，张海无崖岸[6]，船舶未曾得经过也。其市，东西交会，日有万余人。珍物宝货，无所不有。又有酒树，似安石榴，采其花汁停瓮中，数日成酒。

顿逊之外，大海洲中，又有毗骞国，去扶南八千里。传其王身长丈二，头长三尺[7]，自古来不死，莫知其年。王神圣，国中人善恶及将来事，王皆知之，是以无敢欺者。南方号曰长颈王。国俗，有室屋、衣服，噉粳米。其人言语，小异扶南。有山出金，金露生石上，无所限也。国法刑罪人，并于王前噉其肉。国内不受估客，有往者亦杀而噉之，是以商旅不敢至。王常楼居，不血食，不事鬼神。其子孙生死如常人，唯王不死。扶南王数遣使与书相报答，常遗扶南王纯金五十人食器，形如圆盘，又妃瓦[8]，名为多罗，受五升，又如碗者，受一升。王亦能作天竺书，可三千言[9]，说其宿命所由，与佛经相似，并论善事。

又传扶南东界即大涨海，海中有大洲，洲上有诸薄国，国东有马五洲。复东行涨海千余里，至自然大洲。其上有树生火中，洲左近人剥取其皮，纺绩作布，极得数尺以为手巾，与焦麻无异而色微青黑；若小垢污，则投火中，复更精洁。或作灯炷，用之不知尽。

扶南国俗本裸[10]，文身被发，不制衣裳。以女人为王，号曰柳叶。年少壮健，有似男子。其南有徼国[11]，有事鬼神者字混填，梦神赐之弓，乘贾人舶入海。混填晨起即诣庙，于神树下得弓，便依梦乘舡入海，遂入扶南外邑。柳叶人众见舶至，欲取之，混填即张弓射其舶，穿度一面，矢及侍者，柳叶大惧，举众降混填。混填乃教柳叶穿布贯头，形不复露，遂治其国，纳柳叶为妻，生子分王七邑。其后王混盘况以诈力间诸邑，令相疑阻，因举兵攻并之，乃遣子孙中分治诸邑，号曰小王。

盘况年九十余乃死，立中子盘盘，以国事委其大将范蔓[12]。盘盘立三年死，国人共举蔓为王，蔓勇健有权略，复以兵威攻伐旁国，咸服属之，自号扶南大王。乃治作大船，穷涨海，攻屈都昆、九稚、典孙等十余国，开地五六千里。次当伐金邻国，蔓遇疾，遣太子金生代行。蔓姊子旃[13]，时为二千人将，因篡蔓自立，遣人诈金生而杀之。蔓死时，有乳丁儿名长，在民间，至年二十，乃结国中壮士袭杀旃，旃大将范寻又杀长而自立。更缮治国内，起观阁游戏之，朝旦中晡三四见客。民人以焦蔗龟鸟为礼。国法无牢狱。有罪者，先斋戒三日，乃烧斧极赤，令讼者捧行七步。又以金镮、鸡卵投沸汤中，令探取之，若无实者，手即焦烂，有理者则不。又于城沟中养鳄鱼，门外圈猛兽，有罪者，辄以喂猛兽及鳄鱼，鱼兽不食为无罪，三日乃放之。鳄大者长二丈余，状如鼍，有四足，喙长六七尺，两边有齿，利如刀剑，常食鱼，遇得獐鹿及人亦啖之，苍梧以南及外国皆有之。吴时，遣中郎康泰、宣化从事朱应使于寻国，国人犹裸，惟妇人着贯头。泰、应谓曰："国中实佳，但人亵露可怪耳。"寻始令国内男子着横幅。横幅，今干缦也。大家乃截锦为之，贫者乃用布。

【校】

[1] 梦神赐弓二张："二"，中华本《南齐书》、《太平御览》卷七八六作"一"。

[2] 混填遂以为妻："遂以为妻"，中华本《南齐书》作"娶以为妻"。

[3] 乃迭布贯其首：中华本《南齐书》、《通典·边防典》卷一八八"乃"下有"穿"字，下文引《梁书·扶南传》有"混填乃教柳叶穿布贯头"。

[4] 姊子旃慕立："慕"，中华本《南齐书》作"篡"。

[5] 沉水香："沉水香"，中华本《梁书》作"沉木香"。

[6] 张海无崖岸："张"，中华本《梁书》作"涨"。

[7] 头长三尺："头"，按下文"南方号曰长颈王"，疑"头"为"颈"之形讹。又《册府元龟》九九七亦作"颈"。

[8] 又妃瓦："妃"，中华本《梁书》作"如"，前有"形如圆盘"，疑"妃"

为"如"之形讹。

［9］可三千言：中华本《梁书》"可"上有一"书"字。

［10］扶南国俗本裸：中华本《梁书》"裸"下有"体"字。

［11］其南有徼国："徼国"，《南史》夷貊传上海南诸国、《南齐书》扶南国传、《通典》卷一八八、《通志》卷一九八、《太平寰宇记》卷一六七均作激国。

［12］以国事委其大将范蔓："范蔓"，底本、《南史》卷七八、《太平御览》卷七八六同，《南齐书》扶南国传、《通典》卷一八八、《文献通考》卷三三一均作"范师蔓"。

［13］蔓姊子旃："旃"，《南齐书》扶南国传作"旃慕"，《南史》卷七八、《通志》卷一九八均作"旃"。

晋武帝太康中，寻始遣使贡献。按《水经注》：竺芝《扶南记》曰[1]：扶南去林邑四千[2]，水步道通。檀和之令军入邑浦，据船官口，城六里者也。自船官下注大浦之东湖，大水连行，湖上西流[3]。潮水日夜，长七八尺，从此以西，朔望并潮，一上七日，水长丈六、七，七日之后，日夜分为再潮，水长一二尺。春夏秋冬厉然一定[4]，高下定度，水无盈缩，是曰海运[5]，亦曰象水也，又兼象浦之名。《晋功臣表》所谓金邻清径[6]，象渚澄源者也。其川浦渚，有水虫弥微，攒木食船，数十日船坏[7]。源潭湛濑，有鲜鱼，色黑，身五丈，头如马首，伺人入水，便来为害。

【校】

［1］竺芝《扶南记》曰："竺芝"，陈校本《水经注》、《太平御览》卷七八八引《扶南记》均作"竺枝"。

［2］扶南去林邑四千：陈校本《水经注》"千"下有一"里"字。

［3］湖上西流："湖"，陈校本《水经注》作"潮"。

［4］春夏秋冬厉然一定："定"，陈校本《水经注》作"限"。

［5］是曰海运："曰"，陈校本《水经注》作"为"。

［6］晋功臣表所谓金邻清径："邻"，陈校本《水经注》作"潾"。

［7］数十日船坏："船"，陈校本《水经注》无。

穆帝升平

穆帝升平元年正月，扶南献驯象[1]。按《晋书·穆帝本纪》云云。

按《扶南本传》：穆帝升平初，复有竺旃檀称王，遣使贡驯象。帝以殊方异兽，恐为人患，诏还之。按《梁书·扶南传》：穆帝升平元年，王竺旃檀奉表献驯象。诏曰：此物劳费不少，驻令勿送。其后王㤭陈如，本天竺婆罗门也。有神语曰应王扶南，㤭陈如心悦，南至盘盘，扶南人闻之，举国欣戴，迎而立焉。复改制度，用天竺法。

【校】

[1]扶南献驯象：中华本《晋书》"南"下有"竺旃檀"。

宋

文帝元嘉

文帝元嘉十一年，扶南国遣使贡献方物。按《宋书·文帝本纪》云云。按《扶南本传》：扶南国，太祖元嘉十一年，国王持黎跋摩遣使奉献。元嘉十二年秋七月，扶南国遣使献方物。元嘉十五年，扶南国遣使献方物。按以上《宋书·文帝本纪》云云。

南齐

武帝永明

武帝永明二年，扶南王遣使入贡。按《南齐书·武帝本纪》不载。

按《扶南本传》：扶南，晋、宋世通职贡。宋末，扶南王姓㤭陈如，名阇邪跋摩，遣商货至广州。天竺道人那伽仙附载欲归国，遭风至林邑，掠其财物皆尽。那伽仙间道得达扶南，具说中国有圣主受命。

永明二年，阇邪跋摩遣天竺道人释那伽仙上表称扶南国王臣㤭陈如阇邪跋摩叩头启曰："天化抚育，感动灵祇，四气调适。伏愿圣主尊体起居康御[1]，皇太子万福，六宫清休，诸王妃主、内外朝臣普同和睦，邻境士庶万国归心，五谷丰熟，灾害不生，土清民泰，一切安稳。臣及人民，国土丰乐，四气调和，道俗济济，并蒙陛下光化所被，咸荷安泰。"又曰："臣前遣使赍杂物行广州货易，天竺道人释那伽仙于广州因附臣舶欲来扶南，海中风漂到林邑，国王夺臣货易，并那伽仙私财。具陈其从中国来此，仰序陛下圣德仁治，详议风化。佛法兴显，众僧殷集，法事日盛，王威严整，朝望国轨，慈愍苍生，八方六合，莫不归伏。如听其所说，则化邻诸天，非可为喻。臣闻之，下情踊悦，若甄奉见尊足，仰慕慈恩，泽流小国，天垂所感，率土之民，并得皆蒙恩佑。是以臣今遣此道人释那伽仙为使，上表问讯奉贡，微献呈臣等赤心，并别陈下情。但所献轻陋，愧惧惟深。伏愿天慈曲照，鉴其丹款，赐不垂责。"又曰："臣有奴名鸠酬罗，委臣逸走，别在余处，构结凶逆，遂破林邑，仍自立为王。永不恭从，违恩负义，叛主之愆，天不容戴。伏寻林邑昔为檀和之所破，久已归化。天威所被，四海弥伏，而今鸠酬罗守执奴凶，自专狼强[2]。且林邑、扶南邻界相接，亲人是臣奴[3]，犹尚逆去，朝廷遥远，岂复遵举。此国属陛下，故谨具上启。伏闻林邑顷年表献简绝，便欲永隔朝廷。岂有师子坐而安大鼠。伏愿遣军将伐凶逆，臣亦自效微诚，助朝廷剪扑，使边海诸国，一时归伏。陛下若欲别立余人为彼王者，伏听敕旨。脱未欲灼然兴兵伐林邑者，伏愿特赐敕在所，随宜以少军助臣，乘天之威，殄灭小贼，伐恶从善。平荡之日，上表献金五婆罗。今轻此使送臣丹诚，表所陈启，不尽下情。请附那伽仙并其伴口启闻。伏愿愍所启。并献金缕龙王坐像一躯，白檀像一躯，牙塔二躯，古贝二双，琉璃苏钘二口，玳瑁槟榔柈一枚。"

那伽仙诣京师，言其国俗事摩醯首罗天神，神常降于摩耽山。土气恒暖，草木不落。其上书曰："吉祥利世间，感摄于群生。所以其然者，天感化缘明。仙山名摩耽，吉树敷嘉荣，摩醯首罗天，依此降尊灵。国王悉蒙佑，人民皆安宁。由斯恩被故，是以臣归情。菩萨行忍慈，本迹起凡基。一发菩提心，二乘非所期，历生积功业，六度行大悲。勇猛超劫数，财命舍无遗。生死不为猒，六道化有缘。具修于十地，遗果度人天[4]。功业既已定，行满登正觉。万善智圆备，惠日照尘俗。众生感缘应，随机授法药。佛化遍十方，无不蒙济擢。皇帝圣弘道，兴隆于三宝。垂心览万机，维恩振八表。国土及城邑，仁风化清皎。亦如释提洹，众天中最超。陛下临万民，四海共归心。圣慈流无疆，被臣小国深。"诏报曰："具摩醯降灵，流施彼土，虽殊俗异化，遥深欣赞。知鸠酬罗于彼背叛，窃据林邑，聚凶肆掠，殊宜剪讨。彼虽介遐陬，旧修蕃贡，自宋季多难，海译致壅，皇化维新，习迷未革。朕方以文德来远人，未欲便兴干戈。王既款列忠到，远请军威，今诏交部随宜应接。伐叛柔服，实惟国典，勉立殊效，以副所期。"那伽仙屡衔边译，颇悉中土阔狭，令其具宣。上报以绛紫地黄碧绿纹绫各五匹。

扶南人黠慧知巧，攻略傍邑不宾之民为奴婢，货易金银彩帛。大家男子截锦为横幅，女为宾头[5]，贫者以布自蔽，锻金环镖银食器。伐木起屋，国王居重阁，以木栅为城。海边生大箬叶，长八九尺，编其叶以覆屋。人民亦为阁居。为舡八九丈，广裁六七尺，头尾似鱼。国王行乘象，妇人亦能乘象。斗鸡及猪为乐。无牢狱，有讼者，则以金指环若鸡子投沸汤中，令探之，又烧锁令赤，着手上捧行七步，有罪者手皆燋烂，无罪者不伤。又令没水，直者入即不沉，不直者即沉也。有甘蔗、诸蔗、安石榴及橘，多槟榔，鸟兽如中国。人性善，不便战，常为林邑所侵击，不得与交州通，故其使罕至。

【校】

[1] 伏愿圣主尊体起居康御："康御"，中华本《南齐书》作"康豫"。按：康豫，犹康健。多指帝王。如：（唐）张鷟《朝野佥载》卷六"太宗极康豫，太史令淳风见上，流泪无言。上问之，对曰：'陛下夕当晏驾'"。（明）张居正《人主保身以保民论》："中心悦恺，四体康豫。"

[2] 自专狼强："狼"，中华本《南齐书》作"很"。

[3] 亲人是臣奴："人"，中华本《南齐书》作"又"。

[4] 遗果度人天："人"，中华本《南齐书》作"入"。

[5] 女为宾头："宾"，中华本《梁书》、《三国志》均作"贯"。

梁

武帝天监

武帝天监二年，扶南遣使入贡，诏封安南将军扶南王。

按《梁书·武帝本纪》：天监二年七月，扶南国遣使献方物。

按《扶南本传》：侨陈如死，后王持梨陁跋摩，宋文帝世奉表献方物。齐永明中，王阇邪跋摩遣使贡献。天监二年，跋摩复遣使送珊瑚佛像，并献方物。诏曰："扶南王侨陈如阇邪跋摩，介居海表，世纂南服，厥诚远着，重译献賝。宜蒙酬纳，班以荣号。可安南将军、扶南王。"今其国人丑黑[1]，拳发。所居不穿井，数十家共一池引汲之。俗事天神，天神以铜为像，二面者四手，四面者八手，手各有所持，或小儿，或鸟兽，或日月。其王出入乘象，嫔侍亦然。王坐则偏踞翘膝，垂左膝至地，以白迭敷前，设金盆香炉于其上。国俗，居丧则剃除须发。死者有四葬：水葬则投之江流，火葬则焚为灰烬，土葬则瘗埋之，鸟葬则弃之中野。人性贪吝，无礼义，男女恣其奔随。

【校】

[1] 今其国人丑黑：中华本《梁书》"人"下有一"皆"字。

天监十年，扶南国遣使贡献。按《梁书·武帝本纪》不载。按《扶南本传》云云。

天监十三年八月，扶南国遣使献方物。按《梁书·武帝本纪》云云。按《扶南本传》：十三年，跋摩遣使贡献。其年死，庶子留陁跋摩杀其嫡弟自立。

天监十六年八月，扶南国遣使献方物。按《梁书·武帝本纪》云云。按《扶南本传》：十六年，遣使竺当抱老奉表贡献。

天监十八年秋七月，扶南国遣使献方物。按《梁书·武帝本纪》云云。按《扶南本传》：十八年，复遣使送天竺旃檀瑞像、婆罗树叶，并献火齐珠、郁金、苏合等香。

普通

普通元年春正月庚子，扶南国遣使献方物。

中大通

中大通二年六月壬申，扶南国遣使献方物。

大同

大同元年秋七月辛卯，扶南国遣使献方物。按以上《梁书·武帝本纪》云云。

大同五年八月乙酉，扶南国遣使献生犀及方物。按《梁书·武帝本纪》云云。

按《扶南本传》：五年，复遣使献生犀。又言其国有佛发，长一丈二尺，诏遣沙门释云宝随使往迎之。先是，三年八月，高祖改造阿育王寺塔，出旧塔下舍利及佛爪发。发青绀色，众僧以手伸之，随手长短，放之则旋屈为蠡形。案《僧伽经》云："佛发青而细，犹如藕茎丝。"《佛三昧经》云："我昔在宫沐头，以尺量发，长一丈二尺，放已右旋，还成蠡文。"则与高祖所得同也。

阿育王即铁轮王，王阎浮提，一天下，佛灭度后，一日一夜，役鬼神造八万四千塔，此即其一也。吴时有尼居其地，为小精舍，孙綝寻毁除之，塔亦同泯。吴平后，诸道人复于旧处建立焉。晋中宗初渡江，更修饰之。至简文咸安中，使沙门安法师程造小塔，未及成而亡，弟子僧显继而修立。至孝武太元九年，上金相轮及承露。

其后西河离石县有胡人刘萨何遇疾暴亡，而心下犹暖，其家未敢便殡，经十日更苏。说曰[1]："有两吏见录，向西北行，不测远近，至十八地狱，随报轻重，受诸楚毒。"见观世音语云："汝缘未尽，若得活，可作沙门。洛下、齐城、丹阳、会稽并有阿育王塔，可往礼拜。若寿终，则不堕地狱。语竟，如堕高岩，忽然醒寤。"因此出家，名慧达。游行礼塔，次至丹阳，未知塔处，乃登越城四望，见长干里有异气色，因就礼拜，果是育王塔所[2]，屡放光明。由是定知必有舍利，乃集众就掘之，入一丈，得三石碑，并长六尺。中一碑有铁函，函中有银函，函中又有金函，盛三舍利及爪发各一枚，发长数尺。即迁舍利近北，对简文所造塔西，造一层塔。十六年，又使沙门僧尚伽为三层，即高祖所开者也。初穿土四尺，得龙窟及昔人所舍金银环钏钗镊等诸杂宝物。可深九尺许，方至石磉，磉下有石函，函内有铁壶，以盛银坩，坩内有金镂罂，盛三舍利，如粟粒大，圆正光洁。函内又有琉璃碗，内得四舍利及发爪，爪有四枚，并为沈香色。至其月二十七日，高祖又到寺礼拜，设无碍大会，大赦天下。是日，以金钵盛水泛舍利，其最小者隐钵不出，高祖礼数十拜，舍利乃于钵内放光，旋回久之，乃当钵中而止。高祖问大僧正慧念："今日见不可思议事不？"慧念答曰："法身常住，湛然不动。"高祖曰："弟子欲请一舍利还台供养。"至九月五日，又于寺设无碍大会，遣皇太子王侯朝贵等奉迎。是日，风景明和，京师倾属，观者百数十万人。所设金银供具等物，并留寺供养，并赐钱一千万为寺基业。至四年九月十五日，高祖又至寺设无碍大会，竖二刹，各以金罂，次玉罂，重盛舍利及爪发，内七宝塔中。又以石函盛宝塔，分入两刹下，及王侯妃主百姓富室所舍金、银、镮、钏等珍宝充积。

十一年十一月二日，寺僧又请高祖，于寺发《般若经》题，尔夕二塔，俱放光明，敕镇东将军邵陵王纶制寺《大功德碑》文。

先是，二年，改造会稽鄮县塔，开旧塔出舍利，遣光宅寺释敬脱等四僧及舍人孙照甄迎还台，高祖礼拜竟，即送还县，入新塔下，此县塔亦是刘萨何所得也。

晋咸和中，丹阳尹高悝行至张侯桥，见浦中五色光长数尺，不知何怪，乃令人于光处掊视之，得金像，未有光趺。悝乃下车，载像还，至长干巷首，牛不肯进，悝乃令驭人任牛所之。牛径牵车至寺，悝因留像付寺僧。每至中夜，常放光明，又闻空中有金石之响。经一岁，捕鱼人张系世，于海口忽见有铜花趺浮出水上，系世取送县，县以送台，乃施像足，宛然合。会简文咸安元年，交州合浦人董宗之采珠没于水[3]，底得佛光艳，交州押送台，以施像，又合焉。自咸和中得像，至咸安初，历三十余年，光趺始具。

初，高悝得像后，西域胡僧五人来诣悝，曰："昔于天竺得阿育王造像，来至邺下，值胡乱，埋像于河边，今寻觅失所。"五人尝一夜俱梦见像曰："已出江东，为高悝所得。"悝乃送此五僧至寺，见像嘘欷涕泣，像便放光，照烛殿宇。又瓦官寺慧邃欲模写像形，寺主僧尚虑亏损金色，谓邃曰："若能令像放光，回身西向，乃可相许。"慧邃便恳到拜请，其夜像即转坐放光，回身西向，明旦便许模之。像趺先有外国书，莫有识者，后有三藏郁求跋摩识之，云是阿育王为第四女所造也。及大同中，出旧塔舍利，敕市寺侧数百家宅地，以广寺域，造诸堂殿并瑞像周回阁等，穷于轮奂焉。其图诸经变，并吴人张繇运手。繇，丹青之工，一时冠绝。

【校】

[1] 说曰："曰"，中华本《梁书》作"云"。

[2] 果是育王塔所：中华本《梁书》"是"下有一"阿"字，按：阿育王（Asoka），印度孔雀王朝君主（前273—前236年在位）。

[3] 交州合浦人董宗之采珠没于水："于"，中华本《梁书》无。

唐

高祖武德

高祖武德□年，扶南遣使入贡。按《唐书·高祖本纪》不载。按《扶南本传》：扶南，在日南之南七十里，地卑洼，与环王同俗，有城郭宫室。王姓古龙。居重观，栅城，楮叶以覆屋。王出乘象。其人黑身、鬈发，倮行，俗不为寇盗。田一岁种，三岁获。国出刚金，状类紫石英，生水底石上，人没水取之，可以刻玉，扣以羖角，乃泮。人喜斗鸡及猪。以金、珠、香为税。治特牧城，俄为真腊所并，益南徙那弗那城。武德、贞观时，再入朝，又献白头人二。白头者，直扶南西，人皆素首，肤理如脂。居山穴，四面峭绝，人莫得至。与参半国接。

瓜哇部

汇考

宋

文帝元嘉

文帝元嘉十年六月，阇婆国遣使献方物。按《宋书·文帝本纪》云云。

元嘉十二年秋七月，阇婆国遣使献方物。按《宋书·文帝本纪》云云。

唐

太宗贞观

太宗贞观□年，诃陵国遣使入贡。按《唐书·太宗本纪》不载。按《诃陵本传》：诃陵，亦曰杜婆，曰阇婆，在南海中。东距婆利，西堕婆登，南濒海，北真腊。木为城，虽大屋亦覆以栟榈。象牙为床若席。出瑇瑁、黄白金、犀、象，国最富。有穴自涌盐。以柳花、椰子为酒，饮之辄醉，宿昔坏。有文字，知星历。食无匕筯。有毒女，与接辄苦疮，人死尸不腐。王居阇婆城。其祖吉延东迁于婆露伽斯城，旁小国二十八，莫不臣服。其官有三十二大夫，而大坐敢兄为最贵。山上有郎卑野州，王常登以望海。夏至立八尺表，景在表南二尺四寸。贞观中，与堕和罗、堕婆登皆遣使者入贡，太宗以玺诏优答。堕和罗丐良马，帝与之。

代宗大历

代宗大历□年，诃陵遣使入贡。按《唐书·代宗本纪》不载。按《诃陵传》：上元间，国人推女子为王，号"悉莫"，威令整肃，道不举遗。大食君闻之，赍金一囊置其郊，行者辄避，如是三年。太子过，以足躙金[1]，悉莫怒，将靳之[2]，群臣固请。悉莫曰："而罪实本于足，可断趾。"群臣复为请，乃斩指以徇。大食闻而畏之，不敢加兵。大历中，诃陵使者三至。

【校】

[1] 以足躙金："躙"，中华本《新唐书》作"躏"。

[2] 将靳之："靳"，中华本《新唐书》作"斩"。

宪宗元和

宪宗元和八年，诃陵遣使入贡。按《唐书·宪宗本纪》不载。按《诃陵传》：元和八年，献僧祇奴四、五色鹦鹉、频伽鸟。宪宗拜内四门府左果毅。使者让其弟[1]，帝嘉美，并官之。讫太和，丙朝贡。

【校】

[1] 使者让其弟：中华本《新唐书》校勘记云："旧书卷一九七诃陵传作'以其使李诃内为果毅，诃内请回授其弟。'"

懿宗咸通

懿宗咸通年，诃陵遣使献女乐。按《唐书·懿宗本纪》不载。按《诃陵本传》云云。

元

世祖至元

世祖至元二十九年，命福建、江西、湖广三行省会兵征瓜哇[1]。

按《元史·世祖本纪》：至元二十九年二月，以泉府大卿亦黑迷失[2]、邓州旧军万户史弼、福建行省右丞高兴并为福建行中书省平章政事，将兵征瓜哇。七月，诏以史弼代亦黑迷失[3]、高兴，将万人征瓜哇。

按《瓜哇传》：瓜哇在海外，视占城益远。自泉南登舟海行者，先至占城而后至其国。其风俗土产不可考，大率海外诸蕃国多出奇宝，取贵于中国，而其人则丑怪，情性语言与中国不能相通。世祖抚有四夷，其出师海外诸蕃者，惟瓜哇之役为大。至元二十九年二月，诏福建行省除史弼、亦黑迷失、高兴平章政事，征瓜哇；会福建、江西、湖广三行省兵凡二万，设左右军都元帅府二、征行上万户四，发舟千艘，给粮一年、钞四万锭，降虎符十、金符四十、银符百、金衣段百端，用备功赏。亦黑迷失等陛辞。帝曰："卿等至瓜哇，明告其国君民，朝廷初与瓜哇通使往来交好，后刺诏使孟右丞之面，以此进讨。"九月，军会庆元。弼、亦黑迷失领省事，赴泉州；兴率辎重自庆元登舟涉海。十一月，福建、江西、湖广三省军会泉州。十二月，自后渚启行。

【校】

［1］瓜哇：为爪哇之误，明代史籍多误刻，仅出说明，下同。

［2］以泉府大卿亦黑迷失："大"，中华本《元史》作"太"。

［3］诏以史弼代亦黑迷失："亦"，中华本《元史》作"也"。按：上文有"以泉府太卿亦黑迷失"。

至元三十年，史弼等征瓜哇，大破之。其国王出降，还其地，具入贡礼。按《元史·世祖本纪》：至元三十年八月，敕福建行省放瓜哇出征军归其家。按《瓜哇传》：三十年正月，至构栏山议方略[1]。二月，亦黑迷失、孙参政先领本省幕官并招谕瓜哇等处宣慰司官曲出海牙、杨梓、全忠祖，万户张塔剌赤等五百余人，船十艘，先往招谕之。大军继进于吉利门。弼、兴进至瓜哇之杜并足，与亦黑迷失等议，分军下岸，水陆并进。弼兴孙参政帅都元帅那海[2]、万户宁居仁等水军，自杜并足由戎牙路港口至八节涧。兴与亦黑迷失帅都元帅郑镇国、万户脱欢等马步军，自杜并足陆行。以万户申元为前锋。遣副元帅土虎登哥，万户褚怀远、李忠等乘钻锋船，由戎牙路，于麻喏巴歇浮梁前进，赴八节涧期会。

招谕瓜哇宣抚司官言：瓜哇主婿土罕必阇耶举国纳降，土罕必阇耶不能离军，先令杨梓、甘州不花、全忠祖引其宰相昔剌难答咤耶等五十余人来迎。三月一日，会军八节涧。涧上接杜马班王府，下通莆奔大海，乃瓜哇咽喉必争之地。又其谋臣希宁官沿河泊舟，观望成败，再三招谕不降。行省于涧边设偃月营，留万户王天祥守河津，土虎登哥、李忠等领水军，郑镇国、省都镇抚伦信等领马步军水陆并进。希宁官惧，弃船宵遁，获鬼头大船百余艘。令都元帅那海、万户宁居仁、郑珪、高德诚、张受等镇八节涧海口。

大军方进，土罕必阇邪遣使来告[3]，葛郎王追杀至麻喏巴歇，请官军救之。亦黑迷失、张参政先往安慰土罕必阇邪，郑镇国引军赴章孤接援。兴进至麻喏巴歇，却称葛郎兵未知远近，兴回八节涧。亦黑迷失寻报贼兵今夜当至，召兴赴麻喏巴歇。

七日，葛郎兵三路攻土罕必阇邪。八日黎明，亦黑迷失、孙参政率万户李明迎贼于西南，不遇。兴与脱欢由东南路与贼战，杀数百人，余奔溃山谷。日中，西南路贼又至，兴再战至晡，又败之。十五日，分军为三道伐葛郎，期十九日会答哈，听炮声接战。土虎登哥等水军泝流而上，亦黑迷失等由西道，兴等由东道进，土罕必阇邪军继其后。十九日，至答哈。葛郎国主以兵十余万交战，自卯至未，连三战，贼败奔溃，拥入河死者数万人，杀五千余人。国主入内城拒守，官军围之，且招其降。是夕，国主哈只葛当出降，抚谕令还。

四月二日，遣土罕必阇邪还其地，具入贡礼，以万户捏只不丁、甘州不花率兵二百护送。十九日，土罕必阇邪背叛逃去，留军拒战。捏只不丁、甘州不花、省掾冯祥皆遇害。二十四日，军还。得哈只葛当妻子官属百余人，及地图户籍、所上金字表以还。

按《史弼传》：世祖欲征瓜哇，谓弼曰："诸臣为吾腹心者少，欲以瓜哇事付汝。"对曰："陛下命臣，臣何敢自爱！"二十七年，遥授尚书省左丞，行浙东宣慰使，平处州盗。

二十九年，拜荣禄大夫、福建等处行中书省平章政事，往征瓜哇，以亦黑迷失、高兴副之，付金符百五十、币帛各二百，以待有功。十二月，弼以五千人合诸军，发泉州。风急涛涌，舟掀簸，士卒皆数日不能食。过七洲洋、万里石塘，历交趾、占城界，明年正月，至东董西董山、牛崎屿，入混沌大洋橄榄屿，假里马答、勾栏等山[4]，驻兵伐木，造小舟以入。时瓜哇与邻国葛郎构怨，瓜哇主哈只葛达那加剌，已为葛郎主哈只葛当所杀，其婿土罕必阇邪攻哈只葛当，不胜，退保麻喏巴歇[5]。闻弼等至，遣使以其国山川、户口及葛郎国地图迎降，求救。弼与诸将进击葛郎兵，大破之，哈只葛当走归国。高兴言："瓜哇虽降，倘中变，与葛郎合，则孤军悬绝，事不可测。"弼遂分兵三道，与兴及亦黑迷失各将一道，攻葛郎。至答哈城，葛郎兵十余万迎敌，自旦至午，葛郎兵败，入城自守，遂围之。哈只葛当出降，并取其妻子官属以归。土罕必阇邪乞归易降表，及所藏珍宝入朝，弼与亦黑迷失许之，遣万户捏只不丁[6]、甘州不花以兵二百人护之还国。土罕必阇邪于道杀二人以叛，乘军还，夹路攘夺。弼自断后，且战且行，行三百里，得登舟，行六十八日夜，达泉州，士卒死者三千余人。有司数其俘获金宝香布等，直五十余万，又以没理国所上金字表及金银犀象等物进。于是朝廷以其亡失多，杖十七，没家赀三之一。

元贞元年，起同知枢密院事，月儿鲁奏："弼等以五千人，渡海二十五万里，入近代未尝至之国，俘其王及谕降傍近小国，宜加矜怜。"遂诏以所籍还之，拜荣禄大夫、江西等处行中书省右丞。

【校】

[1] 至构栏山议方略："构栏山"，中华本《元史》、《岛夷志略》均作"勾栏山"。

[2] 弼兴孙参政帅都元帅那海："兴"，中华本《元史》作"与"。

[3] 土罕必阇邪遣使来告："邪"，中华本《元史》作"耶"。

[4] 勾栏等山："栏"，中华本《元史》作"阑"。

[5] 退保麻喏巴歇："巴"，中华本《元史》作"八"。按："麻喏巴歇"，1293—1478年统治印度尼西亚大部地区的封建王国。首都建于布兰达斯河附近的新辟村落麻喏巴歇。麻喏巴歇在爪哇语中意为"苦马贾果"（木苹果）。中国元、明史籍称其为麻喏巴歇、麻喏八歇、门遮把逸、满者伯夷。

[6] 遣万户捏只不丁："捏"，中华本《元史》此处作"担"。按：中华本《元史》卷二一○外夷三亦作"捏"，疑"担"为"捏"之讹。

成宗元贞

成宗元贞元年九月丁亥，瓜哇遣使来献方物。按《元史·成宗本纪》云云。

明

太祖洪武

太祖洪武三年，瓜哇遣使朝贡。

按《明外史·瓜哇传》：瓜哇国在占城西南。太祖洪武二年正月[1]，乃遣使以即位诏谕其国。其使臣先奉贡于元，还至福建而元亡，因入居京师。是年二月[2]，太祖复遣使送之还，且赐以《大统历》。三年六月以平定沙漠颁诏曰[3]：自古为天下主者，视天地所覆载，日月所照临，若远若近，生人之类，莫不欲其安土而乐生。然必中国安，而后四方万国顺附。迩元君妥欢帖木儿，荒淫昏弱，志不在民。天下英雄，分裂疆宇。朕悯生民之涂炭，兴举义兵，攘除乱略。天下军民共尊朕居帝位，国号大明，建元洪武。前年克取元都，四方以次底定[4]。占城、安南、高丽诸国，俱来朝贡。今年遣将北征，始知元君已没，获其孙买的里八剌，封为崇礼侯。朕仿前代帝王，治理天下，惟欲中外人民，各安其所。又虑诸蕃僻在远方，未悉朕意，故遣使者往谕，咸使闻知。九月，其王昔里八达剌蒲遣使奉金叶表来朝，贡方物，宴赉如礼。

按《明·一统志》：瓜哇国，东抵古女人国，西抵三佛齐国，南抵古大食国，北抵占城国。本古阇婆国，又名莆家龙，其属国有苏吉丹、打板打纲、底勿等国。宋元嘉中始通中国[5]，后绝。至宋淳化中其王穆罗茶遣使来朝贡。大观中复遣使入贡。元时称瓜哇国，至元末遣兵征之，不克。本朝洪武初，其王昔里八达剌蒲遣其臣八的占必等朝贡，纳元宣敕二道[6]，自是朝贡不绝。

按《诸蕃志》：瓜哇尚气好斗，不设刑禁，杂犯罪者，随轻重出黄金以赎，惟寇盗则置诸死。

按《岛夷志》：瓜哇田膏腴，地平衍，谷米富饶，倍于他国，民不为盗，道不拾遗，谚云"太平阇婆"者此也。男女缠头，被服长衫[7]。

按《广东通志》：明洪武二年三月[8]，遣行人吴用赐瓜哇国王玺书曰：中国大统[9]，元人受命百有余年[10]，纲常既隳，冠履倒置。朕是以起兵讨之，垂二十年，海内悉定。朕奉天命已主中国，恐遐迩未闻，故专报王知之[11]，使者已行，闻王国人睨只某丁[12]，前奉使于元，还至福建而元亡，因来居京师。朕念其久离瓜哇，必深怀念。今复遣人送还，颁去大统历一本，王其知正朔所在，必能奉若天道，俾瓜哇之民安于生理，王亦永保禄位，福及子孙，其勉图之，勿怠。三十年诸蕃阻绝，无商旅，以三佛齐为瓜哇属国，命礼部移文暹罗，转达瓜哇，后为东西二国[13]。

【校】

[1] 太祖洪武二年正月："正月"，中华本《明史》无。按：《海国图志》卷一二有"洪武二年，命使臣刘叔勉，以即位诏谕其国。三年，平定沙漠，复遣使臣颁诏。其王遣使，奉金叶表，献方物。成祖颁即位诏于海外诸国，西洋琐里亦与焉。永乐元年、二十一年偕古里阿丹等十五国来贡"。《明史纪事本末》卷一〇有"乙亥，买的里八剌朝见奉天殿……丁丑，颁平定沙漠诏于天下"，《明太祖实录》卷三八乙卯条亦有载，底本当无误。

[2] 是年二月：中华本《明史》无。《明太祖实录》卷三九有载，另见校勘记[1]。

[3] 三年六月以平定沙漠颁诏曰："六月"，中华本《明史》无。《明太祖实录》卷五三丁丑条有载，另见校勘记[1]。

[4] 四方以次底定："以次"，中华本《明史》无。

[5] 宋元嘉中始通中国：四库本《明一统志》、《读史方舆纪要》卷一一二"宋"上有一"刘"字。

[6] 纳元宣敕二道：四库本《明一统志》、《殊域》卷八"元"下有"所授"二字。

[7] 男女缠头，被服长衫：苏校本《岛夷》作"男子椎髻，裹打布，惟酋长留发"。

[8] 明洪武二年三月："三月"，四库本《广东通志》无，《明太祖实录》卷三九将其列入洪武二年二月辛未条下。

[9] 中国大统："大"，《明太祖实录》卷三九作"正"。

[10] 元人受命百有余年："元人受命"，《明太祖实录》卷三九作"胡人窃据"。

[11] 故专报王知之：《明太祖实录》卷三九"专"下有一"使"字。

[12] 闻王国人睨只某丁："睨"，《明太祖实录》卷三九作"捏"。

[13] 中国大统……后为东西二国：该段四库本《广东通志》无。

洪武五年，瓜哇以元所授敕三道来上。按《明外史·瓜哇传》：洪武五年，又遣使随朝使常克敬来贡，上元所授宣敕三道。

洪武八年，令三佛齐瓜哇山川之神，附祭于广东山川之次。按《广东通志》：洪武八年二月，令三佛齐瓜哇山川之神，附祭于广东山川之次。先是礼部尚书牛谅言："京都既罢祭天下山川，其四彝山川[1]，亦非天子所当躬祀[2]"，乃命别议其礼以闻，至是中书及礼部奏以外彝山川附祭，于各省如广西、则宜附祭安南、占城、真腊、暹罗、锁里，广东则宜附祭三佛齐、瓜哇，福建则宜附祭日本、琉球、渤泥，辽东则宜附祭高丽，陕西则宜附祭甘肃、朵甘、乌思藏，京城更不须祭。又言各省山川与风云雷雨既居中南，向其外彝山川神位，宜分东西同坛，共祀。上可其奏，命中书颁行之，将祭则遣官一人往监其祀。[3]

【校】

[1] 其四彝山川："四彝"，《明史》卷四九作"外国"。
[2] 亦非天子所当躬祀："躬"，《明史》卷四九作"亲"。
[3] 先是礼部……一人往监其祀：该段四库本《广东通志》无。

洪武十年，瓜哇分为三，王皆遣使朝贡。按《明外史·瓜哇传》：洪武十年，王八达那巴那务遣使朝贡。其国又有东、西二王，东蕃王勿院劳网结，西蕃王勿劳波务，各遣使朝贡。天子以其礼意不诚，诏留其使，已而释还之。

洪武十一年，阇婆王遣使朝贡（按：他书皆言瓜哇即古阇婆。独《明外史》瓜哇之外别有阇婆入贡，姑附于此，以待参考）。按《明外史·瓜哇传》：阇婆，古曰阇婆达。宋元嘉时，始朝中国。唐曰诃陵，又曰杜婆，其王居阇婆城，宋曰阇婆，皆入贡。洪武十一年，其王摩那驼喃遣使奉表，贡方物，其后不复至。或曰瓜哇即阇婆。然《元史·瓜哇传》不言，且曰："其风俗、物产无可考。"而太祖时，两国并时入贡，其王之名不同。或本为二国，其后为瓜哇所灭，然不可考。

洪武十三年，瓜哇遣使朝贡。时遣使赐三佛齐印绶，瓜哇诱杀使者，赐敕切责之。

按《明外史·瓜哇传》：洪武十二年，王八达那巴那务遣使朝贡。明年又贡。时遣使赐三佛齐王印绶，瓜哇诱而杀之。天子怒，留其使月余，将加罪，已，遣还，赐敕责之。

按《广东通志》：十三年，其王八达那巴那务，遣其使阿烈彝烈时奉金叶表入贡[1]，使者留月余，遣还。因诏谕其国主曰：圣人之治天下，四海内外皆为赤子，所以广一视同仁之心。朕君主华夷，抚御之道[2]，远迩无间，尔邦僻居海岛，顷尝遣使中国。虽云修贡，其实慕利。朕皆推诚以礼待焉。[3]前者[4]，三佛齐国王遣使奉表，来请印绶，朕嘉其慕义，遣使赐之，所以怀柔远人，尔奈何设为奸计，诱使者而杀害之？岂尔恃险远，故敢肆侮如是与？今使者来，本欲拘留，以其父母妻子之恋，夷夏皆一。朕推此心，特命归国，尔国王当省己自修，端谦诚敬，毋蹈前非，干怒中国，则可以守富贵，其或不然，自致殃咎，悔将无及。[5]

【校】

[1] 遣其使阿烈彝烈时奉金叶表入贡："阿烈彝烈"，底本、《明太祖实录》卷一三四、《殊域》卷八同，四库本《广东通志》无。

[2] 抚御之道："抚御"，底本、《明太祖实录》卷一三四同，《殊域》卷八作"按驭"。

[3] 因诏谕其国主曰……朕皆推诚以礼待焉：该段四库本《广东通志》无。

[4] 前者：底本、《明太祖实录》卷一三四同，四库本《广东通志》作"先是"，义可两通。

[5] 所以怀柔……悔将无及：底本、《明太祖实录》卷一三四、《殊域》卷八同，四库本《广东通志》无。

洪武十四年，瓜哇遣使朝贡。按《明外史·瓜哇传》：洪武十四年，遣使贡黑奴三百人及方物[1]。明年又贡黑奴男女百人、大珠八颗、胡椒七万五千斤。

洪武二十六年，瓜哇入贡。按《明外史·瓜哇传》：洪武二十六年，再贡。明年又贡。

【校】

[1] 遣使贡黑奴三百人及方物：中华本《明史》"及"下有一"他"字。

成祖永乐

成祖永乐二年，遣使赐瓜哇金币，东、西二王皆入贡。

按《明外史·瓜哇传》：永乐元年，又遣副使闻良辅、行人宁善，赐其王绒、锦、织金文绮、纱罗。使者既行，其西王都马板遣使入贺，复命中官马彬等赐以镀金银印。西王遣使谢赐印，贡方物。而东王孛令达哈亦遣使朝贡，请印，命遣官赐之。自后，二王并贡。

按《明会典》：瓜哇国永乐初赐东西王纻丝、纱罗、帐幔、手巾、羊酒、器皿、王妃纻丝、纱罗、手巾等物。

按《广东通志》：永乐二年十月[1]，东王孛令达哈遣使来朝，贡方物，具奏请印章[2]，命铸镀金银印赐之，并赐钞币。

【校】

[1] 永乐二年十月："十月"，四库本《广东通志》无，《明太宗实录》卷三五有载，当无误。

[2] 具奏请印章："具"，四库本《广东通志》作"且"。

永乐三年，西王都马板遣使入贡。

按《明外史·瓜哇传》：永乐三年，遣中官郑和使其国。

按《广东通志》：三年，西王都马板遣使奉表贡献方物[1]。时其傍近牒里、日罗夏治、合描里三国[2]，各遣使以方物同来朝贡，俱赐文绮袭衣。

【校】

[1] 西王都马板遣使奉表贡献方物："都马板"，底本、《明太宗实录》卷三七、《明史》卷三二四、《殊域》卷八人同，四库本《广东通志》无。

[2] 时其傍近牒里、日罗夏治、合描里三国："日罗夏治"、"合描里"，《明太宗实录》卷三七、《读史方舆纪要》卷一一二作"日夏罗治"、"金猫里"。

永乐四年，中官郑和至瓜哇。时东西二王构兵，朝使部卒经东王地，西王国人杀之。西王惧，遣使谢罪，诏切责之。

按《明外史·瓜哇传》：永乐四年，西王与东王构兵，东王战败，国被灭。适朝使经东王地，部卒入市，西王国人杀之，凡百七十人。西王惧，遣使谢罪。帝赐敕切责之，命输黄金六万两以赎。

按《广东通志》：四年三月[1]，西王复来贡珍珠、珊瑚、空青等物，三月[2]，东王遣使贡马，俱赐钱钞及币有差。闰七月[3]，西王遣使朝贡，且言东王不当立，已击灭之，降诏切责。

【校】

［1］四年三月："三月"，四库本《广东通志》无。

［2］三月：四库本《广东通志》无。

［3］闰七月：四库本《广东通志》无。

永乐五年，瓜哇遣使请罪，愿偿黄金六万两以赎罪，许之。按《广东通志》：五年，瓜哇上表请罪，愿偿黄金六万两，复立字令达哈之子。从之。

永乐六年，礼官劾瓜哇输金不足，命捐其金。时满剌加矫诏索旧港地，赐敕慰之。按《明外史·瓜哇传》：永乐六年，再遣郑和使其国。西王献黄金万两，礼官以输数不足，请下其使于狱。帝曰："朕于远人，欲其畏罪而已，宁利其金耶？"悉捐之。自后，比年入贡[1]，或间岁一贡，或一岁数贡。中官吴宾、郑和复先后使其国[2]。时旧港地有为瓜哇侵据者，满剌加国王矫诏命索之[3]。帝乃赐敕曰："前中官吴庆还[4]，言王恭待敕使，有加无替。比闻满剌加国索旧港之地，王甚疑惧。朕推诚待人，若果许之，必有敕谕，王何疑焉。小人浮词，慎勿轻听。"

【校】

［1］比年入贡："入"，中华本《明史》作"一"。

［2］郑和复先后使其国："复"，中华本《明史》无。

［3］满剌加国王矫诏命索之："诏"中华本《明史》作"朝"。

［4］前中官吴庆还："吴庆"，中华本《明史》、《殊域》卷九、《续通典》卷一四八作"尹庆"。

永乐八年，瓜哇遣使入贡。按《广东通志》：八年十二月[1]，都马板遣使上表，贡马及方物。

【校】

［1］八年十二月："十二月"，四库本《广东通志》无，《明太宗实录》卷一一一有载。

永乐十一年，瓜哇遣使来贡。按《广东通志》云云。

永乐十三年，瓜哇王以更名遣使谢恩，贡方物。按《明外史·瓜哇传》：永乐十三年，其王改名扬惟西沙，遣使谢恩，贡方物。时朝使所携卒有遭风飘至班卒儿国者，瓜哇人珍班闻之，用金赎还，归之王所。按《广东通志》：十三年，更名扬惟西沙[1]，遣使谢恩。

【校】

[1] 更名扬惟西沙："扬"，四库本《广东通志》作"杨"。

永乐十六年，朝使卒，有遭风飘入班卒儿国者，瓜哇人赎归之，朝诏旨奖谕。按《明外史·瓜哇传》：永乐十六年，王遣使朝贡，因送还朝使遭风诸卒[1]。帝嘉之，赐敕奖王，并优赐珍班。自是，朝贡使臣大率每岁一至。

【校】

[1] 因送还朝使遭风诸卒："还朝使遭风诸"，中华本《明史》无。

英宗正统

英宗正统元年，赐瓜哇使臣金带，又令偕古里等国使臣同往瓜哇，敕其王抚恤分遣之。按《明外史·瓜哇传》：正统元年，使臣马用良言："先任八谛来朝，蒙恩赐银带。今为亚烈，秩四品，乞赐金带。"从之。闰六月遣古里、苏门答剌、锡兰山、柯枝、天方、加异勒、阿丹、忽鲁谟斯、祖法儿、甘巴里、真腊使臣偕瓜哇使臣郭信等同往。赐瓜哇敕曰："王自我先朝，修职勿怠。朕今嗣服，复遣使来朝，诚意具悉[1]。宣德时，有古里等十一国来贡，今因王使者归，令诸使同往。王其加意抚恤，分遣还国，副朕怀远之忱。"

【校】

[1] 诚意具悉："诚意"，中华本《明史》作"意诚"。

正统三年，赐瓜哇王及妃纻币。按《明会典》：正统三年，赐瓜哇国王纻丝十匹，纱、罗各三匹；妃纻丝六匹，纱、罗各二匹。正统八年，定瓜哇三年一贡。

按《明外史·瓜哇传》：正统五年八月[1]，使臣回，遭风溺死五十六人，存者八十三人，仍返广东。命所司廪给，俟便舟附归。

【校】

［1］正统五年八月："八月"，中华本《明史》无。《明英宗实录》卷七〇正统五年八月条："瓜哇国通事八致昭阳等回国遇飓风，船毁……"底本当无误。

八年，广东参政张琰言：瓜哇朝贡频数，供亿烦费[1]，敝中国以事远人，非计。帝纳之。使还，赐敕曰："海外诸邦，并三年一贡。王亦宜体恤军民，一遵此制。"

【校】

［1］供亿烦费："烦费"，中华本《明史》作"费烦"。

正统十一年，瓜哇入贡。按《明外史·瓜哇传》：正统十一年，复三贡，后乃渐稀。

代宗景泰

代宗景泰三年，瓜哇入贡。

按《明外史·瓜哇传》：景泰三年，王巴剌武遣使朝贡。

按《明会典》：瓜哇国景泰三年因国王求讨，给伞盖一把，蟒龙衣服一领，使臣、通事、头目人等初到赏织金素罗衣、服靴袜、正赏纻丝、纱罗、绢布，女使并女头目，俱同贡物给价。

【校】

［1］俱同贡物给价：四库本《明会典》"同"下有"一"字。

英宗天顺

英宗天顺四年，瓜哇贡使斗杀蕃僧，礼官劾伴送行人罪，其使者请敕其王自治之。按《明外史·瓜哇传》：天顺四年，王都马班遣使入贡。使者还至安庆，酗酒，与长河西入贡蕃僧斗[1]，僧死者六人。礼官请治伴送行人罪，使者敕国王自治，从之。按《广东通志》：永乐十六年、十九年，西王皆贡，而东王久不至，盖已为所并矣。天顺四年八月[2]，其王都马班遣使奉表朝贡方物，赐宴赏赉之，仍命其使赍敕并彩币表里，归赐其王及妃。

【校】

[1] 与长河西入贡蕃僧斗："长河西"，中华本《明史》无。
[2] 天顺四年八月："八月"，四库本《广东通志》无。

宪宗成化

宪宗成化元年，瓜哇入贡。按《明外史·瓜哇传》云云。

孝宗弘治

孝宗弘治十二年，瓜哇贡使遭风舟坏，止通事一舟达广东。诏贡物进京师，所司量加赏赍遣还。

按《明外史·瓜哇传》：弘治十二年，贡使遭风舟坏，止通事一舟达广东。礼官请敕所司，量予赐赍遣还，其贡物仍进京师，制可。自是贡使鲜有至者。其国近占城，二十昼夜可至。元师西征，以至元二十九年十二月发泉州，明年正月即抵其国，相去止月余。宣德七年入贡，表书一千三百七十六年，盖汉宣帝元康元年，乃其建国之始也。地广人稠。性凶悍，男子无少长贵贱皆佩刀，稍忤辄相贼，故其甲兵为诸蕃之最。字类琐里，无纸笔，刻于茭葦叶。气候常似夏，稻岁二稔。无几榻匕箸。人有三种：华人流寓者，服食鲜华；他国贾人居久者，亦尚雅洁；其本国人最污秽，好啖蛇蚁虫蚓，与犬同寝食，状黝黑，猱头赤脚。崇信鬼道。杀人者避之二日即免罪。父母死，舁至野，纵犬食之；不尽，则大戚，燔其余。妻妾多燔以殉。

其国一名莆家龙，又曰下港，曰顺塔。万历时，红毛番筑土库于大涧东，佛郎机筑于大涧西，岁岁互市。中国商旅亦往来不绝。其国有新村，最号饶富。中华及诸蕃商舶，辐辏其地，宝货填溢。其村主即广东人，永乐九年，自遣使表贡方物。

按《瀛涯胜览》：瓜哇古者阇婆，其国有四，皆无城郭。初入杜板，再入厮村[1]，次入苏鲁马益，次入满者伯夷，王都也。王宫四面砖墉，墉高三丈余[2]，方三百余里，门馆深严，屋高四丈，覆地以板，蒙以藤花席，跏趺而坐。瓦以坚木，民居茅茨、类皆砖库，坐卧于内。王蓬头，顶金叶冠，胸紫嵌丝帨，腰束锦绮，曰压腰。腰佩短刀[3]，曰不剌头。跣行，或跨象，或乘牛。民间男蓬头，女椎结，上衣下帨，男必腰刀，无老弱、贵贱、贫富皆然。刀必雪花色，镔铁铸之，柄饰以金，或犀象。饰往往蒙鬼面，备极精巧，会聚间有犯其首及争斗，必以佩刀刃之[4]，伤死则遁踰三日则免罪。当即捕获，则仍受刃。官无鞭扑，罪不问重轻，以藤系之，必刃以死，杀戮为常，不足怪也。市易用中国铜钱，杜板者，曰睹班[5]，地名也。约以千余家，主以二酋，间有流寓，多广东漳州人也[6]。海渚小池，水甘冽可饮，号圣水。传云：元将史弼、高兴征阇婆，经月不克，登崖三军乏水[7]，渴甚。二将默祷，卓枪于渚，泉遂涌出，军赖以济，又东行半日，至厮村，曰革儿昔者，故沽滩地。中国人客此而成聚落，遂名新村，约千余家，村主广东人也。诸蕃舶至此[8]，互市金宝、蕃玲充溢，居人多富，又南水行可半日至苏鲁马益港口。淡水浅涩，仅通小艇，二十余里始至苏鲁马益，曰苏儿把牙，约千余家[9]，亦有首领，间有中国人。港口大州，林木蔚茂，长尾猴万数，聚于中一里。猴俗云猢孙也[10]。老猴为主，曾掠老番妇与俱，国人求嗣者，必具酒肴祈于老猴，猴食之，余纵群竞食，食尽。少选猴雌雄交，以此为征，求嗣人回，即有妊，不然无应也。又水行八十里至埠头，曰漳沽。登岸西南陆行半日，至满者伯夷，乃王都也。无虑二三百家，总领七八人，皆王佐也。气候常热如夏，稻岁两熟。坐卧无榻椅，饮食无匙匕，啖槟榔不离口，寘饭于盘酥浇之，餐则噍去槟屑，向盘掬而食，食既水饮，待宾以槟榔。人有三等，西蕃贾胡流落而久居者[11]，服食皆雅洁，一等也。唐人如广东漳泉人流寓者，食用鲜华，率尚回回教，持斋受戒，一等也。颜色黝黑，猴头赤脚，崇信鬼道，释云鬼国，即此土人也。饮食粗恶、啖蛇、蚁、虫、蚓，稍燎以火而已，与犬同寝食，不以为秽也。传云：昔有鬼子、魔王，青颊红肤，赤鬈发与罔象交而生子百余，以人为粮，忽雷震石裂，乃出一人，众异之，推为主。遂领兵驱罔象、鬼子而去，由是人得安焉。俗尚武勇，岁设竹枪会，始于冬十月王偕妻出观，夫妻各坐一塔车，妻前夫后，车高丈余，四疏轩窗驾马以行，至会开场，列阵相向，各操竹枪劲实若铁，登场者亦偕妻至，妻亦操三尺棒相格。曰那刺，格已，被伤毙者，王遣胜者出金钞一箭，偿之以孀妇，胜者即已。凡婚姻，男造女家，合卺后五日迎妇归，鸣金鼓，吹椰筒，拥以刀盾，前后甚都，妇则裸而被发、跣足、紫嵌丝帨，戴被金珠，彩饰宝妆，无不周备，姻邻亦以槟榔、花草、真彩舟助之，燕乐数日始散。丧事，于病革，子弟请遗命，或水火葬，或犬腹葬，舁尸至海滨，纵犬飧之尽。不尽，拾其遗。投水而后已。尤惨于水火也。有宠妾者，誓与主同往，盛妆，悲号，俟焚骸，火炽，亦投火死之。民间殷富，贸易用中国古钱，字书无纸，刻于茭蕈叶，类锁俚字，以二十两为斤，十六钱为两，四姑邦为钱，每邦二分一厘八毫七丝五忽，截竹为升，升为一姑剌，盖中国一升八合也。斗为捺黎，盖八升，中国一斗四升四合也，月望，蕃妇或二十余，或三十余，为辈成队。月下缚臂联行，俚歌唱和，遍历宦戚、豪门，必投赏以钱，又有展书指画，以谕众环听而坐者[12]，有笑、有哭、殊能动人。最重中国花磁，暨麝花、绢绮、罗厥、产白芝麻、绿豆、苏木、金刚、子白檀、肉荳蔻、龟、筒、玳瑁、鹦鹉，有绿红五彩者。鹩哥，皆能言，又有珍珠鸡、倒挂鸟、彩鸠、孔雀、珍珠雀，绿鸠之类。白鹿、白猿、猴羊、猪、牛、马、鸡、鸭亦有之。果有芭蕉子、椰子。甘蔗粗大，长可二三丈，石榴、莲房、蜜柿、郎扱若枇杷，稍尖，中有白肉。

【校】

[1] 再入厥村："再"，中华本《瀛涯胜览》作"次"。

[2] 埔高三丈余："三丈余"，中华本《瀛涯胜览》作"余三丈"。

[3] 腰佩短刀："刀"，中华本《瀛涯胜览》作"刃"。

[4] 必以佩刀刃之："刀"，中华本《瀛涯胜览》作"刃"。

[5] 曰睹班："班"，中华本《瀛涯胜览》作"斑"。按："睹班"，即杜板，又作"赌斑"，"赌班"，今印度尼西亚东爪哇厨闽Tuban。另见《番国志》、《四夷考》卷上。

[6] 多广东漳州人也：中华本《瀛涯胜览》作"多广东人也，漳州人也"。

[7] 登崖三军乏水："崖"，中华本《瀛涯胜览》作"岸"。

[8] 诸蕃舶至此："诸"，中华本《瀛涯胜览》作"渚"。

[9] 约千余家："千"，中华本《瀛涯胜览》作"十"。按：17世纪初，中国明代文献中称当时苏鲁马益"林木蔚茂，千余家，强半中国人。又有长臂猿猴数万"。疑"十"为"千"之讹。

[10] 猱俗云猢孙也："猢孙"，中华本《瀛涯胜览》作"胡孙"，义可两通。按：（唐）慧琳《一切经音义》卷一〇〇："猴玃：猴者猿猴，俗曰胡孙"；（宋）

苏轼《东坡志林·高丽》:"胡孙作人状,折旋俯仰中度,细观之,其相侮慢也甚矣。"

[11] 西蕃贾胡流落而久居者:"久居",中华本《瀛涯胜览》作"居久",《明史》卷三二四外国五亦作"居久"。

[12] 以谕众环听而坐者:中华本《瀛涯胜览》作"以谕众听,环之坐者"。

按《广东通志》:瓜哇国,古诃陵也,一曰阇婆,又名莆家龙,在真腊之南海中洲上,东与婆利,西与惰婆登[1],北接真腊国,南临大海。《宋史》:东至海一月,泛海半月,至昆仑国,西至海四十五日,南至海三日,泛海五日,至大食国,北至海四日,西北泛海十五日,至渤泥国。又十五日,至三佛齐国。又七日,至暹逻国[2],又十日[3],至柴历亭,抵交址,达广州,其国木为城,有文字,知星历。夏至立八尺表,景在表南二尺四寸,按瓜哇疆域东抵古女人国,西抵三佛齐国,南抵古大食国,北界占城国,自占城起程,顺风二十昼夜,可至其国。地广人稠,甲兵药铳,为东洋诸蕃之雄(佛书所云鬼国即此地也)[4]。其港口入去马头,曰新村,屋店连行为市,买卖商旅最众。三佛齐国,为其所并,名旧港[5],以别于新村,其进贡使回,令于广东布政司管待。

【校】

[1] 西与惰婆登:"惰",四库本《广东通志》、《御览》卷七八八、《文献通考》卷三三二作"堕"。

[2] 至暹逻国:"暹逻",《宋史》卷四八九、《文献通考》卷三四八、《诸蕃志》卷上作"古逻"。

[3] 又十日:"十",《宋史》卷四八九、《文献通考》卷三四八、《诸蕃志》卷上作"七"。

[4] 佛书所云鬼国即此地也:四库本《广东通志》、《海国图志》引均无此句。

[5] 名旧港:四库本《广东通志》"名"上有一"改"字。

按《坤舆图说》:瓜哇大小有二,俱在苏门答喇东南海岛,各有主,多象无马骡,产香料、苏木、象牙,不用钱以胡椒及布为货币,人奸宄凶急,好作魔魅妖术,诸国每治兵争白象,白象所在即为盟主。

《明·一统志》

瓜哇国山川

《瓜哇国山川考》

保老岸山　在苏吉丹国，凡番舶未到，先见此山顶耸五峰时，有云覆其上。

鹦鹉山　出鹦鹉故名。

八节涧　涧上接杜马班主府[1]，下通莆奔大海，乃瓜哇咽喉必争地。元史弼、高兴尝会兵于此。

【校】

[1] 涧上接杜马班主府："主"，四库本《明一统志》作"王"。

瓜哇国土产

《瓜哇国土产考》

金　银　真珠（番名：没爹虾罗）

犀角　（番名：低密）　象牙（番名：家啰）

玳瑁　沉香　茴香

青盐　（不假煎煮，日晒而成）

檀香　（树与叶似荔枝）　龙脑香　丁香

荜澄茄　（其藤蔓衍，春花夏实，花白而实黑）

木瓜　椰子　蕉子　甘蔗

芋　槟榔

胡椒　（树如蒲桃，以竹木为棚架。正月花，四月实，五月收采晒干）

硫黄　红花　苏木　桄榔木

吉贝　绞布　有绣丝绞　杂色丝绞

装剑　藤簟　白鹦鹉

猴，国中山多猴，不畏人呼，以霄霄之声即出，或投以果实，则其大猴二先至，土人谓之猴王，猴夫人，食果[1]，群猴食其余。

【校】

[1] 食果："果"，四库本《明·一统志》、《宋史》卷四八九、《文献通考》卷三三二作"毕"。

图考

按《三才图会》：大阇婆国，又名莆家龙，风帆八日可到。旧传其国雷震石裂，有一人出，后立为王。其子孙尚存。产青盐、绵羊、鹦鹉、瑜珠[1]、宝贝等又言其国中有飞头者，其人目无瞳子，其头能飞，其俗所祠名曰虫落，因号落氏[2]。汉武帝时，南方有解形之民，能先使头飞南海，左手飞东海，右手飞西泽，至暮头还肩上，两手遇疾风，飘于海水外。

【校】

[1] 瑜珠："瑜"，《异域志》卷上作"珍"。

[2] 因号落氏："氏"，《异域志》卷上、《太平广记》第四八二之蛮夷三、《酉阳杂俎》前集卷四作"民"。

图考

按《三才图会》：诃陵国，在真腊国南，竖木为城，造大屋重合，以棕皮盖象牙为床，椰花为酒[1]，以手撮食，有毒，常人同宿即生疮，与女人交合，则必死，涎液着草木即枯。

【校】

[1] 椰花为酒："椰花"，《异域志》卷下、《太平广记》卷四八二之蛮夷三作"柳花"；《通典》卷一八八之边防四、《旧唐书》卷一九七之列传第一四七作"椰树花"。

【莆家龙】（图像略）

图考

按《三才图会》：莆家龙在海东南，广州发舶顺风一月可到。国王撮髻脑后，人民剃头。以椰子酿酒，其色红白，而味佳。出胡椒、檀香、沉香、丁香、白豆蔻。

【瓜哇国】（图像略）

图考

按《三才图会》：瓜哇国，在东南海岛中，即古阇婆也。自泉州路发驿一月可到。天无霜雪，四时之气常燠，地产胡椒[1]。无城池、兵甲、仓廪、府库。每遇时节，国王与其属驰马执枪校武，胜者受赏，亲朋踊跃以为喜。伤死者，其妻亦不顾而去。饮食以木叶为[2]，手撮而食。宴会则男女列坐，笑喧尽醉。凡草虫之类，尽皆烹食。市贾皆妇女，婚娶多论财。夫丧不旬日而适人（按：《明·一统志》。瓜哇国前后有四名，而《三才图会》作四国，国各有图，姑并存之）。

【校】

[1] 胡椒：《异域志》瓜哇条其下有"苏木"。

[2] 饮食以木叶为：《异域志》"瓜哇"条"为"下有一"盛"字。

林邑部

汇考

晋

武帝泰始

武帝泰始四年，林邑国遣使来献。按《晋书·武帝本纪》云云。

太康五年，林邑国遣使来献。按《晋书·武帝本纪》云云。

按《林邑传》：林邑国本汉时象林县，则马援铸柱之处也，去南海三千里。后汉末，县功曹姓区，有子曰连，杀令自立为王，子孙相承。其后王无嗣，外孙范熊代立。熊死，子逸立。其俗皆开地户以向日，至于居止，或东西无定。人性凶悍，果于战斗，便山习水，不闲平地。四时暄暖，无霜无雪，人皆裸露徒跣，以黑色为美。贵女贱男，同姓为婚，妇先娉婿。女嫁之时，着迦盘衣，横幅合缝如井栏，首戴宝花。居丧翦鬓谓之孝，燔尸中野以为葬。其王服天冠，被璎珞，每听政，子弟侍臣皆不得近之。自孙权以来，不朝中国。至武帝太康中，始来贡献。

按《梁书·林邑本传》：林邑国者，本汉日南郡象林县，古越裳之界也。伏波将军马援开汉南境，置此县。其地纵广可六百里，城去海百二十里，去日南界四百余里，北接九德郡。其南界，水步道二百余里，有西国夷亦称王[1]，马援植两铜柱表汉界处也。其国有金山，石皆赤色，其中生金。金夜则出飞，状如萤火。又出瑇瑁、贝齿、吉贝、沉木香。吉贝者，树名也，其华成时如鹅毛，抽其绪纺之以作布，洁白与纻布不殊，亦染成五色，织为班布也[2]。沉木者，土人斫断之，积以岁年，朽烂而心节独在，置水中则沉，故名曰沉香。次不沉不浮者，曰栈香也。汉末大乱，功曹区达[3]，杀县令自立为王。传数世，其后王无嗣，立外甥范熊。熊死，子逸嗣。

按《水经注》：林邑之号，建国初起自汉末初平之乱[4]，人怀异心，象林功曹姓区，有子名连[5]，攻其县，杀令自号为王，值世乱离，林邑遂立，后乃袭代传位子孙，三国鼎争，未有所附，吴有交土与之邻接，进侵寿泠以为疆界，自区连以后，国无文史，失其篡代，世数难详，宗引灭绝，无复种裔，外孙范熊代立，人情乐推，后熊死，子逸立。

【校】

[1] 有西国夷亦称王："国"，《南史》卷七八作"图"。

[2] 织为班布也："班"，中华本《梁书》作"斑"。按："班布"，亦作"斑布"，即五色布。《梁书》卷五四之海南诸国列传亦作"班布"，《南史·夷貊传》作"班布"。

[3] 功曹区达："达"，《南史》卷七八、《晋书·林邑传》均作"连"。

[4] 建国初起自汉末初平之乱："初"，陈校本《水经注》无。

[5] 有子名连："连"，陈校本《水经注》作"逵"。

成帝咸康

成帝咸康三年，林邑国王范逸死，奴文篡立。按《晋书·成帝本纪》不载。

按《林邑传》：咸康二年，范逸死，奴文篡位。文，日南西卷县夷帅范椎奴也。尝牧牛涧中，获二鲤鱼，化成铁，用以为刀。刀成，乃对大石嶂而呪之曰："鲤鱼变化，冶成双刀，石嶂破者，是有神灵。"进斫之，石即瓦解。文知其神，乃怀之。随商贾往来，见上国制度，至林邑，遂教逸作宫室、城邑及器械。逸甚爱信之，使为将。文乃谮逸诸子，或徙或奔。及逸死，无嗣，文遂自立为王。以逸妻妾悉置之高楼，从己者纳之，不从者绝其食。于是乃攻大岐界、小岐界、式仆、徐狼、屈都、干鲁、扶单等诸国，并之，有众四五万人。遣使通表入贡于帝，其书皆胡字。

按《梁书·林邑传》：晋成帝咸康三年[1]，逸死，奴文篡立。文本日南西卷县夷帅范稚（《晋书》作椎）家奴，常牧牛于山涧，得鳢鱼二头，化而为铁，因以铸刀。铸成，文向石而咒曰："若斫石破者，文当王此国。"因举刀斫石，如断刍槁，文心独异之。范稚常使之商贾至林邑，因教林邑王作宫室及兵车器械，王宠任之。后乃谗王诸子，各奔余国。及王死无嗣，文伪于邻国迓王子，置毒于浆中而杀之，遂胁国人自立。举兵攻旁小国，皆吞灭之，有众四五万人。时交州刺史姜庄（《晋书》作壮）使所亲韩戢、谢稚（《晋书》作樨），前后监日南郡，并贪残，诸国患之。

按《水经注》：有范文，日南西卷县夷师雅夷奴也[2]（《晋书》夷帅范椎《梁书》范稚）奴也。文为奴时，山涧牧羊，于涧水中得两鳢鱼，隐藏挟归，规欲私食，郎知，检求文[3]，大惭惧起托云：将砺石还，非为鱼也，郎至鱼所见是两石，信之而去。文始异之，石有铁文，入山中就石冶铁锻作两刀。举刀向砧，因祝曰：鲤鱼变化，冶石成刀，斫石砧破者，是有灵神[4]。文当治此[5]，为国君王，斫不入者，是刀无神灵，进斫石砧，如龙渊、干将之斩芦台[6]，由是人情渐附。今水石尚在[7]，鱼刀犹存，传国子孙如斩蛇之剑也，雅尝使文远行商贾[8]，北到上国，多所闻见，以晋愍帝建兴中南至林邑，教王范逸制造城池，缮治戎甲，经始庙略[9]。王爱信之，使为将帅，能得众心，文谗王诸子，或徙或奔，王乃独立。

【校】

[1] 晋成帝咸康三年："三年"，中华本《梁书》、《南史》卷七八作"三年"，《晋书·林邑传》、《通典》卷一八八、《瀛环志略》作"二年"。按："奴文篡立"的时间众说不一，今从底本。

[2] 日南西卷县夷师雅夷奴也："夷师雅夷奴也"，陈校本《水经注》作"夷师范椎家奴"。

[3] 检求文："检"，陈校本《水经注》作"捡"。

[4] 是有灵神："灵神"，陈校本《水经注》作"神灵"，又下文有"是刀无神灵"，疑"灵神"乙误。

[5] 文当治此："治"，陈校本《水经注》作"得"，《御览》卷五二亦作"治"。

[6] 干将之斩芦台："台"，陈校本《水经注》作"藳"。

[7] 今水石尚在："水"，陈校本《水经注》、《御览》卷五二均作"斫"。

[8] 雅尝使文远行商贾："雅"，陈校本《水经注》作"椎"。

[9] 经始庙略："庙"，陈校本《水经注》作"廊"。

成帝咸和六年死，无子[1]。文乃迎王子于外国[2]，海行取水置毒椰子中，饮而杀之，遂胁国人，自立为王，取前王妻妾置高楼上，有从己者，取而纳之，不从己者，绝其饮食乃死[3]。《江东旧事》云：范文本扬州人，少被掠为奴，卖堕交州，年十五六，遇罪当得杖，畏怖因逃。随林邑贾人渡海远去，没入于王，大被幸爱，经十余年，王死，文害王二子，诈杀侯将，自立为王，威加诸国，或夷椎蛮语，口食鼻饮，或雕面镂身、狼裸种[4]，汉魏流赭，咸为其用。

咸康六年十月，林邑献驯象。按《晋书·成帝本纪》云云。

【校】

[1] 无子："子"，陈校本《水经注》作"嗣"。

[2] 文乃迎王子于外国："乃"，陈校本《水经注》无。

[3] 绝其饮食乃死："乃"，陈校本《水经注》作"而"。

[4] 狼裸种：陈校本《水经注》"狼"下有一"腓"字。

穆宗永和

穆帝永和三年春正月[1]，林邑范文攻陷日南，害太守夏侯览，以尸祭天。秋七月，范文复陷日南，害督护刘雄。隗文立范贲为帝。按《晋书·穆帝本纪》云云。

按《林邑传》：永和三年，文率其众攻陷日南，害太守夏侯览，杀五六千人，余奔九真，以览尸祭天，铲平西卷县城，遂据日南。告交州刺史朱蕃，求以日南北鄙横山为界。初，徼外诸国尝赍宝物自海路来贸货，贿而交州刺史、日南太守多贪利侵侮，十折二三。至刺史姜壮时，使韩戢领日南太守，戢估较太半，又伐船调枹，声云征伐，由是诸国患愤。且林邑少由，贪日南之地，戢死绝[2]，继以谢擢，侵刻如初。及览至郡，又耽荒于酒，政教愈乱，故被破灭。既而文还林邑。是岁，朱蕃使督护刘雄戍于日南，文复攻陷之。

按《梁书·林邑传》：穆帝永和三年，台遣夏侯览为太守，侵刻尤甚。林邑先无田土，贪日南地肥沃，常欲略有之，至是，因民之怨，遂举兵袭日南，杀览，以其尸祭天。留日南三年，乃还林邑。交州刺史朱蕃后遣督护刘雄戍日南，文复屠灭之。进寇九德郡，残害吏民。遣使告蕃，愿以日南北境横山为界，蕃不许，又遣督护陶缓、李衢讨之。文归林邑，寻复屯日南。

【校】

[1]穆帝永和三年春正月："正月"，中华本《晋书》、（明）姜南《风月堂杂识》、（清）洪亮吉撰《东晋疆域志》均作"三月"。

[2]戡死绝：中华本《晋书》校勘记云："'绝'字疑衍，册府一〇〇〇引无。"

永和四年夏四月，范文寇九真，多所杀害。按《晋书·穆帝本纪》云云。按《林邑传》：四年，文又袭九真，害士庶十八九。

永和五年，桓温遣督军滕畯讨范文，不克。其年，文死，子佛嗣。滕畯讨之，入其城，佛请降。

按《晋书·穆帝本纪》：永和五年，桓温遣督军滕畯讨范文[1]，为文所败。

按《林邑本传》：五年，征西督护滕畯率交广之兵伐文于卢容，为文所败，退次九真。其年，文死，子佛嗣。按《梁书·林邑传》：五年，文死，子佛立，犹屯日南。征西将军桓温遣督护滕畯、九真太守灌邃帅交、广州兵讨之，佛婴城固守。邃令畯盛兵于前，邃帅劲卒七百人，自后踰垒而入，佛众惊溃奔走，邃追至林邑，佛乃请降。

【校】

[1]桓温遣督军滕畯讨范文："军"，中华本《晋书》作"护"，又下文有"征西督护滕畯率交广之兵伐文于卢容"。

升平

升平三年，林邑请降。

按《晋书·穆帝本纪》：升平三年十二月，交州刺史温放之率兵讨林邑参黎、耽潦[1]，并降之。

按《林邑传》：升平末，广州刺史滕含率众伐之，佛惧，请降，含与盟而还。

按《梁书·林邑传》：升平初，复为寇暴，刺史温放之讨破之。

【校】

[1]交州刺史温放之率兵讨林邑参黎、耽潦："率",中华本《晋书》作"帅"。

孝武帝宁康

孝武帝宁康□年,林邑遣使贡献。按《晋书·孝武帝本纪》不载。按《林邑传》云云。

太元

太元二年六月己巳[1],林邑贡方物。太元七年三月,林邑范熊遣使献方物[2]。(按《本传》范熊死,子逸嗣。当在武帝时,至此又载范熊事,乃仍原本所纪存参。)

按以上《晋书·孝武帝本纪》云云。

【校】

[1]太元二年六月己巳:"六月己巳",中华本《晋书》校勘记云:"六月癸巳朔,无己卯。"

[2]林邑范熊遣使献方物:"范熊",中华本《晋书》校勘记云:"据《四夷传》当作'范佛'。"

安帝隆安

安帝隆安三年二月,林邑范达陷日南[1]、九真,遂寇交阯,太守杜瑗讨破之。按《晋书·安帝本纪》云云。

按《梁书·林邑传》:安帝隆安三年,佛孙须达复寇日南,执太守炅源,又进寇九德,执太守曹炳。交趾太守杜瑗遣都护邓逸等击破之,即以瑗为刺史。

【校】

[1]林邑范达陷日南:"范达",《宋书》志十五天文三、列传五十二良吏、《林邑记》均作"范胡达",《瀛环志略》作"胡达",《梁书·林邑传》、《南史》作"须达"。

义熙

义熙九年,林邑入寇。

按《晋书·安帝本纪》：义熙九年三月，林邑范胡达寇九真，交州刺史杜慧度斩之。

按《林邑传》：义熙中，每岁又来寇日南、九真、九德等诸郡，杀伤甚众，交州遂致虚弱，而林邑亦用疲弊。佛死，子胡达立，上疏贡金盘碗及金钲等物。

按《梁书·林邑传》：义熙三年，须达复寇日南，杀长史[1]，瑷遣海逻督护阮斐讨破之，斩获甚众。九年，须达复寇九真，行郡事杜慧期与战[2]，斩其息交龙王甄知及其将范健等，生俘须达息郍能，及虏获百余人。自瑷卒后，林邑无岁不寇日南、九德诸郡，杀伤甚多[3]，交州遂致虚弱。须达死，子敌真立，其弟敌铠携母出奔。敌真追恨不能容其母弟，舍国而之天竺，禅位于其甥，国相藏驎固谏不从。其甥既立而杀藏驎，藏驎子又攻杀之，而立敌铠同母异父之弟曰文敌。文敌后为扶南王子当根纯所杀，大臣范诸农平其乱，而自立为王。诸农死，子阳迈立。

按《水经注》：建元二年，文攻日南[4]、九德、九真，百姓奔迸，千里无烟，乃还林邑，林邑西去广州二千五百里，城西南角，高山、长岭，连接天鄣，岭北接涧，大源淮水出郍郍远界，三重长洲，隐山遶西，卫山回东，其岭南开涧，小源、淮水出松根界上山壑流，隐山绕南，曲街回东，合淮流以注典冲。其城西南际山，东北瞰水，重塹流浦，周绕城下，东南塹外，因傍薄城，东西横长，南北纵狭，北边两端回折曲入[5]。城周围八里一百步，砖城二丈，上起砖城一丈[6]，开方隙孔，上倚板[7]，板上层阁，阁上架屋，屋上构楼，高者六七丈，下者四五丈，飞观鸱尾，迎风拂云，缘山瞰水，骞骞嵬崿，但制造壮拙，稽古夷俗，城开四门，东为前门，当两淮渚滨，于曲路有古碑，夷书铭赞前王胡达之德。西门当两重塹，北回上山，山西，即淮流也。南门度两重塹，对温公垒。升平二年，交州刺史温放之杀交趾太守宝[8]，别驾阮郎遂征林邑[9]，水陆累战，佛保城自守，重求请服听之。今林邑东城南五里有温公二垒，是也。北门滨淮，路断不通。城内小城，周围三百二十步，合堂瓦殿，南壁不开，两头长屋，脊出南北，南拟背曰：西区城内石山顺淮面阳，开东向殿，飞檐、鸱尾、青隙[10]、丹墀、榱题、桷椽多诸古法，阁殿上柱高城丈余五，牛屎为塹，墙壁青光回度，曲掖绮牖、紫窗、椒房、嫔媵无别，宫观、路寝、永巷，共在殿上。临踞东轩，径与下语[11]，子弟、臣侍，皆不得上。屋有五十余丘[12]，连甍接栋，檐宇如承神祠鬼塔[13]，小大八庙，层台重榭，状似佛刹，郭无市里，邑寡人居，海岸萧条，非生民所处，而首渠以永安，养国十世，岂久存哉。

【校】

[1] 杀长史："史"，中华本《梁书》校云："疑是'吏'之误。"

[2] 行郡事杜慧期与战："杜慧期"，中华本《晋书》作"杜慧度"，上文引《晋书·安帝本纪》有"交州刺史杜慧度斩之"。

[3] 杀伤甚多："伤"，中华本《梁书》作"荡"。按：《南史》亦作"伤"，疑"荡"为"伤"之讹，今改。

[4] 文攻日南："文"，陈校本《水经注》无。

[5] 北边两端回折曲入："两"，陈校本《水经注》作"西"。

[6] 上起砖城一丈："城"，陈校本《水经注》作"墙"。

[7] 上倚板：陈校本《水经注》"上"上有一"砖"字。

[8] 交趾太守宝：陈校本《水经注》"守"下有一"宝"字，《晋书》卷六七有"将征林邑，交址太守杜宝、别驾阮朗并不从，放之以其沮众，诛之，勒兵进，遂破林邑而还"。

[9] 别驾阮郎遂征林邑："郎"，陈校本《水经注》作"朗"，《晋书》卷六七有"将征林邑，交址太守杜宝、别驾阮朗并不从，放之以其沮众，诛之，勒兵进，遂破林邑而还"。

[10] 青隙："隙"，陈校本《水经注》作"琐"。

[11] 径与下语："径"，陈校本《水经注》作"经"。

[12] 屋有五十余丘："丘"，陈校本《水经注》作"区"。

[13] 栋檐宇如承神祠鬼塔："如"，陈校本《水经注》作"相"。

宋

武帝永初

武帝永初二年，林邑遣使贡献。按《宋书·武帝本纪》不载。按《林邑传》：南夷林邑国，高祖永初二年，林邑王范阳迈遣使贡献，即加除授。按《南齐书·林邑传》：南夷林邑国，在交州南，海行三千里，北连九德，秦时故林邑县也。汉末称王。晋太康五年始贡献。宋永初元年，林邑王范杨迈初产，母梦人以金席藉之，光色奇丽。中国谓紫磨金，夷人谓之杨迈，故以为名。杨迈死，子咄立，慕其父，复改名"阳迈"。林邑有金山，金汁流出于浦。事尼干道，铸金银人像，大十围。

文帝元嘉

文帝元嘉□年，林邑侵日南、九德诸郡。按《宋书·文帝本纪》不载。按《林邑传》：太祖元嘉初，侵暴日南、九德诸郡，交州刺史杜弘文建牙聚众欲讨之，闻有代，乃止。按《梁书·林邑传》：宋永初二年，遣使贡献，以阳迈为林邑王。阳迈死，子咄立，慕其父，复曰阳迈。其国俗：居处为阁，名曰干阑，门户皆北向；书树叶为纸；男女皆以横幅吉贝绕腰以下，谓之干缦，亦曰都缦；穿耳贯小镮；贵者着革屣，贱者跣行。自林邑、扶南以南诸国皆然也。其王着法服，加璎珞，如佛像之饰。出则乘象，吹螺击鼓，罩吉贝伞，以吉贝为幡旗。国不设刑法，有罪者使象踏杀之。其大姓号婆罗门。嫁娶必用八月，女先求男，由贱男而贵女也。同姓还相婚姻，使婆罗门引婿见妇，握手相付，咒曰"吉利吉利"，以为成礼。死者焚之中野，谓之火葬。其寡妇孤居，散发至老。国王事尼干道，铸金银人像，大十围。元嘉初，杨迈侵暴日南、九德诸郡，交州刺史杜弘文建牙欲讨之，闻有代乃止。

元嘉七年七月甲寅，林邑国遣使献方物。按《宋书·文帝本纪》云云。

元嘉八年，林邑入寇。按《宋书·文帝本纪》不载。按《林邑传》：七年，阳迈遣使自陈与交州不睦，求蒙恕宥。

八年，又遣楼船百余寇九德，入四会浦口，交州刺史阮弥之遣队主相道生三千人赴讨，攻区粟城不克，引还。

按《梁书·林邑传》：八年，又寇九德郡，入四会浦口，交州刺史阮弥之遣队主相道生帅兵赴讨，攻区粟城不克，乃引还。尔后频年遣使贡献，而寇盗不已。

元嘉十年五月，林邑王遣使献方物。按《宋书·文帝本纪》云云。

按《林邑传》：林邑欲伐交州，借兵于扶南王，扶南不从。

十年，阳迈遣使上表献方物，求领交州，诏答以道远，不许。

元嘉十一年六月，林邑国遣使献方物元嘉十五年，林邑国遣使献方物。

元嘉十六年，林邑国遣使献方物。

元嘉十八年，林邑国遣使献方物。按以上《宋书·文帝本纪》云云。

元嘉二十三年夏六月，交州刺史檀和之伐林邑国，克之。按《宋书·文帝本纪》云云。

按《林邑传》：元嘉十二、十五、十六、十八年，频遣贡献，而寇盗不已，所贡亦陋薄。太祖忿其违傲，二十三年，使龙骧将军、交州刺史檀和之伐之，遣太尉府振武将军宗悫受和之节度。和之遣府司马萧景宪为前锋，悫仍领宪军副[1]。阳迈闻将见讨，遣使上表，求还所略日南民户，奉献国珍。太祖诏和之："阳迈果有款诚，许其归顺。"其年一月，军至朱梧戍，遣府户曹参军日南太守姜仲基、前部贼曹参军蟜弘民随传诏毕愿、高精奴等宣扬恩旨，阳迈执仲基、精奴等二十八人，遣弘民反命，外言归款，猜防愈严。景宪等乃进军向区粟城，阳迈遣大帅范扶龙大成区粟，又遣水步军径至。景宪破其外救，尽锐攻城。五月，克之，斩扶龙大首，获金银杂物不可胜计。乘胜追讨，即克林邑，阳迈父子并挺身奔逃，所获珍异，皆是未名之宝。上嘉将帅之功，诏曰："林邑介恃遐险，久稽王诛。龙骧将军、交州刺史檀和之忠果到列，思略经济，禀命攻讨，万里推锋，法命肃齐，文武毕力，洁己奉公，以身率下，故能立勋海外，震服殊俗。宜加褒饰，参管近侍，可黄门侍郎，领越骑校尉、行建武将军。龙骧司马萧景宪协赞军首，勤捷显著，总勒前驱，克殄巢穴，必能威服荒夷，抚怀民庶。可持节、督交州、广州之郁林、宁浦二郡诸军事、建威将军、交州刺史。"龙骧司马童林之、九真太守傅蔚祖战死，并赠给事中。

【校】

[1] 悫仍领宪军副：中华本《宋书》"领"下有一"景"字。

按《沈演之传》：上欲伐林邑，朝臣不同，广州刺史陆徽与演之赞成上意[1]。及平，赐群臣黄金、生口、铜器等物，演之所得偏多。上谓之曰：庙堂之谋，卿参其力，平此远夷，未足多建茅土。廓清京都，鸣鸾东岱，不忧河山不开也。

【校】

[1] 广州刺史陆徽与演之赞成上意：中华本《宋书》"广"上有一"为"字。

按《宗悫传》：元嘉二十二年，伐林邑，悫自奋请行。义恭举悫有胆勇，乃除震武将军[1]，为安西参军萧景宪军副，随交州刺史檀和之围区粟城。林邑遣将范毗沙达来救区粟，和之遣偏军拒之，为贼所败。又遣悫，悫乃分军为数道，偃旗潜进，讨破之，拔区粟，入象浦。林邑王范杨迈倾国来拒，以具装被象，前后无际，士卒不能当。悫曰："吾闻狮子威服百兽。"乃制其形，与象相御，象果惊奔，众因溃散，遂克林邑。收其异宝杂物，不可胜计。

【校】

[1] 乃除震武将军："震"，《宋书·林邑传》、《宋书·宗悫传》、《梁书·林邑传》均作"振"。

按《梁书·林邑传》：元嘉二十三年，使交州刺史檀和之、振武将军宗悫伐之。和之遣司马萧景宪为前锋，阳迈闻之惧，欲输金一万斤，银十万斤，还所略日南民户，其大臣毒僧达谏止之[1]，乃遣大帅范扶龙（《宋书》作范扶龙大）戍其北界区粟（《宋书》作粟）城。景宪攻城，克之，斩扶龙首，获金银杂物，不可胜计。乘胜径进，即克林邑。阳迈父子并挺身逃奔。获其珍异，皆是未名之宝。又销其金人，得黄金数十万斤。和之后病死，见胡人为祟[2]。

按《水经注》：元嘉中，檀和之征林邑，其王阳迈，举国夜奔窜山薮，据其城邑，收宝巨亿。军还之后，阳迈归国，家国荒殄，时人靡存。踌躇崩摒，愤绝复苏。即以元嘉二十三年死。初，阳迈母怀身，梦人铺杨迈金席，与其儿落金席上，光色起[3]，昭晰艳曜，华俗谓上金为紫磨金，夷俗谓上金为杨迈金，父胡达死，袭王位，能得人情，自以灵梦，为国祥庆。其太子初名咄，后阳迈死，咄年十九代立，慕先君之德，复名阳迈，昭穆二世，父子共名，知林邑之将亡矣。

【校】

[1] 其大臣毒僧达谏止之："毒"，中华本《南史》作"憚"。

[2] 见胡人为祟："人"，中华本《梁书》作"神"。

[3] 与其儿落金席上，光色起：陈校本《水经注》作"与其儿落席上，金光色起"。

孝武帝孝建

武帝孝建二年，林邑遣使贡献。按《宋书·孝武帝本纪》不载。按《林邑传》：世祖孝建二年，林邑又遣长史范龙跋奉使贡献，除龙跋扬武将军。

大明

大明二年，林邑遣使献方物。按《宋书·孝武帝本纪》云云。按《林邑传》：大明二年，林邑王范神成，又遣长史范流奉表，献金银器及香布诸物。

明帝泰豫

明帝泰豫元年，林邑遣使献方物。按《宋书·明帝本纪》不载。按《林邑传》云云。

南齐

武帝永明

武帝永明九年，林邑范当根纯遣使入贡，始封安南将军林邑王。按《南齐书·高帝本纪》不载。按《南史·齐武帝本纪》：永明九年五月[1]，林邑国献金簟。按《南齐书·林邑传》：孝建二年，始以林邑长史范龙跋为扬武将军。杨迈子孙相传为王，未有位号。夷人范当根纯攻夺其国[2]，篡位为王[3]。永明九年，遣使贡献金簟等物。诏曰：林邑蠢尔介在遐外[4]，世服王化。当根纯乃诚恳款到[5]，率其僚职，远绩克宣，良有可嘉。宜沾爵号，以弘休泽。可持节、都督缘海诸军事、安南将军、林邑王。范杨迈子孙范诸农率众人攻当根纯[6]，复得本国。

【校】

[1] 永明九年五月：中华本《南史》"月"下有"丙申"二字。

[2] 夷人范当根纯攻夺其国：张森楷校勘记云："《梁书》、《南史》并云扶南王子当根纯，事在晋末，与此叙于永明元年者不同。"

[3] 篡位为王："位"，中华本《南齐书》作"立"。

[4] 林邑蠢尔介在遐外："蠢尔"，中华本《南齐书》校勘记云："《元龟》九百六十三作'林邑虽分（当作介）在遐外'。按诏赐林邑王爵号，不当引用'蠢尔'语，且下诏报扶南国王，亦有'彼虽介在遐陬'语，明'蠢'乃'虽'字之讹。"

[5] 当根纯乃诚恳款到："恳"，中华本《南齐书》无。

[6] 范杨迈子孙范诸农率众人攻当根纯："众"，中华本《南齐书》作"种"。

永明十年，以范诸农为持节[1]、都督缘海诸军事、安南将军、林邑王。按《南齐书·武帝本纪》不载。按《林邑传》云云。

【校】

[1] 以范诸农为持节："范"，中华本《南齐书》无。

明帝建武

明帝建武二年，进范诸农号镇南将军。按《南齐书·明帝本纪》不载。按《林邑传》云云。

永泰

永泰元年，以范诸农子文款为林邑王。按《南齐书·明帝本纪》不载。

按《林邑传》：永泰元年，诸农入朝，海中遭风溺死，以其子文款为假节、都督缘海军事、安南将军、林邑王。晋建兴中，日南夷帅范稚奴文数商贾，见上国制度，教林邑王范逸起城池楼殿。王服天冠如佛冠，身被香缨络。国人凶悍，习山川，善斗。吹海蠡为角。人皆裸露。四时暄暖，无霜雪。贵女贱男，谓师巫为婆罗门[1]。群从相姻通，妇先遣聘求婿。女嫁者，迦蓝衣横幅合缝如井阑，首戴花宝。婆罗门牵婿与妇握手相付，咒愿吉利。居丧剪发，谓之孝。燔尸中野以为葬。远界有灵鹫鸟，知人将死，集其家食死人肉尽，飞去，乃取骨烧灰投海中水葬。人色以黑为美，南方诸国皆然。区栗城建八尺表。日影度南八寸。自林邑西南三千余里，至扶南。

【校】

[1] 谓师巫为婆罗门："巫"，中华本《南齐书》作"君"。

梁

武帝天监

武帝天监九年，林邑遣使献白猴，诏封范天凯林邑王。按《梁书·武帝本纪》：天监九年四月，林邑国遣使献白猴一。按《林邑传》：宋孝武孝建、大明中，林邑王范神成累遣长史奉表贡献。明帝泰豫元年，又遣使献方物。齐永明中，范文赞累遣使贡献。天监九年，文赞子天凯奉献白猴，诏曰："林邑王范天凯介在海表，乃心款至，远修职贡，良有可嘉。宜班爵号，被以荣泽。可持节、督缘海诸军事、威南将军、林邑王。"

天监十年，林邑遣使献方物。按《梁书·武帝本纪》不载。按《林邑传》云云。

天监十一年，林邑遣使献方物。

天监十三年，林邑遣使献方物。按以上《梁书·武帝本纪》云云。按《林邑传》：十三年，天凯累遣使献方物。俄而病死，子弼毚跋摩立，奉表贡献。

普通

普通七年六月，林邑国遣使献方物。按《梁书·武帝本纪》云云。按《林邑传》：普通七年，王高式胜铠遣使献方物，诏以为持节、督缘海诸军事、绥南将军、林邑王。

大通

大通元年三月，林邑国遣使献方物。按《梁书·武帝本纪》云云。

中大通

中大通二年六月，林邑国遣使献方物。按《梁书·武帝本纪》云云。

按《林邑传》：中大通二年，行林邑王高式律陁罗跋摩遣使贡献，诏以为持节、督缘海诸军事、绥南将军、林邑王。

中大通六年七月，林邑国遣使献方物。按《梁书·武帝本纪》

云云。

隋

文帝开皇

文帝开皇□年，林邑遣使入贡。按《隋书·文帝本纪》不载。

按《林邑传》：林邑之先，因汉末交址女子征侧之乱，内县功曹子区连杀县令，自号为王。无子，其甥范熊代立，死，子逸立。日南人范文因乱为逸仆隶，遂教之筑宫室，造器械。逸甚信任，使文将兵，极得众心。文因间其子弟，或奔或徙。及逸死，国无嗣，文自立为王。其后范佛为晋扬威将军戴桓所破。宋交州刺史檀和之将兵击之，深入其境。至梁、陈，亦通使往来。其国延袤数千里，土多香木金宝，物产大抵与交址同。以砖为城，蜃灰涂之，东向户。尊官有二：其一曰西那婆帝，其二曰萨婆地歌。其属官三等：其一曰伦多姓，次歌伦致地[1]，次乙他伽兰。外官分为二百余部。其长官曰弗罗，次曰可轮，如牧宰之差也。王戴金花冠，形如章甫，衣朝霞布，珠玑璎珞，足蹑革屣，时复锦袍。良家子侍卫者二百许人，皆执金装刀。有弓、箭、刀、矟，以竹为弩，傅毒于矢。乐有琴、笛、琵琶、五弦，颇与中国同。每击鼓以警众，吹蠡以即戎。其人深目高鼻，发拳色黑。俗皆徒跣，以幅布缠身。冬月衣袍。妇人椎髻。施椰叶席。每有婚媾，令媒者赍金银钏、酒二壶、鱼数头至女家。于是择日，夫家会亲宾，歌僛相对。女家请一婆罗门，送女至男家，婿盥手，因牵女授之。王死七日而葬，有官者三日，庶人一日。皆以函盛尸，鼓僛导从，舆至水次，积薪焚之。收其余骨，王则内金罂中，沉之于海，有官者以铜罂，沉之于海口；庶人以瓦，送之于江。男女皆截发，随丧至水次，尽哀而止，归则不哭。每七日，然香散花，复哭，尽哀而止。尽七七而罢，至百日、三年，亦如之。人皆奉佛，文字同于天竺。高祖既平陈，乃遣使献方物，其后朝贡遂绝。

【校】

[1] 次歌伦致地："地"，中华本《隋书》、《北史》卷九五均作"帝"。

炀帝大业

炀帝大业元年四月，大将军刘方击林邑，破之。按《隋书·炀帝本纪》云云。

按《林邑传》：时天下无事，群臣言林邑多奇宝者。仁寿末，上遣大将军刘方为驩州道行军总管，率钦州刺史宁长真、驩州刺史李晕、开府秦雄步骑万余及犯罪者数千人击之。其王梵志率其徒乘巨象而战，方军不利。方于是多掘小坑，草覆其上，因以兵挑之。梵志悉众而阵，方与战，伪北，梵志逐之，至坑所，其众多陷，转相惊骇，军遂乱。方纵兵击之，大破之。频战辄败，遂弃城而走。方入其都，获其庙主十八枚，皆铸金为之，盖其有国十八叶矣。方班师，梵志复其故地，遣使谢罪，于是朝贡不绝。

按《刘方传》：仁寿中方授驩州道行军总管，以尚书右丞李纲为司马，经略林邑。方遣钦州刺史宁长真、驩州刺史李晕、上开府秦雄以步骑出越常，方亲率大将军张愻、司马李纲舟师趣比景。高祖崩，炀帝即位，大业元年正月，军至海口。林邑王梵志遣兵守险，方击走之。师次阇黎江，贼据南岸立栅，方盛陈旗帜，击金鼓，贼惧而溃。既渡江，行三十里，贼乘巨象，四面而至。方以弩射象，象中疮，却踩其阵，王师力战，贼奔于栅，因攻破之，俘馘万计。于是济区粟，度六里，前后逢贼，每战必擒。进至大缘江，贼据险为栅，又击破之。径马援铜柱，南行八日，至其国都。林邑王梵志弃城奔海，获其庙主金人，污其宫室，刻石纪功而还。士卒脚肿，死者十四五。方在道遇患而卒，帝甚伤惜之，乃下诏曰："方肃承庙略，恭行天讨，饮冰遄迈，视险若夷。摧锋直指，出其不意，鲸鲵尽殪，巢穴咸倾，役不再劳，肃清海外。致身王事，绩诚可嘉，可赠上柱国、卢国公。"

唐

高祖武德

高祖武德□年，环王遣使献方物。按《唐书·高祖本纪》不载。

按《南蛮传》：环王，本林邑也，一曰占不劳，亦曰占婆。直交州南，海行三千里。地东西三百里而赢，南北千里。西距真腊雾温山，南抵奔浪陀州。其南大浦，有五铜柱，山形若倚盖，西重岩，东涯海，汉马援所植也。其地冬温，多雾雨，产虎魄、猩猩兽、结辽鸟。以二月为岁首，稻岁再熟，取槟榔渖为酒，椰叶为席。俗凶悍，果战斗，以麝涂身，日再涂再澡，拜谒则合爪顿颡。有文字，喜浮屠道，冶金银像，大或十围。呼王为阳蒲逋，王妻为陀阳阿熊，太子为阿长逋，宰相为婆漫地。王所居曰占城，别居曰齐国、曰蓬皮势。王衣白，古贝斜络臂，饰金琲为缨，鬌发，戴金华冠如章甫。妻服朝霞，古贝短裙，冠缨如王。王卫兵五千，战乘象，藤为铠，竹为弓矢，率象千、马四百，分前后。不设刑，有罪者使象践之；或送不劳山，畀自死。隋仁寿中，遣将军刘芳（《隋书》方）伐之，其王范梵志挺走，以其地为三郡，置守令。道阻不得通，梵志哀遗众，别建国邑。武德中，再遣使献方物，高祖为设九部乐飨之。

太宗贞观

太宗贞观□年，林邑遣使入献。按《唐书·太宗本纪》不载。

按《南蛮传》：贞观时，王头黎献驯象、镠锁、五色带、朝霞布、火树[1]，与婆利、罗刹二国使者偕来。林邑其言不恭，群臣请问罪。太宗曰：昔苻坚欲吞晋，众百万，一战而亡。隋取高丽，岁调发，人与为怨，乃死匹夫手。朕敢妄议发兵邪。赦不问。又献五色鹦鹉、白鹦鹉，数诉寒，有诏还之。头黎死，子镇龙立，献通天犀、杂宝。

【校】

[1] 火树："树"，中华本《新唐书》作"珠"。

贞观十九年，林邑王范镇龙被弑，国人立诸葛地为王。按《唐书·太宗本纪》不载。

按《南蛮传》：十九年，摩呵慢多伽独弑镇龙[1]，灭其宗，范姓绝。国人立头黎婿婆罗门为王，大臣共废之，更立头黎女为王。诸葛地者，头黎之姑子，父得罪，奔真腊。女之王不能定国，大臣共迎诸葛地为王，妻以女。

【校】

[1] 摩呵慢多伽独弑镇龙："呵"，中华本《新唐书》作"诃"。

肃宗至德

肃宗至德□年，林邑更号为环王。按《唐书·肃宗本纪》不载。按《南蛮传》：永徽至天宝，凡三入献。至德后，更号环王。

宪宗元和

宪宗元和□年，安南都护张舟执环王都统及王子五十九人。按《唐书·宪宗本纪》不载。

按《南蛮传》：元和初不朝献，安南都护张舟执其伪骠、爱州都统，斩三万级，虏王子五十九，获战象、舠、铠。

《林邑记》

杂记七则

《杂记七则》

槟榔树，大围丈余，高十余丈，皮似青铜，节如斑竹，下本不大，上末不小，远近为林，千万若一，森秀无柯，端顶有叶，其叶带条瓠开破，仰望沙沙如弹蔴，蕉于竹杪风至，独动似举羽扇之扫天叶，下系数房房，缀十数子，家有数百树，云疏如坠绳也。西南远界有灵鹫，能知吉凶，觇人将死，食尸肉尽乃去。家人取骨烧为灰，投之于水。飞鱼翼如蝉，渠则凌云沉泳海底[1]。延袤六十里，土多香木、金宝，物产大抵与交址同，以砖为城，蜃灰涂之[2]，皆开北户以向日，或东西无定。王范文铸铜为牛铜屋行宫。林邑王明达献金钢指环。从林邑往金山三十余里，远望金山嵯峨，而赤城照耀，似天涧壑谷，中亦有生金，形如虫豸，细者似苍蝇，大者若蜂蝉，夜行耀光如萤火。

【校】

[1] 渠则凌云沉泳海底："渠"，说郛本《林邑记》作"飞"。

[2] 蜃灰涂之："灰"，说郛本《林邑记》作"炭"，《隋书》卷八二、《北史》卷九五均作"灰"。

吕宋部

汇考

明

太祖洪武

太祖洪武五年，吕宋国遣使入贡。

按《明外史·吕宋传》：吕宋居南海中，去漳州甚近。洪武五年正月，使使偕琐里诸国来贡[1]。

按《明会典》：洪武五年，赐国王织金、彩段、纱罗，使臣并从人俱与琐里国同。

【校】

[1] 使使偕琐里诸国来贡："使使"，中华本《明史》作"遣使"。

成祖永乐

成祖永乐三年十月，遣官抚谕吕宋，吕宋随遣使入贡。按《明外史·吕宋传》：永乐三年十月，遣官赍诏，抚谕其国。按《明会典》：永乐三年，吕宋遣使入贡。按《明·一统志》：吕宋，前代无考。本朝永乐三年，国王遣其臣隔察老来朝[1]，并贡方物、土产、黄金。

永乐八年，吕宋与冯嘉施兰入贡，自后久不至。按《明外史·吕宋传》云云。

神宗万历

神宗万历四年，吕宋助讨逆贼有功，来贡，贡道由福建。按《明外史·吕宋传》：万历四年，官军追海寇林道干至其国，国人助讨有功，复朝贡。按《明会典》：吕宋贡道由福建，万历四年，以助讨逆贼[1]，正赏外加赐如朝鲜国，送回人口例。

【校】

[1] 以助讨逆贼："逆"，底本、四库本同，万有文库本作"逋"。

万历□年，佛郎机贾人袭吕宋，杀其王而据其国。

按《明外史·吕宋传》：时佛郎机强，与吕宋互市，久之见其国弱可取，乃奉厚贿遗王，乞地如牛皮大，建屋以居。王不虞其诈而许之，其人乃裂牛皮，联属至数百丈，围吕宋地，乞如约。王大骇，然业已许诺，无可奈何，遂听之，而稍征其税如国法。其人既得地，即营室筑城，列火器，设守御具，为窥伺计。已，竟乘其无备，袭杀其王，逐其人民，而据其国，名仍吕宋，实佛郎机也。先是，闽人以其地近且饶富，商贩者至数万人，往往久居不返，至长子孙。佛郎机既夺其国，其土遣一酋来镇，虑华人为变，多逐之归，留者悉被其侵辱。

万历二十一年，华人潘和五刺吕宋酋长，收金宝而归。失路之安南，后以酋子闻于朝，和五留安南，终不返。

按《明外史·吕宋传》：万历二十一年八月，酋郎雷敝里系胜侵美洛居，役华人二百五十助战。有潘和五者为其哨官。蛮人日酣卧，而令华人操舟，稍息，辄鞭打[1]，有至死者。和五曰："叛死，棰死，等死耳，否亦且战死，曷若刺杀此酋以救死。胜则扬帆归，不胜而见缚，死未晚也。"众然之，乃夜刺杀其酋，持酋首大呼。诸蛮惊起，不知所为，悉被刃，或落水死。和五等尽取其金宝、甲仗，驾舟以归。失路之安南，为其国人所掠，惟郭惟太等三十二人附他舟获返。时酋子郎雷猫吝驻朔雾，闻之，率众驰至，遣僧陈父冕，乞还其战舰、金宝，戮仇人以偿父命。巡抚许孚远闻于朝，檄两广督抚以礼遣僧，置惟太于理，和五竟留安南不敢返。初，酋之被戮也，其部下居吕宋者，尽逐华人于城外，毁其庐。及猫吝归，即令城外筑室以居。会有传日本来寇者，猫吝惧交通为患，复议驱逐。而孚远适遣人招还，蛮乃给行粮遣之。然华商嗜利，趋死不顾，久之复成聚。其时矿税使者四出，奸宄蜂起言利，有阎应龙、张嶷者[2]，言吕宋机易山素产金银，采之，岁可得金十万两、银三十万两。万历二十六年，吕宋国径抵濠镜澳，台司官议逐之。

【校】

[1] 辄鞭打:"打",中华本《明史》作"挞"。

[2] 有阎应龙、张嶷者:"阎应龙",中华本《明史》校勘记云:"神宗实录卷三十五万历三十年八月丙戌条及国榷卷七九页四九〇〇都作'阎应隆'。"

按《广东通志》:吕宋国例由福建贡市[1],万历二十六年八月初五日,径抵濠镜澳,住舶索请开贡,两台司道咸谓其越境违例[2],议逐之。诸澳彝亦谨守澳门,不得入。九月移泊虎跳门,言候丈量,越十月又使人言,已至甲子门,舟破趋还,遂就虎跳门,径结屋群居,不去海道,副使章邦翰饬兵,严谕焚其聚次[3]。九月始还东洋,或曰此闽广商诱之使来也。万历三十年,以张嶷言吕宋机易山金银矿可开,命海澄丞王时和偕嶷往勘之。

【校】

[1] 吕宋国例由福建贡市:此句四库本《广东通志》无。

[2] 两台司道咸谓其越境违例:"两台",四库本《广东通志》作"都府"。

[3] 严谕焚其聚次:"次",四库本《广东通志》作"落"。

按《明外史·吕宋传》:有阎应龙、张嶷者,言吕宋机易山素产金银,采之,岁可得金十万两、银三十万两,万历三十年七月诣阙奏闻,帝即纳之。命下,举朝骇异。都御史温纯疏言:

近中外诸臣争言矿税之害,天听弥高。今云南李凤至污辱妇女六十六人[1],私运财贿至三十巨舟、三百大扛,势必见戮于积怒之众。何如及今撤之,犹不失威福操纵之柄。缅酋以宝井故,提兵十万将犯内地,西南之蛮,岌岌可忧。而闽中奸徒又以机易山事见告矣。此其妄言,真如戏剧,不意皇上之聪明而误听之。臣等惊魂摇曳,寝食不宁。异时变兴祸起,费国家之财不知几百万,倘或剪灭不早,其患又不止费财矣。

臣闻海澄市舶高寀已岁征三万金,决不遗余力而让利。即机易越在海外,亦决无遍地金银,任人采取之理,安所得金十万、银三十万,以实其言。不过假借朝命,阑出禁物,勾引诸番,以逞其不轨之谋,岂止烦扰公私,贻害海澄一邑而已哉。

昔年倭患，正缘奸民下海，私通大姓，设计勒价，致倭贼愤恨，称兵犯顺。今以朝命行之，害当弥大。及乎兵连祸结，诸奸且效汪直、曾一本辈故智，负海称王，拥兵列寨，近可以规重利，远不失为尉佗。于诸亡命之计得矣，如国家大患何。乞急寘于理，用消祸本。

言官金忠士、曹于汴、朱吾弼等亦连章力争，皆不听。

事下福建守臣，持不欲行，而迫于朝命，乃遣海澄丞王时和、百户于一成偕嶷往勘[2]。吕宋人闻之大骇。华人流寓者谓之曰："天朝无他意，特奸徒横生事端。今遣使者按验，俾奸徒自穷，便于还报耳。"其酋意稍解，命诸僧散花道旁，若敬朝使，而盛陈兵卫迓之。时和等入，酋为置宴，问曰："天朝欲遣人开山。山各有主，安得开。譬中华有山，可容我国开耶？"且言："树生金豆，是何树所生？"时和不能对，数视嶷，嶷曰："此地皆金，何必问豆所自？"其上下皆大笑，留嶷，欲杀之。诸华人共解，乃获释归。时和还任，即病悸死。守臣以闻，请治嶷妄言罪。事已止矣，而吕宋人终自疑，谓天朝将袭取其国，诸流寓者为内应，潜谋杀之。

明年，声言发兵侵旁国，厚价市铁器。华人贪利尽出而鬻之[3]，于是家无寸铁。酋乃下令录华人姓名，分三百人为一院，入即歼之。事稍露，华人乃群走菜园。酋发兵攻，众无兵仗，死无算，奔大仑山。蛮人复来攻，众殊死斗，蛮兵少挫。酋旋悔，遣使议和。众疑其伪，扑杀之。酋大怒，敛众入城，设伏城旁。众饥甚，悉下山攻城。伏发，众大败，先后死者二万五千人。酋寻出令，诸所掠华人赀，悉封识贮库。移书闽中守臣，言华人将谋乱，不得已先之，请令死者家属往取其孥与帑。巡抚徐学聚等亟告变于朝，帝惊悼，下法司议奸徒罪。

【校】

[1] 今云南李凤至污辱妇女六十六人："云南"，中华本《明史》校勘记云，《明史》卷二二〇温纯传、卷三〇五陈增传及梁永传均作"广东"，《神宗实录》卷三七五万历三十年八月甲寅条有"广东巡按李时华论税使李凤疏"。

[2] 百户于一成偕嶷往勘："于"，底本、《海国图志》卷一一同，中华本《明史》作"干"。

[3] 华人贪利尽出而鬻之："出而"，中华本《明史》无。

万历三十二年，枭张嶷首示海上，移檄吕宋，数以擅杀商民之罪，令送死者妻子以归。

按《明外史·吕宋传》：万历三十二年十二月议上，帝曰："嶷等欺诳朝廷，生衅海外，致二万商民尽膏锋刃，损威辱国，死有余辜，即枭首传示海上。吕宋酋擅杀商民，抚按官议罪以闻。"学聚等乃移檄吕宋，数以擅杀罪，令送死者妻子归，竟不能讨也。其后，华人复稍稍往，而蛮人利中国互易[1]，亦不拒，久之复成聚。时佛郎机已并满剌加，益以吕宋，势愈强，横行海外，遂据广东香山澳，筑城以居，与民互市，而患复中于粤矣。

按《坤舆图说》：广州之东南为吕宋，其地产鹰，鹰王飞则众鹰从之，或得禽兽俟，鹰王先取其睛，然后群鹰方啖其肉。又有一树，百兽不得近，一过其下即毙矣。

【校】

[1] 而蛮人利中国互易："易"，中华本《明史》作"市"。

满剌加部

汇考

汉

满剌加部汇考（哥罗 哥罗富沙罗 重迦罗）

汉哥罗国，汉时闻于中国。按《汉书》不载。

按杜氏《通典》：哥罗国，汉时闻焉。在盘盘东南，亦曰哥罗富沙罗国云。其王姓矢利婆罗，名米失钵罗。其城累石为之[1]。城有楼阙，门有禁卫，宫室覆之以草。国有二十四州而无县。庭列仪仗，有纛，以孔雀羽饰焉。兵器有弓、箭、刀、矟、皮甲。征伐皆乘象，一队有象百头，每象有百人卫之。象鞍有钩拦[2]，其中有四人[3]，一人执盾[4]，一人执弓矢，一人执矟，一人执刀。赋税人出银一铢。国无蚕丝、麻纻，唯出吉贝布。畜有牛，少马。其俗，非有官者不得上发裹头。又嫁娶初问婚，惟以槟榔为礼，多者至二百盘。或婚之时[5]，唯以黄金为财，多者至二百两。妇人嫁讫则从夫姓。音乐有琵琶、横笛、铜钹、铁鼓、簧。吹蠡击鼓。死亡则焚尸，盛以金罂，沉之大海。

【校】

[1] 其城累石为之：中华本《通典》"其"下有一"理"字。

[2] 象鞍有钩拦："钩拦"，中华本《通典》作"钩栏"。

[3] 其中有四人："其"，底本、《文献通考》卷三三一同，中华本《通典》作"之"。

[4] 一人执盾："盾"，中华本《通典》作"矟"。

[5] 或婚之时："或"，中华本《通典》、《文献通考》卷三三一作"成"，疑"或"为"成"之形讹。

明

成祖永乐

成祖永乐元年，遣使招谕满剌加国。按《明外史·满剌加传》：满剌加，在占城南。顺风八日至龙牙门，又西行二日即至。或云即古顿逊，唐哥罗富沙。永乐元年十月遣中官尹庆使其地，赐以织金文绮、销金帐幔诸物。其地无王，亦不称国，服属暹罗，岁输金四十两为赋。庆至，宣示威德及招徕之意。其酋拜里迷苏剌大喜，遣使随庆入朝贡方物。

永乐三年，满剌加遣使入贡，封为满剌加国王。按《明外史·满剌加传》：永乐三年九月，至京师。帝嘉之，封为满剌加国王，赐诰印、彩币、袭衣、黄盖，复命庆往。其使者言："王慕义，愿同中国列郡，岁效职贡，请封其山为一国之镇。"帝从之。制碑文，勒山上，末缀以诗曰："西南巨海中国通，输天灌地亿载同。洗日浴月光景融，雨崖露石草木浓。金花宝钿生青红，有国于此民俗雍。王好善义思朝宗，愿比内郡依华风。出入导从张盖重，仪文襡袭礼虔恭。大书贞石表尔忠，尔国西山永镇封。山居海伯翕扈从[1]，皇考陟降在彼穹。后天监视久益隆[2]，尔众子孙万福崇。"庆等再至，其王益喜，礼待有加。

按《明会典》：永乐三年，其酋长拜里迷苏剌遣使奉金叶表朝贡，诏封为国王，给印诰，使者言：王慕义，愿同中国属郡，岁效职贡，又请封其国西山，诏封为镇国之山，御制碑文，赐之贡物犀角、象牙、玳瑁、玛瑙珠、鹤顶、金母鹤顶、珊瑚树、珊瑚珠、金镶戒指、鹦鹉、黑熊、黑猿、白鹿、锁服、撒哈剌白苾布、姜黄布、撒都细布、西洋布、花缦、蔷薇露、栀子花、乌爹泥苏合油、片脑、沉香、乳香、黄速香、金银香、降真香、紫檀香、丁香、树香、木香、没药阿魏大枫子、乌木、苏木、番锡、番盐、黑小厮。

按《明·一统志》：满剌加国在占城国南，其朝贡自广东以达于京师，前代不通中国。本朝永乐三年，其国王西利八儿速剌遣使朝贡，朝廷赐以印诰。

按《广东通志》：满剌加国，古哥罗富沙也。汉时，常通中国，后为顿逊所羁属,顿逊在海崎山上,地方千里,城去海十里,有五王,并羁属扶南。去扶南可三千里,东界通交州,即古哥罗富沙也。其西界接天竺,徼外诸国,其国城接阇婆,故又名大阇婆,今称重迦罗。东有吉里地闷[3],故其处,旧不称国。自旧江顺风,八昼夜可至其国,傍海,山孤人少,受羁属于暹罗[4],每岁输金四十两为税。明永乐三年,其王西利八儿速剌遣使奉金叶表文来朝贡。满剌加国疆域在占城南,其朝贡自广东以达京师,贡献方物使回,令于广东布政司管待。

【校】

[1] 山居海伯翕扈从:"居",《万历野获编》卷一,《太宗实录》卷三均作"君"。

[2] 后天监视久益隆:"益",中华本《明史》作"弥",义可两通。

[3] 顿逊在海崎山上……东有吉里地闷:底本、《太平御览》卷七八六、《通志》卷一九八、《册府元龟》卷九五九所载大同,四库本《广东通志》无,疑此段非《广东通志》原文,乃为注文。

[4] 受羁属于暹罗:"受羁属",四库本《广东通志》作"服于"。

永乐五年,满剌加入贡。按《明外史·满剌加传》:永乐五年九月,遣使入贡。

永乐六年,满剌加入贡。按《明外史·满剌加传》:永乐六年,郑和使其国,旋入贡。

永乐七年,册满剌加为国,封其将领为王。按《瀛涯胜览》:满剌加,旧名五屿,以海有此山也。东南距海,西北皆岸,岸连山,地瘠卤,收获殊寡,故未称国,隶暹罗。岁输金五十两,否则被伐。永乐七年己丑,上命太监郑和册为满剌加国,赐其将领银印冠服为王,自是不役属暹罗,携妻子赴京谢[1],愿修职贡,上赐舶还。其境有大溪,灌王宫入海,跨溪桥之,构亭于上,约二十余楹,交易者来集。俗尚回回教,持斋受戒。王以白缠首、青细花袍、蹑皮履、乘轿。民间男帕首,女撮髻于后。其体微黑,短衫,束腰以帨,风俗淳朴。民舍如暹罗,联榻趺坐,业渔,刳木为舟,泛海而渔。婚丧类瓜哇,旁海有龟龙患,其龙高四尺,四足,身皆鳞甲,露长牙,遇之则啮。山出黑虎,比常虎差小，毛有暗花文，虎有能变人形者，白昼入市，群行。觉者禽杀之，古城尸头蛮。中国舶亦至，其地梓木为棚，辟四门鼓楼，夜巡以铃，内设重棚，有仓库，可贮货。五月中方发舶，厥产黄连香乌木打魔香，此香乃树脂堕地成，遇火即燃。国人以当灯，及涂舟，水不能入。明莹者若金箔，曰损都卢厮。可作瑂珠，名水珀是已。花锡有场山，曰树沙始。其皮如葛，捣滤成粉，可作饭。渚生水草曰：茭葦，长如刀状，韧坚，其子类荔枝，大若鸡子，以酿酒曰茭葦酒，亦醉人。叶可作簟席，果有：甘蔗、芭蕉子、波罗蜜、野荔枝之类。蔬有：葱、姜、蒜、芥、东瓜、西瓜之属。牛、羊、鸡、鸭罕有，驴马无（按《明外史》：三年已封为国王，此作七年，始图其地为国，赐将领为王，两说不同，今并存之）。

按《明会典》：满剌加国，筵宴二次，使臣回，至广东布政司管待一次。永乐间，使臣回，经过府州管待。七年，命正使太监郑和等，统官兵二万七千余人，驾海舶四十八艘，往诸番彝，开读赏赐，诏封为满剌加国王，赐银印、冠带、袍服，且建碑立界，暹罗始不敢侵扰。正统间，使臣回[2]，洛宁[3]，江西布政司、广东布政司管待。

【校】

[1] 携妻子赴京谢：中华本《瀛涯胜览》"携"上有一"王"字。

[2] 使臣回：万历本《明会典》无。

[3] 洛宁："洛宁"，万历本《明会典》作"济宁"。

永乐九年，满剌加率其妻子入朝奉贡，上御奉天门，宴赉有加。按《明外史·满剌加传》：永乐九年，满剌加王率妻子陪臣五百四十余人来朝。抵近郊，命中官海寿、礼部郎中黄裳等宴劳，有司供张会同馆。入朝奉天殿，帝亲宴之，妃以下宴他所。光禄日致牲牢上尊，赐王金绣龙衣二袭、麒麟衣一袭、金银器、帷幔衾裯悉具，妃以下皆有赐。将归，赐王玉带、仪仗、鞍马，赐妃冠服。频行[1]，赐宴奉天门，再赐玉带、仪仗、鞍马、黄金百、白金五百、钞四十万贯、钱二千六百贯、锦绮纱罗三百匹、帛千匹、浑金文绮二、金织通袖膝襴二；妃及子侄陪臣以下，宴赐有差。礼官饯于龙江驿，复赐宴龙潭驿。

按《明会典》：九年，王来朝[2]，赐王妃及其子侄陪臣傔从彩缎、纱罗、袭衣有差，王还国[3]。赐王妃冠服[4]，及银钞、锦绮纱罗等物。陪臣赏赐有差。以后定例回赐国王彩缎十表里，纱罗各四匹、锦二匹。王妃彩缎五表里、纱三匹。差来正副使并头目初到，每人赏织金罗衣一套，靴袜各一双。正赏彩缎四表里，纱罗各二匹，折钞绢四匹，织金纻丝衣一套。通使总管人等初到[5]，每人素罗衣一套，靴袜各一双，正赏绫三匹，折钞绢六匹，素纻丝衣一套。番伴初到，每人绢衣一套，靴袜各一双，正赏折钞绢二匹，绵布二匹，伴袄裤鞋各一副[6]。其正副使、通事人等，给赐冠带，及给换。例与暹罗国同。正贡外，附来货物皆给价，其余货物许令贸易。

按《明·一统志》：九年，其嗣王拜里迷苏剌亲率其妻子来朝，厚赍而还，自是朝贡不绝。

按《广东通志》：九年七月，嗣王拜里迷苏剌率其妻子陪臣五百四十余人来朝。上闻之，念其轻去乡土，跋涉海道，即遣中官海寿，礼部郎中黄裳等往宴劳之。复命有司供张会同馆。既至，奉表入见，并献方物。上御奉天门宴劳之，别宴王妃及陪臣等。仍命光禄寺日给牲牢上尊[7]，命礼部赐[8]王妃八儿迷速里及其子侄、陪臣傔从文绮纱罗袭衣有差。九月拜里迷苏剌辞归，赐宴于奉天门，别宴王妃、陪臣等，赐敕劳王厚赐之，并及其妻子、陪臣、敕曰：王涉海数万里至京师，坦然无虞，盖王之忠诚，神明所佑。朕与王相见甚驩，固当且留。但国人在望，宜往慰之。今天气向寒，顺风南帆，实维厥时，王途中善饮食、善调护，以副朕眷念之怀。[9]

【校】

[1] 频行："频"，中华本《明史》作"濒"。

[2] 王来朝：万历本《明会典》该句下有"赐锦绣龙衣二套，麒麟衣二套及金银器皿、帏帐、茵褥"。

[3] 王还国：万历本《明会典》该句下有"赐金镶玉带一条、仪仗一副、鞍马二匹、金百两、银五百两、钞四十万贯、铜钱二千六百贯、锦绮纱罗三百匹、绢一千匹、金绮二匹、织金文衣二件"。

[4] 赐王妃冠服：万历本《明会典》"服"下有"一副"二字。

[5] 通使总管人等初到:"通使",万历本《明会典》作"通事",又下文有"其正副使、通事人等"。

[6] 伴袄裤鞋各一副:"伴",万历本《明会典》"袄"上有一"胖"字。

[7] 仍命光禄寺日给牲牢上尊:"尊",四库本《广东通志》作"寻"。

[8] 命礼部赐:四库本《广东通志》、《殊域》卷八该句下有"赐王锦绣龙衣二袭,麒麟衣一袭,及金银器皿帷幔裀褥"。

[9] 王涉海数万里……以副朕睠念之怀:底本、《殊域》卷八、《东西洋考》同,四库本《广东通志》无。

永乐十年,满剌加王侄入谢,旋又入贡。按《明外史·满剌加传》:永乐十年夏,其侄入谢。及辞归,命中官甘泉偕往,旋又入贡。

永乐十二年,满剌加国王薨,其子入朝告其父讣,即命袭封。

按《明外史·满剌加传》:永乐十二年,王子母斡撒于的儿沙来朝,告其父讣。即命袭封,赐金币。嗣后,或连岁,或间岁入贡以为常。

按《明会典》:十二年,国王子母斡撒干的儿沙来朝[1],告父卒,命嗣封。

按《广东通志》:十二年,国王母来宴,赐如王妃。

【校】

[1] 国王子母斡撒干禹的儿沙来朝:"干",中华本《明史》、万历本《明会典》作"于"。

永乐十七年,满剌加王率妻子陪臣入朝谢恩,诉暹罗见侵,诏戒谕暹罗。按《明外史·满剌加传》:永乐十七年,王率妻子陪臣来朝谢恩。及辞归,诉暹罗见侵状。帝为赐敕谕暹罗,暹罗乃奉诏。

永乐二十二年,满剌加王子以嗣位,率妻子入朝。按《明外史·满剌加传》:永乐二十二年,西里麻哈剌以父没嗣位,率妻子陪臣来朝。

宣宗宣德

宣宗宣德六年,满剌加遣使人,诉暹罗见侵,阻贡道之故,命郑和赍敕戒谕暹罗。

按《明外史·满剌加传》:宣德六年遗使者来言:"暹罗谋侵本国,王欲入朝,惧为所阻,欲奏闻,无能书者,令臣三人附苏门荅剌贡舟入诉。"帝命附郑和舟归国,因令和赍敕谕暹罗,责以辑睦邻封,毋违朝命。初,三人至,无贡物,礼部例不当赏。帝曰:"远人越数万里来愬不平,岂可无赐。"遂赐袭衣、彩币,如贡使例。

宣德八年,满剌加国王率妻子陪臣来朝。

按《明外史·满剌加传》:宣德八年,王率妻子陪臣来朝。抵南京,天已寒,命俟春和北上,别遣人赍敕劳赐王及妃。洎入朝,宴赉如礼。及还,有司为治舟。王复遣其弟贡驼马方物。时英宗已嗣位,而王犹在广东。赐敕奖王,命守臣送还国。因遣古里、真腊等十一国使臣,附载偕还。

按《明会典》:宣德八年,国王朝贡,广东布政司,并南雄、赣州、临江、淮安、济宁各府州茶饭管待[1],至通州,令行在光禄寺办送茶饭接待。

【校】

[1] 各府州茶饭管待:"各",底本、万历本同,四库本《明会典》作"个"。

英宗正统

英宗正统十年,满剌加国使者请赐其王敕书伞盖,又说欲亲诣阙下,乞赐巨舟,皆从之。

按《明外史·满剌加传》:正统十年,其使者请赐王息力八密息瓦儿丢八沙护国敕书及蟒服、伞盖,以镇服国人。又言:"王欲亲诣阙下,从人多,乞赐一巨舟,以便远涉。"帝悉从之。

按《明会典》:正统十年以后,屡遣使来贡,贡道由广东[1]。

【校】

[1] 贡道由广东:此句底本、万历本同,四库本《明会典》无。

代宗景泰

代宗景泰六年,满剌加入贡,请封遣使兼赐冠服。

按《明外史·满剌加传》:景泰六年,速鲁檀无答佛哪沙贡马及方物,请封为王。诏给事中王晖往。已,复入贡,言所赐冠带毁于火。命制皮弁服、红罗常服及犀带纱帽予之。

英宗天顺

英宗天顺三年，满剌加国入贡请封。

按《明外史·满剌加传》：天顺三年，王子苏丹芒速沙遣使入贡，命给事中陈嘉猷等往封之。越二年，礼官言：嘉猷等浮海二日，至乌猪洋，遇飓风，舟坏，飘六日至清澜守御所获救。敕书无失，诸赐物悉沾水。乞重给，令使臣复往。从之。

按《明会典》：天顺三年，其王嗣子请封，遣使行礼。

按明《一统志》：天顺三年，国王无答佛哪沙卒，其子苏丹芒速沙请命[1]，复遣使赍诏往封焉。

【校】

[1] 苏丹芒速沙："芒"，四库本《明一统志》作"茫"，《明史》卷三二五亦作"茫"。

宪宗成化

宪宗成化十年，满剌加入贡。按《明外史·满剌加传》：成化十年，给事中陈峻册封占城王，遇安南兵据占城不得入，以所赍物至满剌加，谕其王入贡。其使者至，帝喜，赐敕嘉奖。

成化十七年，安南劫满剌加贡使，贡使至阙讼之，敕责安南，遣官册封马哈木沙为王。按《明外史·满剌加传》：成化十七年九月，贡使言："成化五年，贡使还，飘抵安南境，多被杀，余黥为奴，幼者加宫刑。今已据占城地，又欲吞本国。本国以皆为王臣，未敢与战。"适安南贡使亦至，满剌加使臣请与廷辨。兵部言事属既往，不足深较。帝乃因安南使还，敕责其王，并谕满剌加，安南复侵陵，即整兵待战。寻遣给事中林荣、行人黄干亨册封王子马哈木沙为王。二人溺死，赠官赐祭，予荫，恤其家，余敕有司海滨招魂祭，亦恤其家。复遣给事中张晟、行人左辅往。晟卒于广东，命守臣择一官为辅副，以终封事。

武宗正德

武宗正德三年，江西人萧明举等，劫杀满剌加贡使。事发，伏诛，佛郎机恃强，夺满剌加之地。

按《明外史·满剌加传》：正德三年，使臣端亚智等入贡。其通事亚刘，本江西万安人萧明举，负罪逃入其国，赂大通事王永、序班张字，谋往浡泥索宝。而礼部吏侯永等亦受赂，伪为符印，扰邮传。还至广东，明举与端亚智辈争言，遂与同事彭万春等劫杀之，尽取其财物。事觉，逮入京。明举凌迟，万春等斩，王永减死罚米三百石，与张字、侯永并戍边，尚书白钺以下皆议罚。刘瑾因此罪江西人，减其解额五十名，仕者不得任京职。

其后佛郎机强，举兵侵夺其地，王苏端妈末出奔，遣使告难。时世宗已嗣位，敕责佛郎机，令还其故土。而谕暹罗诸国王以救灾恤邻之义，迄无应者，满剌加竟为所灭。时佛郎机亦遣使朝贡请封，抵广东，守臣以其国素不列《王会》，羁其事以闻[1]。诏予方物之直遣归，后改名马六甲云。

满剌加所贡物有玛瑙、珍珠、玳瑁、珊瑚树、鹤顶、金母鹤顶、琐服、白苎布、西洋布、撒哈剌、犀角、象牙、黑熊、黑猿、白鹿、火鸡、鹦鹉、片脑、蔷薇露、苏合油、栀子花、乌爹泥、沉香、速香、金香[2]、阿魏之属。

有山出泉流为溪，土人淘沙取锡煎成块曰斗锡。田瘠少收，民皆淘沙捕鱼为业。气候朝热暮寒。男女椎髻，身体黝黑，间有白者，唐人种也。俗淳厚，市道颇平。自为佛郎机所破，其风顿殊。商舶希至[3]，多直诣苏门答剌。然必取道其国，率被邀劫，路几断[4]。其自贩于中国者，则直达广东香山澳，接迹不绝云。

【校】

[1] 羁其事以闻："事"，中华本《明史》作"使"。

[2] 金香："金香"，中华本《明史》、《宋史》、《清史稿》作"金银香"，金银香，《华夷考》曰：其香如银匠榄糖相似，中有白蜡一般白块在内，好者白多，低者白少，焚之香美，出旧港国。

[3] 商舶希至："希"，中华本《明史》作"稀"。

[4] 路几断：中华本《明史》"路"上有一"海"字。

纪事

《无锡县志》：俞尚书溥初官都府参军，奉使满剌加国，历三年乃归,得卜龟术,选巨龟藏之秘室。饮以清泉,饲以绿苔,岁可用一卜。将卜先斋七日,以薄漆涂龟,腹俟其漆裂如灼文,以验吉凶。胜于火灼,溥得二龟,一长尺有三寸,一长尺有半寸,又携得二种药,一名阿止儿,状如苦参,疗内伤。一名阿息,类地骨皮,治金疮。

《坤舆图说》:满剌加国地不甚广,为海商辐辏。正在赤道下,春秋二分气候极热,赖无日不雨,故可居。产象及胡椒佳果木,终岁不绝,人良善,不事生业,或弹琵琶闲游。

婆罗部

汇考

唐

高宗总章

高宗总章二年，婆罗遣使入贡。按《唐书·高宗本纪》不载。

按《南蛮传》：赤土西南入海，得婆罗。总章二年，其王旃达钵遣使者与环王使者偕朝。

元

仁宗延祐

仁宗延祐四年，婆罗公之民遇风飘至温州（疑即婆罗）。按《元史·仁宗本纪》：延祐四年十月戊午，海外婆罗公之民往贾海番，遇风涛，存者十四人漂至温州永嘉县，敕江浙省资遣还乡。

明

成祖永乐

成祖永乐三年，遣使至婆罗抚谕其王。按《明外史·婆罗传》：婆罗，又名文莱，东洋尽处，西洋所自起也。唐时有婆罗国，高宗时常入贡。永乐三年十月，遣使者赍玺书、彩币抚谕其王。

永乐四年，婆罗国东、西二王皆遣使入贡。按《明外史·婆罗传》：永乐四年十二月，其国东、西二王并使使奉表朝贡[1]。明年又贡。

其地负山海[2]，而崇释教，恶杀喜施。禁食豕肉，犯者罪死。王薙发，裹金绣巾，佩双剑，出入徒步，从者二百余人。有礼拜寺，每祭用牺。厥贡玳瑁、玛瑙、车渠、珠、白焦布、花焦布、降真香、黄蜡、黑小厮。

万历时，为王者闽人也。或言郑和使婆罗，有闽人从之，因留居其地，其后人竟据其国而王之。邸旁有中国碑。王有金印一，篆文，上作兽形，言永乐朝所赐。民间嫁娶，必请此印印背上，以为荣。后佛郎机横，举兵来击。王率国人走入山谷中，放药水，流出，毒杀其人无算，王得返国。佛郎机遂犯吕宋。

按《明会典》：婆罗国永乐四年，东王、西王各遣使朝贡，赐国王纻丝、纱罗共十六匹，织金大红锦手巾一副，王妃纻丝、纱罗共八匹，正副使并从人纻丝、纱罗并衣服、靴袜，贡物珍珠、玳瑁壳、白焦布、花焦布、降真香、黄蜡、黑小厮。

按《明·一统志》：婆罗国前代无考，本朝永乐四年国王遣其臣勿黎哥等来朝并贡方物，土产、珍珠[3]、玳瑁、玛瑙、车渠。

按《广东通志》：永乐四年，婆罗国东王、西王，各遣使来朝，以黑小厮充贡物，海语、圆目黄睛，性急专惎木食，如猿猱，近烟火泪目死，出暹罗。

【校】

[1] 其国东、西二王并使使奉表朝贡："使使"，中华本《明史》作"遣使"，义可两通。

[2] 其地负山海：中华本《明史》"山"下有一"面"字。

[3] 珍珠：四库本《明会典》作"真珠"。

图考

【婆罗国】（图像略）

图考

按《三才图会》：婆罗国，其国男女皆佩刃而行，与人不睦即刺杀之，奔走他所。一月之内得获，则偿命。一月之外出者，不论。

蒲甘部

汇考

宋

徽宗崇宁

徽宗崇宁五年二月,蒲甘国入贡。按《宋史·徽宗本纪》云云。

按《蒲甘本传》:蒲甘国,崇宁五年,遣使入贡,诏礼秩视注辇。尚书省言:"注辇役属三佛齐,国熙宁中敕书以大背纸[1],缄以匣幞,今蒲甘乃大国王,不可下视附庸小国。欲如大食、交趾诸国礼,凡制诏并书以白背金花绫纸,贮以间金镀管钥,用锦绢夹幞缄封以往。"从之。

【校】

[1] 国熙宁中敕书以大背纸:"国",中华本《宋史》作"故"。

图考

【蒲甘国】(图像略)

图考

按《三才图会》:蒲甘国,自大理五程至其国,国王戴金冠,金银饰屋壁,以锡为瓦。

柔佛部

汇考

明

成祖永乐

成祖永乐□年，太监郑和使西洋，觅柔佛国不可得。按《明外史·柔佛传》：柔佛，近彭亨，一名乌丁礁林。永乐中，郑和遍历西洋，无柔佛名。或言和曾经东西竺山，今此山正在其地，疑即东西竺。

神宗万历

神宗万历□年，海舶商人多有至柔佛国者。按《明外史·柔佛传》：万历间，其酋好构兵，邻国丁机宜、彭亨屡被其患。华人贩他国者，其人多就之贸易[1]，时或邀至其国。

国中覆茅为屋，列木为城，环以池。无事通商于外，有警则召募为兵[2]，称强国焉。地不产谷，常易米于邻壤。男子薙发徒跣，佩刀，女子蓄发椎结，其酋则佩双刀。字用茭葦叶，以刀刺之。婚姻亦论门阀。王用金银为食器，群下则用磁。无匕箸。俗好持斋，见星方食。节序以四月为岁首。居丧，妇人薙发，男子则重薙，死者皆火葬。所产有犀、象、玳瑁、片脑、没药、血竭、锡、蜡、嘉文簟、木棉花、槟榔、海菜、燕窝[3]、西国米、椰吉柿之属。

始其国吉宁仁为大库，忠于王，为王所倚信。王弟以兄疏己，潜杀之。后出行堕马死，左右咸见吉宁仁为祟，自是家家祀之。又按《传》：万历时，有柔佛国副王子娶彭亨王女，将婚，副王送子至彭亨，彭亨王置酒，亲戚毕会。婆罗国王子为彭亨王妹婿，举觞献副王，而手指有巨珠甚美，副王欲之，许以重贿。王子靳不予，副王怒，即归国发兵来攻。彭亨人出不意，不战自溃。王与婆罗王子奔金山。浡泥国王，王妃兄也，闻之，率众来援。副王乃大肆焚掠而去。当是时，国中鬼哭三日,人民半死。浡泥王迎其妹归,彭亨王随之,而命其长子摄国。久之[4],王复位,其次子素凶悍,遂毒杀其父,并杀其兄而自立[5]。

【校】

[1] 其人多就之贸易:"其人",中华本《明史》无。

[2] 有警则召募为兵:"警",中华本《明史》作"事"。

[3] 燕窝:中华本《明史》作"窝燕"。

[4] 久之:中华本《明史》作"已"。

[5] 并杀其兄而自立:"并","而",中华本《明史》无。

三佛齐部

汇考

宋

孝武帝孝建

孝武帝孝建二年秋八月,斤陁利国遣使献方物。按《宋书·孝武帝本纪》云云。

按《天竺传》:世祖孝建二年,斤陁利国王释婆罗那怜陁[1],遣长史竺留陁及多献金银宝器。

【校】

[1] 斤陁利国王释婆罗那怜陁:"怜",中华本《宋书》作"邻"。

梁

武帝天监

武帝天监元年,干陁利国遣使献方物。按《梁书·武帝本纪》云云。

按《南蛮传》:干陁利国,在南海洲上。其俗与林邑、扶南略同。出班布、吉贝、槟榔,槟榔特精好,为诸国之极。宋孝武世,王释婆罗那怜陁遣长史竺留陁献金银宝器[1]。天监元年,其王瞿昙修跋陁罗以四月八日梦见一僧,谓之曰:"中国今有圣主,十年之后,佛法大兴。汝若遣使贡奉敬礼,则土地丰乐,商旅百倍;若不信我,则境土不得自安。"修跋陁罗初未能信,既而又梦此僧曰:"汝若不信我,当与汝往观之。"乃于梦中来至中国,拜觐天子。既觉,心异之。陁罗本工画,乃写梦中所见高祖容质,饰以丹青,仍遣使并画工奉表献玉盘等物。使人既至,模写高祖形以还其国,比本画则符同焉。因盛以宝函,日加礼敬。

天监十七年夏五月，干陁利国遣使献方物。按《梁书·武帝本纪》云云。

按《南蛮传》：跋陁死，子毗邪跋摩立。十七年，遣长史毗员跋摩奉表曰："常胜天子陛下：诸佛世尊，常乐安乐，六通三达，为世间尊，是名如来。应供正觉，遗形舍利，造诸塔像，庄严国土，如须弥山。邑居聚落，次第罗满，城郭馆宇，如忉利天宫。具足四兵，能伏怨敌。国土安乐，无诸患难，人民和善，受化正法，庆无不通。犹处雪山，流注雪水，八味清净，百川洋溢，周回屈曲，顺趋大海，一切众生，咸得受用。于诸国土，殊胜第一，是名震旦。大梁扬郡天子[1]，仁荫四海，德合天心，虽人是天，降生护世，功德宝藏，救世大悲，为我尊生，威仪具足。是故至诚敬礼天子足下，稽首问讯。奉献金芙蓉、杂香、药等，愿垂纳受。"普通元年，复遣使献方物。

【校】

[1] 大梁扬郡天子："郡"，《全梁文》卷七〇、《册府元龟》均作"都"。

宋

太祖建隆

太祖建隆元年九月，三佛齐国遣使贡方物。按《宋史·太祖本纪》云云。

按《三佛齐传》：三佛齐国，盖南蛮之别种，与占城为邻，居真腊、阇婆之间，所管十五州。土产红藤、紫矿、笺沉香、槟榔、椰子。无缗钱，土俗以金银贸易诸物。四时之气，多热少寒，冬无霜雪。人用香油涂身。其地无麦，有米及青白豆，鸡鱼鹅鸭颇类中土。有花酒、椰子酒、槟榔酒、蜜酒，皆非曲蘖所酝，饮之亦醉。乐有小琴、小鼓，昆仑奴踏曲为乐。国中文字用梵书，以其王指环为印，亦有中国文字，上章表即用焉。累甓为城，周数十里，用椰叶覆屋。人民散居城外，不输租赋，有所征伐，随时调发。立酋长率领，皆自备兵器粮糗。泛海使风二十日至广州。其王号詹卑，其国居人多蒲姓。唐天佑元年贡物，授其使都蕃长蒲诃栗立宁远将军。

建隆元年九月，其王悉利胡大霞里檀遣使李遮帝来朝贡。

按袁褧《枫窗小牍》：艺祖受命元年秋，三佛齐来贡。时尚不知皇宋受禅也。贡物有通天犀，中有形如龙擎一盖[1]，其龙形腾上，而尾少左向[2]。来[3]，其文即宋字也。真主受命，岂偶然哉。艺祖即以此犀为带，每郊庙则系之。

按《广东通志》：三佛齐国，古干陀利也，在占城之南，相距五日程，居真腊、瓜哇之间，所管十五州，其属国有单马令、凌牙斯、蓬丰[4]、登牙侬、细兰等国，其王号詹卑，其人多姓蒲[5]。梁天监元年入贡[6]，后绝[7]。唐天佑初始通中国。

【校】

[1] 中有形如龙擎一盖："擎"，底本、《宋稗类抄》卷一引作"擎"，稗海本作"槃"。按："擎"，通"槃"，举，托。

[2] 而尾少左向："左向"，底本、稗海本作"左向"，《宋稗类抄》卷一引作"向左"。

[3] 来：《宋稗类抄》卷一引作"成来形"。

[4] 蓬丰："蓬"，底本、《殊域》卷八同，四库本《广东通志》作"逢"。

[5] 其人多姓蒲："姓蒲"，底本、《殊域》卷八同，四库本《广东通志》作"蒲姓"。

[6] 梁天监元年入贡："元年"，底本、《殊域》卷八、（明）王鸣鹤撰《登坛必究》同，四库本《广东通志》作"九"。

[7] 后绝：四库本《广东通志》"绝"后有"不至"二字。

太祖建隆

宋建隆初，其王悉利胡大霞里遣使朝贡。建隆二年五月，三佛齐国来献方物。按《宋史·太祖本纪》云云。按《三佛齐传》：二年夏，又遣使蒲蔑贡方物。是冬，其王室利乌耶遣使茶野伽、副使嘉末咤朝贡。其国号生留，王李犀林男迷日来亦遣使同至贡方物。

建隆三年春三月，三佛齐遣使来献。按《宋史·太祖本纪》云云。按《三佛齐传》：三年春，室利乌耶又遣使李丽林、副使李鸦末、判官咤咤璧等来贡。回，赐以白牦牛尾、白磁器、银器、锦线鞍辔二副。

开宝

开宝四年四月，三佛齐国遣使献方物。按《宋史·太祖本纪》云云。按《三佛齐传》：开宝四年，遣使李何末以水晶、火油来贡。

开宝五年四月，三佛齐国王释利乌耶遣使来献方物[1]。按《宋史·太祖本纪》云云。

【校】

［1］三佛齐国王释利乌耶遣使来献方物："王"，中华本《宋史》作"主"。

开宝七年三月，三佛齐国王遣使献方物。按《宋史·太祖本纪》云云。按《三佛齐传》：七年，又贡象牙、乳香、蔷薇水、万岁枣、褊桃、白砂糖、水晶指环、琉璃瓶、珊瑚树。

开宝八年十二月，三佛齐国王遣使来献方物[1]。按《宋史·太祖本纪》云云。按《三佛齐传》：八年，又遣使蒲陁汉等贡方物，赐以冠带、器币。

【校】

［1］三佛齐国王遣使来献方物："国王"，中华本《宋史》无。

太宗太平兴国

太宗太平兴国五年，三佛齐国遣使来。按《宋史·太宗本纪》不载。按《三佛齐传》：太平兴国五年，其王夏池遣使茶龙眉来。是年，潮州言，三佛齐国蕃商李甫诲乘舶船载香药、犀角、象牙至海口，会风势不便，飘船六十日至潮州，其香药悉送广州。

太平兴国八年，三佛齐国遣使入贡。按《宋史·太宗本纪》不载。按《三佛齐传》：八年，其国王遐至遣使蒲押陁罗来贡水晶佛、锦布、犀牙、香药。

雍熙

雍熙二年，三佛齐遣使入贡。按《宋史·太宗本纪》不载。按《三佛齐传》：雍熙二年，舶主金花茶以方物来献。

端拱

端拱元年，三佛齐遣使入贡。按《宋史·太宗本纪》不载。按《三佛齐传》：端拱元年，遣使蒲押陁黎贡方物。

端拱二年十二月，三佛齐国遣使来贡。按《宋史·太宗本纪》

云云。

淳化

淳化三年，三佛齐使者归国，以风信不利，复回乞诏谕本国，许之。按《宋史·太宗本纪》不载。按《三佛齐传》：淳化三年冬，广州上言："蒲押陁黎前年自京回，闻本国为阇婆所侵，住南海凡一年。今春乘舶至占城，偶风信不利，复还。乞降诏谕本国。"从之。

真宗咸平

真宗咸平六年，三佛齐遣使入奏，以本国建寺祝圣寿，乞赐名及钟，许之。按《宋史·真宗本纪》：咸平六年十二月，三佛齐国来贡。按《三佛齐传》：咸平六年，其王思离味啰无呢佛麻调华遣使李加排[1]、副使无陁李南悲来贡，且言本国建佛寺以祝圣寿，愿赐名及钟。上嘉其意，诏以"承天万寿"为寺额，并铸钟以赐，授加排归德将军，无陁李南悲怀化将军。

【校】

[1] 其王思离味啰无呢佛麻调华遣使李加排："呢"，中华本《宋史》作"尼"。

大中祥符

大中祥符元年，三佛齐遣使入贡，许赴泰山陪位。按《宋史·真宗本纪》：元年，三佛齐国来贺。按《三佛齐传》：大中祥符元年，其王思离麻啰皮遣使李眉地、副使蒲婆蓝、判官麻河勿来贡，许赴泰山陪位于朝觐坛，遣赐甚厚。

天禧

天禧元年，三佛齐遣使入贡，赐游太清寺、金明池，其王赐礼物奖之。按《宋史·真宗本纪》：天禧元年，三佛齐国来贡。按《三佛齐传》：天禧元年，其王霞迟苏勿咤蒲迷遣使蒲谋西等奉金字表，贡真珠、象牙、梵夹经、昆仑奴，诏许谒会灵观，游太清寺、金明池。及还，赐其国诏书、礼物以慰奖之。

仁宗天圣

仁宗天圣六年，三佛齐遣使入贡，赐金带。按《宋史·仁宗本纪》：

天圣元年[1]，三佛齐国来贡。按《三佛齐传》：天圣六年八月，其王室离迷华遣使蒲押呢罗歇及副使、判官亚加卢等来贡方物。旧制远国使人贡，赐以间金涂银带，时特以浑金带赐之。

【校】

[1] 天圣元年："元"，中华本《宋史·仁宗本纪》、《三佛齐传》均作"六"。

神宗熙宁

神宗熙宁十年，三佛齐遣使入贡，诏加保顺慕化大将军。按《宋史·神宗本纪》不载。按《三佛齐传》：熙宁十年，使大首领地华伽啰来，以为保顺慕化大将军，赐诏宠之，曰："吾以声教敷露方域[1]，不限远迩，苟知夫忠义而来者，莫不锡之华爵，耀以美名，以龙异其国。尔悦鼻皇化，浮海贡琛，吾用汝嘉，并超等秩，以昭忠义之劝。"按《广东通志》：三佛齐国，熙宁十年，使大首领地华伽啰来以为保顺慕化大将军入见[2]，以金莲花、贮珍珠、龙脑撒殿[3]。

【校】

[1] 吾以声教敷露方域："敷露"，中华本《宋史》作"覆露"。按："覆露"，在《汉书·晁错传》、《严助传》、《淮南子·时则篇》中都曾出现，"荫庇"、"沾润"之义。

[2] 使大首领地华伽啰来以为保顺慕化大将军入见："以为保顺慕化大将军"，底本、《殊域》卷八同，四库本《广东通志》无。

[3] 龙脑撒殿：四库本《广东通志》该句后有"其俗以为至敬"。

元丰

元丰三年，三佛齐遣使入贡，优赐遣归。按《宋史·神宗本纪》不载。

按《三佛齐传》：元丰中，使至者再，率以白金、真珠、婆律熏陆香备方物。广州受表入言，俟报，乃护至阙下。天子念其道里遥远，每优赐遣归。二年，赐钱六万四千缗、银一万五百两，官其使群陀毕罗为宁远将军，官陀旁亚里为保顺郎将。毕罗乞买金带、白金器物，及僧紫衣、师[1]、牒，皆如所请给之。三年[2]，广州南蕃纲首以其主管国事国王之女唐字书,寄龙脑及布与提举市舶孙迥,迥不敢受,言于朝。诏令估值输之官,悉市帛以报。

【校】

[1] 师:中华本《宋史》"师"后有一"号"字。按:"师号",当时的术语,如(宋)司马光《谕若讷》:"天下僧受师号何可胜纪,有能亲屈帝笔如若讷之光荣者乎!"(宋)苏轼《乞子珪师号状》:"缘子珪先已蒙恩赐紫,欲乞特赐一师号,以旌其能者。"

[2] 三年:中华本《宋史》校勘记云,"《长编》卷三三〇,《通考》卷三三二四裔考"均作"五年"。

元丰五年,三佛齐遣使入贡,加将军郎将遣归。按《宋史·神宗本纪》不载。

按《三佛齐传》:五年[1],遣使皮袜、副使胡仙、判官地华加罗来,入见,以金莲花贮真珠、龙脑撒殿。官皮袜为怀远将军、胡仙加罗为郎将。加罗还至雍丘病死,赙以绢五十匹。

【校】

[1] 五年:中华本《宋史》校勘记云:"按《宋会要》蕃夷七之三九,《长编》卷四一八,《通考》卷三三二四裔考记,'五年'以下事都系于元祐三年,此处'五年'当为'元祐三年'之误。"

元丰六年,三佛齐遣使入贡,加将军郎将遣归。按《宋史·神宗本纪》不载。

按《三佛齐传》:六年,又以其使萨打华满为将军,副使罗悉沙文、判官悉理沙文为郎将。

元丰七年九月,三佛齐来贡。按《宋史神宗本纪》云云。

哲宗元祐

哲宗元祐三年,三佛齐入贡。按《宋史·哲宗本纪》云云。

元祐五年十二月,三佛齐入贡。

元祐六年十二月,三佛齐入贡。按以上《宋史·哲宗本纪》云云。

绍圣

绍圣元年十月,三佛齐遣使入贡。绍圣二年十二月[1],三佛齐入贡。按以上《宋史·哲宗本纪》云云。

【校】

[1] 绍圣二年十二月："十二月"，中华本《宋史》无。

高宗绍兴

高宗绍兴七年，三佛齐国入贡，诏加保顺慕化大将军。按《宋史·高宗本纪》不载。按《礼志》：绍兴七年，三佛齐国乞进章奏赴阙朝见，诏许之。令广东经略司斟量，只许四十人到阙，进贡南珠、象齿、龙涎、珊瑚、琉璃、香药。诏补保顺慕化大将军、三佛齐国王，给赐鞍马、衣带、银器。赐使人宴于怀远驿。

绍兴二十六年，三佛齐遣使入贡，复以珠献，诏偿其直而收之。按《宋史·高宗本纪》：绍兴二十六年二月，三佛齐国入贡。按《三佛齐传》：绍兴二十六年，其王悉利麻霞啰陀遣使入贡。帝曰：远人向化，嘉其诚耳，非利乎方物也。其王复以珠献宰臣秦桧，时桧已死，诏偿其直而收之。

孝宗淳熙

孝宗淳熙五年，三佛齐再入贡，赐之银币。按《宋史·孝宗本纪》：淳熙五年十二月，三佛齐国入贡。按《礼志》：淳熙五年，再入贡。计其直二万五千缗，回赐绫锦罗绢等物、银二十五百两。按《三佛齐传》：淳熙五年，复遣使贡方物，诏免赴阙，馆于泉州。

明

太祖洪武

太祖洪武四年，三佛齐遣使朝贡。按《明外史·三佛齐传》：三佛齐，古名丁陀利。宋孝武帝时[1]，尝遣使奉贡。梁武帝时数至。宋名三佛齐，修贡不绝。

洪武三年，太祖遣行人赵述诏谕其国。明年，其王马哈剌札八剌卜遣使奉金叶表，随入朝贡黑熊、火鸡、孔雀、五色鹦鹉、诸香、苾布、兜罗被诸物。诏赐《大统历》及锦绮有差。户部言其货舶至泉州，宜征税，命勿征。

按《明会典》：洪武四年，赐国王大统历及彩缎、纱罗，使臣纱罗、彩缎有差。六年赐国王彩缎、纱罗二十四匹[2]，正使三人各二匹，衣一套，副使二人各一匹，通使以下布帛有差。

按《明·一统志》：三佛齐国，在占城国南，五日程，其朝贡自广东以达于京师。本南蛮别种，与占城为邻，居真腊、瓜哇之间，所管十五州，其属国有单马令、凌牙斯、蓬丰、登牙侬、细兰等国。其王号詹卑，其人多姓蒲。唐天祐初，始通中国。宋建隆初，其王悉利胡大霞里檀遣使朝贡，其后遣使入贡。明洪武四年，国王哈剌札八剌卜，遣其臣玉的力马罕亦里麻思，奉金字表来朝，并贡方物，遂朝贡不绝。

按《文献通考》：三佛齐习水陆战，临敌敢死，伯于诸国。其国在海中，扼诸番舟车往来之喉咽，若商舶过不入辄出船合战[3]，故诸国之舟辐辏[4]。

按《岛夷志》：男女椎髻，穿青绵布，系东冲布，喜洁净，故于水上架屋。

按《广东通志》：南渡后，入贡不绝。明洪武二年二月[5]，遣行人赵述使其国。四年，赵述还，国王马哈剌札八剌卜遣使随述奉金字表文来朝贡，赐《大统历》及织金纱罗、文绮。

【校】

[1] 宋孝武帝时：中华本《明史》"宋"上有一"刘"字。

[2] 六年赐国王彩缎、纱罗二十四匹："彩缎、纱罗"，四库本《明会典》无。

[3] 若商舶过不入辄出船合战："辄"，中华本、浙江书局本《文献通考》作"即"，义可两通。

[4] 故诸国之舟辐辏：中华本、浙江书局本《文献通考》该句上有"期以必死"。

[5] 明洪武二年二月："二月"，底本、四库本《广东通志》、《瀛环志略》、《东西洋考》、《殊域》同，《明史》卷三二四、《海国图志》卷一五作"三年"；"二月"，诸本均无。

洪武六年，三佛齐遣使朝贡。按《明外史·三佛齐传》：洪武六年，王怛麻沙那阿者遣使朝贡，又一表贺明年正旦。时其国有三王。

洪武七年，三佛齐遣使朝贡。按《明外史·三佛齐传》：洪武七年，王麻那哈宝林邦遣使来贡。

洪武八年，三佛齐入贡，并招谕拂菻国同入贡。按《明外史·三佛齐传》：八年正月复入贡。九月，僧伽烈宇兰遣使[1]，随招谕拂菻国朝使入贡。按《广东通志》：八年，复遣使从招谕拂菻国朝使来贡。

【校】

[1] 僧伽烈宇兰遣使：中华本《明史》"僧"上有一"王"字。

洪武十年，三佛齐遣使入贡，诏封为国王，瓜哇邀杀朝使。

按《明外史·三佛齐传》：洪武九年，怛麻沙那阿者卒，子麻那者巫里嗣。明年遣使贡犀牛、黑熊、火鸡、白猿[1]、红绿鹦鹉、龟筒及丁香、米脑诸物。其使者言："嗣子不敢擅立，请命于朝。"天子嘉其义，命使臣赍印，敕封为三佛齐国王。是时瓜哇强，已威服三佛齐而役属之，闻天朝封为国王与已埒，大怒，遣人诱朝使邀杀之。天子亦不能问罪，自是其国益衰，贡使遂绝。

按《明会典》：洪武十年，给三佛齐王及使臣织金、彩缎、纱罗、靴袜等物有差。

按《广东通志》：九年，其王卒，遣使奉表乞绍封，请印绶，命铸驼钮镀金银印赐之。十月[2]，诏封其嗣子麻那者巫里为三佛齐国王。

【校】

[1] 白猿："猿"，中华本《明史》作"猴"。

[2] 十月：四库本《广东通志》无。

洪武三十年，瓜哇灭三佛齐，改名旧港，广东人梁道明据之。

按《明外史·三佛齐传》：洪武三十年八月[1]，礼官以诸蕃久缺贡，奏闻。帝曰："洪武初，诸蕃贡使不绝。迩者安南、占城、真腊、暹罗、瓜哇、大琉球、三佛齐、浡泥、彭亨、百花、苏门答剌、西洋等三十国，以胡惟庸作乱，三佛齐乃生间谍，绐我使臣至彼。瓜哇王闻知，遣人戒饬，礼送还朝。由是商旅阻遏，诸国之意不通。惟安南、占城、真腊、暹罗、大琉球朝贡如故，大琉球且遣子弟入学。凡诸番国使臣来者，皆以礼待之。我视诸国不薄，未知诸国心若何。今欲遣使瓜哇，恐三佛齐中途沮之。闻三佛齐本瓜哇属国，可述朕意，移咨暹罗，俾转达瓜哇。"于是部臣移牒曰："自有天地以来，即有君臣上下之分，中国四裔之防。我朝混一之初，海外诸蕃，莫不来享。岂意胡惟庸谋乱，三佛齐遂生异心，给我信使，肆行巧诈。我圣天子一以仁义待诸蕃，何诸蕃敢背大恩，失君臣之礼。倘天子震怒，遣偏将将十万之师[2]，恭行天罚，易如反手[3]，尔诸蕃何不思之甚。我圣天子尝曰：'安南、占城、真腊、暹罗、大琉球皆修臣职，惟三佛齐梗我声教。彼以蕞尔之国，敢倔强不服，自取灭亡。'"尔暹罗恪守臣节，天朝眷礼有加，可转达瓜哇，合以大义告谕三佛齐，诚能省愆从善，则礼待如初。然是时瓜哇已破三佛齐，据其国，改其名曰旧港，三佛齐遂亡。国中大乱，瓜哇亦不能尽有其地，华人流寓者往往起而据之。有梁道明者，广州南海县人，久居其国，闽、粤军民泛海从之者数千家，遂推道明为首，雄视一方。会指挥孙铉使海外，遇其子，挟与俱来。

【校】

[1] 洪武三十年八月："八月"，底本、《海国图志》卷一五同，中华本《明史》无。

[2] 遣偏将将十万之师：中华本《明史》"遣"下有"一"字。

[3] 易如反手："反"，中华本《明史》作"覆"。

成祖永乐

成祖永乐三年，梁道明等入朝贡方物。

按《明外史·三佛齐传》：永乐三年，成祖以行人谭胜受与道明同邑，命偕千户杨信等赍敕招之。道明及其党郑伯可随入朝，贡方物，受赐而还。

按《广东通志》：永乐三年正月，遣行人谭胜受、千户杨信等，往旧港招抚广东逃民梁道明[1]，胜受南海人，洪武癸酉乡贡进士，为临桂县丞。永乐元年二月壬子，以政最召为监察御史，后以事降行人，至是遣胜受及千户杨信等，往旧港招抚南海逃民梁道明等，以胜受乃其同乡故也[2]。时道明挈家居于彼者累年，广东、福建军民从之者至数千人[3]，惟道明为首。指挥孙铉尝使海南诸蕃，遇道明子及二奴挟与俱来奏闻，遂遣胜受等偕二奴赍敕往招谕之[4]。十一月，胜受等还，以道明及郑伯可等来贡方物，赐道明袭衣及钞五十锭，文绮十二表，里绢七十二匹[5]，其副头目施进卿遂代领其众，上以胜受奏事称旨擢浙江按察使。

【校】

[1] 往旧港招抚广东逃民梁道明："广东"，四库本《广东通志》作"南海"。

[2] 胜受南海人……以胜受乃其同乡故也：此段四库本《广东通志》无。

[3] 广东、福建军民从之者至数千人："广东、福建"，四库本《广东通志》作"闽粤"。

[4] 惟道明……往招谕之：四库本《广东通志》作"胜受亦南海人，故遣赍敕往招谕之"。

[5] 赐道明……七十二匹："五十锭"、"十二表"、"七十二匹"，四库本《广东通志》无。

永乐四年，陈祖义等朝贡。

按《明外史·三佛齐传》：永乐四年，旧港头目陈祖义遣其子士良，道明遣其从子观政并来朝。祖义，亦广东人，虽朝贡，而为盗海上，贡使往来者苦之。

永乐五年，中使郑和自西洋还[1]，陈祖义谋劫之。有施进卿以告擒，陈祖义戮之，以施进卿为宣慰司使。

按《明外史·三佛齐传》：永乐五年，郑和自西洋还，遣人招谕之。祖义诈降，而潜谋邀劫。有施进卿者，告于和。祖义来袭被擒，献于朝，伏诛。时进卿适遣其婿丘彦诚朝贡，命设旧港宣慰司，以进卿为使，锡诰印及冠带。自是，屡入贡。然进卿虽受朝命，犹服属瓜哇，其地狭小，非故时二佛齐比也。

按《广东通志》：永乐五年九月，太监郑和使西洋诸国还，至旧港，遇海贼陈祖义等，遣人招谕之，祖义等诈降，潜谋要劫。和觉之，整兵堤备[2]，祖义兵至，与战，大败之，杀其党五千余人，擒祖义等械送京师，悉斩于市[3]。诸番闻之[4]，莫不詟服。是年，旧港头目施进卿遣婿丘彦诚朝贡，诏设旧港宣慰使司，命进卿为宣慰使，赐印诰[5]、冠带、文绮、纱罗、后卒。二十一年子济孙遣彦诚请袭[6]，且言印为火所毁，遂命济孙袭宣慰使[7]，赐纱帽、镀金花带、织金、文绮袭衣，银印，令中官郑和赍往赐之，自是朝贡不绝。按旧港不复为国，辖于瓜哇，顺风八日夜可至[8]，由港口入其地，佳沃倍于他壤[9]，民故富饶[10]，俗嚣奸媱水战甚惯，其朝贡自广东以达京师，三佛齐贡献方物[11]黑能、火鸡、五邑鹦鹉、诸香兜、罗锦、被苾布、白猴、龟筒、胡椒、肉豆蔻、番油子、米脑。洪武中使回广东布政司管待，永乐后改宣慰使司，罕至广州。

【校】

[1] 中使郑和自西洋还："中使"，中华本《明史》无。

[2] 整兵堤备：四库本《广东通志》作"潜整兵械"。

[3] 悉斩于市：四库本《广东通志》作"诛之"。

[4] 诸番闻之："闻之"，四库本《广东通志》无。

[5] 赐印诰："诰"，四库本《广东通志》作"诰"。

[6] 二十一年子济孙遣彦诚请袭："遣彦诚"，四库本《广东通志》无。

[7] 且言印……宣慰使：四库本《广东通志》无。

[8] 顺风八日夜可至："日"，四库本《广东通志》作"昼"。

[9] 佳沃倍于他壤："佳"，四库本《广东通志》作"饶"。

[10] 民故富饶：四库本《广东通志》无。

[11] 俗嚣奸……贡献方物：四库本《广东通志》作"俗嚣淫，善水战，阙贡"。

永乐二十二年，以施进卿子济孙袭父职。

按《明外史·三佛齐传》：永乐二十二年，进卿子济孙告父讣，乞嗣职，许之。

仁宗洪熙

仁宗洪熙元年，施济孙告其父讣，诏许袭职，遂使人入贡，给诰印。

按《明外史·三佛齐传》：洪熙元年遣使入贡，诉旧印为火毁，帝命重给。其后，朝贡渐稀。

神宗万历

神宗万历五年，广东大盗张琏复据旧港。

按《明外史》：嘉靖末，广东大盗张琏作乱，官军已报克获。万历五年，商人诣旧港者，见琏列肆为蕃舶长，漳、泉人多附之，犹中国市舶官云。

其地为诸蕃要会，在瓜哇之西，顺风八昼夜可至。辖十五洲，土沃宜稼。语云："一年种谷，三年生金。"言收获盛而贸金多也。俗富好淫。习于水战，邻国畏之。地多水，惟部领陆居，庶民皆水居。编筏筑室，系之于桩。水涨则筏浮，无沈溺患。欲徙则拔桩去之，不费财力。下称其上曰詹卑，犹国君也。后大酋所居，即号詹卑国，而故都则改为旧港。初本富饶，自瓜哇破灭，后渐致萧索，商舶亦鲜至。其它风俗、物产，俱详《宋史》。

按《瀛涯胜览》：旧港古号三佛齐，曰浡淋邦，隶瓜哇。东距瓜哇，西距满剌加，南距大山，卜西北滨海。舶入淡港、入彭家里、舍易小舟，入港达其国。国人多广东漳泉人流寓此境。土沃人稠，地宜稼穑，俗好赌博，如把龟、弈棋、斗鸡皆索钱具也。市亦用中国铜钱，布帛之类。厥产鹤顶、黄连、降真、沉水香、黄蜡、金银。如钑花银器，黑色间有白色，成色高者，白多黑少，低者黑多白少，爇之气触鼻莫禁。西番锁里人重之。鹤顶鸟大于鸭，毛黑，胫长，脑骨厚寸余，内黄外红，俱鲜丽可爱。火鸡大于鹤，颈亦过长软，红冠、锐觜、毛如青羊色，脚长，黑色，爪甚利，解伤人腹致死。食炭虽系之，不死。神鹿大如巨猪，高可三尺，短毛，猪喙、蹄亦如之。三跧，秪啖草木，不近腥物。牛、羊、猪、犬、鸡、鸭、蔬果之类与瓜哇同。

《明·一统志》

三佛齐土产考

《三佛齐土产考》

金 银 水晶珠琉璃犀角象牙

安息香（树脂，其形色类核桃瓤，不宜于烧，然能发众香，故人取以和香）

龙脑香、檀香

乌楠木[1]（单马令国出，树似榈，可为器用）

猫睛石（细兰国出莹洁明透如猫眼睛）

沉香乳香（树类榕，以斧斫之，脂溢于外，凝结而成，多数种[2]，有滴乳、缶[3]、袋香、黑榻、缠末之别）

蔷薇水（即蔷薇花上露，花与中国蔷薇不同，土人多取其花浸水，以代露。故多伪者，以琉璃瓶试之，翻摇数四，其泡周上下者为真）

万岁枣木香（树类丝瓜，冬取根晒干）

㮈桃婆律香熏陆香

芦荟（草属，状如鲎尾，采[4]，以玉器捣成膏，名曰芦荟）

栀子花（色浅紫，香清越，其花稀，土人采之曝干[5]，存于琉璃瓶中[6]）

没石子（树如樟，开花结实如中国茅栗）

苏合油（以浓而无泽者为上）

腽肭脐（兽，形如狐，脚高如犬，走如飞，取其肾以渍油名腽肭脐）

阿魏（树不甚高，土人纳竹筒于树梢，脂满其中。冬月破筒取脂，即阿魏也。或曰其脂最毒，人不敢近。每采时系羊树下，自远射之，脂毒着于羊[7]，羊毙，即为魏）

珊瑚（生海中最深处，初生色白，渐长变黄，以丝绳系五爪铁猫儿用黑铅为坠，掷海中，取之初得肌理软腻，见风则干硬，变红色者贵[8]。若失时不取，则蠹败）

没药（树高大如松，皮厚一二寸，采时掘树下为坎，用斧伐其皮，脂流于坎，旬余方取之）

血竭（树同没药[9]，采亦如之，乳香以下诸物多大食诸蕃出[10]，而萃于三佛齐）

【校】

[1] 龙脑香、檀香乌楠木：四库本《明一统志》，（明）严从简《殊域周咨录》卷八·真腊作"龙脑香檀香"。

[2] 多数种："多数种"，四库本《明一统志》作"十有三"。按：（明）张燮《东西洋考》："乳香（《一统志》曰：'树蒲镕，以斧所之，脂溢论外，凝结而成。其品十有三，有滴乳、施乳、袋香、黑榻、缠末之别，宋时入贡。'"

［3］缶：四库本《明一统志》作"乳香"。按：（明）张燮著《东西洋考》："乳香（《一统志》曰：'树蒲镕，以斧所之，脂溢论外，凝结而成。其品十有三，有滴乳、施乳、袋香、黑榻、缠末之别，宋时入贡。'"

［4］采：四库本《明一统志》、《殊域》"采"后有一"之"字。

［5］土人采之曝干：四库本《明一统志》"土"前有一"有"字，底本，《殊域》均无，今从底本。

［6］存于琉璃瓶中："存于"，四库本《明一统志》、《殊域》作"藏"。

［7］脂毒着于羊：四库本《明一统志》、《殊域》"脂"后有一"之"字。

［8］变红色者贵：四库本《明一统志》、《殊域》"者"后有一"为"字。

［9］树同没药：《殊域》卷八之真腊，该句"树"下有"略"字，《诸蕃志·志物》卷下有"其树略与没药同，但叶差大耳，采取亦如之。有莹如镜面者，乃树老脂自流溢，不犯斧凿，此为上品。其夹插柴屑者，乃降真香之脂，俗号假血碣"。

［10］乳香以下诸物多大食诸蕃出：《殊域》卷八之真腊，该句有"乳"上有一"自"字。

图考

【三佛齐国】（图像略）

图考

按《三才图会》：三佛齐国，在南海之中，自广州发舶，取正南半月可到。诸番水道之要冲，以木作栅为城，国人多姓蒲，缚蒲浮水而居[1]。其人刀箭不能伤，以此霸于诸国，旧传其国地面忽然穴出[2]，生牛数万，人取食之，后用竹木空其穴[3]，乃绝。产犀、象、珠玑、异宝、香药之类。

【校】

［1］缚蒲浮水而居："蒲"，《异域志》卷下作"排"。

［2］旧传其国地面忽然穴出："忽然穴出"，《异域志》卷下作"忽有一穴"。

［3］后用竹木空其穴："空"，《异域志》卷下作"窒"。

纪事

三佛齐部纪事

《广东通志》：英宗治平中，地华伽啰遣使至啰啰入贡。遇大风，船几覆。至啰啰祷于天，有老翁现云端，风浪息。时值侬寇毁广州，天庆观老君像在瓦砾中，至啰啰睹之，即向所见者也。及还，以告，地华伽啰即遣思离沙文，请广购材鸠工重建。落成，请道士罗盈之为住持，何德顺为监临，施钱十万，置山田于番禺龟塘，以充常住，铸大钟，覆以楼，费钱四十万，又施田四十万，增置田于清远莲塘庄。明年，地华伽啰殁，剪其爪发，送道士葬之。龟塘至今祭焉。

杂录

三佛齐部杂录

《日知录》：韩文公《广州记》有干陀利，注家皆阙，按《梁书·海南诸夷传》：干陀利国，在南海洲上。其俗与林邑、扶南略同。出班布吉贝、槟榔。槟榔特精好，为诸国之最。

《周弘正传》：有罪应流徙，敕以赐干陀利国。《陈书·世祖纪》：天嘉四年，干陀利国遣使献方物，惟《宋书·孝武帝纪》：孝建二年八月，斤陀利国遣使献方物，以干为斤，疑误。

苏禄部

汇考

明

太祖洪武

太祖洪武□年，苏禄发兵征浡泥，大获，以阇婆援兵至，乃还。

按《明外史·苏禄传》：苏禄，地近浡泥、阇婆。洪武初，发兵侵浡泥，大获，以阇婆援兵至，乃还。

成祖永乐

成祖永乐十五年，苏禄国东王、西王俱率其家属数百人朝贡，皆封国王，赐印诰。

按《明外史·苏禄传》：永乐十五年，其国东王巴都葛叭哈剌、西王麻哈剌叱葛剌麻丁、峒王妻叭都葛巴剌卜并率其家属头目凡三百四十余人，浮海朝贡，进金镂表文，献珍珠、宝石、玳瑁诸物。礼之若满剌加，寻并封为国王。赐印诰、袭衣、冠带及鞍马、仪仗器物，其从者赐冠带有差。居二十七日，二王辞归。各赐玉带一，黄金百，白金二千，罗锦文绮二百，帛三百，钞万锭，钱二千缗，金绣蟒龙、麒麟衣各一。东王次德州，卒于馆。帝遣官赐祭，命有司营葬，勒碑墓道，谥曰恭定，留妻妾傔从十人守墓，俟毕三年丧遣归。乃使使赍敕谕其长子都马含曰[1]：尔父知尊中国，躬率家属陪臣，远涉海道，万里来朝。朕眷其诚悃，已锡王封，优加赐赉，遣官护归。舟次德州，遭疾陨没。朕闻之，深为哀悼，已葬祭如礼。尔以嫡长，为国人所属，宜即继承，用绥藩服。今特封尔为苏禄国东王。尔尚益笃忠贞，敬承天道，以副眷怀，以继尔父之志。钦哉。

按《明会典》：苏禄国，永乐间，赐国王纱帽、金镶玉带[2]、钑花金带、金蟒龙等衣服，金银钱钞、珍珠、锦纻丝、罗[3]、器[4]、铺陈等物，王妃冠服、银钱、钞纻丝等物[5]，王男女亲戚、头目、使女冠带、衣服诸物，各有差。货物例给价，免抽分。国王来朝，筵宴一次[6]，经过府卫，茶饭管待。回还，亦如之。

按《明·一统志》：苏禄国，山涂田瘠，间植粟麦，民食沙糊、鱼虾、螺蛤。气候半热，俗鄙薄，男女短发[7]，缠皂缦，系小印布[8]，煮海为盐，酿蔗为酒，织竹布为业。石崎山国以此山为保障，土产竹布、蔗、玳瑁、真珠、色青白而圆，有至径寸者。

【校】

[1] 乃使使赍敕谕其长子都马含曰："使使"，中华本《明史》作"遣使"。

[2] 金镶玉带："镶"，底本、万有文库本同，四库本、《明会典》作"厢"。

[3] 罗："罗"，四库本、万有文库本《明会典》作"纱罗"。

[4] 器："器"，四库本、万有文库本《明会典》作"器皿"。

[5] 钞纻丝等物："钞"，万有文库本《明会典》作"纱"。

[6] 国王来朝，筵宴一次：四库本、万有文库本《明会典》作"筵宴一次，国王来朝"。

[7] 俗鄙薄，男女短发："俗鄙薄，男女"，天顺本《明会典》无。

[8] 系小印布：天顺本无。

永乐十八年，苏禄西王入贡。按《明外史·苏禄传》：永乐十八年，西王遣使入贡。

永乐十九年，苏禄东王母遣王叔入贡。按《明外史·苏禄传》：永乐十九年，东王母遣王叔叭都加苏哩来朝[1]，所贡大珠一，其重七两有奇。

【校】

[1] 东王母遣王叔叭都加苏哩来朝："哩"，中华本《明史》作"里"。

永乐二十一年，苏禄东王妃还国。按《明外史·苏禄传》：永乐二十一年，东王妃还国，厚赐遣之。

永乐二十二年，苏禄入贡。按《明外史·苏禄传》：永乐二十二年入贡，自后不复至。

神宗万历

神宗万历□年，佛郎机攻苏禄，不能下。

按《明外史·苏禄传》：万历时，佛郎机屡攻之，城据山险，迄不能下。其国，于古无所考。地瘠寡粟麦，民率食鱼虾，煮海为盐，酿蔗为酒，织竹为布。气候常热。有珠池，夜望之，光浮水面。土人以珠与华人市易，大者利数十倍。商舶将返，辄留数人为质，冀其再来。其旁近国名高药，出玳瑁。

暹罗部

汇考

隋

炀帝大业

炀帝大业三年，遣屯田主事常骏等使赤土国。按《隋书·炀帝本纪》不载。

按《赤土本传》：赤土国，扶南之别种也。在南海中，水行百余日而达所都。土色多赤，因以为号。东波罗剌国，西婆罗娑国，南诃罗旦国，北拒大海，地方数千里。其王姓瞿昙氏，名利富多塞，不知有国近远。称其父释王位出家为道，传位于利富多塞，在位十六年矣。有三妻，并邻国王之女也。居僧祇城，有门三重，相去各百许步。每门图画飞仙、仙人、菩萨之像，悬金花铃毦，妇女数十人，或奏乐，或捧金花。又饰四妇人，容饰如佛塔边金刚力士之状，夹门而立。门外者持兵仗，门内者执白拂。夹道垂素网，缀花。王宫诸屋悉是重阁，北户，北面而坐。坐三重之榻。衣朝霞布，冠金花冠，垂杂宝璎珞。四女子立侍，左右兵卫百余人。王榻后作一木龛，以金银五香木杂钿之。龛后悬一金光焰，夹榻又树二金镜，镜前并陈金瓮，瓮前各有金香炉。当前置一金伏牛，牛前树壹宝盖，盖左右皆有宝扇。婆罗门等数百人，东西重行，相向而坐。其官有萨陀迦罗一人，陀拏达叉二人[1]，迦利密迦三人[2]，共掌政事；俱罗末帝一人，掌刑法。每城置那邪迦一人，钵帝十人。

其俗等皆穿耳剪发，无跪拜之礼。以香油涂身。其俗敬佛，尤重婆罗门。妇人作髻于项后。男女通以朝霞、朝云杂色布为衣。豪富之室，恣意华靡，唯金锁非王赐不得服用。每婚嫁，择吉日，女家先期五日，作乐饮酒，父执女手以授婿，七日乃配焉。既娶则分财别居，唯幼子与父同居。父母兄弟死则剔发素服，就水上构竹木为棚，棚内积薪，以尸置上。烧香建幡，吹蠡击鼓以送之，纵火焚薪，遂落于水。贵贱皆同。唯国王烧讫，收灰贮以金瓶，藏于庙屋。冬夏常温，雨多雾少，种植无时，特宜稻、穄、白豆、黑麻，自余物产，多同于交趾。以甘蔗作酒，杂以紫瓜根。酒色黄赤，味亦香美。亦名椰浆为酒[3]。

炀帝即位，募能通绝域者。大业三年，屯田主事常骏、虞部主事王君政等请使赤土。帝大悦，赐骏等帛各百匹，时服一袭而遣。赍物五千段，以赐赤土王。其年十月，骏等自南海郡乘舟，昼夜二旬，每值便风。至焦石山而过，东南泊陵迦钵拔多洲[4]，西与林邑相对，上有神祠焉。又南行，至师子石，自是岛屿连接。又行二三日，西望见狼牙须国之山，于是南达鸡笼岛，至于赤土之界。其王遣婆罗门鸠摩罗以舶三十艘来迎，吹蠡击鼓，以乐隋使，进金锁以缆骏船。月余，至其都，王遣其子那邪迦请与骏等礼见。先遣人送金盘，贮香花并镜镊，金合二枚，贮香油，金瓶八枚，贮香水，白迭布四条，以拟供使者盥洗。其日未时，那邪迦又将象二头，持孔雀盖以迎使人，并致金花、金盘以藉诏函。男女百人奏蠡鼓，婆罗门二人导路，至王宫。骏等奉诏书上阁，王以下皆跪[5]。宣诏讫，引骏等坐，奏天竺乐。事毕，骏等还馆，又遣婆罗门就馆送食，以草叶为盘，其大方丈。因谓骏曰："今是大国中人，非复赤土国矣。饮食疏薄，愿为大国意而食之。"后数日，请骏等入宴，仪卫导从如初见之礼。王前设两床，床上并设草叶盘，方一丈五尺，上有黄白紫赤四色之饼，牛、羊、鱼、鳖、猪、蠵蝐之肉百余品。延骏升床，从者坐于地席，各以金钟置酒，女乐迭奏，礼遗甚厚。寻遣那邪迦随骏贡方物，并献金芙蓉冠、龙脑香。以铸金为多罗叶，隐起成文以为表，金函封之，令婆罗门以香花奏蠡鼓而送之。既入海，见绿鱼群飞水上。浮海十余日，至林邑东南，并山而行。其海水阔千余步，色黄气腥，舟行一日不绝，云是大鱼粪也。循海北岸，达于交趾。骏以六年春与那邪迦于弘农谒，帝大悦，赐骏等物二百段，俱授秉义尉，那邪迦等官赏各有差。

按《广东通志》：赤土疆域与暹逻同，东波罗剌国，西婆罗婆国，南诃罗旦国，北距大海，地方数千里。隋时常骏自南海郡水行昼夜二旬，每值便风，至焦石山而过，东南泊陵伽钵拔多洲，西与林邑相对，上有神祠焉，又南行至狮子石，自是岛屿连接。又行二三日，西望见狼牙修国之山，于是南达鸡笼岛，至于赤土之界，林邑今占城。

《星槎胜览》云：自占城顺风十昼夜可至，是也。

【校】

[1] 陀挐达叉二人："叉"，《北史》卷九五亦作"叉"，中华本《隋书》作"义"。

[2] 迦利密迦三人："密"，《北史》卷九五亦作"密"，中华本《隋书》作"蜜"。

[3] 亦名椰浆为酒："名"，中华本《隋书》作"以"。

[4] 东南泊陵迦钵拔多洲："迦"，中华本《隋书》、《通典·边防典》第一八八、《读史方舆纪要》卷一一二均作"伽"。

[5] 王以下皆跪："跪"，中华本《隋书》作"坐"，又下文有"引骏等坐"。

元

成宗元贞

成宗元贞元年，暹国表请遣使。按《元史·本纪》不载。

按《暹国本传》：暹国，当成宗元贞元年，进金字表，欲朝廷遣使至其国。比其表至，已先遣使，盖彼未之知也。赐来使素金符佩之，使急追诏使同往。以暹人与麻里予儿旧相雠杀，至是皆归顺，有旨谕暹人"勿伤麻里予儿，以践尔言"。

大德

大德三年，暹国请赐鞍马，诏赐之金缕衣，而不予马。按《元史·成宗本纪》不载。

按《暹国本传》：大德三年，暹国主上言，其父在位时，朝廷尝赐鞍辔、白马及金缕衣，乞循旧例以赐。帝以丞相完泽答剌罕言："彼小国而赐以马，恐其邻忻都辈讥议朝廷。"仍赐金缕衣，不赐以马。

按《广东通志》：暹逻国，本暹与逻斛二国地，古赤土及婆罗刹也[1]。在占城极南，北直廉州，循海北岸连于交趾。暹国土瘠，不宜耕艺。逻斛土田平衍而多稼，暹人岁仰给之。隋大业三年，屯田主事常骏等，自南海郡乘舟使赤土，至今讹传为赤眉遗种，后改曰暹。元元贞初[2]，暹人尝遣使入贡。至正间，暹始降于罗斛，而合为一国[3]。

【校】

[1] 吉赤土及婆罗刹也："吉"，四库本《广东通志》作"古"。

[2] 元元贞初："贞"，四库本《广东通志》作"正"。

[3] 而合为一国："而"，四库本《广东通志》无。

明

太祖洪武

太祖洪武四年，暹罗遣使朝贡。

按《明外史·暹罗传》：暹罗，在占城西南，顺风十昼夜可至，即隋、唐赤土国。后分为罗斛、暹二国。暹土瘠不宜稼，罗斛地平衍，种多获，暹仰给焉。元时，暹常入贡。其后，罗斛强，并有暹地，遂称暹罗斛国。洪武三年，命使臣吕宗俊等赍诏谕其国。四年，其王参烈昭毗牙遣使奉表，同宗俊等偕来，贡驯象、六足龟及方物，诏赐其王锦绮及使者币帛有差。已，复遣使贺明年正旦，诏赐《大统历》及彩币。

按《明·一统志》：暹罗本暹与罗斛二国地。暹乃汉赤眉遗种，其国土瘠不宜耕艺，罗斛土田平衍而多稼，暹人岁仰给之。元贞元初，暹人常遣使入贡。至正间，暹始降于罗斛，而合为一国。本朝洪武初，暹罗斛国王参烈昭毗牙，遣使臣奈思俚俦剌识悉替等朝贡，进金叶表，诏赐大统历。

按《岛夷志》：暹罗气候不正，俗尚侵掠，煮海为盐，酿秫为酒。男女椎髻、白布缠头，被服长衫，每有计议、刑法轻重、钱谷出入之事，并决之妇人。其志量在男子上，以〈贝八〉子代钱流通，人死，则灌水银以养其身。

按《瀛涯胜览》：暹罗，地方千里，环国皆山，峭拔崎岖。地下湿，土疏恶，罕宜耕种。气候不常，或岚或热。自占城西南舟行七昼夜方至新门海口，入港方达其国。王居宫室壮丽，民楼居其楼密联槟榔片，藤系之甚固。藉以藤席竹簟，寝处于中。王乃锁里人也，白布缠首，无衣，腰束嵌丝帨，加以锦绮压腰，跨象行，或肩舆，金柄伞盖，茭葦叶为之。尚释教，国人皆然，僧尼甚多。其服类中国，有庵观，持斋受戒，民俗妇人多智，夫听于妻，妻与中国人私，寝食与同，恬不怪也。男白布缠首，衣长衣。妇如之，乃椎结。男年二十，阴必嵌珠玉，及富贵者范金盛珠，有声为美，否则贫贱人也。婚则僧群迎婿至女家，僧取女红贴于男额，曰利市，陋不可言。踰三日僧暨亲党拥槟榔、彩舟送归，乃开筵作乐。丧礼，富贵者则灌水银而葬，民间则舁尸投海，洲有金色鸟数十，飞来食之，有遗弃诸海，曰鸟葬。已而用浮屠教斋事。言语与广东同。俗浇浮习水战，常征伐邻邦，市用海市[1]，一如钱价。厥产红马、肯的石，次于红鸦忽，明莹如石榴子。国西北二百余里，有市镇，曰：上水。通南，居人无虑，六百家，各种番货，俱有黄连、香罗褐、速香[2]、降真、沉水，亦有花黎木、白豆蔻、大风子[3]、血竭[4]、藤结、苏木花、锡、象牙、翠毛、苏木、贱如薪，色绝胜。兽有白象、狮、猫、白鼠，蔬果如占城，有米酒、椰子酒，皆烧酒也。厥贡苏木、降真香。

【校】

[1] 市用海市："市"，《瀛涯胜览》作"贝"。

[2] 速香："速"，中华本《瀛涯胜览》作"连"，《明史》卷三二四作"速"。

[3] 大风子："大"，中华本《瀛涯胜览》作"火"，大风子，《本草释名》曰："大风子，能治大风疾，故名。"《风土记》曰："大风子，大树之子，如椰子而圆，中有数十枚。"疑"火"为"大"之讹。

[4] 血竭："竭"，中华本《瀛涯胜览》作"结"。《东西洋考》卷二："血竭《本草》名骐驎竭，物如干血，故名血竭。《南越志》云：'是紫钟树之脂也。欲验真伪，但嚼之不煨。如蜡者佳'。"疑"结"为"竭"之讹。

洪武六年，暹罗国遣使入贡。

按《明外史·暹罗传》：洪武五年，贡黑熊、白猿及方物。明年复来贡。其王之姊参烈思宁，别遣使进金叶表，贡方物于中宫，却之。已而其姊复遣使来贡，帝仍却之，而宴赍其使。时其王懦而不武，国人推其伯父参烈宝毗牙毗哩哆啰禄主国事[1]，遣使来告，贡方物，宴赍如制。已而新王遣使来贡、谢恩，其使者亦有献，帝不纳。已，遣使贺明年正旦，贡方物，且献本国地图。

【校】

［1］国人推其伯父参烈宝毗牙毗哩哆啰禄主国事："牙"、"毗"，中华本《明史》作"邪"、"嗯"。

洪武七年，暹罗使臣入贡，言贡舟遭风漂没，收其漂余贡物以进，诏以其无表却之。

按《明外史·暹罗传》：洪武七年，使臣沙里拔来贡。言去年舟次乌猪洋，遭风坏舟，飘至海南，赖官司救护，尚存飘余兜罗锦、降香、苏木诸物进献，广东省臣以闻。帝怪其无表，既言覆舟[1]，而方物乃有存者，疑其为番商，命却之。谕中书及礼部臣曰："古诸侯于天子，比年一小聘，三年一大聘。九州岛之外，则每世一朝，所贡方物，表诚敬而已。唯高丽颇知礼义[2]，故令三年一贡。他远国，如占城、安南、西洋琐里、瓜哇、浡泥、三佛齐、暹罗斛、真腊诸国，入贡既频，劳费太甚。今不必复尔，其移牒诸国俾知之。"然而来者不止。其世子苏门邦王昭禄群膺亦遣使上笺于皇太子，贡方物。命引其使朝东宫，宴赉遣之。

【校】

［1］既言覆舟："覆舟"，中华本《明史》作"舟覆"。

［2］唯高丽颇知礼义："义"，中华本《明史》作"乐"。

洪武八年，暹罗国入贡。按《明外史·暹罗传》：洪武八年，再入贡。而其旧明台王世子昭孛罗局亦遣使奉表朝贡，宴赉如王使。

洪武九年，诏谕暹罗国王赐印及衣一袭。按《广东通志》：九年九月[1]，其王遣子昭禄群膺奉表贡象及方物[2]，赐诏褒谕，谕暹逻国王曰：君国子民，非上天之明命，居土之洪恩，曷能若是，华彝虽间，乐天之乐，率土皆然。若为人上，能体上帝好生之德，协和人神，则禄给世世无间矣。尔哆啰禄自嗣王位以来，内修齐家之道，外造睦邻之方，况数遣使中国，称臣入贡，以方今时王言之，其哆啰禄，可谓贤德矣，岂不名播诸番。今年秋，贡象至朝，朕遣使往谕，特赐暹国之印及衣一袭，尔当善抚邦民，永为多福，故兹诏谕想宜知悉。[3]

【校】

[1] 九年九月："九月"，四库本《广东通志》无，《明太祖实录》九年九月乙酉条有载，当无误。

[2] 其王遣子昭禄群膺奉表贡象及方物："奉表"，四库本《广东通志》无。

[3] 谕暹逻国王曰……想宜知悉：《明太祖实录》九年九月乙酉条、《殊域》卷八、《东西洋考》同，四库本《广东通志》无。

洪武十年，暹罗国来朝。按《明外史·暹罗传》：洪武十年，昭禄群膺承其父命来朝。帝喜，命礼部员外郎王恒等赍诏及印赐之，文曰"暹罗国王之印"，并赐世子衣币及道里费。自是，其国遵朝命，始称暹罗；而比年一贡，或一年两贡。至正统后，乃或数年一贡云。

洪武十六年，赐暹罗国勘合文册。按《明外史·暹罗传》：洪武十六年，赐勘合文册及文绮、瓷器，与真腊等。

洪武二十年，暹罗国贡方物。按《明外史·暹罗传》：洪武二十年，贡胡椒一万斤、苏木一万斤[1]。帝遣官厚报之。时温州民有市其沉香诸物者，所司坐以通番，当弃市。帝曰：温州乃暹罗必经之地，因其往来而市之，非通番也。乃获宥。

【校】

[1] 苏木一万斤：中华本《明史》校勘记云："《太祖实录》卷一八三洪武二十年七月乙巳条、《国榷》卷八页六七四、《殊域周咨录》卷八暹罗都作'苏木十万斤'。"

洪武二十一年，暹罗贡象牙三十[1]、番奴六十。

【校】

[1] 暹罗贡象牙三十："牙"，中华本《明史》无。

洪武二十二年，暹罗世子昭禄群膺遣使来贡。

洪武二十三年，暹罗贡苏木、胡椒、降香十七万斤。按以上《明外史·暹罗传》云云。

洪武二十八年，暹罗国世子昭禄群膺朝贡，且告父丧，敕世子嗣王位。

按《明外史·暹罗传》：洪武二十八年，昭禄群膺遣使朝贡，且告其父之丧。命中官赵达等往祭，敕世子嗣王位，赐赉有加。谕之曰："朕自即位以来，命使出疆，周于四维，足履其境者三十六，声通于耳者三十一[1]，风殊俗异。大国十有八，小国百四十九，较之于今，暹罗最近。迩者使至，知尔先王已逝。王绍先王之绪，有道于邦家，臣民欢怿。兹特遣人锡命，王其罔失法度，罔淫于乐，以光前烈。钦哉。"

按《广东通志》：二十八年十二月，诏遣内使赵达、宋福等使暹罗斛国，祭王参烈宝毗牙思哩哆啰禄，赐嗣王苏门邦工昭禄群膺文绮四匹，罗四匹，氎丝布四十匹，王妃文绮四匹，罗四匹，氎丝布十二匹，敕谕之。

【校】

[1] 声通于耳者三十一："通"，中华本《明史》作"闻"。

成祖永乐

成祖永乐元年，赐暹罗国王哆啰谛剌驼纽镀金银印等物。

按《明外史·暹罗传》：成祖即位，诏谕其国。元年二月[1]，赐其王昭禄群膺哆啰谛剌驼纽镀金银印，其王即遣使谢恩。六月，以上高皇帝尊谥，遣官颁诏，有赐。八月复命给事中王哲、行人成务赐其王锦绮。九月命中官李兴等赍敕，劳赐其王，其文武诸臣并有赐。

【校】

[1] 元年二月："二月"，中华本《明史》无。《明太宗实录》卷一七之元年二月有载，当无误。

永乐二年，暹罗国王遣使来谢，贡方物。

按《明外史·暹罗传》：永乐二年九月[1]，有番船飘至福建海岸，诘之，乃暹罗与琉球通好者。所司籍其货以闻，帝曰："二国修好，乃甚美事，不幸遭风，正宜怜恤[2]，岂可因以为利。所司其治舟给粟，俟风便遣赴琉球。"是月，其王以帝降玺书劳赐，遣使来谢，贡方物。赐赉有加，并赐《列女传》百册。其使者请颁量衡为国永式，从之。

先是，占城贡使返，风飘其舟至彭亨，暹罗索取其使，羁留不遣。苏门答剌及满剌加又诉暹罗恃强发兵夺天朝所赐印诰。帝乃降敕责之曰："占城、苏门答剌、满剌加与尔俱受朝命，安得逞威拘其贡使，夺其诰印。天有显道，福善祸淫，安南黎贼可为鉴戒。其即返占城使者，还苏门答剌、满剌加印诰。自今奉法循理，保境睦邻，庶永享太平之福。"时暹罗所遣贡使，失风飘至安南，尽为黎贼所杀，止余孛黑一人。后官军征安南，获之以归。帝悯之。

【校】

[1] 永乐二年九月："九月"，底本、《明太宗实录》卷三四之永乐二年九月辛亥条、《海国图志》卷八同，中华本《明史》无。

[2] 正宜怜恤："恤"，中华本《明史》作"惜"。

永乐四年，暹罗遣使入贡，求书及量衡式。按《广东通志》：永乐四年二月[1]，暹罗使奈必表贡方物，赠赐《古今列女传》[2]，且乞量衡为国中式，从之。

【校】

[1] 永乐四年二月："二月"，四库本《广东通志》无。

[2] 赠赐《古今列女传》："列"，四库本《广东通志》、《殊域》、《东西洋考》卷二作"烈"。

永乐六年，暹罗遣使贡方物，谢前罪。按《明外史·暹罗传》：永乐六年八月，命中官张原送还国使[1]，赐王币帛，令厚恤被杀者之家。九月，中官郑和使其国，其王遣使贡方物，谢前罪。

【校】

[1] 命中官张原送还国使："使"，中华本《明史》无。

永乐七年，暹罗遣使来祭仁孝皇后，又送内地逃避奸民，并贡方物。

按《明外史·暹罗传》：永乐七年正月[1]，使来祭仁孝皇后，命中官告之几筵。时奸民何八观等逃入暹罗，帝命使者还告其主，毋纳逋逃。其王即奉命遣使贡马及方物，并送八观等还，命张原赍敕币奖之。

按《广东通志》：永乐七年正月[2]，遣使奉仪物致祭仁孝皇后，命中宫官以告几筵。九月，复遣使坤文琨等表贡方物[3]，赐钞币遣之。时南海人何八观等，流移海岛，遂入暹罗，至是因文琨等归。上令谕其国王遣八观等还，毋纳逋逃以取罪戾，并赐其王金织纻丝、纱罗绒锦。

【校】

[1] 永乐七年正月："正月"，中华本《明史》无，《明太宗实录》卷八七之永乐七年正月有载，《海国图志》卷八有"永乐七年正月，奸民何八观等逃入暹罗，帝命使者，还告其主，毋纳逋逃。其王即奉命送还，赐敕币奖之"，下文引《广东通志》亦作"正月"，底本当无误。

[2] 永乐七年正月："正月"，四库本《广东通志》无，见校勘记[1]。

[3] 复遣使坤文琨等表贡方物："使坤文琨等"，四库本《广东通志》无。

永乐八年，暹罗遣使入贡。按《广东通志》：永乐八年，暹罗遣使贡马及方物，并送中国流移人还，赐敕劳之，并赐彩币。

永乐十年，命中官冯保等往赐暹罗币，是年入贡。按《明外史·暹罗传》：永乐十年，命中官冯保等往赐币[1]。按《广东通志》：永乐十年十二月[2]，复来朝贡。

【校】

[1] 命中官冯保等往赐币："冯"，中华本《明史》、（明）巩珍《西洋番国志》作"洪"。

[2] 永乐十年十二月："十二月"，四库本《广东通志》无，《明太宗实录》卷一三五永乐十年十二月甲子条有载，当无误。

永乐十三年，暹罗国王卒。

按《广东通志》：永乐十三年五月，昭禄群膺哆啰谛剌卒。

永乐十四年，封暹罗国世子为王。

按《明外史·暹罗传》：永乐十四年，王子三赖波罗摩剌札的赖遣使告父之丧。命中官郭文往祭，别遣官赍诏封其子为王，赐以素锦、素罗，随遣使谢恩。

永乐十五年，定赐暹罗国王及王妃绮币之数。

按《明会典》：永乐十五年，给暹罗国王锦四匹，纻丝、纱罗各十匹，内各织金四匹，王妃纻丝、纱罗各六匹，内各织金二匹。

永乐十七年，以暹罗侵满剌加，使使责之，暹罗王遣使谢罪。

按《明外史·暹罗传》：永乐十七年，以暹罗侵满剌加，使使责令辑睦[1]，既为其使入贡，命中官杨敏等护归，王复遣使谢侵满剌加之罪[2]。

按《广东通志》：永乐十七年十月[3]，遣使谕暹罗国王俾与满剌加平，敕谕三赖波罗摩剌札的赖曰：朕祗膺天命，君主华彝，体天地好生之心为治，一视同仁无间彼此，王能敬天事，大修职奉贡，朕心所嘉，盖非一日。比者，满剌加国王亦思罕答儿沙嗣立，能继乃父之志，躬率妻子诣阙朝贡，其事大之诚，与王无异，然闻王无故欲加之兵。夫兵者，凶器。两兵相斗，势必俱伤，故好兵非仁者之心。况满剌加国王既已内属，则为朝廷之臣，彼有过当申理于朝廷。不务出此，而辄加兵，是不有朝廷矣！此必非王之意，或者王左右假王之名弄兵，以逞私忿，王宜深思，勿为所惑。辑睦邻国，无相侵越，并受其福，岂有穷哉？王其留意焉。[4]

【校】

[1] 使使责令辑睦："使使"，中华本《明史》作"遣使"。

[2] 王复遣使谢侵满剌加之罪："侵满剌加之"，中华本《明史》无。

[3] 永乐十七年十月："十月"，四库本《广东通志》无，《明太宗实录》永乐十七年十月癸未条有载，当无误。

[4] 敕谕三赖波罗……王其留意焉：四库本《广东通志》无，《明太宗实录》永乐十七年十月癸未条所载大同。

永乐十八年，暹罗入贡。按《广东通志》：永乐十八年四月[1]，暹罗国遣使入贡方物，赐之钞币，仍遣中官杨敏等护送还国，仍赐其王锦绮、纱罗等物。

【校】

[1]永乐十八年四月:"四月",四库本《广东通志》无,《明太宗实录》卷二二四之永乐十八年四月庚申条有载。

永乐十九年,暹罗遣使入贡,且谢侵满剌加之罪。按《广东通志》:永乐十九年三月[1],暹罗国遣使奈怀等六十人贡方物,谢侵满剌加国之罪,赐钞币有差。七月,复入贡。

【校】

[1]永乐十九年三月:"三月",四库本《广东通志》无。

永乐二十一年,暹罗遣使入贡。按《广东通志》:永乐二十一年三月,暹罗国遣使坤梅贡方物[1],赐之钞币。

【校】

[1]暹罗国遣使坤梅贡方物:"坤梅",四库本《广东通志》无。

宣宗宣德

宣宗宣德八年,暹罗遣使入贡。按《明外史·暹罗传》:宣德八年,其王悉里麻哈赖遣使朝贡。初,其国陪臣奈三铎等贡舟次占城新州港,尽为其国人所掠。

英宗正统

英宗正统元年,暹罗贡使诉占城劫掠状,令占城还所掠人物。

按《明外史·暹罗传》:正统元年,奈三铎潜附小舟来京,而其王所遣贡使亦至[1],皆诉占城劫掠状。帝命召占城使者与相质。使者无以对,乃敕占城王,令尽还所掠人物。已而,占城移咨礼部言:"本国前岁遣使往须文达那,亦为暹罗贼人掠去,必暹罗先还所掠,本国自不敢不还。"

按《明会典》:暹罗入贡,宣德间赏赐各减半[2]。正统以后俱照永乐十五年例,正副使臣初到,每人织金罗衣一套、靴袜各一双。未经冠带者给纱帽素金带,先曾到京冠带者换给钑花金带,正赏纻丝罗各四匹,折纱绢二匹、绵布一匹、织金纻丝衣一套,通事人等初到每人素罗衣一套，靴袜各一双，未经冠带者给纱帽、素银带。先曾到京冠带者换给钑花银带，正赏纻丝罗各二匹，折钞绢一匹，素纻丝衣一套，番伴初到每人绢衣一套，靴袜各一双。正赏折钞绵布一匹，胖袄裤鞋各一副，其存留广东有进贡者头目人等每人赏素纻丝衣一套，纻丝罗各二匹。从人每人纻丝绢衣一套，纻丝一匹，番伴人等每人折钞绵布一匹，胖袄裤鞋各一副，使臣人等进到货物，例不抽分，给与价钞。

【校】

[1] 而其王所遣贡使亦至：此句中华本《明史》无。

[2] 宣德间赏赐各减半："赏赐"，四库本《明会典》无。

正统三年，暹罗入贡，仍令还所掠占城人物。按《明外史·暹罗传》：正统三年，暹罗贡使又至，因赐敕[1]，令急还占城人物。

【校】

[1] 因赐敕：中华本《明史》作"赐敕晓以此意"。

正统十一年，暹罗遣使入贡。按《明外史·暹罗传》：正统十一年，其王思利波罗麻那若智剌复遣使入贡[1]。

【校】

[1] 其王思利波罗麻那若智剌复遣使入贡："若"，中华本《明史》作"惹"。

代宗景泰

代宗景泰四年，封暹罗嗣子把罗兰米孙剌为暹罗国王。按《明外史·暹罗传》：景泰四年，命给事中刘洙、行人刘泰祭其故王波罗摩剌札的赖，因封其嗣子把罗兰米孙剌为王。

英宗天顺

英宗天顺元年，赐暹罗贡使钑花金带。按《明外史·暹罗传》云云。

天顺六年，暹罗遣使朝贡。按《明外史·暹罗传》：天顺六年，其王孛剌蓝罗者直波智遣使朝贡。

宪宗成化

宪宗成化九年，暹罗国乞改给勘合，从之。按《明外史·暹罗传》：

成化九年，贡使言天顺元年所颁勘合，为虫所蚀，乞改给，从之。

成化十七年，暹罗贡使还，至中途窃买子女、载私盐，命遣官戒谕之。按《明外史·暹罗传》：成化十七年，贡使还，至中途窃买子女，且多载私盐，命遣官戒谕诸番。先是，汀州人谢文彬，以贩盐下海，飘入其国，仕至坤岳，犹天朝学士也。后充使来朝，因贸易禁物，事觉下吏。

成化十八年，暹罗世子遣使朝贡，且告父丧，命封为暹罗国王。按《明外史·暹罗传》：成化十八年，遣使朝贡，且告父丧，命给事中林霄、行人姚隆往封其子国隆勃剌略坤息剌尤地为王。

孝宗弘治

孝宗弘治十年，暹罗入贡。按《明外史·暹罗传》：弘治十年入贡。时四夷馆兀暹罗译字官，阁臣徐溥等请移牒广东，访取能通彼国言语文字者，赴京备用，从之。

武宗正德

武宗正德十年，暹罗朝贡。按《明外史·暹罗传》：正德四年，暹罗船有飘至广东者，市舶中官熊宣与守臣议，税其物供军需。事闻，诏斥宣妄揽事柄，撤还南京。十年，进金叶表朝贡，馆中无识其字者。阁臣梁储等请选留其使一二人入馆肄习，报可。

世宗嘉靖

世宗嘉靖三十二年，暹罗贡方物。

按《明外史·暹罗传》：嘉靖元年，暹罗、占城货船至广东。市舶中官牛荣纵家人私市，论死如律。三十二年遣使贡白象及方物，象死于途，其使者以珠宝饰其牙，盛以金盘，并尾来献。帝嘉其意，厚遣之。

按《广东通志》：暹罗国洪熙、宣德以后入贡犹如常期。正统、景泰间，贡或不常。成化迄今，大率六年一贡。近惟嘉靖三十二年，遣使坤隋离等贡白象及方物，白象已毙，遗象牙一枝，长六尺，首尾镶金起花，牙首大五寸七分，镶石榴子十颗，中镶珍珠十颗，宝石四颗，尾大一寸，镶金刚钻一颗，金盒内贮白象尾毛为证，又象牙一十九枝，共三百五十斤，乌木三十七株，共三千六百斤，树香六百斤，藤黄四百八十斤，大枫子五百八十斤，紫梗三百斤，速香二十一株，共六百五十斤，木香二十斤，白豆蔻六十斤，胡椒八百一十斤，苏木一万四千二百斤。

嘉靖三十七年，暹罗入贡。

按《广东通志》：三十七年八月，暹罗遣使坤应命等贡方物，象牙三百斤，树香六百五十斤，藤黄一百五十斤，速香三百一十斤，白豆蔻三十斤，苏木一万三千二百斤，胡椒四百五十斤，乌木三千八百斤，大枫子五千斤，其视旧献颇不同。

穆宗隆庆

穆宗隆庆□年，暹罗国为东蛮牛所破，虏世子及印以归。次子嗣位，奉表请印，予之。按《明外史·暹罗传》：隆庆中，其邻国东蛮牛求婚不得，惭怒，大发兵攻破其国。王自经，掳其世子及天朝所赐印以归。次子嗣位，奉表请印，予之。自是为东蛮牛所制，嗣王励志复仇。

神宗万历

神宗万历六年，暹罗遣使入贡。按《明外史·暹罗传》：万历间，东蛮牛兵复至[1]，王整兵奋击，大破之，杀其子，余众宵遁，暹罗由是雄海上。移兵攻破真腊，降其王。从此岁岁用兵，遂霸诸国。六年遣使入贡。

【校】

[1] 东蛮牛兵复至："东蛮牛兵"，中华本《明史》作"敌兵"。按：《东西洋考》曰：东蛮牛俗名放沙。隆庆初年，求婚暹罗，暹罗拒之峻；东蛮牛恚甚，统沙外兵围暹罗，破之。

万历二十年，暹罗请潜师助讨日本。

按《明外史·暹罗传》：万历二十年，日本破朝鲜，暹罗请潜师直捣日本，牵其后。中枢石星议从之，两广督臣萧彦持不可，乃已。其后，奉贡不替。迄崇祯十六年三月犹入贡[1]。

其国，周千里，风俗劲悍，习于水战。大将用圣铁裹身，刀矢不能入。圣铁者，人脑骨也。王，琐里人。官分十等。自王至庶民，有事皆决于其妇。其妇人志量，实出男子上。妇私华人，则夫置酒同饮，恬不为怪，曰："我妇美，为华人所悦也。"崇信释教，男女多为僧尼，亦居庵寺，持斋受戒。衣服颇类中国。富贵者，尤敬佛，百金之产，即以其半施之。气候不正，或寒或热，地卑湿，人皆楼居。男女椎结，以白布裹首。富贵者死，用水银灌其口而葬之。贫者则移置海滨，即有群鸟飞啄，俄顷而尽，家人拾其骨号泣而弃之于海，谓之鸟葬。亦延僧设斋礼佛。交易用海〈贝八〉。是年不用海〈贝八〉，则国必大疫。其贡物，有象、象牙、犀角、孔雀毛、翠羽、龟筒、六足龟、宝石、珊瑚、片脑、米脑、糠脑、脑油、脑柴、蔷薇水、碗石、丁皮、阿魏、紫梗、藤竭、藤黄、硫黄、没药、乌爹泥、安息香、罗斛香、速香、檀香、黄熟香、降真香、乳香、树香、木香、丁香、乌香、胡椒、苏木、肉豆蔻、白豆蔻、荜茇、乌木、大枫子及撒哈剌、西洋诸布。其国有三宝庙，祀中官郑和。

【校】

[1] 迄崇祯十六年三月犹入贡："迄"、"三月"，中华本《明史》无。

皇清顺治

世祖章皇帝顺治十年《大清会典》：顺治十年，广东巡抚奏称暹罗国请贡，按暹罗本海南暹与罗斛二国，后并为一，十年请贡。

顺治十六年《大清会典》：顺治十六年，两广总督题准暹罗再来探贡，所带压船货物就地方交易，其抽丈船货税银清册，移送户部察核。

康熙

康熙二年

《大清会典》：康熙二年，暹罗正贡船二只，行至七洲海面，遇风飘失，止有护贡船一只来至虎门，仍令遣回。

按《广东通志》：康熙二年十二月，遣使朝贡，进金叶表文一道。贡献方物：龙涎香一斤，象牙三百斤，西洋闪金银花缎六匹，胡椒三百斤，藤黄三百斤，豆蔻三百斤，苏木三千斤，速香三百斤，乌木三百斤，大枫子三百斤，金银香三百斤。贡献皇后方物：龙涎香八两，西洋闪金银花缎四匹，象牙一百五十斤，胡椒一百五十斤，藤黄一百五十斤，豆蔻一百五十斤，苏木一百五十斤[1]，速香一百五十斤，大枫子一百五十斤，金银香一百五十斤。

【校】

[1] 苏木一百五十斤："一百五十斤"，四库本《广东通志》作"一千五百斤"。

康熙三年《大清会典》：康熙三年，暹罗国具表进贡，正贡二船令员役二十名来京，补贡一船令六人来京。

康熙四年《大清会典》：康熙四年，暹罗进贡至京，礼部题定贡期三年一次，贡道由广东。

康熙六年《大清会典》：康熙六年，暹罗进贡正贡船一只，护贡船一只，载象船一只，续发探贡船一只，礼部覆准进贡船不许过三只，每船不许过百人，来京员役二十二名，其接贡船、探贡船概不许放人。

按《广东通志》：六年六月，遣使朝贺万寿，进金叶表文一本，译字表文一本，贡献方物：龙亭一座，龙涎香一斤，速香三百斤，苏木三千斤，象牙三百斤，安息香三百斤，白豆蔻三百斤，大枫子三百斤，藤黄三百斤，孔雀四只，乌木三百斤，胡椒三百斤，降香三百斤，驯象一只，犀角六座，六足龟四只，孔雀尾十屏，翠鸟毛六百张，树胶香一百斤，沉水香二斤，树皮香一百斤，儿茶一百斤，胡椒花一百斤，碗石一斤，紫梗一百斤，鲛绡布六匹，杂花色大布六匹[1]，襫天四条，红布一匹，红撒哈喇唎布六匹，人字花布十匹，花纹人象襫四条，西洋布十匹，大冰片一斤，中冰片二斤，油片二十瓢，樟脑一百斤，黄檀香一百斤，蔷薇露六十罐，硫磺一百斤。贡献皇后齐年方物：龙涎香八两，速香一百五十斤，苏木一千五百斤，象牙一百五十斤，安息香一百五十斤，白豆蔻一百五十斤[2]，大枫子一百五十斤，藤黄一百五十斤，孔雀二只，乌木一百五十斤，胡椒一百五十斤，降香一百五十斤，犀角三座，六足龟二只，孔雀尾五屏，翠鸟毛三百张，树胶香五十斤，儿茶五十斤，胡椒花五十斤，沉水香一斤，树皮香五十斤，碗石八两，紫梗五十斤，鲛绡布三匹，杂花色大布三匹，襫天二条，红布五匹，红撒哈喇唎布三匹，人字花布五匹，西洋布五匹，人象杂色花襫二条，大冰片八两，中冰片一斤，油片十瓢，樟脑五十斤，黄檀香五十斤，蔷薇露三十罐，硫磺五十斤。

【校】

[1]杂花色大布六匹："大"，四库本《广东通志》无。

[2]白豆蔻一百五十斤："白豆蔻"，四库本《广东通志》作"豆蔻"。

康熙七年《大清会典》：康熙七年，暹罗入贡正使到京，其存留边界头目给与口粮。康熙十年 按《广东通志》：康熙十年十一月，贡献方物。奉诏颁赐暹罗国王锦四匹，缎六匹，织金缎四匹，纱六匹，织金纱四匹，罗六匹，织金罗四匹。诏赐王妃缎四匹，织金缎二匹，罗四匹，织金罗二匹，纱四匹，织金纱二匹，正贡使、二贡使、三贡使缎各七匹，罗各四匹，织金罗各二匹，绢各二匹，里各一匹，布各一匹，连毡袜绿皮牙缝一等靴各一双，通事赏彭缎袍一件，办事赏缎四匹，罗二匹，绢一匹，连毡袜擦脸马皮靴一双，从人二十二名赏绢各二匹，布各五匹，连毡袜牛皮靴各一双，伴贡官赏彭缎袍一件，其赏赐之物于户工二部移取，在午门前颁给，在部筵宴二次，俟暹罗贡使到省之日，照例设酒一次，遣回，已上进贡俱一例颁赏，使回，令于广东布政司管待。

康熙十二年《大清会典》：康熙十二年，暹罗国王森列拍腊照古龙拍腊马呼陆坤司由提呀菩埃进贡，并请封典，礼部题准给与诰命，并驼钮镀金银印，贡使事毕，礼部堂司官员朝服，在午门前恭设几案，鸿胪寺官引贡使等行三跪九叩头礼，跪领诰印，移咨该国王，令王出城恭迎诰印。又谕该国航海远来抒诚进贡，其虫蛀短少等物，免令补进。

康熙二十三年《大清会典》：康熙二十三年，谕暹罗国进贡员役回国，有不能乘马者，官给夫轿，从人给扛夫，又于伴送官外，特差礼部司官笔帖式各一员，护送贡物，常贡外，例有加贡物，旧有孔雀、龟后令免进。恭进御前龙涎香一斤、银盒装象牙三百斤、西洋闪金花缎六匹、胡椒三百斤、藤黄三百斤、豆蔻三百斤、苏木三千斤、速香三百斤、乌木三百斤、大枫子三百斤、金银香三百斤。皇后前贡物，并同数目减半。

图考

【暹罗国】（图像略）

图考

按《三才图会》：暹罗国滨海，风俗男子自幼割阳物，嵌八宝以衔，富贵不然，则女家不妻也，近有海客往暹罗，次至一岛上，满山悉是黑漆匙、着，其处多大木，客仰窥匙着，乃木之花与须也，因拾百余双还用之，肥不能染，后偶取搅茶，随而消焉。

真腊部

汇考

隋

炀帝大业

炀帝大业十二年二月，真腊始遣使贡方物。按《隋书·炀帝本纪》云云。

大业十三年，真腊遣使入贡。按《隋书·炀帝本纪》不载。

按《真腊本传》：真腊国，在林邑西南，本扶南之属国也。去日南郡舟行六十日，而南接车渠国，西有朱江国。其王姓刹利氏，名质多斯那。自其祖渐已强盛，至质多斯那，遂兼扶南而有之。死，子伊奢那先代立。居伊奢那城，郭下二万家[1]。城中有一大堂，是王听政之所。总大城三十，城有数千家，各有部帅，官名与林邑同。其王三日一听朝，坐五香七宝床，上施宝帐。其帐以文木为竿，象牙、金钿为壁，状如小屋，悬金光焰，有同于赤土。前有金香炉，二人侍侧。王著朝霞古贝，缦络腰腹[2]，下垂至胫，头戴金宝花冠，被真珠璎珞，足履革屣，耳悬金珰。常服白迭，以象牙为屐。若露发，则不加璎珞。臣人服制，大抵相类。有五大臣，一曰孤落支，二曰高相凭，三曰婆何多陵[3]，四曰舍摩陵，五曰髯多娄，及诸小臣。朝于王者，辄以阶下三稽首。王唤上阶，则跪，以两手抱膊，遶王环坐。议政事讫，跪伏而去。阶庭门阁，侍卫有千余人，被甲持仗。其国与参半、朱江二国和亲，数与林邑、陀洹二国战争[4]。其人行止皆持甲仗，若有征伐，因而用之。其俗非王正妻子，不得为嗣。王初立之日，所有兄弟并刑残之，或去一指，或劓其鼻，别处供给，不得仕进。

人形小而色黑。妇人亦有白者。悉拳发垂耳，性气捷劲。居处器物，颇类赤土。以右手为净，左手为秽。每旦澡洗，以杨枝净齿，读诵经咒。又澡洒乃食，食罢还用杨枝净齿，又读经咒。饮食多苏酪、沙糖、秔粟、米饼。欲食之时，先取杂肉羹与饼相和，手擩而食。娶妻，唯送衣一具，择日遣媒人迎妇。男女二家各八日不出，昼夜燃灯不息。男婚礼毕，即与父母分财别居。父母死，如有未婚者，以余财与之。若婚毕，财物入官。其丧葬，儿女皆七日不食，剔发而哭，僧尼、道士、亲故皆来聚会，音乐送之。以五香木烧尸，收灰以金银瓶盛，送于大水之内。贫者或用瓦，而以彩色画之。亦有不焚，送尸山中，任野兽食者。

其国北多山阜，南有水泽，地气尤热，无霜雪，饶瘴疠毒蠚。土宜稻粱[5]，少黍粟，果菜与日南、九真相类。异者有婆那娑树，无花，叶似柿，实似冬瓜；庵罗树，花叶似枣，实似李；毗野树，花似木瓜，叶似杏，实似楮；婆田罗树，花叶实并似枣而小异；歌毕佗树，花似林檎，叶似榆而厚大，实似李，其大如升。自余多同九真。海中有鱼名建同，四足，无鳞，其鼻如象，吸水上喷，高五六十尺。有浮胡鱼，其形似𪛉，觜如鹦鹉，有八足。多大鱼，半身出水，望之如山。

每五六月中，毒气流行，即以白猪、白牛、白羊于城西门外祠之。不然者，五谷不登，六畜多死，人众疾疫。近都有陵伽钵婆山，上有神祠，每以兵五千人守卫之。城东有神名婆多利，祭用人肉。其王年别杀人，以夜祀祷，亦有守卫者千人。其敬鬼如此。多奉佛法，尤信道士，佛及道士并立像于馆。

大业十三年[6]，遣使贡献，帝礼之甚厚，其后亦绝。

【校】

[1] 郭下二万家：中华本《隋书》、《文献通考》卷三三二之四·裔考九"万"下有一"余"字。

[2] 缦络腰腹："缦"，中华本《隋书》卷八二、《北史》卷九五均作"瞒"，然据文意，作"缦"更胜。

[3] 婆何多陵："何"，《太平御览》七八六作"阿"，中华本《隋书》卷八二、《北史》卷九五、《文献通考》卷三三二之四·裔考九一均作"何"。

[4] 数与林邑、陀洹二国战争："陀洹"，中华本《隋书》作"陀桓"。按："陀洹"即"陀桓"，在今缅甸的东南部，应指土瓦（Tavoy）一带，也有人认为指

仰光（Rangoon），即其古名 Tikumba 或 Dagor 的译音。《旧唐书》卷一九七、《新唐书》卷二二二下、《御览》卷七八八、《寰宇记》卷一七七作"陀洹"；《北史》卷九五、《御览》卷七八六、《通志》卷一九八、《通考》卷三三二作"陀桓"。

[5] 土宜稻粱："稻粱"，中华本《隋书》作"粱稻"。

[6] 大业十三年："三"，中华本《隋书》作"二"。

唐

高祖武德

高祖武德□年，真腊遣使入朝。按《唐书·高祖本纪》不载。

按《真腊本传》：真腊，一曰吉蔑，本扶南属国。去京师二万七百里。东距车渠，西属骠，南濒海，北与道明接，东北抵驩州。其王刹利伊金那，贞观初并扶南有其地。门皆东向，坐上东。客至，屑槟榔、龙脑、香蛤以进。不饮酒，比之淫。惟与妻饮房中，避尊属。有战象五千，良者饲以肉。世与参半、骠通好，与环王干陀洹数相攻。自武德至圣历，凡四来朝。

按《朝野佥载》：真腊国，在驩州南五百里。其俗，有客设槟榔、龙脑香、合屑等[1]，以为赏宴。其酒比之淫秽，私房与妻共饮，对尊者避之。又夫妇寝[2]，不令人见[3]，此俗与中国同。国人不着衣服，见衣服者，共笑之。俗无盐铁，以竹弩射虫鸟。

【校】

[1] 合屑：中华本《朝野佥载》、《太平广记》卷四八二引均作"蛤屑"。

[2] 又夫妇寝："夫妇寝"，中华本《朝野佥载》、《太平广记》卷四八二引均作"行房"。

[3] 不令人见：中华本《朝野佥载》、《太平广记》卷四八二引"令"下有一"欲"字。

元宗开元

元宗开元□年，真腊以南、北分为水陆二国，其陆真腊王子率其属来朝。按《唐书·元宗本纪》不载。

按《真腊本传》：神龙后分为二半：北多山阜，号陆真腊半；南际海，饶陂泽，号水真腊半。水真腊，地八百里，王居婆罗提拔城。陆真腊或曰文单,曰婆镂,地七百里,王号"笪屈"。开元、天宝时,王子率其属二十六来朝,拜果毅都尉。

代宗大历

代宗大历十四年,陆真腊副王婆弥及妻来朝。按《唐书·代宗本纪》不载。

按《真腊本传》:大历中,副王婆弥及妻来朝,献驯象十一;擢婆弥试殿中监,赐名宾汉。是时,德宗初即位,珍禽奇兽悉纵之,蛮夷所献驯象畜苑中,元会充庭实者凡三十二[1],悉放荆山之阳。

【校】

[1] 元会充庭实者凡三十二:中华本《新唐书》、《文献通考》卷三三二之四·裔考九作"元会充廷者凡三十二"。

宪宗元和

宪宗元和□年,水真腊遣使入贡。按《唐书·宪宗本纪》不载。按《真腊本传》:元和中,水真腊亦遣使入贡。

宋

徽宗政和

徽宗政和六年冬十二月,真腊国入贡。按《宋史·徽宗本纪》云云。

按《真腊本传》:真腊国亦名占腊,其国在占城之南,东际海,西接蒲甘,南抵加罗希。其县镇风俗同占城,地方七千余里。有铜台,列铜塔二十有四、铜象八以镇其上,象各重四千斤。其国有战象几二十万,马多而小。

政和六年十二月,遣进奏使奉化郎将鸠摩僧哥、副使安化郎将摩君明稽等十四人来贡,赐以朝服。僧哥言:"万里远国,仰投圣化,尚拘卉服,未称区区向慕之诚,愿许服所赐。"诏从之,仍以其事付史馆,书诸策。明年三月辞去。

宣和

宣和二年十二月,真腊入贡。按《宋史·徽宗本纪》云云。

按《真腊本传》：宣和二年，又遣郎将摩腊、摩秃防来[1]，朝封其王与占城等[2]。

【校】

[1] 摩秃防来："防"，中华本《宋史》校勘记云："《宋会要》蕃夷三之四记此事，说'安化郎将摩秃，防授官沙斯底忽辞于紫宸殿'，按'防授官'，一作'防援官'，本卷注辇国传有'防援官'，《宋会要》蕃夷亦屡见此名。此处'秃'下原有一'防'字当衍。"

[2] 朝封其王与占城等：中华本《宋史》"朝"下有"廷官"二字。

高宗建炎

高宗建炎三年，加真腊王爵号、食邑，定为常制。按《宋史·高宗本纪》不载。按《真腊本传》：建炎二年[1]，以郊恩授其王金裒宾深检校司徒，加食邑，遂定为常制。

【校】

[1] 建炎二年："二"，中华本《宋史》、《文献通考》卷三三二作"三"。

宁宗庆元

宁宗庆元六年，真腊属邑真里富奉表贡方物。按《宋史·宁宗本纪》不载。

按《真腊本传》：真腊属邑有真里富，在西南隅，东南接波斯兰，西南与登流眉为邻。所部有六十余聚落。庆元六年，其国主立二十年矣，遣使奉表贡方物及驯象二。诏优其报赐，以海道远涉，后毋再入贡。

明

太祖洪武

太祖洪武四年，真腊遣使朝贡。按《明外史·真腊传》：真腊，在占城南，顺风三昼夜可至。隋、唐及宋皆朝贡。宋庆元中，灭占城而并其地，因改国名曰占腊。元时仍称真腊。洪武三年八月[1]，遣使臣郭征等赍诏抚谕其国。四年十一月[2]，其国巴山王忽儿那使使进表，贡方物，贺明年正旦。诏赐《大统历》及彩币，使者亦给赐有差。

按《明·一统志》：真腊国，东际海，西接蒲甘，南连加啰希，北抵占城国，本扶南属国，亦名占腊。其王姓刹利，名质多斯那者，始并扶南而有之。隋大业中，始通中国。唐自武德至圣历，凡四来朝。神龙以后国分为二，其南近海，多陂泽，为水真腊；其北多山阜，为陆真腊，后复合为一。宋政和中遣使来贡，宣和初封为真腊国王与占城等。庆元中，国人大举伐占城，破之，而立真腊人为占城王，故当时占城亦为属国，其属国又有参半、真里、登流眉、蒲甘等国，所领聚落六十余，地方七千余里。

本朝洪武初，国王忽儿那遣其臣奈亦吉郎等表献方物，自是朝贡不绝。

按《寰宇记》：真腊，国俗东向开户，国以东为上。男妇悉拳发垂耳，性气捷劲[3]，以右手为净，左手为秽。

按《诸蕃志》：真腊，土沃饶[4]，田无畛域，视力所及而耕种之。

按《岛夷志》：真腊，国有城，周七十余里[5]，殿宇三十余所，颇为壮丽[6]。其王及贵人所御之物多饰以金璧[7]，俗尚华侈，田产富饶，男女椎发。女满十岁即嫁，以锦围身，眉额施朱，谚云：富贵真腊者，此也。

按《广东通志》：洪武初，真腊国王忽儿那遣其臣奈亦吉郎等奉表献方物，象、象牙、苏木、胡椒、黄蜡、犀角、乌木、黄花木、土降香、宝石、孔雀翎，使回令于广东布政司管待。[8]

【校】

[1] 洪武三年八月："八月"，中华本《明史》无，《海国图志》引、《明实录》卷五五亦作"八月"，底本当无误。

[2] 四年十一月："十一月"，中华本《明史》无，《明实录》卷六九亦作"十一月"，底本当无误。

[3] 性气捷劲："捷"，旧学山房本作"健"，底本、《寰宇通志》引作"捷"。

[4] 土沃饶：杨校本、冯校本作"厥土沃壤"。

[5] 周七十余里：苏校本《岛夷》、《寰宇通志》引"周"下有一"围"字。

[6] 颇为壮丽："颇为"，底本、《寰宇通志》引同，苏校本《岛夷》作"极

其"。

[7]其王及贵人所御之物多饰以金璧：底本、《寰宇通志》引同，苏校本《岛夷》无。

[8]象、象牙……广东布政司管待：底本、《西洋朝贡录》卷上同，四库本《广东通志》无。

洪武六年，真腊入贡。按《明外史·真腊传》：洪武六年，真腊入贡。按《明会典》：洪武六年，赐国王《大统历》及彩缎等物。

洪武十二年，真腊入贡。按《明外史·真腊传》：其王参答甘武者特达志[1]，使使来贡，宴赐如前。

【校】

[1]其王参答甘武者特达志："特"，中华本《明史》、《明实录》卷一三四均作"持"。

洪武十三年，真腊入贡。按《明外史·真腊传》云云。

洪武十六年，遣使赍勘合文册赐真腊国王，并赐金绮、磁器，其王即遣使入贡。按《明外史·真腊传》：洪武十六年，遣使赍勘合文册赐其王。凡中国使至[1]，而勘合不符者，即属矫伪，许絷缚以闻。复遣使赐织金文绮三十二、磁器万九千。其王即使使来贡。

【校】

[1]凡中国使至："中国"，中华本《明史》作"国中"。

洪武十九年，复遣行人刘敏等赍磁器往赐真腊国。按《明外史·真腊传》：洪武十九年，复遣行人刘敏、唐敬偕中官赍磁器往赐。

洪武二十年，真腊以象及香入贡。

按《明外史·真腊传》：洪武二十年，唐敬等还，其王使使贡象五十九匹、香六万斤。寻遣使赐其王镀金银印，王及妃皆有赐。其王参烈宝毗邪甘菩者使使贡象及方物。

按《广东通志》：洪武二十年七月，行人唐敬还自真腊[1]，其国王遣使贡象五十只[2]，香六万斤，自是朝贡不绝。

【校】

[1]行人唐敬还自真腊：四库本《广东通志》作"敬等还"。

[2]其国王遣使贡象五十只："只"，四库本《广东通志》、《东西洋考》卷三作"九"。

洪武二十一年，真腊以象及香入贡。按《明外史·真腊传》：洪武二十一年，复贡象二十八匹、象奴三十四人、蕃奴四十五人，谢赐印之恩。

洪武二十二年，真腊三入贡。

洪武二十三年，真腊复入贡。按以上《明外史·真腊传》云云。

成祖永乐

成祖永乐元年，遣使宣谕其国。

按《明外史·真腊传》：永乐元年，遣行人蒋宾兴、王枢以即位诏谕其国。

按《广东通志》：永乐元年，遣使真腊诏谕即位[1]，至其国。气候常热，田谷岁熟，煮海为盐，风俗富饶。男女椎髻，穿短衫，围梢布，非复裸体矣。其所属国犹有裸者，见有衣服人[2]，即笑之。法有劓、刖、刺配，犯盗则断手足，其民杀中国人，则偿命，中国人杀其民，则罚金，无金，卖身赎罪。

【校】

[1]遣使真腊诏谕即位：四库本《广东通志》作"遣使"。

[2]见有衣服人："有衣服人"，四库本《广东通志》作"人衣服"。

永乐二年，真腊遣使朝贡。

按《明外史·真腊传》：永乐二年，其王参烈婆毗牙使使来朝，贡方物。初，中官使真腊，有部卒三人潜遁，索之不得，王以其国三人代之，至是引见。帝曰：华人自逃，于彼何预而责偿。且语言不通，风土不习，吾焉用之。命赐衣服及道里费，遣还。

按《广东通志》：永乐二年[1]，真腊王参烈婆毗牙遣陪臣奈职等九人朝贡方物，赐钞币、表里，初中官使真腊，将归，有从行军三人遁，索之不得。国王以其国中三人从中官归补伍，至是礼部引见。上曰：中国人自遁，何预彼事，而责偿，且得此三人，语言不通，风俗不谙，吾焉用之，况其皆有室家，宁乐处此。尔礼部给之衣食，予道里费，遣还。真腊尚书李至刚等言：臣意中国人必非遁于彼者，或为彼所匿，则此三人亦不当遣。上曰：不用逆诈，为君但推天地之心待人可也。

【校】

[1] 永乐二年：四库本《广东通志》"年"下有"八月"。

永乐三年，遣使吊真腊国王丧，又诏封其嗣子为王，随遣使谢恩。

按《明外史·真腊传》：永乐三年，使使来贡，告故王之丧。命鸿胪序班王孜致祭，给事中毕进、中官王琮赍诏封其嗣子参烈昭平牙为王。进等还，嗣王使使偕来谢恩。

按《广东通志》：永乐三年，参烈婆毗牙死[1]，命序班王孜往祭之，封其长子参烈昭平牙为王，赐之彩币等物。

【校】

[1] 参烈婆毗牙死："列"，四库本《广东通志》作"烈"。

永乐六年，真腊入贡。按《明外史·真腊传》云云。

永乐十二年，真腊再入贡。按《明外史·真腊传》：永乐十二年，再入贡。使者以其国数被占城侵扰，久留不去。帝遣中官送之还，并敕占城王罢兵修好。

永乐十五年，真腊入贡。按《明外史·真腊传》云云。

永乐十七年，真腊入贡。按《广东通志》：永乐十七年三月，参烈昭平牙遣使奉金镂表文，贡驯象、方物[1]。

【校】

[1] 方物：四库本《广东通志》该句下有"象牙、苏木、胡椒、黄蜡、犀角、乌木、黄花、杜、降香、宝石、孔雀翎"。

代宗景泰

代宗景泰三年，真腊入贡。

按《明外史·真腊传》：宣德、景泰中，亦使使入贡。自后不常至。

其国城隍周七十余里，幅员广数千里。国中有金塔、金桥、殿宇三十余所。王岁时一会，罗列玉猿、孔雀、白象、犀牛于前，名曰百塔洲。盛食以金盘、金碗，故有"富贵真腊"之谚。民俗富饶。天时常热，不识霜雪，禾一岁数稔。男女椎髻，穿短衫，围梢布。刑有剌、刖、刺配，盗则去手足。蕃人杀唐人罪死；唐人杀蕃人则罚金，无金则鬻身赎罪。唐人者，诸蕃呼华人之称也，凡海外诸国尽然。婚嫁，两家俱八日不出门，昼夜燃灯。人死置于野，任乌鸢食，俄顷食尽者，谓为福报。居丧，但髡其发，女子则额上剪发如钱大，曰用此报亲。文字以麂鹿杂皮染黑，用粉为小条画于上，永不脱落。以十月为岁首，闰悉用九月。夜分四更。亦有晓天文者，能算日月薄蚀。其地谓儒为班诘，僧为苎姑，道为八思。班诘不知读何书，由此入仕者为华贵。先时项挂一白线以自别，既贵曳白如故。俗尚释教，僧皆食鱼、肉，或以供佛，惟不饮酒。其国自称甘孛智，后讹为甘破蔗，万历后又改为东埔寨。

按《明会典》：景泰三年，赐真腊王锦二段[1]，纻丝六匹，纱罗各四匹，王妃纻丝四匹，纱罗各三匹，差来头目并通事、总管、火长，衣服、纻丝、绢布有差，筵宴一次，使臣回广东布政司管待一次[2]。十日下程一次[3]，每十人羊、鹅、鸡各二只，酒二十瓶，米一斗，麫五斗[4]，蔬菜厨料。

【校】

[1] 赐真腊王锦二段："二"，万有文库本《明会典》作"一"。

[2] 使臣回广东布政司管待一次：四库本、万有文库本《明会典》"回"下有一"还"字。

[3] 十日下程一次："下程"，底本、万有文库本同，四库本《明会典》无。

[4] 米一斗，麫五斗：万有文库本《明会典》作"米一石五斗"。

《真腊风土记》

总叙

《总叙》

真腊国，或称占腊，其国自称曰甘孛智，今圣朝按西番经，名其国曰澉浦只，盖亦甘孛智之近音也。

自温州开洋，行丁未针。历闽、广海外诸州。港口，过七州洋[1]，经交趾洋，到占城。又自占城顺风可半月到真蒲，乃其境也。又自真蒲行坤申针，过昆仑洋，入港。港凡数十，惟第四港可入，其余悉以沙浅，故不通巨舟。然弥望皆修藤[2]。古木、黄沙。白苇，仓卒未易辨认，故舟人以寻港为难事。自港口北行，顺水可半月，抵其地曰查南，乃其属郡也，又自查南换小舟，顺水可十余日，过半路村，佛村，渡淡洋，可抵其地曰干傍，取城五十里。按诸蕃志，称其地广七千里，其国北抵占城半月路，西南距暹罗半月程，南距番禺十日程，其东则大海也。旧为通商往来之国[3]，圣朝诞膺天命，奄有四海，唆都元帅之置省占城也，尝遣一虎符百户[4]、一金牌千户，同到本国，竟为拘执不返。

元贞之乙未六月，天子遣使招谕[5]，余从行[6]。以次年二月离明州[7]，二十日自温州港口开洋，三月十五日抵占城，中途逆风不顺[8]，七月始至[9]。大德丁酉六月回舟，八月十二日抵四明，舶岸[10]。其风土国事之详，虽不能尽知，其大略亦可见矣。

【校】

[1] 过七州洋："州"，夏校本《真腊》作"洲"。

[2] 然弥望皆修藤：夏校本《真腊》"然"下有一"而"字。

[3] 旧为通商往来之国："往来"，夏校本《真腊》作"来往"。

[4] 尝遣一虎符百户："百"，夏校本《真腊》作"万"。

[5] 天子遣使招谕："天子"，夏校本《真腊》作"圣天子"。

[6] 余从行：夏校本《真腊》作"俾余从行"。

[7] 以次年二月离明州：夏校本《真腊》"月"下有"丙申"二字。

[8] 中途逆风不顺："顺"，夏校本《真腊》作"利"。

[9] 七月始至："七月"，夏校本《真腊》作"秋七月"。

[10] 舶岸："舶"，夏校本《真腊》作"泊"。

城郭

《城郭》

州城周围可二十里，有五门，门各两重，惟东向开二门，余向皆一门[1]。城之外巨壕[2]，壕之外皆通衢大桥[3]。桥之两傍各有石神五十四枚，如石将军之状，甚巨而狞，五门皆相似，桥之阑皆石为之，凿为蛇形，蛇皆九头，五十四神皆以手拔蛇，有不容其走逸之势。城门之上有大石佛头五，面向西方中置其一[4]，饰之以金。门之两傍[5]，凿石为象形，城皆迭石为之，可二丈[6]。石甚周密坚固。且不生繁草，却无女墙，城之上，间或种桄榔木，比比皆空屋，其内向如坡子，厚可十余丈，坡上皆有大门，夜闭早开，亦有监门者。惟狗不许入门，其城甚方正[7]，四方各有石塔一座，曾受斩趾刑人亦不许入门。

当国之中有金塔一座，傍有石塔二十余座，石屋百余间。东向金桥一所[8]，金狮子二枚列于桥之左右。金佛八身，列于石屋之下。金塔之北可一里许，有铜塔一座，比金塔更高，望之郁然。其下亦有石屋十数间[9]。又其北一里许，则国主之庐也。其寝室又有金塔一座焉。所以舶商自来有"富贵真腊"之褒者，想为此也。

石塔出南门外半里余[10]，俗传鲁般一夜造成。鲁般墓在南门外一里许，周围可十里，石屋数百间。

东池在城东十里，周围可百里，中有石塔、石屋。塔之中有卧铜佛一身，脐中常有水流出[11]。

北池在城北五里，中有金方塔一座，石屋数十间，金狮子，金佛，铜象，铜牛，铜马之属，皆有之。

【校】

[1] 余向皆一门："皆"，夏校本《真腊》作"开"，又上句有"惟东向开二门"。

[2] 城之外巨壕：夏校本《真腊》"外"下有一"皆"字。

[3] 壕之外皆通衢大桥："外"，夏校本《真腊》作"上"。

[4] 面向西方中置其一："西"，夏校本《真腊》作"四"。

[5] 门之两傍："傍"，夏校本《真腊》作"旁"。

[6] 可二丈：夏校本《真腊》作"高可二丈"。

[7] 其城甚方正："正"，夏校本《真腊》、《东西洋考》卷一二作"整"。

[8] 东向金桥一所：夏校本《真腊》"向"下有一"有"字。

[9] 其下亦有石屋十数间："十数"，夏校本《真腊》作"数十"。

[10] 石塔出南门外半里余："出"，夏校本《真腊》校勘记云："原误山为出，又脱在字，据《郛》甲本补。或出为在之误。"此处所指应为"石塔"，而非"石

塔山",《殊域》卷八有"四方各有石塔一座，俗传鲁般一夜造成"。

[11] 脐中常有水流出：《诚斋杂记》卷上引该句下有"味如中国酒，易醉人"。

宫室

《宫室》

国宫及官舍府第，皆面东。国宫在金塔、金桥之北，近门[1]，周围可五六里。其正室之瓦以铅为之，余皆土瓦，黄色。桥柱甚巨[2]，皆雕画佛形。屋头壮观[3]，修廊复道，突兀参差，稍有规模。其莅事处，有金窗，棂左右方柱，上有镜约有四五十面，列放于窗之旁。其下为象形，閒内中多有奇处，防禁甚严，不可得而见也。其内中金塔，国主夜则卧其上[4]，上人皆谓塔之中有九头蛇精，乃一国之土地主也。系女身，每夜则见，国主必先与之同寝交媾[5]，虽其妻亦不敢入。二鼓乃出，方可与妻妾同睡。若此精一夜不见，则蕃王死期至矣。若蕃王一夜不往，则必获灾祸，其次如国戚大臣等屋，制度广袤，与常人家迥别，周围皆用草盖，独家庙及正寝二处许用瓦。亦各因其官之等级，以为屋室广狭之制。其下如百姓之家，止草盖[6]，片瓦不敢上屋。其广狭虽随家之贫富，然终不敢效府第制度也。

【校】

[1] 近门：夏校本《真腊》作"近北门"。

[2] 桥柱甚巨："桥"，夏校本《真腊》作"梁"。

[3] 屋头壮观："头"，夏校本《真腊》作"颇"。

[4] 国主夜则卧其上："上"，夏校本《真腊》作"下"。

[5] 国主必先与之同寝交媾："必"，夏校本《真腊》作"则"。

[6] 止草盖：夏校本《真腊》"止"下有一"用"字。

服饰

《服饰》

自国主以下，男女皆椎髻袒裼，止以布围腰。出入则加以大布一条，缠于小布之上。布甚有等级，国王所缠之布[1]，有直金三四两者，极其华丽精美，其国中虽自织布，暹罗及占城皆有来者，往往以来自西洋者为上。以其精巧而细様[2]，故人惟国主可打纯花布。头戴金冠子，如金刚头上所戴者；或有时不戴冠，但以线穿香花，如茉莉之类，周匝于髻间。顶上戴大珍珠三斤许。手足及诸指上皆带金镯，指环上皆嵌猫儿眼睛石。其下跣足，足下及手掌，皆以红药染赤色。出则手持金剑。百姓间惟妇女可染手足掌，男手不敢也[3]。大臣国戚可打疏花布，惟宫人可打两头花布[4]，百姓间妇女可打之[5]，若新唐人，虽打两头花布，人亦不敢罪之，以其暗丁八杀故也。暗丁八杀以其不识体例也[6]（按：顶上戴珍珠三斤许，此斤字似讹，然外国又未可以理度也，姑从原本）。

【校】

[1] 国王所缠之布："王"，夏校本《真腊》作"主"；"缠"，夏校本《真腊》作"打"，下同。

[2] 以其精巧而细様："様"，夏校本《真腊》作"美"。

[3] 男手不敢也："手"，夏校本《真腊》作"子"。

[4] 惟宫人可打两头花布："宫"，夏校本《真腊》、《东西洋考》卷一二作"官"。

[5] 百姓间妇女可打之：夏校本《真腊》"间"下有一"唯"字。

[6] 暗丁八杀以其不识体例也：夏校本《真腊》"杀"下有一"者"字；"以其"，夏校本《真腊》无。

官属

《官属》

国中亦有丞相、将帅、司天等官，其下各设司吏之属，但名称不同耳。大抵皆国戚为之，否则亦纳女为嫔，其出入仪从亦有等级[1]，用金轿扛四金伞柄者为上；金轿扛二金伞柄者次之；金轿扛一金伞柄者又次之；止用一金伞柄者，又其次之也。其下者止用一银伞柄而已，亦有用银轿扛者。金伞柄以上官，皆呼为把丁[2]，或呼暗丁。银伞柄者呼为厮辣的，伞皆用中国红绢为之，其裙直拖地。油伞皆以绿绢为之，裙却短。

【校】

[1] 其出入仪从亦有等级："亦"，夏校本《真腊》作"各"。

[2] 皆呼为把丁："把"，夏校本《真腊》、《东西洋考》卷一二作"巴"。

三教

《三教》

为儒者呼为班诘，为僧者呼为苎姑，为道者呼为八思惟。班诘不知其所祖，亦无所谓学舍讲习之处，亦难究其所读何书，但见其如常人打布之外，于顶上挂白线一条[1]，以此别其为儒耳。由班诘入仕者则为高上之人。项上之线终其身不去。苎姑削发穿黄，偏袒右肩，其下则系黄布裙，跣足。寺亦许用瓦盖，中止有一像[2]，正如释迦佛之状，呼为孛赖，穿红，塑以泥，饰以丹青，外此，别无像也。塔中之佛相貌又别，皆以铜铸成，无钟鼓、铙、钹，与幢幡、宝盖之类[3]。僧皆茹鱼肉，唯不饮酒。供佛亦用鱼肉。每日一斋，皆取办于斋主之家，寺中不设厨灶。所诵之经甚多，皆以贝叶迭成，极其齐整。寸上写黑字，既不用笔墨，但不知其以何物书写。僧亦用金银轿扛伞柄者，国王有大政亦咨访之[4]。却无尼姑。八思惟正如常人，打布之外，但于头上戴一红布，或白布，如鞑靼娘子罟姑之状，而略低。亦有宫观，但比之寺院较狭。而道教者，亦不如僧教之盛耳，所供无别像，但止一碱石，如中国社坛中之石耳，亦不知其何所祖也。却有女道士。宫观亦得用瓦。八思惟不食他人之食，亦不令人见食，亦不饮酒，不曾见其诵经，及与人功果之事[5]，其俗小儿入学者，皆先就僧家教习，暨长而还俗，其详莫能考也。

【校】

[1] 于顶上挂白线一条："顶"，下文有"项上之线终其身不去"，疑"顶"为"项"之讹。

[2] 中止有一像："有"，夏校本《真腊》无。

[3] 与幢幡、宝盖之类："与"，夏校本《真腊》作"亦无"。

[4] 国王有大政亦咨访之：夏校本《真腊》"国"前有一"若"字。

[5] 及与人功果之事："果"，夏校本《真腊》作"课"。

人物

《人物》

人但知蛮俗人物粗丑而甚黑，殊不知居于海岛幽僻[1]、寻常闾巷间者[2]，则信然矣。至如宫人及南棚妇女，多有莹白如玉者，盖以不见天日之光故也。大抵一布经腰之外[3]，不论男女皆露出胸酥[4]、椎髻、跣足，虽国主之妻，亦只如此。国主凡有五妻[5]，正室一人，四方四人。其下嫔婢之属，闻有三五千，亦自分等级，未尝轻出户。余每一入内，见蕃主必与正妻同出，乃坐正室金窗中，诸宫人皆次第列于两廊窗下，徙倚窥视[6]。余备获一见。凡人家有女美貌者，必召入内。其下供内中出入之役者，呼为陈家兰，亦不下一二千。却皆有丈夫，与民间杂处，只于囟门之前，削去其发[7]，涂以银朱及涂于两鬓之傍，以此为陈家兰别耳。惟此妇人可以入内，其下余人不可得而入也。内宫之前后有络绎于道途间。寻常妇女，椎髻之外，别无钗梳头面之饰。但臂中带金镯，指中带金指环。且陈家兰及内中诸宫人皆用之。男女身上常涂香药，以檀麝等香合成。家家皆修佛事。国中多有二形人，每日以十数成群，行于墟场间，常有招徕唐人之意，反有厚馈可丑可恶。

【校】

[1] 殊不知居于海岛幽僻："幽"，夏校本《真腊》作"村"。

[2] 寻常闾巷间者：夏校本《真腊》"寻"上有一"及"字。

[3] 大抵一布经腰之外："经"，夏校本《真腊》作"缠"。

[4] 不论男女皆露出胸酥："胸酥"，夏校本《真腊》作"酥胸"。

[5] 国主凡有五妻：夏校本《真腊》"国"上有一"其"字。

[6] 徙倚窥视：夏校本《真腊》"倚"下有一"以"字。

[7] 削去其发：夏校本《真腊》该句下有"如北人开水道状"。

产 妇

《产妇》

蕃妇产后，即作热饭，抹之以盐[1]，纳于阴户。凡一昼夜而除之。以此产中无病，且收敛常如室女。余初闻而诧之，深疑其不然。既而所泊之家，有女育子，备知其事。且次日即抱婴儿同往河内澡洗，尤所怪见。又每见人言蕃妇多淫[2]，若丈夫不中所欲，即有买臣见弃之事。若丈夫适有远役，只可数夜[3]，过十数夜[4]，其妇必曰："我非是鬼，如何孤眠？"淫荡之心尤切。然亦闻有守志者。妇女最易老，盖其婚嫁产育既早，二三十岁人，已如中国四五十人矣[5]。

【校】

[1] 抹之以盐："抹"，夏校本《真腊》作"拌"。

[2] 每见人言番妇多淫：夏校本《真腊》该句下有"产后一两日，即与夫合"。

[3] 只可数夜："可"，夏校本《真腊》无。

[4] 过十数夜：夏校本《真腊》"过"上有"则可"二字。

[5] 已如中国四五十人矣：夏校本《真腊》"十"下有一"岁"字。

室女

《室女》

人家养女，其父母必祝之曰："愿汝有人要，将来嫁千百个丈夫。"富室之女，自七岁至九岁；至贫之家，则止于十一岁，必命僧道去其童身，命曰[1]：阵毯。盖官司每岁于中国四月内，择一日颁行，本国应有养女当阵毯之家，先行申报官司，官司先给巨烛一条。烛间刻画一处。约是夜遇昏[2]，点烛，至刻处[3]，则为阵毯时候矣。先期一月，或半月，或十日，父母必择一僧或一道，随其何处寺观，往往亦自有主顾，向上好僧，皆为官户富室所先，贫者亦不暇择也。富贵之家，馈以酒米、布帛、槟榔、银器之类，至有一百担者，直中国白金二三百两之物[4]，少者或三四十担，或一二十担，随家丰俭[5]。所以贫人家至十一岁[6]，而始行事者，为难办此物耳。亦有舍钱与贫女阵毯者[7]，谓之做好事。盖一岁中[8]，一僧止可御一女，僧既允受，更不他许。是夜大设饮食、鼓乐、会亲邻门外缚一高棚，装塑泥人、泥兽之属于其上，或十余，或止三四枚，贫家则无之。各按故事，凡七日而始撤，既昏，以轿伞、鼓乐迎此僧而归。以彩帛结二亭[9]，一则坐女于其中，一则僧坐其中[10]，不晓其口说何语，鼓乐之声喧阗，是夜不禁犯夜。闻至期与女俱入房，亲以手去其童，纳之酒中。或谓父母亲邻各点于额上，或谓俱尝以口，或谓僧与女交媾之事，或谓无此，但不容唐人见之，所以莫知其的。至天将明时，则又以轿伞鼓乐送僧去，后当以布帛之类与僧赎身，否则此女终为此僧所有，不可得而他适也。余所见者，大德丁酉之四月初六夜也。前此父母必与女同寝，此后则斥于房外，任其所之，无复拘束堤防之矣。至若嫁娶，则虽有纳币之礼，不过苟简从事，多有先奸而后娶者，其风俗竟不以为耻，亦不以为怪也。阵毯之夜，一巷中或至十余家，城中迎僧道者，交错于道路间[11]，鼓乐之声，无处无之。

【校】

[1] 命曰："命"，夏校本《真腊》作"名"。

[2] 约是夜遇昏：夏校本《真腊》"约"下有一"以"字。

[3] 至刻处：夏校本《真腊》"刻"下有一"画"字。

[4] 直中国白金二三百两之物：夏校本《真腊》"直"上有一"该"字。

[5] 随家丰俭：夏校本《真腊》作"随其家之丰俭"。

[6] 所以贫人家至于十一岁：夏校本《真腊》"人"下有一"之"字补；"于"，夏校本《真腊》无。

[7] 亦有舍钱与贫女阵毯者：夏校本《真腊》"亦"上有"富家"二字。

[8] 盖一岁中：夏校本《真腊》"盖"下有一"以"字。

[9] 以彩帛结二亭：夏校本《真腊》"亭"下有一"子"字。

[10] 一则僧坐其中：夏校本《真腊》作"坐僧于其中"。

[11] 交错于道路间："道"，夏校本《真腊》作"途"。

奴婢

《奴婢》

人家奴婢，皆买野人以充其役，多者百余，少者亦有一二十枚。除至贫之家则无之。盖野人者，山野中之人也[1]。自有种类，俗呼为獞贼[2]，到城中亦不敢出入人之家[3]。城间人相骂者，一呼之为撞则，恨入骨髓，其见轻于人如此。少壮者一枚则直百布，老弱者止三四十布可得。秖许于楼下坐卧[4]。若执役，方许登楼，亦必跪膝、合掌、顶礼而后敢进。呼主人为巴驼，主母为米。巴驼者父也，米者母也。若有过挞之，则俯首受杖，略不敢动。其牝牡者自相配偶[5]，主人终无与之交接之礼，或唐人到彼久旷者不择，一与之接，主人闻之，次日不肯与同坐[6]，以其曾与野人接故也。或与外人交，至于有娠，养子，主人亦不诘问其所从来。盖以其所不齿[7]，且利其得子，仍可为异日奴婢也[8]。或有逃者，擒而复得[9]，必于面刺以青，或于项上带铁以锢之，亦有带于臂腿间者。

【校】

[1] 山野中之人也："野"，夏校本《真腊》无。

[2] 俗呼为獐贼："獐"，夏校本《真腊》作"撞"。

[3] 到城中亦不敢出入人之家："亦"，夏校本《真腊》作"皆"。

[4] 祇许于楼下坐卧："祇"，夏校本《真腊》作"只"。

[5] 其牝牡者自相配偶："者"，夏校本《真腊》无。

[6] 次日不肯与同坐：夏校本《真腊》"与"下有一"之"字。

[7] 盖以其所不齿：夏校本《真腊》"所"下有一"在"字。

[8] 仍可为异日奴婢也：夏校本《真腊》"日"下有一"之"字。

[9] 擒而复得：夏校本《真腊》"得"下有一"之"字。

语言

《语言》

国中语言，自成音声，虽近而占城、暹人，皆不通话说。如以一为梅，二为别，三为卑，四为般，五为字监[1]，六为字蓝梅，七为字蓝别，八为字蓝卑，九为字蓝般，十为答。呼父为巴驼，叔伯亦呼为巴驼[2]，呼母为米，姑姨婶姆以至邻人之尊年者，亦呼为米。呼兄为邦，姊亦呼为邦，呼弟为补温。呼舅为吃赖，姑夫、姊夫、姨夫、妹夫亦呼为字赖[3]，大抵以下字在上[4]，如[5]党中，常自相杀戮，近地亦有种豆蔻、木绵花织布为业者，布甚粗厚，花纹甚别。

【校】

[1] 五为字监："监"，夏校本《真腊》作"蓝"，后同。

[2] 叔伯亦呼为巴驼：夏校本《真腊》"叔"上有一"至"字。

[3] 亦呼为字赖："字"，夏校本《真腊》作"吃"。

[4] 大抵以下字在上：夏校本《真腊》"抵"下有一"多"字。

[5] 如：夏校本《真腊》"如"下有"言此人乃张三之弟，则曰补温张三。彼人乃李四之舅，则曰吃赖李四。又如呼中国为备世，呼官人为巴丁，呼秀才为班诘。乃呼中国之官人，不曰备世巴丁，而曰巴丁备世。呼中国之秀才，不曰备世班诘，而曰班诘备世。大抵皆如此，此其大略耳。至若官府则有官府之议论，秀才则有秀才之文谈，僧道自有僧道之语说。城市村落，言语各自不同，亦与中国无异也"。

文字

《文字》

寻常文字及官府文书，皆以麂鹿皮等物染黑，随其大小阔狭以意裁之。用一等粉，如中国白垩之类，磋为小条子[1]，其名为梭。拈于手中，就皮书以成字[2]，永不脱落。用毕，则插于耳之上。字迹亦可辨认，为何人书写，须以湿物揩拭方去。大率字样，正如回鹘字[3]，书皆自后书向前[4]，却不自上书下也。余闻之也，先海牙云其字无音声，正与蒙古音相邻[5]，但所不同者三两字耳，初无印信，人家告状，亦有书铺书写[6]。

【校】

[1] 磋为小条子："磋"，夏校本《真腊》作"搓"。

[2] 就皮书以成字："书"，夏校本《真腊》作"画"。

[3] 正如回鹘字："如"，夏校本《真腊》作"似"。

[4] 书皆自后书向前："书"，夏校本《真腊》作"文字"。

[5] 正与蒙古音相邻："音"，夏校本《真腊》无；"邻"，夏校本《真腊》作"类"。

[6] 亦有书铺书写："有"，夏校本《真腊》作"无"。

正朔时序

《正朔时序》

每用中国十月为正月[1]，是月也，名为佳得。当国宫之前，缚一大棚，上可容千余人[2]，尽挂灯球、花朵之属。其对岸远离二十丈地[3]，则以木接续缚成高棚，如造塔扑竿之状，可高二十余丈，每夜设三四座[4]，或五六座，装烟火爆杖于其上，此皆诸属郡及诸府第认直。遇夜则请国王出观，点放烟火、爆杖、烟火，虽百里之外，皆见之。爆杖其大如炮，声震一城。其官属、贵戚，每人分以巨烛槟榔，所费甚伙。国主亦请奉使观焉。如是者半月而后止。每月必有一事，如四月则抛球，九月则压猎，聚一国之众，皆来城中，教阅于国宫之前。五月则迎佛水，聚一国远近之佛，皆送水[5]，与国主洗身，陆地行舟，国主登楼以观。七月则烧稻，其时新稻已熟，迎于南门外烧之，以供佛[6]。妇女观者无数[7],国主却不出[8]。八月则挨蓝,挨蓝者,舞也[9],每王日就国宫内挨蓝[10],且斗猪、斗象。国主亦请奉使观焉,如是者一旬,其余月分不能详记也。国人亦有通天文者[11],日月薄蚀皆能推算,但是大小尽却与中国不同。闰岁[12],则彼亦必置闰,但只闰九月,殊不可晓。一夜只分四更,每七日一轮。亦如中国所谓开闭建除之类。蕃人既无名姓[13],亦不记生日,多有以所生日头为名者,有两日最吉,三日平平,四日最凶,何日可出东方,何日可出西方,虽妇女皆能算之。十二生肖亦与中国同,但所呼之名异耳,如以马为卜赛,呼鸡之声为栾[14],呼猪为直卢,呼牛为个之类也。

【校】

[1] 每用中国十月为正月:夏校本《真腊》"月"下有一"以"字。

[2] 上可容千余人:夏校本《真腊》"上"上有一"棚"字。

[3] 其对岸远离二十丈地:"二十",夏校本《真腊》作"二十三"。

[4] 每夜设三四座:夏校本《真腊》"夜"下有一"或"字。

[5] 皆送水:夏校本《真腊》"水"下有一"来"字。

[6] 以供佛:夏校本《真腊》"供"下有一"诸"字。

[7] 妇女车象往观者无数:底本、《东西洋考》卷三同,夏校本《真腊》"女"下有"车象往"三字。

[8] 国主却不出:"主",底本、《东西洋考》卷三同,夏校本《真腊》作"国主"。

[9] 舞也:夏校本《真腊》、《东西洋考》卷三该句下有"点差伎乐"。

[10] 每王日就国宫内挨蓝:"王",夏校本《真腊》无。

[11] 国人亦有通天文者:夏校本《真腊》"国"下有一"中"字。

[12] 闰岁:夏校本《真腊》"闰"上有"中国"二字。

[13] 蕃人既无名姓:"名姓",夏校本《真腊》作"姓名"。

[14] 呼鸡之声为栾:夏校本《真腊》作"呼鸡为蛮"。

争讼

《争讼》

民间争讼虽小事,亦必上闻国主。初无笞杖之责,但闻罚金而已。其人大逆重事,亦无绞斩之事,止于城西门外掘地成坑,纳罪人于内,实以土石，坚筑而罢。其次有斩手足指者，有去鼻者。但奸与贿无禁。奸妇之夫或知之，则以两柴绞奸夫之足，痛不可忍。竭其资而与之，方可获免，然装局欺骗者，亦有之。或有死于门首者[1]，则自用绳拖置城外野地。初无所谓报官检验之事[2]，人家获盗[3]，亦可施监禁考掠之刑[4]，却有一项可取，且如人家失物，疑此人为盗，不肯招认，遂以锅煎油极热，令此人伸手于中[5]，若果偷物，则手腐烂，否则皮肉如故，云蕃人有法如此[6]。又两家争讼莫辨曲直。国宫之对岸有小石塔十二座，令人各坐一塔中[7]。其外两家亲属互相堤防，或坐一二日，或坐三四日，其无理者，必获症候而出，或身上生疮疖，或咳嗽热症之类，有理者略无纤事，以此剖判曲直，谓之天狱，盖其土地之灵有如此也[8]。

【校】

[1] 或有死于门首者：夏校本《真腊》作"人或有毙于门首者"。

[2] 初无所谓报官检验之事："报官"，夏校本《真腊》作"体究"。

[3] 人家获盗：夏校本《真腊》"家"下有一"若"字。

[4] 亦可施监禁考掠之刑：夏校本《真腊》作"亦可自施监禁拷掠之刑"。

[5] 令此人伸手于中：夏校本《真腊》"于"下有一"其"字。

[6] 云蕃人有法如此：夏校本《真腊》"有"下有一"异"字。

[7] 令人各坐一塔中：夏校本《真腊》、（明）郎瑛《七修类稿》卷四五所引"令"下有"二"。

[8] 盖其土地之灵有如此也："地"，夏校本《真腊》作"神"。

病癞

《病癞》

国人寻常有病，多是入水浸浴，及频频洗头，便自痊可，然多病癞者，比比道途间。土人虽与之同卧、同食，亦不校。或谓彼中风土有此疾，曾有国主患此疾[1]，故人不之嫌。以愚意观之，往往好色之余，便入水澡洗，故成此疾。闻土人色欲才毕，皆入水澡洗。其患痢者，十死八九。亦有货药于市者，与中国不类[2]，不知其为何物。更有一等师巫之属，与人行持，尤可笑[3]。

【校】

［1］曾有国主患此疾：夏校本《真腊》"曾"上有"又云"二字。

［2］与中国不类：夏校本《真腊》"国"下有"之药"二字。

［3］尤可笑：夏校本《真腊》"尤"下有一"为"字。

死亡

《死亡》

人死无棺，止以槎席之类[1]，盖之以布。其出丧也，前后用旗帜、鼓乐之属[2]。又以两棹，炒米[3]，绕路抛撒，抬至荒外僻远无人之地[4]，弃掷而去。俟有鹰犬畜类来食[5]，顷刻而尽，则谓父母有福，故获此报。若不食，或食而不尽，反谓父母有罪[6]。至此[7]。今亦渐有焚者，往往皆唐人之遗种也[8]。父母死，别无服制，男子则髡其发[9]，女子则于囟门剪发似钱大[10]，以此为孝耳。国主仍有塔葬埋[11]，但不知葬身与葬骨耳。

【校】

［1］止以〈槎〉席之类：夏校本《真腊》"止"下有一"贮"字。

［2］前后用旗帜、鼓乐之属："后"，夏校本《真腊》、《殊域》卷八作"亦"。

［3］炒米：夏校本《真腊》作"盛以炒米"。

［4］抬至荒外僻远无人之地："荒"，夏校本《真腊》作"城"。

［5］俟有鹰犬畜类来食：夏校本《真腊》"鹰"下有一"鸦"字；"类"，夏校本《真腊》无。

［6］反谓父母有罪："有"，夏校本《真腊》作"获"。

［7］至此：夏校本《真腊》"至"上有一"而"字。

［8］往往皆唐人之遗种也：夏校本《真腊》"皆"下有一"是"字。

［9］男子则髡其发：夏校本《真腊》"则"下有一"尽"字。

［10］则于囟门剪发似钱大："似"，夏校本《真腊》、《殊域》卷八作"如"。

［11］国主仍有塔葬埋："仍"，夏校本《真腊》作"亦"。

耕种

《耕种》

大抵一岁中，可三四番收种。盖四时常如五六月天，且不识霜雪故也。其地半年有雨,半年绝无。自四月至九月,每日下雨,午后方下。淡水洋中水痕高可七八丈,巨树尽没可留一杪耳[1]。人家滨水而居者,皆移入山后。十月至三月,点雨绝无。洋中仅可通小舟,深处不过三五尺,人家又复移下,耕种者指至何时稻熟,是时水可济至何处,随其地而播种之。耕不用牛、耒耜、镰锄之器,虽稍相类,而制自不同,又有一等下田[2],不种常生水高至一丈,而稻亦与之俱高[3]。但粪田及种蔬,皆不用秽,嫌其不洁也。唐人到彼,皆不与之言及中国粪壅之事[4],恐为所鄙。每三两家,共掘地为一坑,盖其草[5],满则填之,又别掘地为之,凡登溷既毕,必入池洗净。止用左手,右手留以拿饭。见唐人登厕,用纸揩拭者,笑之[6],甚至不欲其登门。妇女亦有立而溺者,可笑,可笑。

【校】

[1] 巨树尽没可留一杪耳:"可",夏校本《真腊》作"仅"。
[2] 又有一等下田:"下",夏校本《真腊》作"野"。
[3] 而稻亦与之俱高:夏校本《真腊》该句下有"想别一种也"。
[4] 皆不与之言及中国粪壅之事:"中国",夏校本《真腊》无。
[5] 盖其草:"其",夏校本《真腊》作"之以"。
[6] 笑之:夏校本《真腊》"笑"上有一"皆"字。

山川

《山川》

自入真蒲以来,率多平林丛昧[1],长江巨港绵亘数百里。古树、修藤、森阴蒙翳,禽兽之声杂沓其间[2]。至半港而始见旷田,绝无寸木,弥望禾黍芃芃而已,野牛以千百成群,聚于此地[3]。又有竹坡,亦绵亘数百里。其间竹相节间生刺[4],笋味至苦。四畔皆有高山。

【校】

[1] 率多平林丛昧:"昧",夏校本《真腊》作"木"。
[2] 禽兽之声杂沓其间:夏校本《真腊》"沓"下有一"于"字。
[3] 聚于此地:"此",夏校本《真腊》作"其"。
[4] 其间竹相节间生刺:"间"、"相",夏校本《真腊》无。

出产

《出产》

山多异木，无木处乃犀、象屯聚养育之地。珍禽奇兽，不计其数。细色有翠毛、象牙、犀角、黄蜡，粗色有降真、豆蔻、姜黄[1]、紫梗、大枫子油。翡翠，其得也颇难。盖丛林中有池，池中有鱼。翡翠自林中飞出求鱼，蕃人以树叶蔽身，而坐水滨，笼一雌以诱之。手持小网，伺其来则罩[2]。有一日获三五只，有终日全不得者。象牙则山僻人家有之，每一象死，方有二牙，旧传谓每岁一换牙者非也。其牙以标而杀之者上也。自死而随为人所取者次之[3]，死于山中多年者，斯为下矣。黄蜡出于村落朽树间，其一种细腰蜂如蝼蚁者，蕃人取而得之。每一船可收二三千块，每块大者三四十斤，小者亦不下十八九斤。犀角白而带花者为上，黑为下。降真生丛林中，蕃人颇费砍斫之劳，盖此乃树之心耳。其外白木可厚八九寸，小者亦不下四五寸。豆蔻皆野人山上所种。画黄乃一等树间之脂，蕃人预先一年以刀砍树[4]，滴沥其脂，至次年而始收。紫梗生于一等树枝间，正如桑寄生之状，亦颇难得。大枫子油乃大树之子，状如椰子而圆，中有子数十枚。胡椒间亦有之，缠藤而生，累累如绿草子，其生而青者更辣。

【校】

[1] 姜黄："姜"，夏校本《真腊》作"画"。

[2] 伺其来则罩：夏校本《真腊》"罩"下有一"之"字。

[3] 自死而随为人所取者次之：夏校本《真腊》"随"下有一"时"字。

[4] 蕃人预先一年以刀砍树："砍"，夏校本《真腊》作"斫"。

贸易

《贸易》

国人交易，皆妇人能之，所以唐人到彼，必先纳一妇人者，兼亦利其能买卖故也。每日一墟，自卯至午即罢。无居铺[1]，但以蓬席之类，铺于地间，各有处[2]，纳官司赁地钱[3]，小交关则用米谷及唐货，次则用布；若乃大交关，则用金银矣。往往土人最朴[4]，见唐人颇加敬畏，呼之为佛，见则伏地顶礼。近亦有脱骗欺负唐人[5]，由去人之多故也。

【校】

[1] 无居铺："居铺"，夏校本《真腊》作"铺店"。

[2] 各有处：夏校本《真腊》"有"下有一"常"字。

[3] 纳官司赁地钱：夏校本《真腊》"纳"上有"闻亦有"。

[4] 往往土人最朴："往往"，夏校本《真腊》作"往年"。

[5] 近亦有脱骗欺负唐人：夏校本《真腊风土记校注》"人"下有"者矣"二字。

欲得唐货

《欲得唐货》

其地想不出金银，以唐人金银为第一，五色缣帛次之[1]，其次如真州之锡、镴，温州之漆盘，泉州之青磁器[2]、及水银、银朱、纸札、硫黄、焰硝、檀香[3]、白芷、麝[4]、麻布、黄草布、雨伞、铁锅、铜盘、木珠[5]、桐油、篦箕、木梳、针。其粗重则如明州之席。甚欲得者则菽麦也，然不可将去耳。

【校】

[1] 五色缣帛次之：夏校本《真腊》"色"下有一"轻"字。

[2] 泉州之青磁器："州"，夏校本《真腊》作"处"。

[3] 檀香：夏校本《真腊》其下有"草芳"二字。

[4] 麝：夏校本《真腊》作"麝香"。

[5] 木珠："木"，夏校本《真腊》作"水"。按：水珠，宝珠名。《太平广记》卷四："此水珠也，每军行休时，掘地二尺，埋珠于其中，水泉立出。"

草木

《草木》

准石榴[1]、甘蔗、荷花、莲藕、芋桃[2]、蕉芛与中国同。荔枝、橘子，状虽同而酸[3]，其余皆中国所未曾见。树木亦甚各别，草花更多，且香而艳。水中之花，更有多品，皆不知其名。至若桃、李、杏、梅、松柏、杉、桧、梨、枣、杨、柳、桂、兰、菊蕊之类皆所无也[4]，其中正月亦有荷花。

【校】

[1] 准石榴："准"，夏校本《真腊》作"惟"。

[2] 芋桃："芋"，夏校本《真腊》作"羊"。

[3] 状虽同而酸：夏校本《真腊》"而"下有一"味"字。

[4] 菊蕊之类皆所无也："蕊"，夏校本《真腊》作"芷"。

飞鸟

《飞鸟》

鸟有孔雀、翡翠、鹦哥，乃中国所无。其余如鹰、鸦、鹭鸶[1]、鸬鹚、鹳、鹤、野鸭、黄雀等物皆有之。所无者，喜鹊、鸿雁、黄莺、杜宇、燕、鸽之属。

【校】

[1] 鹭鸶：夏校本《真腊》其下有"雀儿"。

走兽

《走兽》

兽有犀、象、野牛、山马，乃中国所无者，其余如虎、豹、熊、罴、野猪、麋、鹿、獐麂、猿、狐之类甚多[1]。所少者[2]，狮子、猩猩、骆驼耳。鸡、鸭、牛、马、猪、羊在所不论也，马甚矮小，牛甚多。敢骑[3]，死不敢食，亦不敢剥其皮，听其腐烂而已。以其与人出力故也，但以驾车耳。在先无鹅，近有舟人自中国携去，故得其种。鼠有大如猫者，又有一等鼠，头脑绝类新生小狗儿。

【校】

[1] 猿、狐之类甚多：夏校本《真腊》"狐"下有"犾"。

[2] 所少者："少"，夏校本《真腊》作"不见"。

[3] 敢骑：夏校本《真腊》"敢"上有"生不"二字。

蔬菜

《蔬菜》

蔬菜有葱、芥、韭、茄瓜[1]、西瓜、王瓜、冬瓜、苋菜。所无者萝卜、生菜、苦荬、菠、薐之类。瓜、茄正月即有之[2]，茄树有经数年不除者。木棉花树高可过屋，十余年不换者[3]。不识名之菜甚多，水中之菜亦多种。

【校】

[1] 蔬菜有葱、芥、韭、茄瓜："茄瓜"，夏校本《真腊》作"茄"。

[2] 瓜、茄正月即有之：夏校本《真腊》作"瓜、茄虽正二月间亦有之"。

[3] 十余年不换者：夏校本《真腊》"十"上有一"有"字。

鱼龙

《鱼龙》

鱼鳖惟黑鲤鱼最多，其它如鲤、鲫、草鱼最多[1]。大者重二斤已上[2]。有不识名之鱼亦甚多[3]，此皆淡水洋中所来者。至若海中之鱼，色色有之。鳝鱼、湖鳗、田鸡土人不食，入夜则纵横道途间。鼋鼍大如合苎，虽六藏之龟亦充食用。查南之虾，重一斤已上。真蒲龟脚可长八九寸许。鳄鱼大者如船，有四脚，绝类龙，特无角耳。肚甚脆美[4]。蛤、蚬、蛳、螺之属，淡水洋中可捧而得。独不见蟹，想亦有之，而人不食耳。

【校】

[1] 其它如鲤、鲫、草鱼最多："最"，夏校本《真腊》作"亦"。

[2] 大者重二斤已上：夏校本《真腊》作"有吐嘴鱼大者重二斤以上"。

[3] 有不识名之鱼亦甚多：夏校本《真腊》"有"上有一"更"字。

[4] 肚甚脆美："肚"，夏校本《真腊》作"蛏"。

酝酿

《酝酿》

酒有四等：第一[1]，唐人呼为蜜糖酒，用药曲，以蜜及水中半为之。其次者，主人呼为朋牙四[2]，以树叶为之。朋牙四者，乃一等树叶之名也。又其次，以米或剩饭为之，名曰包棱角。盖包棱角者米也。其下有糖鉴酒，以糖为之。又入港滨水，又有茭浆酒，盖有一等茭叶生于水滨，其浆可以酿酒。

【校】

［１］第一：夏校本《真腊》作"第一等"。

［２］主人呼为朋牙四："主"，夏校本《真腊》作"土"。

盐醋酱麹

《盐醋酱麹》

醋物国中无禁，自真蒲、巴涧滨海等处，率皆烧山间更有一等石，味胜于盐，可琢以成器。土人不能为醋，羹中欲酸，则着以咸平树叶，树既荚[1]，则用荚，既生子，则用子。亦不合酱[2]，为无麦与豆故也。亦不曾有曲[3]，盖以蜜水及树叶酿酒，所用者酒药耳，亦如乡间白酒药之状。

【校】

［１］树既荚：夏校本《真腊》"既"下有一"生"字。

［２］亦不合酱：夏校本《真腊》"不"下有一"识"字。

［３］亦不曾有曲："有"，夏校本《真腊》作"造"。

蚕桑

《蚕桑》

土人皆不事蚕桑，妇人亦不晓针线缝补之事，仅能织木棉布而已。亦不能纺，但以手理成条[1]。无机杼以织，但以一头缚腰，一头搭上[2]，梭亦止用一竹管。近年暹人来居，却以蚕桑为业。桑种、蚕种皆自暹中来。亦无麻苎，惟有络麻，暹人却以丝自织皂绫衣着，暹妇却能缝补。土人搭布损破，皆倩其补之。

【校】

［１］但以手理成条："理"，夏校本《真腊》作"捏"。

［２］一头搭上：夏校本《真腊》"搭"下有一"窗"字。

器用

《器用》

寻常人家，房舍之外，别无桌凳盂桶之类，但作饭则用一瓦釜，作羹则用一瓦铫地[1]，埋三石为灶。以椰子壳为杓。盛饭用中国瓦盆或铜盘；羹则用树叶造一小碗，虽盛汁亦不漏。又以茭叶制一小杓，用兜汁入口，用毕则弃之。虽祭祀神佛亦然。又以一锡器或瓦器盛水于傍，用以蘸手。盖饭只用手拿，其粘于手[2]，非此水不能去也[3]。饮酒则用镴注子[4]。贫人则用瓦钵子，若府第富室，则一一用银，至有用金者。国之庆贺[5]，多用金为器皿，制度形状又别。地下所铺者明州之草席，或有铺虎豹、麂鹿等皮及藤簟者。近新置矮桌高尺许。睡只竹席[6]，卧于板[7]，近又用矮床者，往往皆唐人制作也[8]，食品用布罩，国主内中，以销金缣帛为之，皆舶商所馈也，稻不用砻[9]，止用杵舂碓耳[10]。

【校】

[1] 作羹则用一瓦铫地："铫"，夏校本《真腊》作"鉳"；夏校本《真腊》"鉳"下有一"就"字。

[2] 其粘于手：夏校本《真腊》"手"下有一"者"字。

[3] 非此水不能去也："此"，夏校本《真腊》无。

[4] 饮酒则用镴注子：夏校本《真腊》"用"下有"镴器，可盛三四盏许，其名为恰；盛酒则用"。

[5] 国之庆贺：夏校本《真腊》作"国主处"。

[6] 睡只竹席：夏校本《真腊》"只"下有一"以"字。

[7] 卧于板："板"，夏校本《真腊》作"地"。

[8] 往往皆唐人制作也：夏校本《真腊》该句下有"夜多蚊子，亦用布罩。国主内中"。

[9] 稻不用砻：夏校本《真腊》作"稻子不用砻磨"。

[10] 止用杵舂碓耳："杵舂碓"，夏校本《真腊》作"杵臼"。

车轿

《车轿》

轿之制，以一木屈其中，两头竖起，雕刻花样，以金银裹之，所谓金银轿扛者，此也。每头一尺之内钉钩子，以大布一条厚折，用绳系于两头钩中，人挽于布[1]，以两人抬之轿，则又加一物[2]，如船篷而更阔，饰以五色缣帛，四人扛有[3]，随轿而走。若远行，亦有骑象，骑马者，亦有用车者。车之制却与他地一般，马无鞍，象无凳可坐[4]。

【校】

［1］人挽于布："挽"，夏校本《真腊》作"坐"；夏校本《真腊》"布"下有一"内"字。

［2］则又加一物："则"，夏校本《真腊》作"外"。

［3］四人扛有："有"，夏校本《真腊》作"之"。

［4］象无凳可坐："无"，夏校本《真腊》作"却有"。

舟楫

《舟楫》

巨舟以硬树破板为之，匠者无锯，但以斧凿之，开成板，既费木，且费工也[1]。凡要木成段，亦只以凿凿断，起屋亦然。船亦用铁钉，上以茭叶盖覆[2]，却以槟榔木破片压之。此船名为新拏，用棹。所粘之油，鱼油也，所和之灰，石灰也。小舟却以巨木凿成槽[3]，以火熏软，用木撑开；腹大，两头尖，无篷，可载数人；止以棹划之，名为皮阑。

【校】

［1］且费工也：夏校本《真腊》"工"下有"甚拙"二字。

［2］上以茭叶盖覆：夏校本《真腊》"覆"下有一"之"字。

［3］小舟却以巨木凿成槽：夏校本《真腊》"以"下有一"一"字。

属郡

《属郡》

属郡九十余，曰真蒲、曰查南、曰巴涧、曰莫良、曰八薛、曰蒲买、曰雉棍、曰木津波、曰赖敢坑、曰八厮里。其余不能悉记，各置官属，皆以木排栅为城。

村落

《村落》

每一村，或有寺，或有塔，人家稍密，亦自有镇守之官，名为买节。大路上自有歇息处[1]，如邮亭之类，其名为森木。近与暹人交兵[2]，遂皆成旷地[3]。

【校】

[1] 大路上自有歇息处:"歇息处",夏校本《真腊》作"歇脚去处"。

[2] 近与暹人交兵:"近",夏校本《真腊》作"因屡"。

[3] 遂皆成旷地:夏校本《真腊》"遂"上有一"至"字。

取胆

《取胆》

前此于八月内取胆,盖占城王每年索人胆一瓮[1],万千余枚[2],遇夜则多方令人于城中及村落去处。遇有夜行者,以绳兜住其头,用小刀于右胁下取去其胆,俟数足,以馈占城王。独不取唐人之胆,盖因一年取唐人一胆,杂于其中,遂致瓮中之胆,俱臭腐而不可用故也。近年已除取胆之事,另置取胆官属,居北门之里。

【校】

[1] 盖占城王每年索人胆一瓮:"王",夏校本《真腊》作"主"。

[2] 万千余枚:"万",夏校本《真腊》作"可"。

异事

《异事》

东门之里,有蛮人淫其妹者,皮肉相粘不开,历三日不食而俱死。余乡人薛氏,居蕃三十五年矣,渠谓两见此事。盖其用圣佛之灵[1],所以如此。

【校】

[1] 盖其用圣佛之灵:"用",夏校本《真腊》作"国"。

澡浴

《澡浴》

地苦炎热,每日非数次澡洗,则不可过。入夜亦不免一二次。初无浴室、盂桶之类,但每家须有一池;否则两三家合一池[1],不分男女,皆裸形入池[2],惟父母尊年在池[3],则子女卑幼不敢入,或卑幼先在池，则长亦回避之[4]。如行辈则无拘也。但以左手遮其牝门入水而已。或三四日，或五六日，城中妇女，三三五五，咸至城外河中漾洗[5]。至河边，脱去所缠之布而入水。会聚于河者，动以千数，虽府第妇女，亦预焉。略不以为耻。自踵至顶，皆得而见之，城外大河，无日无之。唐人暇日，颇以此为游观之乐。闻亦有就水中偷期者。水常温如汤，惟五更则微凉，至日出则复温矣。

【校】

［1］否则两三家合一池：夏校本《真腊》"则"下有一"亦"字。

［2］皆裸形入池："形"，夏校本《真腊》作"体"。

［3］惟父母尊年在池：夏校本《真腊》"年"下有一"者"字。

［4］则长亦回避之：夏校本《真腊》作"则尊年者亦须回避之"。

［5］咸至城外河中漾洗："漾"，夏校本《真腊》作"澡"。

流寓

《流寓》

唐人之为水手者，利其国中不着衣裳，且米粮易求，妇女易得，屋室易办，器用易足，买卖易为，往往皆逃逸于彼。

军马

《军马》

军马亦是裸体跣足，右手执摽铳，左手执战牌，别无所谓弓箭、炮石、甲胄之属。传闻与暹人相攻，皆驱百姓使战，往往亦别无智略谋画。

国主出入

《国主出入》

闻在先国主，辙迹未尝离户，盖亦防有不测之变也。新主乃故国主之婿，原以典兵为职[1]。其妇翁爱女殂[2]，女密窃金剑以往其夫[3]，以故亲子不得承袭。尝谋起兵，为新主所觉，斩其趾而安置于幽室。新主身嵌圣铁，纵使刀箭之属，着体不能为害，因恃此遂敢出户。

余宿留岁余，见其出者四五。凡出时诸军马拥其前，旗帜鼓乐踵其后。宫女三五百，花布、花髻，手执巨烛自成一队，虽白日亦照烛[4]，又有宫女皆执内中金银器皿及文饰之具，制度迥别，不知其何所用，又有宫女，执摽枪、摽牌为内兵，又成一队。又有羊车马车皆以金为饰[5]。其诸臣僚、国戚，皆骑象在前，远望红凉伞不计其数。又其次则国主之妻及妾媵，或轿、或车、或马、或象，其销金凉伞，何止百余。其后则是国主，立于象上，手持宝剑[6]，象牙亦以金套之，打销金，白凉伞凡二十余柄，其伞柄皆金为之。其四围拥簇之象甚多，又有军马护之。若游近处，止用金轿子，皆以宫女抬之。大凡出入，必迎小金塔金佛在其前，观者皆当跪地顶礼，名为三罢。不然则为貌事者所擒，不虚释也。每日国主两次坐衙治事，亦无定文。及诸臣与百姓之欲见国主者，皆列坐地上以俟。少顷，间内中隐隐有乐声[7]，在外方吹螺以迎之，闻止用金车子，来处稍远。须臾，见二宫女纤手卷帘，而国主乃仗剑立于金窗之中矣[8]。臣僚以下，皆合掌叩头。螺声方绝[9]，乃许抬头[10]，主时随亦就坐[11]，坐处有狮子皮一领[12]，乃传国之宝，言事既毕。国主寻即转身，二宫女复垂其帘，诸人各起[13]，以此观之，则虽蛮貊之邦，未尝不知有君也。

【校】

[1] 原以典兵为职："原"，夏校本《真腊》作"元"。

[2] 其妇翁爱女妲：夏校本《真腊》作"须其妇翁妲"。

[3] 女密窃金剑以往其夫："往"，夏校本《真腊》作"付"。

[4] 虽白日亦照烛："照"，夏校本《真腊》作"点"。

[5] 又有羊车马车皆以金为饰：夏校本《真腊》作"手又有羊车、鹿车"。

[6] 手持宝剑："宝"，夏校本《真腊》作"金"。

[7] 间内中隐隐有乐声："间"，夏校本《真腊》作"闻"。

[8] 而国主乃仗剑立于金窗之中矣："乃"，夏校本《真腊》作"已"。

[9] 螺声方绝："方"，夏校本《真腊》无。

[10] 乃许抬头："乃"，夏校本《真腊》作"方"。

[11] 主时随亦就坐：夏校本《真腊》"主"上有一"国"字。

[12] 坐处有狮子皮一领：夏校本《真腊》"坐"上有一"闻"字。

[13] 诸人各起：夏校本《真腊》"起"下有一"身"字。

图考

【真腊国】（图像略）

图考

按《三才图会》：真腊国，自广州发舶北风十日可到。天气无寒，每嫁娶，则男归女舍，生女至九岁，即请僧诵经作梵法，以手指挑损童身，取其红点额，其母亦用点额唤为利市，如此，则其女他日嫁人，谐好欢洽。凡女满十岁，即嫁。国人犯盗，则斩手断脚，烧火印胸，背黥面。犯罪至死，则斩。蕃杀唐人，即依蕃法偿死。如唐人杀蕃，即重罚金。如无金，则卖身取金赎。北抵占城，旁有西棚等国。

占城部

汇考

后周

世宗显德

世宗显德五年,占城始遣使入贡。

按《五代史·周本纪》:显德五年,占城国王释利因德缦使莆诃散来。

按《占城本传》:占城,在西南海上。其地方千里,东至海,西至云南,南邻真腊,北抵骧州。其人,俗与大食同。其乘,象、马;其食,稻米、水兕、山羊。鸟兽之奇,犀、孔雀。自前世未尝通中国。显德五年,其国王因德缦遣使者莆诃散来[1],贡猛火油八十四瓶、蔷薇水十五瓶,其表以贝多叶书之,以香木为函。猛火油以洒物,得水则出火。蔷薇水,云得自西域,以洒衣,虽敝而香不灭。

五代,四夷见中国者,远不过于阗、占城。史之所纪,其西北颇详,而东南尤略,盖其远而罕至,且不为中国利害云。

【校】

[1] 其国王因德缦遣使者莆诃散来:"缦",中华本《明史》作"漫"。

宋

太祖建隆

太祖建隆二年春正月,占城国王遣使来朝。按《宋史·太祖本纪》云云。

按《占城本传》:占城国在中国之西南,东至海,西至云南,南至真腊国,北至骧州界。泛海南去三佛齐五日程。陆行至宾陀罗国一月程,其国隶占城焉。东去麻逸国二日程,蒲端国七日程。北至广州,便风半月程。东北至两浙一月程。西北至交州两日程，陆行半月程。其地东西七百里，南北三千里。南曰施备州，西曰上源州，北曰乌里州。所统大小州三十八，不盈三万家。其国无城郭，有百余村，村落户三五百，或至七百，亦有县镇之名。

土地所出：笺沉香、槟榔、乌榄木、苏木、白藤、黄蜡、吉贝花布、丝绞布、白毻布、藤簟、贝多叶簟、金银铁锭等物。五谷无麦，有秔米、粟、豆、麻子。官给种一斛，计租百斛。果实有莲、甘蔗、蕉子、椰子。鸟兽多孔雀、犀牛。畜产多黄牛、水牛而无驴；亦有山牛，不任耕耨，但杀以祭鬼，将杀，令巫祝之曰"阿罗和及拔"，译云"早教他托生"。民获犀、象皆输于王。国人多乘象或软布兜，或于交州市马，颇食山羊、水兕之肉。

其风俗衣服与大食国相类。无丝蚕，以白布缠其胸，垂至于足，衣衫窄袖。撮发为髻，散垂余鬊于其后。互市无缗钱，止用金银较量锱铢，或吉贝锦定博易之直。乐器有胡琴、笛、鼓、大豉，乐部亦列舞人。其王脑后髽髻，散披吉贝衣，戴金花冠，七宝装缨络为饰，胫股皆露，蹑革履，无袜。妇人亦脑后撮髻，无笄梳，其服及拜揖与男子同。王每日午坐惮[1]。官属谒见膜拜一而止，白事毕复膜拜一而退。或出游，看象、采猎、观渔，皆数日方还。近则乘软布兜，远则乘象，或乘一木杠，四人舁之，先令一人持槟榔盘前导，从者十余辈，各执弓箭刀枪手牌等，其民望之膜拜一而止。日或一再出。每岁稻熟，王自刈一把，从者及群妇女竞割之。

其王或以兄为副王，或以弟为次王。设高官凡八员，东西南北各二，分治其事，无奉禄，令其所管土俗资给之。别置文吏五十余员，有郎中、员外、秀才之称，分掌资储宝货等事，亦无资奉，但给龟鱼充食及免调役而已。又有司帑廪者十二员，主军卒者二百余员，皆无月奉。胜兵万余人，月给秔米二斛，冬夏衣布各三匹至五匹。每夕，唯王升床而卧，诸臣皆寝于地蓐。亲近之臣见王即胡跪作礼，稍疏远者但拱手而已。

其风俗，正月一日牵象周行所居之地，然后驱逐出郭，谓之逐邪。四月有游船之戏。定十一月十五日为冬至，人皆相贺，州县以土产物帛献其王。每岁十二月十五日，城外缚木为塔，王及人民以衣物香药置塔上焚之以祭天。人有疾病，旋采生药服食。地不产茶，亦不知酝酿之法，止饮椰子酒，兼食槟榔。

刑禁亦设枷锁，小过以四人拽伏于地，藤杖鞭之，二人左右更互捶扑，量其或五六十至一百[2]。当死者以绳系于树，用梭枪舂喉而殊其首。若故杀、劫杀，令象踏之，或以鼻卷扑于地。象皆素习，将刑人，即令豢养之人以数谕之，悉能晓焉。犯奸者，男女共入牛以赎罪。负国王物者，以绳拘于荒塘，物充而后出之。其国前代罕与中国通。周显德中，其王释利因德漫遣其臣莆诃散贡方物，有云龙形通犀带、菩萨石。又有蔷薇水洒衣经岁香不歇，猛火油得水愈炽，皆贮以琉璃瓶。

建隆二年，其王释利因陁盘遣使莆诃散来朝。表章书于贝多叶，以香木函盛之。贡犀角、象牙、龙脑、香药、孔雀四、大食瓶二十。使回，锡赉有差，以器币优赐其王。

【校】

[1] 王每日午坐惮："惮"，中华本《宋史》作"禅"；中华本《宋史》"禅"下有一"椅"字。

[2] 量其或五六十至一百：中华本《宋史》"其"下有一"罪"字。

建隆三年，占城入贡。按《宋史·太祖本纪》：建隆三年九月，占城国来献。按《占城本传》：三年，又贡象牙二十二株、乳香千斤。

乾德

乾德四年，占城入贡。

按《宋史·太祖本纪》：干德四年三月，占城遣使来献。

乾德五年，占城入贡。按《宋史·太祖本纪》不载。按《占城本传》：五年，又遣使李哗、李被瑳相继来贡献。

开宝

开宝三年，占城入贡。按《宋史·太祖本纪》不载。按《占城本传》：开宝三年，遣使贡方物雌象[1]。

【校】

[1] 遣使贡方物雌象：中华本《宋史》"象"下有"一"。

开宝四年，悉利多盘、副国王李褥、王妻郭氏、子蒲路鸡波罗等并遣使来贡。按《宋史·太祖本纪》不载。按《占城本传》云云。

开宝五年三月，占城国王波美税遣使来献方物。按《宋史·太祖本纪》云云。

开宝六年夏四月，占城国王悉利陀盘印茶遣使来献方物。按《宋史·太祖本纪》云云。

开宝七年春正月，占城国王波美税遣使献方物。按《宋史·太祖本纪》云云。按《占城本传》：七年，又贡孔雀伞二、西天烽铁四十斤。

开宝九年，占城国遣使朱陀利、陈陀野等来贡。按《宋史·太祖本纪》不载。按《占城本传》云云。

太宗太平兴国

太宗太平兴国二年二月，占城国遣使来贡。按《宋史·太宗本纪》云云。

太平兴国三年五月，占城国遣使献方物。按《宋史·太宗本纪》云云。

太平兴国四年十二月，占城国遣使来贡。按《宋史·太宗本纪》云云。

太平兴国六年，交州黎桓上言，欲以占城俘九十三人献于京师。太宗令广州止其俘，存抚之，给衣服资粮，遣还占城，诏谕其王。按《宋史·太宗本纪》不载。按《占城本传》云云。

太平兴国七年十二月，占城国献驯象。按《宋史·太宗本纪》云云。按《占城本传》：七年，遣使乘象入贡，诏留象广州畜养之。

太平兴国八年九月，占城国献驯象。按《宋史·太宗本纪》云云。按《占城本传》：八年，献驯象，能拜伏，诏畜于京畿宁陵县[1]。

【校】

[1] 诏畜于京畿宁陵县："京畿宁陵县"，中华本《宋史》校云："宁陵属应天府，大中祥七年建应天府为南京，在此事后，其管区亦不称京畿。疑此有误。"

雍熙

雍熙二年，占城国遣使来贡。按《宋史·太宗本纪》：雍熙二年二月，占城遣使来贡。按《占城本传》：雍熙二年，其王施利陀盘吴日欢遣婆罗门金歌麻献方物，且诉为交州所侵，诏答令保国睦邻。

雍熙三年，占城国遣使来贡。按《宋史·太宗本纪》：雍熙三年三月，占城国遣使来贡。按《占城本传》：三年，其王刘继宗遣使李朝仙来贡。儋州上言，占城人蒲罗遏为交州所逼，率其族百口来附。

雍熙四年，占城夷人来归。按《宋史·太宗本纪》不载。按《占城本传》：雍熙四年秋，广州上言，雷、恩州关送占城夷人斯当李娘并其族一百五十人来归，分隶南海、清远县。

端拱

端拱元年，占城夷人求附。按《宋史·太宗本纪》不载。按《占城本传》：端拱元年，广州又言，占城夷人忽宣等族三百一人求附。

淳化

淳化元年，占城国遣使贡方物。

按《宋史·太宗本纪》：淳化元年十二月，占城遣使来贡。

按《占城本传》：淳化元年，新王杨陁排自称新坐佛逝国。杨陁排遣使李臻贡驯犀方物，表诉为交州所攻，国中人民财宝皆为所略。上赐黎桓诏，令各守境。

淳化三年，占城国来贡。

按《宋史·太宗本纪》：淳化三年十二月，占城国王杨陁排遣使来贡。

按《占城本传》：三年，遣使李良莆贡方物。赐其王白马二、兵器等。本国僧净戒献龙脑、金铃、铜香炉、如意等，各优赐之。

至道

至道元年，占城国遣使来贡。

按《宋史·太宗本纪》：至道元年正月，占城国王杨陁排遣使来贡。

按《占城本传》：至道元年正月，其王遣使来贡，奉表言：前进奉使李良莆回，伏蒙圣慈赐臣白马二匹[1]、旗五面、银装剑五口、银缠枪五条、弓弩各五张及箭等，戴恩感惧，稽首，稽首。

臣生长外国，敻远天都。窃承皇帝圣明，威德广大，臣不惮介居海裔，遣使入朝。皇帝不弃蛮夷山国，曲加优赐。然臣自为土长，声势尚卑，常时外国颇相侵挠，况以前民庶如芥，随风星散，流离各不自保。近蒙皇帝赐臣内闲驵骏及旗帜兵器等，邻国闻之，知臣荷大国之宠，而各惧天威，不敢谋害。今臣一国安宁，流民来复，若非皇帝天德加护，何以至此。臣之一国仰望仁圣，覆之如天，载之如地。臣自思惟，鸿恩不浅。且自天子之都至臣所居之国，涉海绵邈，不啻数万里，而所赐之马及器械等并安全而至，皆圣德之所及也。

自前本国进奉，未尝有旌旗弓矢之赐，臣今何幸，独受异恩。此盖天威广被，壮臣土疆。臣虽殒身无以上报。兼臣贡使往复，资给备至，恩重山岳，不可具陈。今特遣专使李波珠、副使诃散、判官李磨勿等进奉犀角十株，象牙三十株，玳瑁十斤，龙脑二斤，沈香百斤，夹笺黄熟香九十斤，檀香百六十斤，山得鸡二万四千三百只，胡椒二百斤，簟席五。前件物固非珍奇，惟表诚恳。

臣生居异域，幸遇明时，不贵殊珍，惟重良马。傥皇帝念及外国，不罪恳求，若使介南归，愿垂颁赐，臣之幸矣。兼臣本国元有流民三百，散居南海，曾蒙圣旨许令放还，今有犹在广州者。本国旧有进奉夷人罗常占见驻广州，乞诏本州岛尽数点集，兵籍以付常占[2]，令造舶船，乘便风部领归国，冀得安其生聚，以实旧疆。至于万里感恩，一心事上，臣之志也。上览表，遣使诣广州询问，愿还者悉付波珠。使还，复赐白马二，遂为常制。

【校】

[1]伏蒙圣慈赐臣白马二匹："白"，中华本《宋史》作"细"。

[2]兵籍以付常占："兵"，中华本《宋史》作"具"。

至道三年三月，占城国来贡。按《宋史·太宗本纪》云云。

真宗咸平

真宗咸平二年，占城国来贡。

按《宋史·真宗本纪》：咸平二年十二月，占城国来贡。

按《占城本传》：咸平二年，其王杨普俱毗茶逸施离遣使朱陈尧、副使蒲萨陀婆、判官黎姑伦以犀象、玳瑁、香药来贡，赐尧等冠带衣褥有差。

景德

景德元年，占城国来贡。

按《宋史·真宗本纪》：景德元年十二月，占城国来贡。

按《占城本传》：景德元年，又遣使来贡。诏以良马、介胄、戎器等赐之。

景德四年，占城遣布禄爹地加奉表来朝。

按《宋史·真宗本纪》：四年十二月，占城来贡。

按《占城本传》：四年，遣使布禄爹地加等奉表来朝，表函籍以文锦，词曰：占城国王杨普俱毗茶室离顿首言：臣闻二帝封疆，南止届于湘、楚；三王境界，北不及于幽燕。仰瞻昌时，实迈往迹。伏惟皇帝陛下乾坤授气，日月储英，出震居尊，承基御极。慈悲敷于天下，声教被于域中。业茂前王，功芳徂后，苍生是念，黄屋非心。无方不是生灵，有土并为臣妾。惠风遍布[1]，需泽周行，凡沐照临，共增耸抃。

臣生于边鄙，幸袭华风。蚁垤蜂房，聊为遂性；龙楼凤阁，尚阻观光。再念自假天威，获全封部，邻无侵夺，俗有舒苏。每岁拜遣下臣，问宁上国，蒙陛下恩沾行苇，福及豚鱼，特因回人，颁赐戎器。臣本土惟望阙焚香，欢呼拜受，心知多幸，曷答洪恩。圣君既念于宾王，微悃肯忘于述职[2]。今遣专信臣布禄爹地加、副使臣除逋麻瑕珈耶、判官臣皮霸抵一行人力等，部署土毛，远充岁贡。虽表楚茅之礼，实怀鲁酒之忧。虔望睿明，甫宽谴戮。

专信臣等回日，军容器仗耀武之物，伏愿重加赐赉。盖念叅为臣子，合告君亲，服饰车舆，威仪斧钺，不敢私制，惟望恩颁。干冒冕旒，不任死罪。布禄爹地加言本国旧隶交州，后奔于佛游[3]，北去旧所七百里。使还，赐物甚厚。

【校】

[1] 惠风遍布："惠"，中华本《宋史》作"真"。

[2] 微悃肯忘于述职："微"，中华本《宋史》无。

[3] 后奔于佛游：中华本《宋史》校勘记云："长编卷六五同。据上文及宋会

要蕃夷四之六八，疑当作'佛逝'。冯承钧诸蕃志校注谓'佛逝'是占城中部都城旧译名。"

大中祥符

大中祥符三年，占城国来贡。按《宋史·真宗本纪》：大中祥符三年八月，赐占城国马及器甲。是岁，占城来贡。按《占城本传》：三年，国王施离霞离鼻麻底遣使朱渟礼来贡。

大中祥符四年，占城国来贡。按《宋史·真宗本纪》：大中祥符四年十一月，占城国贡狮子。按《占城本传》：四年，遣使贡狮子，诏畜于苑中。使者留二蛮人以给豢养，上怜其怀土，厚给资粮遣还。

大中祥符八年，占城来贡。按《宋史·真宗本纪》：大中祥符八年十二月，占城来贡。按《占城本传》：八年，遣使波轮诃罗帝来贡。诃罗帝因上言有弟陶珠顷自交州押驯象赴阙，今幸得见，欲携以还。许之，仍赐陶珠衣币装钱。

天禧

天禧二年，占城国来贡。按《宋史·真宗本纪》：天禧二年十二月，占城国来贡。按《占城本传》：天禧二年，其王尸嘿排摩惵遣使罗皮帝加以象牙七十二株、犀角八十六株、玳瑁千片、乳香五十斤、丁香花八十斤、荳蔻六十五斤、沈香百斤、笺香二百斤、别笺一剂六十八斤、茴香百斤、槟榔千五百斤来贡。罗皮帝加言国人诣广州，或风漂船至石塘，即累岁不达矣。三年，使还，诏赐尸嘿排摩惵银四千七百两并戎器鞍马。

仁宗天圣

仁宗天圣八年，占城国遣使来贡。按《宋史·仁宗本纪》：天圣八年，占城来贡。按《占城本传》：天圣八年十月，占城王阳补孤施离皮兰德加拔麻迭遣使李菩萨麻瑕陁琶[1]来贡木香、玳瑁、乳香、犀角、象牙。

【校】

[1] 李菩萨麻瑕陁琶："菩"，中华本《宋史》作"蒲"。

庆历

庆历二年，占城献象。按《宋史·仁宗本纪》：庆历二年十一月，占城国献象三。按《占城本传》：庆历元年九月，广东商人邵保见军贼鄂邻百余人在占城，转运司选使臣二人赍诏书器币赐占城，购邻致阙下，余党令就戮之。明年十一月，其王刑卜施离值星霞弗遣使献驯象三。

皇祐

皇祐二年，占城来贡。按《宋史·仁宗本纪》：皇祐二年十二月，占城来贡。按《占城本传》：皇祐二年正月，又使俱舍唎波微收罗婆麻提杨卜贡象牙二百一、犀角七十九。表二通，一以本国书，一以中国书。

皇祐五年，占城国来贡。按《宋史·仁宗本纪》云云。按《占城本传》：五年四月，其使蒲思马应来贡方物。

嘉祐

嘉祐元年，占城国来贡。按《宋史·仁宗本纪》：嘉祐元年十二月，占城国来贡。

按《占城本传》：嘉佑元年闰三月，其使蒲息陀琶贡方物，还至太平州，江岸崩，沉失行橐。明年正月，诏广州赐银千两。

嘉祐六年，占城国献驯象。按《宋史·仁宗本纪》云云。

嘉祐七年，占城国来贡。按《宋史·仁宗本纪》：嘉祐七年，占城来贡。按《占城本传》：七年正月，广西安抚经略司言："占城素不习兵[1]，与交趾邻，常苦侵轶；而占城复近修武备，以抗交趾，将繇广东路入贡京师，望抚以恩信。"五月，其使顿琶尼来贡方物。六月，赐其王施里律茶盘麻常杨溥白马一，从其求也。

【校】

[1] 占城素不习兵："占城"，中华本《宋史》作"占腊"。按：《宋史》卷四八九载有"真腊国亦名占腊，其国在占城之南，东际海，西接蒲甘，南抵加罗希"。一般认为占腊即真腊的同名异译，占腊国即指今柬埔寨及越南南部一带。疑中华本《宋史》误。

神宗熙宁

神宗熙宁元年，占城来贡。按《宋史·神宗本纪》：熙宁元年六月，占城来贡。按《占城本传》：熙宁元年，其王杨卜尸利律陀般摩提婆遣使贡方物，乞市驿马。诏赐白马一，令于广州买骡以归。

熙宁五年，占城国贡方物。按《宋史·神宗本纪》不载。按《占城本传》：熙宁五年，贡琉璃珊瑚酒器、龙脑、乳香、丁香、荜登茄[1]、紫矿。

【校】

[1] 荜登茄："登"，中华本《宋史》作"澄"。按：《本草述钩元》："荜澄茄，温益脾胃，令人能食"；《本草撮要》："荜澄茄得白豆蔻治噎食不纳，得高良姜治寒呃。"

熙宁七年，占城来降。按《宋史·神宗本纪》不载。按《占城本传》：七年，交州李干德言其王领兵三千人并妻子来降，以正月至本道。

熙宁九年，占城来贡。按《宋史·神宗本纪》：熙宁九年八月庚子，占城来贡。按《占城本传》：九年，复遣使来言：其国自海道抵真腊一月程，西北抵交州四十日，皆山路。所治聚落一百五，大略如州县。王年三十六岁，着大食锦或川法锦大衫、七条金缨珞，戴七宝装成金冠，蹑红皮屦。出则从者五百人，十妇人执金柈合贮槟榔，导以乐。

王师讨交趾，以其素仇，诏使乘机协力除荡。行营战棹都监杨从先遣小校樊实谕旨。实还，言其国选兵七千扼贼要路，其王以木叶书回牒，诏使上之。然亦不能成功。后两国同入贡，占城使者乞避交人。诏遇朔日朝文德殿，分东西立；望日则交人入垂拱殿，而占城趋紫宸；大宴则东西坐。

哲宗元祐

哲宗元祐元年八月甲午，占城国遣使入贡。按《宋史·哲宗本纪》云云。元祐七年，占城来贡。按《宋史·哲宗本纪》：元祐七年，占城国入贡。按《占城本传》：元祐七年，又表言如天朝讨交趾，愿率兵掩袭。朝廷以交趾数入贡，不绝臣节，难以兴师，答敕书报之，而以其使良保故伦轧丹、副使傍木知突为保顺郎将。

徽宗崇宁

徽宗崇宁三年六月，占城入贡。崇宁四年六月，占城入贡。按以上《宋史·徽宗本纪》云云。

大观

大观三年十二月，占城入贡。按《宋史·徽宗本纪》云云。

政和

政和六年，占城入贡。按《宋史·徽宗本纪》：政和六年十二月，占城入贡。按《占城本传》：政和中，授其王杨卜麻迭金紫光禄大夫，领廉、白州刺史。杨卜麻迭言身縻化外，不沾禄食，愿得薄授奉给，壮观小国，许之。

宣和

宣和元年，封杨卜麻迭为占城国王。按《宋史·徽宗本纪》不载。按《占城本传》：宣和元年，进检校司空兼御史大夫、怀远军节度、琳州管内观察处置使，封占城国王。自是，每遇恩辄降制加封邑。

高宗建炎

高宗建炎三年，占城国入贡。按《宋史·高宗本纪》：建炎三年春正月，占城国入贡。按《占城本传》：建炎三年，杨卜麻迭遣使入贡，遇郊恩，制授检校太傅，加食邑。

绍兴

绍兴二年，占城国贡方物。按《宋史·高宗本纪》不载。按《礼志》：绍兴二年，占城国王遣使贡沉香、犀、象、玳瑁等，答以绫锦银绢。

绍兴二十五年，占城国王子邹时阑巴遣使贡方物，求封爵，以其父初封之爵授之。按《宋史·高宗本纪》不载。按《占城本传》：绍兴二十五年，其子邹时阑巴嗣立，遣使进方物，求封爵，锡宴于怀远驿，以其父初封之爵授之，报赐甚厚。

孝宗乾道

孝宗乾道三年，占城入贡。按《宋史·孝宗本纪》：乾道三年十月乙未，占城入贡。按《占城本传》：乾道三年，子邹亚娜嗣，掠大食国方物遣人来贡，求封[1]，为其国人所诉。诏却之，遂不议其封。

【校】

[1] 求封：中华本《宋史》作"以求封爵"。

乾道七年，占城与真腊战，闽人教占城王习骑射以胜之。按《宋史·孝宗本纪》不载。按《占城本传》：七年，闽人有浮海之吉阳军者，风泊其舟抵占城。其国方与真腊战，皆乘大象，胜负不能决。闽人教其王当习骑射以胜之，王大说，具舟送之吉阳，市得马数十匹归，战大捷。明年复来，琼州拒之，愤怒大掠而归。

淳熙

淳熙元年十月戊寅，占城入贡。按《宋史·孝宗本纪》云云。

淳熙三年，占城求通商，诏不许。按《宋史·孝宗本纪》不载。按《占城本传》：淳熙二年，严马禁，不得售外蕃。三年，占城归所掠生口八十三人，求通商，诏不许。

淳熙四年，占城为真腊所破，国遂亡，其地悉归真腊。按《宋史·孝宗本纪》不载。按《占城本传》：淳熙四年，占城以舟师袭真腊，传其国都。庆元以来，真腊大举伐占城以复雠，杀戮殆尽，俘其主以归，国遂亡，其地悉归真腊。

元

世祖至元

世祖至元十五年，占城王有内附意，诏降虎符，授荣禄大夫，封占城郡王。按《元史·世祖本纪》不载。按《占城本传》：占城近琼州，顺风舟行一日可抵其国。世祖至元间，广南西道宣慰使马成旺尝请兵三千人、马三百匹征之。十五年，右丞唆都以宋平遣人至占城[1]，还言其王失里咱牙信合八剌哈迭瓦有内附意[2]，诏降虎符，授荣禄大夫，封占城郡王。

【校】

[1] 右丞唆都以宋平遣人至占城："右丞"，中华本《元史·唆都传》有"十八年，改右丞，行省占城"，"以宋平遣人至占城"发生在十五年，当时唆都应为"左丞"。

[2]还言其王失里咱牙信合八剌哈迭瓦有内附意：中华本《元史》"剌"下有一"麻"字。

至元十六年，占城来献。按《元史·世祖本纪》：十六年六月，占城以珍物及象犀各一来献。赐银钞、衣服、币帛、鞍勒、弓矢及羊马价钞等。十二月，诏谕占城国主，使亲自来朝。按《占城本传》：十六年十二月，遣兵部侍郎教化的、总管孟庆元、万户孙胜夫与唆都等使占城，谕其王入朝。

至元十七年，占城奉表称臣入贡。按《元史·世祖本纪》：至元十七年八月，占城遣使奉表称臣，贡宝物犀象。十一月，复遣宣慰[1]，教化、孟庆元等持诏谕占城国主，令其子弟或大臣入朝。按《占城本传》：十七年二月，占城国王保宝旦拏啰耶印南诚占把地啰耶遣使贡方物，奉表降。

【校】

[1]复遣宣慰：中华本《元史》"慰"下有一"使"字。

至元十九年，占城国纳款。按《元史·世祖本纪》：十九年冬十月甲辰，占城国纳款使回，赐以衣服。按《占城本传》：十九年十月，朝廷以占城国主孛由补剌者吾曩岁遣使来朝，称臣内属，遂命左丞唆都等即其地立省以抚安之[1]。既而其子补的专国，负固弗服，万户何子志、千户皇甫杰使暹国，宣慰使尤求贤、亚阑等使马八儿国，舟经占城，皆被执，故遣兵征之。帝曰："老王无罪，逆命者乃其子与一蛮人耳。"苟获此两人，当依曹彬故事，百姓不戮一人。

十一月，占城行省官率兵自广州航海至占城港。港口北连海，海旁有小港五，通其国大州，东南止山，西旁木城。官军依海岸屯驻。占城兵治木城，四面约二十余里，起楼棚，立回回三梢炮百余座。又木城西十里建行宫，孛由补剌者吾亲率重兵屯守应援。行省遣都镇抚李天佑、总把贾甫招之，七往，终不服。十二月，招真腊国使速鲁蛮请往招谕，复与天佑、甫偕行，得其回书云："已修木城，备甲兵，刻期请战。"

【校】

[1] 遂命左丞唆都等即其地立省以抚安之："左丞"，中华本《元史·唆都传》有"十八年，改右丞，行省占城"，"即其地立省以抚安之"发生在十九年，当时唆都应为"右丞"。

至元二十年，破占城，降玺书招徕之。按《元史·世祖本纪》：至元二十年二月，令隆兴行省遣军护送占城粮船。五月，行省已破占城，其国主补底遁去，降玺书招徕之。按《占城本传》：二十年正月，行省传令军中，以十五日夜半发船攻城。至期，分遣琼州安抚使陈仲达、总管刘金、总把栗全以兵千六百人由水路攻木城北面；总把张斌、百户赵达以三百人攻东面沙觜；省官三千人分三道攻南面。舟行至天明泊岸，为风涛所碎者十七八。贼开木城南门，建旗鼓，出万余人，乘象者数十，亦分三队迎敌，矢石交下。自卯至午，贼败北，官军入木城，复与东北二军合击之，杀溺死者数千人。守城供馈者数万人悉溃散。国主弃行宫，烧仓廪，杀永贤、亚阑等，与其臣逃入山。十七日，整兵攻大州。十九日，国主使报答者来求降。二十日，兵至大州东南，遣报答者回，许其降，免罪。二十一日，入大州。又遣博思兀鲁班者来言："奉王命[1]，国主、太子后当自来。"行省传檄召之，官军复驻城外。二十二日[2]，遣其舅宝脱秃花等三十余人，奉国王信物杂布二百匹、大银三锭、小银五十七锭、碎银一瓮为质，来归款。又献金叶九节标枪曰："国主欲来，病未能进，先使持其枪来，以见诚意。长子补的期三日请见。"省官却其物。宝脱秃花曰："不受，是薄之也。"行省度不可却，姑令收置，乃以上闻。

宝脱秃花复令其主第四子利世麻八都八德剌、第五子世利印德剌来见，且言："先有兵十万，故求战。今皆败散。闻败兵言，补的被伤已死。国主颊中箭，今小愈，愧惧未能见也，故先遣二子来议赴阙进见事。"省官疑其非真子，听其还。谕国主早降，且以问疾为辞，遣千户林子全、总把栗全、李德坚偕往觇之。二子在途先归。子全等入山两程，国主遣人来拒，不果见。宝脱秃花谓子全曰："国主迁延不肯出降，今反扬言欲杀我，可归告省官，来则来，不来，我当执以往。"子全等回营。是日，又杀何子志、皇甫杰等百余人。

二月八日，宝脱秃花又至，自言："吾祖父、伯、叔，前皆为国主，至吾兄，今孛由补剌者吾杀而夺其位，斩我左右二大指。我实怨之。愿禽孛由补剌者吾、补的父子，及大拔撒机儿以献。请给大元服色。"行省赐衣冠，抚谕以行。十三日，居占城唐人曾延等来言："国主逃于大州西北鸦候山，聚兵三千余，并招集他郡兵未至，不日将与官军交战。惧唐人泄其事，将尽杀之。延等觉而逃来。"十五日，宝脱秃花偕宰相报孙达儿及撮及大师等五人来降。行省官引曾延等见，宝脱秃花诘之，曰："延等奸细人也，请系缧之。国主军皆溃散，安敢复战。"又言："今未附州郡凡十二处，每州遣一人招之。旧州水路，乞行省与陈安抚及宝脱秃花各遣一人乘舟招谕攻取。陆路则乞行省官陈安抚与己往禽国主、补的及攻其城。"行省犹信其言，调兵一千屯半山塔，遣子全、德坚等领军百人，与宝脱秃花同赴大州进讨，约有急则报半山军。

子全等比至城西，宝脱秃花背约间行，自北门乘象遁入山。官军获谍者曰："国主实在鸦候山立砦，聚兵约二万余，遣使交趾、真腊、阇婆等国借兵，及征宾多龙、旧州等军未至。"十六日，遣万户张颙等领兵赴国主所栖之境。十九日，颙兵近木城二十里。贼浚濠堑，拒以大木，官军斩刘超距奋击，破其二千余众。转战至木城下，山林阻隘不能进，贼旁出截归路，军皆殊死战，遂得解还营。行省遂整军聚粮，刱木城，遣总管刘金，千户刘涓、岳荣守御。

【校】

[1] 奉王命：中华本《元史》"命"下有"来降"二字。

[2] 二十二日：中华本《元史》作"二十三日"。

至元二十一年，占城奉表来献。

按《元史·世祖本纪》：至元二十一年五月，荆湖占城行省言："忽都虎、忽马儿等将兵征占城，前锋舟师至舒眉莲港不知所向，令万户刘君庆进军次新州，获占蛮，始知我军已还矣。就遣占蛮向导至占城境，其国主遣阿不兰以书降，且言其国经唆都军马虏掠，国计已空，俟来岁遣嫡子以方物进。继遣其孙路司理勒蛰等奉表诣阙。"秋七月，诏镇南王脱欢征占城。八月，占城国王乞回唆都军，愿以土产岁修职贡，使大盘亚罗日加翳、大巴南等十一人奉表诣阙，献三象。十一月，占城国王遣使大罗盘亚罗日加翳等奉表来贺圣诞节，献礼币及象二。

按《占城本传》：二十一年三月六日，唆都领军回。十五日，江淮省所遣助唆都军万户忽都虎等至占城唆都旧制行省舒眉莲港，见营舍烧尽，始知官军已回。二十日，忽都虎令百户陈奎招其国主来降。二十七日，占城主遣王通事者来称纳降。忽都虎等谕令其父子奉表进献。国主遣文劳卭大巴南等来称，唆都除荡其国，贫无以献，来年当备礼物，令嫡子入朝。四月十二日，国主令其孙济目理勒蛰、文劳卭大巴南等奉表归款。

是年，命平章政事阿里海牙奉镇南土脱欢发兵，假道交址伐占城，不果行。

明

太祖洪武

太祖洪武二年，占城遣使朝贡，诏封为占城国王，赐彩币历日。按《明外史·占城传》：占城居南海中，自琼州航海顺风一昼夜可至，自福州西南行十昼夜可至，即周越裳地。秦为林邑，汉为象林县。后汉末，区连据其地，始称林邑王。自晋至隋仍之。唐时，或称占不劳，或称占婆，其王所居曰占城。至德后，改国号曰环。迄周、宋，遂以占城为号，朝贡不替。元世祖恶其阻命，大举兵击破之，亦不能定。

洪武二年，太祖遣官以即位诏谕其国。其王阿答阿者先已遣使奉表来朝，贡象虎方物。帝喜，即遣官赍玺书、《大统历》、文绮、纱罗，偕其使者往赐，其王复遣使来贡。自后或比岁贡，或间岁，或一岁再贡。以为常[1]，未几，命中书省管勾甘桓、会同馆副使路景贤赍诏，封阿答阿者为占城国王，赐彩币四十、《大统历》三千。

按《明会典》：洪武二年，赐占城国王镀《大统历》[2]，使臣文绮、纱罗各一匹，仍给冠带。

【校】

[1] 以为常：中华本《明史》无。

[2]赐占城国王镀《大统历》：四库本《明会典》"镀"下有"金银印并"。

洪武三年，遣使往占城祀其山川，颁科举诏于其国。又以其与安南相攻，赐诏慰谕。按《明外史·占城传》：洪武三年，遣使往祀其山川，寻颁科举诏于其国。

初，安南与占城构兵，天子为遣使谕解，而安南复相侵。四年，其王奉金叶表来朝，长尺余，广五寸，刻本国字。馆人译之，其意曰："大明皇帝登大宝位，抚有四海，如天地覆载，日月照临。阿答阿者孼一草木尔，钦蒙遣使，以金印封为国王，感戴忻悦，倍万恒情。惟是安南用兵，侵扰疆域，杀掠吏民。伏愿皇帝垂慈，赐以兵器及乐器、乐人，俾安南知我占城乃声教所被，输贡之地，庶不敢欺陵。"帝即命礼部谕之曰："占城、安南并事朝廷，同奉正朔，乃擅自构兵，毒害生灵，既失事上之礼[1]，又乖交邻之道。已咨安南国王，令即日罢兵。本国亦宜讲信修睦，各保疆土。所请兵器，于王何吝，但两国互构而赐占城，是助尔相攻，甚非抚安之义。乐器、乐人，语音殊异，难以遣发。尔国有晓华言者，其选择以来，当令肄习。"因命福建省臣勿征其税，示怀柔之意。

【校】

[1]既失事上之礼："上"，中华本《明史》作"君"。

洪武六年，占城以海寇劫掠击破之，献捷于朝，赐诏嘉奖，又献安南之捷诏解谕之。

按《明外史·占城传》：洪武六年，贡使言："海寇张汝厚、林福等自称元帅，剽劫海上。国主击破之，贼魁溺死，获其舟二十艘、苏木七万斤，谨奉献。"帝嘉之，命给赐加等。其冬[1]，遣使献安南之捷。帝谓省臣曰："去年[2]，安南言占城犯境；今年，占城谓安南扰边，未审曲直。可遣人往谕，各罢兵息民，毋相侵扰。"

【校】

[1]其冬："其"，中华本《明史》无。

[2]去年：中华本《明史》作"去冬"。

洪武十年，占城大败安南兵，安南王煓死。按《明外史·占城传》：洪武十年正月[1]，与安南王陈煓大战，煓败死。

【校】

[1] 洪武十年正月："正月"，中华本《明史》无。《明太祖实录》洪武十年正月条、《海国图志》卷六亦作"正月"，底本当无误。

洪武十二年，占城贡使至，中书不以时奏，切责丞相，又谕占城王与安南修好。按《明外史·占城传》：洪武十二年九月，贡使至都，中书不以时奏。帝切责丞相胡惟庸、汪广洋，二人遂获罪。十月[1]，遣官赐王《大统历》及衣币，令与安南修好罢兵。

【校】

[1] 十月：中华本《明史》无。《明太祖实录》卷一二六之洪武十年十月条有载，当无误。

洪武十三年，占城入贡，以与安南构兵赐敕谕其王。按《明外史·占城传》：洪武十三年遣使贺万寿节。帝闻其与安南水战不利，赐敕谕之曰[1]："曩者安南兵出，败于占城之下[2]。占城乘胜入安南之国[3]，安南之辱已甚矣[4]。王能保境息民，则福可长享；如必驱兵苦战，胜负不可知，而鹬蚌相持，渔人得利，他日悔之，不亦晚乎。"

【校】

[1] 赐敕谕之曰："之"，中华本《明史》无。

[2] 败于占城之下："之下"，中华本《明史》无。

[3] 占城乘胜入安南之国："之国"，中华本《明史》无。

[4] 安南之辱已甚矣："矣"，中华本《明史》无。

洪武十六年，占城入贡，赐之金币。按《明外史·占城传》：洪武十六年，贡象牙二百枝及他方物[1]。遣官赐以勘合、文册，又赐织金文绮三十二、磁器万九千[2]。

【校】

[1] 贡象牙二百枝及他方物："他"，中华本《明史》无。

[2] 又赐织金文绮三十二、磁器万九千："又赐"，中华本《明史》作"及"。

洪武十九年，占城遣子入朝贺万寿圣节，皇太子亦有献，厚赐赍之，命中官送还。按《明外史·占城传》：洪武十九年，遣其子宝部领诗那日忽来朝，贺万寿节，献象五十四匹，皇太子亦有献。帝嘉其诚，赐赍优渥，命中官送还。

洪武二十年，占城复贡方物。按《明外史·占城传》：洪武二十年，复贡象五十一匹及伽南、犀角诸物，帝既加宴赉。还至广东，复命中官宴饯，给道里费。

洪武二十一年，以占城夺真腊贡象，命行人董绍敕责之，占城遣使谢罪，仍宴赉如制。按《明外史·占城传》：真腊贡象，占城夺其四之一，其它失德事甚多。帝闻之，怒。二十一年夏，命行人董绍敕责之。绍未至，而其贡使抵京。寻复遣使谢罪，乃命宴赐如制。

洪武二十四年，占城大臣阁胜弑王自立，遣人来贡，诏却之。按《明外史·占城传》：时阿答阿者失道，大臣阁胜怀不轨谋，二十三年，弑王自立。明年，遣太师奉表来贡，帝恶其悖逆，却之。至三十年后，连入贡[1]。

【校】

[1] 连入贡：中华本《明史》"连"上有一"复"字。

成祖永乐

成祖永乐元年，占城入贡，告安南侵掠，降敕戒谕安南。按《明外史·占城传》：永乐元年，以即位，诏谕其国[1]。其王占巴的赖奉金叶表朝贡，且告安南侵掠，请降敕戒谕。帝可之，遣行人蒋宾兴、王枢使其国，赐以绒、锦、织金文绮、纱罗。

按《明会典》：永乐元年，赐占城国王锦三匹[2]，纻丝六匹，纱罗各四匹，王妃纻丝四匹，纱罗各三匹，后照此例[3]。差来王弟、王孙初到，赏织金罗衣并纻丝衣各一套，正赏纻丝六匹，纱罗各四匹，纻丝衣一套，折钞绢二匹，正副使初到每人织金罗衣一套，正赏彩段四表里，绢二匹，折衣彩段二表里，正副通事象奴等初到每人赏素罗衣一套，正赏彩段二表里，折钞绢一匹，折衣彩段一表里。从人初到每人绢衣一套，正赏折钞绵帛一匹，折衣绢四匹，俱与靴袜各一双。其正副使，通事人等给赐冠带及给换，例与暹罗国同。正将士、大头目及舍人办事、火长、总管、干事各项正者每名各乌纱帽一顶，角带一条[4]。

【校】

[1] 永乐元年，以即位，诏谕其国：中华本《明史》作"成祖即位，诏谕其国。永乐元年"。

[2] 赐占城国王锦三匹："三"，四库本《明会典》作"二"。

[3] 后照此例："后照"，四库本《明会典》作"以后俱照"。

[4] 差来王弟、王孙初到……角带一条：该部分四库本《明会典》作"差来王弟、王孙并通事总管火长从人衣服纻丝纱罗有差"。

永乐二年，以安南王奏谕占城王，占城王仍告安南侵掠，帝怒敕责之。按《明外史·占城传》：永乐二年，以安南王胡夷奏，诏戢兵，遣官谕占城王。而王遣使奏："安南不遵诏旨，以舟师来侵，朝贡人回，赐物悉遭掠夺[1]。又畀臣冠服、印章，俾为臣属。且已据臣沙离牙诸地，更侵掠未已，臣恐不能自存。乞隶版图，遣官往治。"帝怒，敕责胡夷，而赐占城王钞币。

【校】

[1] 赐物悉遭掠夺："掠夺"，中华本《明史》作"夺掠"。

永乐四年，占城入贡，告安南之难。诏大发兵讨安南，敕占城获越轶者送京师。按《明外史·占城传》：永乐四年，贡白象方物，复告安南之难。帝方大发兵往讨，乃敕占城严兵境上，遏其越轶[1]，获者即执送京师[2]。

【校】

[1] 遏其越轶："越轶"，中华本《明史》作"越逸"。按："越轶"，"越逸"

义可两通，在文中为"逃跑；逃窜"之义。

[2]获者即执送京师："执"，中华本《明史》无。

永乐五年，占城攻取安南侵地，献俘阙下，因贡方物谢恩。按《明外史·占城传》：永乐五年四月[1]，攻取安南所侵地，获贼党胡烈、潘麻休等献俘阙下，因贡方物谢恩。帝嘉其助兵讨逆，遣中官王贵通赍敕及银币赐之。

【校】

[1]永乐五年四月："四月"，底本、《海国图志》卷六同，中华本《明史》无。

永乐六年，占城入贡。按《明外史·占城传》：永乐六年，郑和使其国。王遣其孙舍杨该贡象及方物谢恩。

永乐十年，占城贡使乞冠带，予之。按《明外史·占城传》：永乐十年，其贡使乞冠带，予之。复命郑和使其国。

永乐十三年，王师征安南，敕占城助兵。愆期不进，反资贼战象侵四州十一县地，赐敕切责之。按《明外史·占城传》：永乐十三年，王师方征陈季扩，命占城助兵。尚书陈洽言："其王阴怀二心，愆期不进，反以金帛、战象资季扩，季扩以黎苍女遗之。复约季扩舅陈翁挺，侵升华府所辖四州十一县地。厥罪维均，宜遣兵致讨。"帝以交址初平，不欲劳师，但赐敕切责，俾还侵地，王即遣使谢罪。

永乐十六年，占城遣其孙舍那挫入朝，贡方物。按《明外史·占城传》：永乐十六年，遣其孙舍那挫来朝。命中官林贵、行人倪俊送归，有赐。

宣宗宣德

宣宗宣德元年，遣使往占城。按《明外史·占城传》：宣德元年，行人黄原昌往颁正朔，绳其王不恪，郄所酬金币以归，擢户部员外郎。

英宗正统

英宗正统元年，议定占城三年一贡之例。按《明外史·占城传》：正统元年，琼州知府程莹言："占城比年一贡，劳费实多。乞如暹罗诸国例，三年一贡。"帝是之，敕其使如莹言，赐王及妃彩币。然蕃人利中国市易，虽有此令，迄不遵。

正统六年，占城王孙遣使入贡，且乞嗣位，诏封为王。按《明外史·占城传》：正统六年，王占巴的赖卒，其孙摩诃贲该以遗命遣王孙述提昆来朝贡[1]，且乞嗣位。乃遣给事中管瞳[2]、行人吴惠赍诏，封为王，新王及妃并有赐。按《明会典》：正统六年，占城王孙等二十三人下程牛二只，羊四只，鹅四只，鸡十只，酒四十瓶，米二石，蔬菜厨料。

【校】

[1] 其孙摩诃贲该以遗命遣王孙述提昆来朝贡：中华本《明史》校勘记云："其孙，指摩诃贲该，为古巴的赖之孙。下文又言摩诃贲该为古巴的赖侄摩诃贵来之舅，即摩诃贲该为古巴的赖之妻弟，与作'其孙'不合。按《英宗实录》卷一五六正统十二年七月乙亥条，《国榷》卷二五页一六一一及卷二六页一七二五都称古巴的赖侄摩诃贵来幼，逊国于舅摩诃贲该，疑作'其孙'误。"

[2] 乃遣给事中管瞳："管瞳"，《英宗实录》卷八、《国榷》卷二五作"舒瞳"。

正统七年，占城贡使卒于途，遣官赐祭。按《明外史·占城传》：正统七年春，述提昆卒于途，帝悯之，遣官赐祭。

正统八年，占城来贡。按《明外史·占城传》：正统八年遣从子且扬乐催贡舞牌旗黑象。

正统十一年，敕占城王遵三年一贡之制。按《明外史·占城传》：正统十一年，敕谕摩诃贲该[1]："迩者[2]，安南王黎浚遣使奏王欺其孤幼，曩已侵升、华、思、义四州，今又屡攻化州，掠其人畜财物。二国俱受朝命，各有分疆，岂可兴兵构怨，乖睦邻保境之义。王宜祇循礼分，严饬边臣，毋恣肆侵轶，贻祸生灵。"并谕安南严行备御，毋挟私报复。初[3]，定三年一贡之例，而其国不遵。及诘其使者，则云："先王已逝，前敕无存，今王不知此令[4]。"是岁，贡使复至，再敕王遵制，赐王及妃彩币。其冬复遣使来贡。

【校】

［1］敕谕摩诃贲该："曰"，中华本《明史》"该"下有一"曰"字。

［2］迹："者"，中华本《明史》作"迹者"。

［3］初：中华本《明史》作"先是"。

［4］今王不知此令：中华本《明史》作"故不知此令"。

正统十二年，封故王占巴的赖侄摩诃贵来为王。按《明外史·占城传》：正统十二年，其王与安南战，大败被执。故王占巴的赖侄摩诃贵来遣使奏："先王抱疾，曾以臣为世子，欲令嗣位。臣时年幼，逊位于舅氏摩诃贲该。后屡兴兵伐安南，致敌兵入旧州古垒等处，杀掠人畜殆尽，王亦被擒。国人以臣先王之侄，且有遗命，请臣代位。辞之再三，不得已始于府前治事。臣不敢自专，伏候朝命。"乃遣给事中陈谊、行人薛干持节封为王[1]，谕以保国交邻，并谕国中臣民共相辅翼。

【校】

［1］行人薛干持节封为王："持节"，中华本《明史》无。

十三年敕安南送摩诃贲该还国，不奉命。

代宗景泰

代宗景泰三年，占城国来贡，且告丧，封王弟摩诃贵由为王。按《明外史·占城传》：景泰三年，遣使来贡，且告王讣。命给事中潘本愚、行人边永封其弟摩诃贵由为王。

英宗天顺

英宗天顺元年，占城入贡，赐其正副使钑花金带。天顺二年，占城王摩诃盘罗悦新立，遣使奉表朝贡。按以上《明外史·占城传》云云。

天顺四年，占城入贡，诉安南见侵，又遣使告丧，封王弟盘罗茶全为王。按《明外史·占城传》：天顺四年，复贡，自正使以下赐纱帽及金银角带有差。使者诉安南见侵，因为敕谕安南王。九月，使来，告王丧。命给事中黄汝霖、行人刘恕封王弟盘罗茶全为王。

按《明会典》：天顺四年，占城王族下程与王孙同，但减牛一只。

天顺八年占城入贡，仍诉安南见侵，乞立界牌碑石。按《明外史·

占城传》：天顺八年，入贡。宪宗已嗣位，应颁赐蕃国锦币，礼官请付使臣赍回，从之。其使者复诉安南见侵，求索白象。乞如永乐时，遣官安抚，建立界牌碑石，以杜侵陵。兵部以两国方争，不便遣使，乞令使臣归谕国王，务循礼法，固封疆，捍外侮，毋轻构祸，从之。

宪宗成化

宪宗成化七年，安南破占城，执其王及家属，王弟遣使告难。兵部奏应遣官宣谕，帝虑安南逆命，俟安南贡使至日，赐敕责之。按《明外史·占城传》：成化五年，入贡。时安南索占城犀象、宝货，令以事天朝之礼事之。占城不从，则大举征伐[1]。以七年二月破其国[2]，执王盘罗茶全及家属五十余人，劫印符，大肆焚掠，遂据其地。王弟盘罗茶悦逃之山中，遣使告难。兵部言：安南吞并与国，若不为处分，非惟失占城归附之心，抑恐启安南跋扈之志。宜遣官赍敕宣谕，还其国王及眷属。帝虑安南逆命，令俟贡使至日，赐敕责之。

【校】

[1] 则大举征伐："则"，中华本《明史》无；"征"，中华本《明史》作"往"。

[2] 以七年二月破其国："以"、"二月"，中华本《明史》无。按：《殊域》卷七有"七年正月，茶全大兴忿兵，砍臣戍卒。臣溃围力战，茶全率众而南……本年三月，茶全扫境内兵，复图再举"，以此推断，底本言占城破国于"二月"，当无误。

成化八年，安南破占城，改为交南州，册封占城，使阻于新州港还。按《明外史·占城传》：成化八年，以盘罗茶悦请封，命给事中陈峻、行人李珊持节往。峻等至新州港，守者拒之，知其国已为安南所据，改为交南州，乃不敢入。十年冬还[1]。

【校】

[1] 十年冬还："朝"，中华本《明史》"还"下有一"朝"字。

成化十年，安南破占城，遣兵立前王孙斋亚麻弗庵为王。按《明外史·占城传》：成化十年冬，李珊陈峻还朝。安南既破占城，复遣兵执盘罗茶悦，立前王孙斋亚麻弗庵为王，以国南边地予之。

成化十四年，占城前王孙斋亚麻弗庵请封，适册封未至而死，弟又遣使来请，安南已以伪敕立提婆苔为王。按《明外史·占城传》：成化十四年，遣使朝贡请封，命给事中冯义、行人张瑾往封之。义等多携私物，既至广东，闻斋亚麻弗庵已死，其弟古来遣使乞封。义等虑空还失利，亟至占城。而占城人言，王孙请封之后，即为古来所杀，安南已以伪敕立其国人提婆苔为王。义等不俟奏报，辄以印币授提婆苔封之，得所赐黄金百余两，又往满剌加国尽货其私物以归。义至海洋病死。瑾具其事，并上伪敕于朝。朝廷不知也。

成化十七年，占城前王孙古来遣使朝贡，请封。按《明外史·占城传》：成化十七年九月[1]，古来遣使朝贡，言："安南破臣国时，故王弟盘罗茶悦逃居佛灵山。比天使赍封诰至，已为贼人执去，臣与兄斋亚麻弗庵潜窜山谷。后贼人畏惧天威，遣人访觅臣兄，还以故地。然自邦都郎至占腊止五处，尔臣兄权国未几[2]，遽尔陨殁。臣当嗣立，不敢自专，仰望天恩，赐之册印。臣国所有土地本二十七处，四府、一州、二十二县。东至海，南至占腊，西至黎人山，北至阿本喇补，凡三千五百余里。更乞特谕交人[3]，尽还本国。"章下廷议，英国公张懋等请特遣近臣有威望者二人往使。时安南贡使方归，即赐敕诘责黎灏，令速还地，毋抗朝命。礼官乃劾瑾擅封，执下诏狱，具得其情，论死。时古来所遣使臣在馆，召问之，云："古来实王弟，其王乃病死，非弑。提婆苔不知何人。"乃命使臣暂归广东，俟提婆苔使至，审诚伪处之。使臣候命经年，而提婆苔使者不至，乃令还国。

【校】

[1] 成化十七年九月："九月"，底本、《明宪宗实录》卷二一九之壬辰条、《海国图志》卷九同，中华本《明史》无。

[2] 尔臣兄权国未几："尔"，中华本《明史》无。

[3] 更乞特谕交人："更"，中华本《明史》无。

成化二十年，以占城伪王提婆苔为头目，封占城王孙古来为国王。按《明外史·占城传》：成化二十年，敕古来抚谕提婆苔，使纳原降国王印，宥其受伪封之罪，仍为头目。提婆苔不受命，乃遣给事中李孟旸、行人叶应册封古来为国王。孟旸等言："占城险远，安南构兵未已，而提婆苔又窃据其地，稍或不慎，反损国威。宜令其来使传谕古来，诣广东受封，并敕安南悔祸。"从之。古来乃自老挝挈家赴崖州，孟旸竣封事而返。

成化二十三年，遣官传檄安南护占城王古来还国。按《明外史·占城传》：古来欲躬诣阙廷，奏安南之罪。成化二十三年正月[1]，总督宋旻以闻。廷议遣大臣一人往劳，檄安南存亡继绝，迎古来返占城。帝报可，乃命南京右都御史屠滽往。至广东，即传檄安南，宣示祸福。而募健卒二千人，驾海舟二十艘，护古来还国。安南以滽大臣奉特遣，不敢与抗[2]，古来乃得入。

【校】

[1] 成化二十三年正月："正月"，中华本《明史》无，《明宪宗实录》卷二八六成化二十三年正月条有载，当无误。

[2] 不敢与抗："与"，中华本《明史》无。

孝宗弘治

孝宗弘治二年，占城王乞遣将督兵守护其国，不许。按《明外史·占城传》：弘治二年，遣弟卜古良赴广东，言："安南仍肆侵陵，乞如永乐时遣将督兵守护。"总督秦纮等以闻。兵部言："安南、占城皆《祖训》所载不征之国。永乐间命将出师，乃正黎贼弑逆之罪，非以邻境交恶之故。今黎灏修贡惟谨，古来肤受之愬，容有过情，不可信其单词，劳师不征之国。宜令守臣回咨，言近交人杀害王子古苏麻，王即率众败之，仇耻已雪。王宜自强修政，抚恤国人，保固疆圉，仍与安南敦睦修好。其余嫌细故，悉宜捐除。倘不能自强，专藉朝廷发兵渡海，代王守国，古无是理。"帝如其言。

弘治三年，占城遣使谢恩。按《明外史·占城传》：弘治三年七月[1]，遣使谢恩。其国自残破后，民物萧条，贡使渐稀。

【校】

[1] 弘治三年七月："七月"，中华本《明史》无，《明孝宗实录》卷四〇有

载，当无误。

弘治十二年，立占城王长子沙古卜落为世子。按《明外史·占城传》：弘治十二年，遣使奏："本国新州港之地，仍为安南侵夺，患方未息。臣年已老，请及臣未死，命长子沙古卜落袭封[1]，庶他日可保国土。"廷议："安南为占城患，已非一日。朝廷尝因占城之愬，累降玺书，曲垂谕诲[2]。安南前后奏报，皆言祗承朝命，土地人民，悉已退还。然安南辨释之语方至，而占城控诉之词又闻，恐真有不获已之情。宜仍令守臣切谕安南，毋贪人土地，自贻祸殃，否则议遣偏师往问其罪。若占城王长子[3]，无父在袭封之理。请令先立为世子摄国事，俟他日当袭位时，如例请封。"帝报允。寻遣王孙沙不登古鲁来贡。

【校】

[1] 命长子沙古卜落袭封："落"，中华本《明史》作"洛"。

[2] 曲垂谕诲："谕诲"，中华本《明史》作"诲谕"。

[3] 若占城王长子："若"，中华本《明史》作"至"。

弘治十八年，占城王世子沙古卜落遣其叔父入贡，因请封，册封使惮行，请如往年领封故事。按《明外史·占城传》：弘治十八年，古来卒。其子沙古卜落遣使来贡，而不告父丧，但乞命大臣往其国，仍以新洲港诸地封之。别有占夺方舆之奏，微及父卒事。给事中任良弼等言：占城前因国土削弱，假贡乞封，仰仗天威，詟伏邻国。其实国王之立不立，不系朝廷之封不封也。今称古来已殁，虚实难知。万一我使至彼，古来尚存，将遂封其子乎？抑义不可而已乎？迫胁之间，事极难处。如往时科臣林霄之使满剌加，不肯北面屈膝，幽饿而死，迄不能问其罪。君命国威，不可不慎。大都海外诸蕃，无事则废朝贡而自立，有事则假朝贡而请封。今者贡使之来，岂急于求封，不过欲得安南之侵地[1]，还粤东之逃人耳。夫安南侵地，玺书屡谕归还，而占据如故。今若再谕，彼将玩视之，而天威亵矣。倘我使往封占城，羁留不遣，求为处分，朝廷将何以应之。又或拘我使者，令索逃人，是以天朝之贵臣，质于海外之蛮邦。也宜如往年古来就封广东事，令其领敕归国，于计为便。礼部亦以古来存亡未明，请令广东守臣移文占城勘报，从之，既而封事久不行。后五年七月[2]，沙古卜落遣其叔父沙系把麻入贡，因请封。令给事中李贯、行人刘廷瑞往[3]。贯抵广东惮行，请如往年古来故事，令其使臣领封。廷议："遣官已二年，今若中止，非兴灭继绝之义。倘其使不愿领封，或领归而受非其人，重起事端，益伤国体，宜令贯等亟往。"贯终惮行，以乏通事、火长为词。廷议令广东守臣采访其人，如终不得，则如旧例行。贯复设词言：臣奉命已五载，孰不谓惮风波之险[4]，殊不知占城自古来被逐之后，窜居赤坎邦都郎，国非旧强，势不可往。况古来乃前王斋亚麻弗庵之头目，实杀王而夺其位。王有三子，其一尚存，则义又有所不可[5]。律以《春秋》之法，虽不兴问罪之师，亦必绝朝贡之使。奈何又为采访之议，苟延岁月[6]，而无益于事哉[7]。会广东巡按丁楷亦附会具奏，廷臣乃议从之[8]。以十年七月令其使臣赍敕往[9]，自是遂为故事，而其国贡使亦不常至。

【校】

［1］不过欲得安南之侵地："得"，中华本《明史》作"复"。

［2］后五年七月：中华本《明史》作"正德五年"，《明武宗实录》卷六五年七月条有载，当无误。

［3］令给事中李贯、行人刘廷瑞往："令"，中华本《明史》作"命"，义可两通。

［4］孰不谓惮风波之险："孰不谓惮"，中华本《明史》作"似惮"。

［5］则义又有所不可："则"、"有所"，中华本《明史》无。

［6］苟延岁月："苟延"，中华本《明史》作"徒延"。

［7］而无益于事哉：中华本《明史》作"于事无益"。

［8］廷臣乃议从之："臣"、"乃"，中华本《明史》无。

［9］以十年七月令其使臣赍敕往："以"、"七月"，中华本《明史》无，《明武宗实录》卷一二七十年七月条有载，当无误。

世宗嘉靖

世宗嘉靖二十二年，占城国来贡。按《明外史·占城传》：嘉靖二十二年，遣王叔沙不登古鲁来贡，诉数为安南侵扰，道阻难归。乞遣官护送还国，报可。

其国无霜雪，四时皆似夏，草木常青。民以渔为业，无二麦，力穑者少，故收获薄。国人皆食槟榔，终日不离口。不解朔望，但以月生为初，月晦为尽，不置闰。分昼夜为十更，非日中不起，非夜分不卧，见月则饮酒、歌舞为乐。无纸笔，用羊皮槌薄熏黑，削细竹蘸白灰为字，状若蚯蚓。有城郭甲兵，人性狠而狡，贸易多不平。户皆北向，民居悉覆茅檐，高不得过三尺。部领分差等，门高卑亦有限。饮食秽污，鱼非腐烂不食，酿不生蛆不为美。人体黑，男蓬头，女椎结，俱跣足。

王，琐里人，崇释教。岁时采生人胆入酒中，与家人同饮，且以浴身，曰"通身是胆"。其国人采以献王，又以洗象目。每伺人于道，出不意急杀之，取胆以去。若其人惊觉，则胆已先裂，不足用矣。置众胆于器，华人胆辄居上，故尤贵之。五六月间，商人出，必戒备。王在位三十年，则避位入深山，以兄弟子侄代，而已持斋受戒，告于天曰："我为君无道，愿狼虎食我，或病死。"居一年无恙，则复位如初。国中呼为"芳嚓马哈剌"[1]，乃至尊至圣之称也。

国不甚富，惟犀象最多。乌木、降香，樵以为薪。伽南香独产其地一山，酋长遣人守之，民不得采，犯者至断手。

有鳄鱼潭，狱疑不决者，令两造骑牛过其旁，曲者，鱼辄跃而食之，直者，即数往返，不食也。有尸头蛮者，一名尸致鱼，本妇人，惟无瞳神为异。夜中与人同寝，忽飞头食人秽物，来即复活。若人知而封其颈，或移之他所，其妇即死。国设厉禁，有而不告者，罪及一家。

【校】

[1] 芳嚓马哈剌："芳"，中华本《明史》作"昔"。

按《瀛涯胜览》：占城国，在大海南，南距真腊，西距交趾，东北际海，自闽之长乐县五虎门发舟，西南行，顺风约十日可抵其国，国东北百里许，有海口曰：新洲港者，港岸立石塔为标，舶至是系焉。有寨曰：没比奈。主以二酋领卒五六十辈[1]，专戍守焉。西南百里至王城曰占城名也。城方，有四门，门有守者，王乃锁里人也。尚释教、顶三山金花玲珑冠，上衣花蕃布，若绵绸状[2]，下紫彩丝帨巾，数匝，跣足，跨象或乘小车，驾以二黄犊。其臣顶茭蕈叶冠，亦类王冠，饰以金彩,其冠有品秩,上衣不过膝,下亦紫彩帨。王宫宏壮,墉墁整洁,门竖雕木兽以为威仪。民居茅茨,高不踰三尺,曲身出入,违制者有罪[3],衣服紫,惟王白服,禁服元黄[4],违者死。男蓬头,女椎结于后,肌肤俱黑,上秃袖短衫,卜亦紫彩布,皆女装也,男女俱跣行。四时温热并无霜雪,草木恒青,啖槟榔不绝口,如闽越俗。议婚,男先诣女成偶,或旬日,或旬有五日,然后父母亲党导以鼓乐迎归,设酒筵,酒则酿瓮饭,待熟,用筒咂之。宾主绕瓮以次而咂,咂必注水,至味尽乃止。文字无纸,以椎羊皮及黑木皮书之。刑轻则絷以藤,重则剐之,盗必断其胘,奸不问男女,俱燎其颊,极刑则锐木于舟,坐以罪人,顺流而下至木贯出口而毙,严示众也。年无闰月,昼夜各分五十刻,以鼓记之。王当贺日,以人胆汁沐浴,将领献人胆为礼,王即位二十年,则入山茹素受戒,命子侄摄国,居一载,则吁天自矢曰:我不道,当充虎狼食,否则病死。期年无恙,则复辟,于是国人呼为芳嚓马哈剌札,极其尊称也。有号尸致鱼者,乃妇人也,其目无瞳,夜寝则头飞入人家,食小儿,秽气侵儿腹,必死,头返合体如故,移其体则不合而死矣。其夫匿不以闻者,罪及家属。境有鳄鱼潭,讼难明者,遣诣潭,直者虽往返十数而不遭害。傍海山野牛甚狠,逢青衣人,辄触之至死,盖亦耕牛奔入山,积久而成群然也。人则重首[5],犯之不杀不已。市交易以金,间亦用银,极宝爱中国青磁器、罂缎、疋、绫、绢,见则以金易之。厥产伽南香、观音竹、降真香、乌木尤胜他国,伽南香唯此地有之,价亦高,观音竹如藤,长丈八尺许,色如黑铁,每寸约二三节。犀角、象牙甚多,犀如水牛,大者八百斤,体无毛,黑色鳞甲,皮厚,蹄有三跲,独角在鼻端,长者可尺五寸,唯啖刺树叶、条干木。马小于驴,水牛、黄牛、猪羊亦产,鹅、鸭、则罕,鸡大者不逾三斤[6],果有梅、橘、西瓜、蔗、椰子、蕉子,其波罗蜜形如东瓜,荔枝大如鸡子,肤黄、味胜蜜,核亦可炒食之。蔬有东瓜、黄瓜、胡芦、芥、葱、姜。民务渔,不务耕种,米粒细颗长而杂红,厥贡犀角、象牙、伽南香。

【校】

[1] 主以二酋领卒五六十辈:"主",中华本《瀛涯胜览》作"王"。

[2] 若绵䌷状："绵"，中华本《瀛涯胜览》作"棉"。按："绵"，通"棉"。

[3] 违制者有罪："罪"，中华本《瀛涯胜览》作"法"。

[4] 禁服元黄："元"，中华本《瀛涯胜览》作"玄"。按："元"，避讳用字。清避康熙玄晔讳，改"玄"为"元"。如"郑玄"作"郑元"等是。

[5] 人则重首：中华本《瀛涯胜览》"重"下有一"其"字。

[6] 鸡大者不逾三斤："三"，中华本《瀛涯胜览》作"二"。

《明一统志》

占城国山川考

《占城国山川考》

金山　在林邑故国，山石皆赤色，其中产金，金夜则出飞，状如萤火。

不劳山　在林邑浦，外国人犯罪则送入此山，令自死。

鸦候山　在占城国大州西北，其国主为元兵所败，尝逃于此山。

占城国土产考

《占城国土产考》

金、银、锡、铁狮、象（民获狮象皆输于王[1]）、犀牛（周显德中尝贡云龙，形通犀角）、玳瑁、伽南木香、朝霞大火珠（大如鸡卵，状类水晶，当午置日中，以艾藉之，辄火出）、菩萨石、蔷薇水（洒衣经岁香不歇）、猛火油（得水愈炽国人用以水战）、乳香、沉香、檀香、丁香、槟榔、茴香、乌樠木、苏木、胡椒、荜澄茄、白藤、吉贝（吉贝树名其草，成时如鹅毳，抽其绪纺之以作布，亦染成五色，织为斑布）、丝绞布、白布、贝多叶、龙脑香、甘蔗、蕉子、椰子、孔雀、山鸡。

【校】

[1] 民获狮象皆输于王："狮"，四库本《明一统志》作"犀"。

图考

【占城国】（图像略）

图考

按《三才图会》：占城国，汉林邑也，其属郡有宾童、龙宾、陀陵、化州、安南、三舍城，其国中岁用钱粮私役，奴仆皆安南所贡，故呼安南为奴国。北抵安南，南抵真腊，自广川发舶顺风八日可达，国人多姓翁地，产名香、犀、象，地皆白沙，可耕之地。若民为虎鳄所噬，以状诣王，王命国师持咒书符投民死所，虎鳄自赴，若有欺公之讼，官不能决者，即令过鳄潭，负理者鱼食之，理直者鱼避而勿敢食也。

纪事

占城部纪事

《濯缨亭笔记》：宋末沈敬之逃占城，乞兵兴复，占城以国小辞，敬之效秦庭之哭而不得，归[1]。占城宾之而不臣，敬之竟忧愤发病卒[2]。其王作诗挽之曰："恸哭江南老巨卿，春风揾泪为伤情[3]，无端天下编年月，致使人间有死生。万迭白云遮故国，一抔黄土盖香名，英魂好逐东风去[4]，莫向边隅怨不平[5]。"夫占城以岛夷知重义如此。

【校】

[1] 敬之效秦庭之哭而不得，归：底本、四库存目本同，《殊域周咨录》卷七引"得"下无"归"字，有"乃留居其国"。

[2] 敬之竟忧愤发病卒："竟"，《殊域周咨录》卷七无。

[3] 春风揾泪为伤情："揾"，底本、四库存目本同，《殊域周咨录》卷七引作"拭"。

[4] 英魂好逐东风去："风"，四库存目本《濯缨亭笔记》、《殊域周咨录》卷七引作"流"。

[5] 莫向边隅怨不平：四库存目本《濯缨亭笔记》"平"下有一"我"字，疑衍。

缅国部

汇考

元

世祖至元

世祖至元十年，遣使宣谕缅国。

按《元史·世祖本纪》：至元十年二月，诏勘马剌失里、乞带脱因、刘源使缅国，谕遣子弟近臣来朝。

按《缅国本传》：缅国为西南夷，不知何种。其地有接大理及去城都不远者[1]，又不知其方几里也。其人有城郭屋庐以居，有象马以乘，舟筏以济。其文字进上者，用金叶写之，次用纸，又次用槟榔叶，盖誊译而后通也。[2]至元八年，大理、鄯阐等路宣慰司都元帅府遣乞（觓寸）脱因等使缅国，招谕其王内附。[3]四月，乞（觓寸）脱因等导其使价博来，以闻。十年二月，遣勘马剌失里、乞（觓寸）脱因等使其国，持诏谕之曰：间者大理、鄯阐等路宣慰司都元帅府差乞（觓寸）脱因导王国使价博诣京师，且言向至王国，但见其臣下，未尝见王，又欲观吾大国舍利。朕矜悯远来，即使来使觐见，又令纵观舍利。益询其所来，乃知王有内附意。国虽云远，一视同仁。今再遣勘马剌失里及礼部郎中国信使乞（觓寸）脱因、工部郎中国信副使卜云失往谕王国。[4]诚能谨事大之礼，遣其子弟若贵近臣僚一来，以彰我国家无外之义，用敦永好，时乃之休。至若用兵，夫谁所好，王其思之。

【校】

[1] 其地有接大理及去城都不远者："城"，中华本《元史》作"成"。

[2] 盖誊译而后通也："誊"，中华本《元史》作"腾"。

[3] 招谕其王内附："王"，中华本《元史》作"主"，按：下文有"乃知王有内附意"，当以"王"为是。

[4]今再遣勘马剌失里及礼部郎中国信使乞（甪寸）脱因、工部郎中国信副使卜云失往谕王国："卜"，中华本《元史》作"小"。

至元十二年，云南行省请征缅，不许。

按《元史·世祖本纪》不载。

按《缅国本传》：至元十二年四月，建宁路安抚使贺天爵言得金齿头目阿郭之言曰：乞（甪寸）脱因之使缅，乃故父阿必所指也。至元九年三月，缅王恨父阿必，故领兵数万来侵，执父阿必而去。不得已厚献其国，乃得释之。因知缅中部落之人犹群狗耳。比者缅遣阿的八等九人至，乃候视国家动静也。今白衣头目是阿郭亲戚，与缅为邻。尝谓入缅有三道，一由天部马，一由骠甸，一由阿郭地界，俱会缅之江头城。又阿郭亲戚阿提犯在缅掌五甸，户各万余，欲内附。阿郭愿先招阿提犯及金齿之未降者，以为引道。云南省因言缅王无降心，去使不返，必须征讨。六月，枢密院以闻。帝曰：姑缓之。十一月，云南省始报：差人探伺国使消息，而蒲贼阻道。今蒲人多降，道已通，遣金齿干额总管阿禾探得国使达缅俱安[1]。

【校】

[1]遣金齿干额总管阿禾探得国使达缅俱安："干"，中华本《元史》作"千"。

至元十四年，蒙古千户忽都征缅，大败之。

按《元史·世祖本纪》不载。

按《缅国本传》：至元十四年三月，缅人以阿禾内附，怨之，攻其地，欲立寨腾越、永昌之间。时大理路蒙古千户忽都、大理路总管信苴日、总把千户脱罗脱孩奉命伐永昌之西腾越、蒲、骠、阿昌、金齿未降部族，驻扎南甸。阿禾告急，忽都等昼夜行，与缅军遇一河边，其众约四五万，象八百，马万匹。忽都等军仅七百人。缅人前乘马，次象，次步卒；象披甲，背负战楼，两旁挟大竹筒，置短枪数十于其中，乘象者取以击刺。忽都下令：贼众我寡，当先冲河北军。亲率二百八十一骑为一队，信苴日以二百三十三骑傍河为一队，脱罗脱孩以一百八十七人依山为一队。交战良久，贼败走。信苴日退之三里，抵寨门，旋洿而退。忽南面贼兵万余，绕出官军后。信苴日驰报，忽都复列为三阵，进至河岸，击之，又败走。追破其十七寨，逐北至窄山口，转战三十余里，贼及象马自相蹂死者盈三巨沟。日暮，忽都中伤，遂收兵。明日，追之，至干额[1]，不及而还。捕虏甚众，军中以一帽或一两靴一毡衣易一生口。其脱者又为阿禾、阿昌邀杀，归者无几。官军负伤者虽多，惟蒙古军获一象不得其性被击而毙[2]，余无死者。十月，云南省遣云南诸路宣慰使都元帅纳速剌丁率蒙古、爨、僰、摩些军三千八百四十余人征缅，至江头，深蹂酋首细安立寨之所，招降其磨欲等三百余寨，土官曲蜡蒲折户四千、孟磨爱吕户一千、磨奈蒙匡里答八剌户二万、蒙忙甸土官甫禄堡户一万、水都弹秃户二百[3]，凡三万五千二百户，以天热还师。

【校】

[1] 至干额："干"，中华本《元史》作"千"。

[2] 惟蒙古军获一象不得其性被击而毙：中华本《元史》"惟"下有一"一"字，校勘记云："据元文类卷四一经世大典序录征代补。新元史已校"。

[3] 水都弹秃户二百："水"，中华本《元史》作"木"。

至元十七年，诏云南行省征缅。

按《元史·世祖本纪》：至元十七年二月，诏纳速剌丁将精兵万人征缅国。五月，诏云南行省发四川军万人，命药剌海领之，与前所遣将同征缅国。

按《缅国本传》：至元十七年二月，纳速剌丁等上言：缅国舆地形势皆在臣目中矣。先奉旨，若重庆诸郡平，然后有事缅国。今四川已底宁，请益兵征之。旁以问丞相脱里夺海[1]，脱里夺海曰：陛下初命发合剌章及四川与阿里海牙麾下士卒六万人征缅，今纳速剌丁止欲得万人。帝曰：是矣。即命枢密缮甲兵，修武备，议选将出师。五月，诏云南行省发四川军万人，命药剌海领之，与前所遣将同征缅。

【校】

[1] 旁以问丞相脱里夺海："旁"，中华本《元史》作"帝"，又下文有"帝曰：'是矣'"。

至元十九年，诏思、播、叙诸郡皆发兵征缅。

按《元史·世祖本纪》：至元十九年二月，诏佥亦奚不薛及播、思、叙三州军征缅国[1]。

按《缅国本传》：至元十九年二月，诏思、播、叙诸郡及亦奚不薛诸蛮夷等处发士卒征缅。

【校】

[1] 诏佥亦奚不薛及播、思、叙三州军征缅国："佥"，中华本《元史》作"签"。

至元二十年，官军伐缅，克之。

按《元史·世祖本纪》：至元二十年春正月，敕药剌海领军征缅国。五月，丞相伯颜、诸王相吾答儿等言：征缅国军宜参用蒙古、新附军。从之。

按《缅国本传》：至元二十年十一月，官军伐缅，克之。先是，诏宗王相吾答儿、右丞太卜、参知政事也罕的斤将兵征缅。是年九月，大军发中庆。十月，至南甸，太卜由罗必甸进军。十一月，相吾答儿命也罕的斤取道于阿昔江，达镇西阿禾江，造舟二百，下流至江头城，断缅人水路；自将一军从骠甸径抵其国，与太卜军会。令诸将分地攻取，破其江头城，击杀万余人。别令都元帅袁世安以兵守其地[1]，积粮饷以给军士，遣使持舆地图奏上。

【校】

[1] 别令都元帅袁世安："元"，中华本《元史》作"袁"，校勘记云："道光本与元文类卷四一经世大典序录征伐合，从改。"

至元二十二年，遣使人缅国宣谕。

按《元史·世祖本纪》：至元二十二年七月乙未，云南行省言：今年未暇征缅，请收获秋禾，先伐罗北甸等部。从之。

按《缅国本传》：至元二十二年十一月，缅王遣其盐井大官阿必立相至太公城，欲来纳款，为孟乃甸白衣头目（觛寸）塞阻道，不得行，遣詟马宅者持信搭一片来告，骠甸土官匿俗乞报上司免军马入境，匿俗给榜遣誊马宅回江头城招阿必立相赴省,且报镇、平缅、丽川等路宣慰司、宣抚司[1],差三掺持榜至江头城付阿必立相、忙直卜算二人,期以两月领军来江头城,宣抚司率蒙古军至骠甸相见议事。阿必立相乞言于朝廷,降旨许其悔过,然后差大官赴阙。朝廷寻遣镇西平缅宣抚司达鲁花赤兼招讨使怯烈使其国。

【校】

[1] 且报镇、平缅、丽川等路宣慰司、宣抚司:"镇",中华本《元史》作"镇西",下文有"朝廷寻遣镇西平缅宣抚司";"丽",中华本《元史》作"麓",校勘记云:"按本书卷六一地理志,镇西、平缅、麓川等路隶金齿等处宣抚司,卷一一三怯烈传有镇西平缅麓川等路宣抚司。此处丽字疑为'麓'字之讹。"

至元二十三年,以招讨使张万为副都元帅征缅。

按《元史·世祖本纪》:至元二十三年十月,以招讨使[1]张万为征缅副都元帅,也先铁木儿征缅招讨司达鲁花赤,千户张成征缅招讨使,并虎符。敕造战船,将兵六千人以征缅,俾秃满带为都元帅总之。

按《缅国本传》:至元二十三年十月,以招讨使张万为征缅副都元帅,也先铁木儿征缅招讨司达鲁花赤,千户张成征缅招讨使,并虎符。敕造战船,将兵六千人征缅,俾秃满带为都元帅总之。云南王以行省右丞爱鲁奉旨征收金齿、察罕迭吉连地,拨军一千人。是月,发中庆府,继至永昌府,与征缅省官会,经阿昔甸,差军五百人护送招缅使怯烈至太公城。

【校】

[1] 以招讨使:"以",中华本《元史》作"调"。

至元二十四年,缅平,定岁贡方物。

按《元史·世祖本纪》:至元二十四年七月,合撒儿海牙言,比至缅国,谕其王赴阙,彼言邻番数叛,未易即行,拟遣阿难答剌奉表赍土贡入觐。

按《缅国本传》:至元二十四年正月,至忙乃甸。缅王为其庶子不速速古里所执,因于昔里怯答剌之地,又害其嫡子三人,与大官木浪周等四人为逆,云南王所命官阿难答等亦受害。二月,怯烈自忙乃甸登舟,留元送军五百人于彼。云南省请今秋进讨,不听。既而云南王与诸王进征,至蒲甘,丧师七千余,缅始平,乃定岁贡方物。

成宗大德

成宗大德元年,封缅王及其世子。

按《元史·成宗本纪》:大德元年二月,封的立普哇拿阿迪提牙为缅国王,且诏之曰:我国家自祖宗肇造以来,万邦黎献,莫不畏威怀德。向先朝临御之日,尔国使人禀命入觐,诏允其请。尔乃遽食前言,是以我帅阃之臣加兵于彼。比者尔遣子信合八的奉表来朝,宜示含弘,特加恩渥,今封的立普哇拿阿迪提牙为缅国王,赐之银印;子信合八的为缅国世子,锡以虎符。仍戒饬云南等处边将,毋擅兴兵甲。尔国官民,各宜安业。又赐缅王弟撒邦巴一珠虎符,酋领阿散三珠虎符,从者金符及金币,遣之。

按《缅国本传》:大德元年二月,以缅王的立普哇拿阿迪提牙尝遣其子信合八的奉表入朝,请岁输银二千五百两、帛千匹、驯象二十、粮万石,诏封的立普哇拿阿迪提牙为缅王,赐银印,子信合八的为缅国世子,赐以虎符。

大德三年,缅国遣其世子入谢,命间岁贡象,赐衣遣还。

按《元史·成宗本纪》:大德三年三月癸巳,缅国世子信合八的奉表来谢赐衣,遣还。

按《缅国本传》:大德三年三月,缅复遣其世子奉表入谢,自陈部民为金齿杀掠,率皆贫乏,以致上供金币不能如期输纳。帝悯之,止命间岁贡象,仍赐衣遣还。

大德四年,缅酋为其下所杀,立其子窟麻剌哥撒八为王。

按《元史·成宗本纪》:大德四年四月,缅国遣使进白象。

七月,阿散哥也弟者苏等九十一人各奉方物来朝,诏命余人留安庆,遣者苏来上都。

八月,阿散吉牙等昆弟赴阙,自言杀主之罪,罢征缅兵。

按《缅国本传》:大德四年四月,遣使进白象。五月,的立普哇拿阿迪提牙为其弟阿散哥也等所杀，其子窟麻剌哥撒八逃诣京师。令忙完秃鲁迷失率师往问其罪。蛮贼与八百媳妇国通，其势张甚。忙完秃鲁迷失请益兵，又命薛超兀而等将兵万二千人征之，仍令诸王阔阔节制其军。六月，诏立窟麻剌哥撒八为王，赐以银印。秋七月，缅贼阿撒哥也弟者苏等九十一人各奉方物入朝[1]，命余人置中庆，遣者苏等来上都。八月，缅国阿散吉牙等昆弟赴阙，自言杀主之罪，罢征缅兵。

【校】

[1] 缅贼阿撒哥也弟者苏等九十一人各奉方物入朝："撒"，中华本作"散"，又上文有"阿散哥也弟者苏等九十一人各奉方物来朝"，"撒"疑为"散"之讹。

大德五年，云南参知政事高庆等，以受缅人赂班师，伏诛。是年，缅遣人入贡。按《元史·成宗本纪》：大德五年六月，缅王遣使献驯象九。十月，缅王遣使入贡。按《缅国本传》：大德五年九月，云南参知政事高庆、宣抚使察罕不花伏诛。初，庆等从薛超兀而围缅两月，城中薪食俱尽，势将出降，庆等受其重赂，以炎暑瘴疫为辞，辄引兵还。故诛之。十月，缅遣使入贡。

三屿部

汇考

元

世祖至元

世祖至元三十年,将遣人招谕三屿国,不果。

按《元史·世祖本纪》不载。

按《三屿本传》:三屿国,近琉球[1]。至元三十年,命选人招诱之。平章政事伯颜等言:臣等与识者议,此国之民不及二百户,时有至泉州为商贾者。去年入琉球[2],军船过其国,国人饷以粮食,馆我将校,无他志也[3]。乞不遣使。帝从之。

【校】

[1] 近琉球:"琉球",中华本《元史》作"瑠求"。按:《元史·瑠求传》:"瑠求,在南海之东。"

[2] 入琉球:见校勘记 [1]。

[3] 无他志也:"他",中华本《元史》作"它"。按:《正字通》:它,与佗、他同。

室利佛逝部

汇考

唐

高宗咸亨

高宗咸亨□年，室利佛逝遣使朝贡。按《唐书·高宗本纪》不载。

按《南蛮传》：室利佛逝，一曰尸利佛誓。过军徒弄山二千里，地东西千里，南北四千里而远。有城十四，以二国分总。西曰郎婆露斯。多金、汞砂、龙脑。夏至立八尺表，影在表南二尺五寸。国多男子。有橐它，豹文而犀角，以乘且耕，名曰它牛豹。又有兽类野豕，角如山羊，名曰䨲，肉味美，以馈膳。其王号曷蜜多。咸亨至开元间，数遣使者朝。

元宗开元

元宗开元□年，室利佛逝入贡，册封为宾义王。按《唐书·元宗本纪》不载。

按《南蛮传》：室利佛逝，开元间，表为边吏侵掠，有诏广州抚慰[1]。又献侏儒、僧祇女各二及歌舞。官使者为折冲，以其王为左威卫大将军，赐紫袍、金钿带。后遣子入献，诏宴于曲江，宰相会，册封宾义王，授右金吾卫大将军，还之。

【校】

[1] 有诏广州抚慰："抚慰"，中华本《新唐书》作"慰抚"，义可两通。

婆利部

汇考

梁

武帝天监

武帝天监十六年,婆利遣使入贡。

按《梁书·武帝本纪》:天监十六年八月,婆利国遣使献方物。

按《婆利本传》:婆利国,在广州东南海中洲上,去广州二月日行。国界东西五十日行,南北二十日行。有一百三十六聚。土气暑热,如中国之盛夏。谷一岁再熟,草木尝荣[1]。海出文螺、紫贝。有石名蚶贝罗,初采之柔软,及刻削为物干之,遂大坚强。其国人披吉贝如帊[2],及为都缦。王乃用班丝布,以璎珞绕身,头着金冠高尺余,形如弁,缀以七宝之饰,带金装剑,偏坐金高坐,以银蹬支足。侍女皆为金花杂宝之饰,或持白毦拂及孔雀扇。王出,以象驾舆,舆以杂香为之,上施羽盖珠帘,其导从吹螺击鼓。王姓骄陈如,自古未通中国。问其先及年数,不能记焉,而言白净王夫人即其国女也。天监十六年,遣使奉表曰:伏承圣王信重三宝,兴立塔寺,校饰庄严,周遍国土。四衢平坦,清净无秽;台殿罗列,状若天宫;壮丽微妙,世无与等。圣主出时,四兵具足,羽仪导从,布满左右。都人士女,丽服光饰。市廛丰富,充积珍宝。王法清整,无相侵夺。学徒皆至,三乘竞集。敷说正法,云布雨润。四海流通,交会万国。长江眇漫,清冷深广。有生咸资,莫能消秽。阴阳和畅,灾厉不作。大梁扬都圣王无等,临覆上国,有大慈悲,子育万民。平等忍辱,怨亲无二。加以周穷,无所藏积。靡不照烛,如日之明;无不受乐,犹如净月。宰辅贤良,群臣贞信,尽忠奉上,心无异想。伏惟皇帝是我真佛,臣是婆利国主,今敬稽首礼圣王足下,惟愿大王知我此心。此心久矣,非适今也。山海阻远,无缘自达,今故遣使献金席等，表此丹诚。

【校】

[1] 草木尝荣："尝"，中华本《梁书》作"常"。按："常"，恒久，在一定条件下保持不变。"尝"，无此义。此处"尝"疑为"常"之讹。

[2] 其国人披吉贝如帊："吉"，中华本《梁书》作"古"。

[3] 普通三年五月："五月"，中华本《梁书》作"八月"。

普通

普通三年，婆利遣使入贡。

按《梁书·武帝本纪》：普通三年五月[1]，婆利国遣使献方物。按《婆利本传》：普通三年，其王频伽复遣使珠贝智贡白鹦鹉、青虫、兜鍪、琉璃器、古贝、螺杯、杂香、药等数十种。

隋

炀帝大业

炀帝大业十二年，婆利遣使入贡。

按《隋书·炀帝本纪》不载。

按《婆利本传》：婆利国，自交趾浮海，南过赤土、丹丹，乃至其国。国界东西四月行，南北四十五日行。王姓刹利邪伽，名护滥那婆。官曰独诃邪挈，次曰独诃氏挈。国人善投轮刀，其大如镜，中有窍，外锋如锯，远以投人，无不中。其余兵器，与中国略同。俗类真腊，物产同于林邑。其杀人及盗，截其手，奸者锁其足，期年而止。祭祀必以月晦，盘贮酒肴，浮之流水。每十一月，必设大祭。海出珊瑚。有鸟名舍利，解人语。

大业十二年，遣使朝贡，后遂绝。于时南荒有丹丹、盘盘二国，亦来贡方物，其风俗物产，大抵相类云。

按《唐书·南蛮传》：婆利者，直环王东南，自交州泛海，历赤土、丹丹诸国乃至。地大洲，多马，亦号马礼。袤长数千里。多火珠，大者如鸡卵，圆白，照数尺，日中以艾藉珠，辄火出。产玳瑁、文螺；石蚶，初取柔可治，既镂刻即坚。有舍利鸟，通人言。俗黑身，朱发而拳，鹰爪兽牙，穿耳傅珰，以古具横一幅缭于腰。[1]古贝，草也，缉其花为布，粗曰贝，精曰帛。俗以夜为市，自掩其面。王姓刹利邪伽，名护路那婆，世居位。缭班丝贝，缀珠为饰。坐金榻，左右持白拂、孔雀翣。出以象驾车，羽盖珠箔，鸣金、击鼓、吹蠡为乐。其东即罗刹也，与婆利同俗。隋炀帝遣常骏使赤土，遂通中国。

【校】

[1]古具："具"，中华本《唐书》作"贝"。

附 考

《古今图书集成·边裔典》所见古代中国与东南亚古国交往脉络

一 先秦、秦汉——揭开交往之序幕

（一）先秦至两汉时期与东南亚古国的交往

从先秦到两汉，随着封建体制的建立和巩固，中国的统治疆域远异于前代。统一王朝在物质文明和文化观念上为中华民族奠定稳固基础。当时之中国在东亚次大陆作为一个强盛的统一国家和周边邻国有非常密切的政治经济文化交流，尤其和越南、缅甸、马来西亚、印尼等——东南亚这些地区，在秦汉时期对外关系上形成了对以后历代封建王朝有深远影响的传统观念。

我国与越南的交往历史悠久，《集成·边裔典》中关于古代越南的记载主要分布在"安南"、"林邑"、"占城"三部中，其中又以"安南"部所占篇幅最大，囊括了自上古至清朝康熙年间有关安南的史料，为研究古代中国与越南的交往提供了较为详尽的资料。

据《集成·安南部》记载，先秦时期，帝尧"宅南交"，舜"南抚交趾"，周成王六年"越裳氏来朝"。当时所载的"交趾"、"南交"，泛指我国南方地区，或指五岭以南的地区，与后来专指的越南北部地区交趾刺史部、交趾郡等是有所区别的。颛顼、尧、舜通交趾只能算是一些传说，虽不能为信史，但一定程度上反映了先秦时期我国中原地区与"交趾"已经有了某种联系。

公元前221年，秦始皇统一六国后，试图将统治范围扩展到五岭以南的地区，于前214年平定南越，并设置桂林（今广西东部）、南海（今广东）、象郡（今越南北部和中部）。可见，在这段时期以及在这之后的很长一个时期，古代越南的部分地区被纳入我国的统治范围，我们暂且将古代越南的这些地区称为"交趾地区"。将交趾地区纳入秦朝统治的版图，对我国中原地区与交趾地区交通往来具有开创性作用。据《淮南子》记载，秦始皇此次征战的目的之一为"利越之犀角、象齿、翡翠、珠玑"①，平定南越后，南越的物产必然会流入到中原地区，从而增进了中原地区对交趾地区的了解，丰富了中原人民的物质生活，同时也能吸引商贾入越经商，为以后内地与交趾地区的贸易发展打下基础。秦始皇"始开岭外"，征战后对岭南大力开发，命令大军"以谪徙民，与越杂处十三岁"②。这一措施的实施，一方面使交趾地区人民学习到中原的先进生产技术和文化，推动当地经济的发展；另一方面，两地人民共同生活，相互影响，甚至互通婚姻，推动民族融合。秦大军挺进南越的过程，同时也是打通中原地区与交趾地区交通要道的过程。例如，秦始皇"乃使尉屠睢发卒五十万为五军。一军塞城之领，一军守九疑之塞，一军处番禺之都，一军守南野之界，一军结余干之水"。这五军分为五条进攻路线，也成为五条入越重要通道。秦王朝因为军事战争的需要而开启了构筑中原与交趾两地交通的政府行为的肇端，更有学者评价道："终秦一世，无论陆路、水路乃至海路，所取路线，基本上奠定了此后两千年中越交通之基础。"

秦末，中原大乱，南海尉赵佗自立为王，在交趾地区建立了一个割据政权，汉高祖时期，天下初定，汉朝承认了这一政权，并封赵佗为"南粤王"，"使陆贾即授玺绶"③。汉高祖这一决定，大概基于两方面的考虑：经过秦末长期战乱，中原地区元气大伤，需要休整，不宜再次对交趾地区征战；此外，赵佗治理有方，颇得民心也是原因之一。高祖十一年五月诏书中称："南海尉佗居南方长治之，甚有文理，中县人以故

---

① （汉）刘安著：《淮南子》卷一八，王洁红译注，广州出版社2001年版。
② （汉）司马迁：《史记》卷一一三，中华书局1977年版。
③ （东汉）班固：《汉书·高祖本纪》，中华书局1962年版。

不耗减，粤人相攻击之俗益止，俱赖其力。"① 然而到了汉武帝时期，汉朝统治巩固，国立强盛，于元鼎六年，定越地，置交趾等九郡。九郡中交趾、九真、日南在今越南北部和中部。昭帝和元帝时，又先后撤销儋耳、珠崖二郡，变为七郡。可见，当时中央政权对交趾地区实行的政策首先基于自身国力的考虑，控制力的变化直接影响了对交趾地区的政策和管理效能，中央政权对交趾地区的政策也就从侧面反映出当时中原地区治乱兴衰的局面，一旦国力强盛，中央集权得以加强，西汉人将儒家"大一统"思想延伸到外交领域后，便开始在交趾地区实现开疆拓土的雄心。

从秦皇到汉武，中原统治者对交趾地区的政策变化是有着清晰脉络的。中国封建王朝对交趾地区的政策决不是一个偶然的行为，而是由多种综合因素酝酿而成的。秦末汉初混乱的内政状况；内战连年导致经济的破坏，民生凋敝，使统治者放松了对交趾的控制。而秦始皇、汉武帝耀威四夷、获得异域奇珍的愿望；天下统一，社会恢复稳定，经济实力增强国家实力；以及儒家"大一统"思想给封建王朝提供的价值依据，则激起统治者统治交趾地区的决心。然而，这一时期对交趾地区的政策，尤其是秦始皇、汉武帝对交趾的征服所产生的影响是值得我们思考的。秦始皇、汉武帝用兵边陲，客观上起到了开发交趾地区的作用，前文已提及，这一点已有共识，但其消极作用也不容忽视，战争危害了交趾地区人民生命财产安全，同时，秦汉统治者为战争耗费大量人力物力，必将加重中原地区人民的负担，可以说，这也是秦朝短命而亡的原因之一。有了对交趾地区的征战，统治阶级开始认识到拓边征伐的危害和难度之大。汉武帝就曾颁罪己诏，表示出对拓边征伐的悔意；东汉李固在顺帝时期一次平乱中，进谏分析了征战的"七不可"，其中谈到交趾地区地形复杂；且有瘴气，容易水土不服；路途遥远，士兵疲敝等诸多原因，说明在此地作战的难度之大。不仅如此，秦汉以后的历代统治者皆吸取秦皇汉武的教训，对开疆拓土经常采取克制保守的态度，大体上形成了日后"不以蛮夷而劳中国"的对外政策，也为形成历史上我国

---

① （东汉）班固：《汉书·高祖本纪》，中华书局1962年版。

与东南亚地区长期保持友好往来的关系打下基础,对后世产生了深远的影响。

从汉平帝元始元年至世祖建武十三年,汉王朝与交趾地区关系发展进入一个相对平稳的时期,期间,《后汉书》有载交趾地区曾献方物、遣使奉贡三次,这可以被认为是中原与交趾地区朝贡关系确立之肇端。值得一提的是,《集成》载有,建武十二年,"九真徼外蛮里张游率种人慕化内属",这反映了汉朝政治影响力的进一步扩大。

"建武十六年春二月,交趾女子征侧反,略有城邑。"自此汉王朝与交趾地区进入斗争与和平交织、治乱更迭的时期。据《集成》所引文献记载,其中规模最大的一次反抗是征侧姐妹起事,九真、日南纷纷响应,历时三年,汉朝于十九年平定该乱。此后汉朝与交趾地区诸郡的关系反复不定,以日南为例,日南十章帝元和元年进献方物,以示友好,然和帝永元十二年反,后讨平之。延光三年、顺帝永建六年,内属、贡献;永和二年又反,永和三年降之。据不完全统计,该时期,合浦4次反;日南4次反,贡献或内属4次;交趾4次反;九真2次反,贡献或内属5次;象林2次反,苍梧1次反,贡献1次;郁林1次反。期间既有关于南越首领遣使献贡以示敬意,又有当地人民多次起来暴动的史料记载,这种情况表明:强大的汉王朝和相对较落后的上述周边地区,文化的同化和抵制,民族的融合和独立,使他们的交往具有内政与外交的双重性,这些地区在长期的历史发展中既掺杂有一定的中国血缘,又被称之为非汉人的蛮夷;既为汉王朝边界"堡塞",又作为他族之国接受汉文化影响从而渐渐迈向封建化[①]。

为何汉王朝与交趾地区平稳发展的关系会被打破呢?究其根本原因,是社会矛盾激化的结果。《交州外域记》曰:"交趾昔未有郡县之时,土地有雒田,其田从潮水上下,民垦食其田,因名为雒民。设雒王、雒侯,主诸郡县,县多为雒将,雒将铜印青绶。"[②] 在秦王朝在交趾地区设立郡县之前,文中提到的雒王、雒侯、雒将就是当地的统治者。

---

① 张屹:《两汉时期的中国对外关系——与东亚、东南亚地区的交往和"中国中心论"的形成》,《杭州师范学院学报》1998年第5期。
② 转引自《水经注》卷三七《叶榆水注》。

在汉武帝时期，平定南越，"因其旧俗"，对所设郡县保留了原有的社会制度，同时保持当地首领原有社会地位，有功于平定者还予以封侯，"故瓯骆将左黄同斩西于王，封为下鄜侯"①，这在一定程度上缓解了与当地部落首领雒侯、雒将的矛盾，但同时也埋下了隐患。平帝时派去交趾地区的两位良吏——锡光、任延，对该地区的开发功不可没。据《后汉书·南蛮传》记载："光武中兴，锡光为交趾，任延守九真，于是教其耕稼，制为冠履，初设媒娉，始知姻娶，建立学校，导之礼义。"他们在农业生产技术、婚姻制度、文化教育等诸多方面加以改革，用中原先进技术与文化改变了当地落后面貌，受到当地人民的欢迎，也换来了当时汉朝与交趾地区关系的平稳发展。随着交趾地区生产力的进步，原有的生产关系已不再适应生产力的发展，而东汉的统治者也意识到自西汉武帝以来一直奉行不替的"因俗而治"的边郡统治方针已经不能适应国家整体性发展的需要，妨碍了中央集权，为保证国家政令在南部边疆上传下达的通畅，加强中央王朝对交趾边地的控制，光武帝进一步在交趾地区实施一体化的统治措施，加强对部族首领的监管力度，初步授予"流官"直接治民的权力，② 试图在交趾地区建立起封建统治秩序，由起初的雒将"主民如故"，且无赋税，开始征收"调赋"，这一政策无疑触犯了雒侯、雒将的利益，矛盾被激化，二征起事就是在这样的背景下发生的。后来马援平定二征起事，"所过辄为郡县治城郭，穿渠灌溉，以利其民。条奏越律与汉律驳者十余事，与越人申明旧制以约束之"，使封建统治秩序和生产方式得以巩固，汉朝中央政府与交趾地区雒侯、雒将的矛盾升级，于是在诸郡接二连三掀起了斗争，这些战争，从某种意义上来说也是交趾本地统治阶层反封建化的斗争。然而封建制度在当时而言是相对先进的制度，所以一次次反抗均被平定，也是历史之必然。

但是，如果将这段时期的斗争定义为汉朝中央政府与交趾地区部落首领之间统治阶级内部的斗争是不准确的，社会矛盾的另一构成——统治阶级与人民的矛盾也是战争的诱因之一。封建制度毕竟是一种剥削制

---

① （东汉）班固：《汉书》卷九五，中华书局1962年版。
② 陈国保：《汉代交趾地区的内地移民考》，《广西民族大学学报》（哲学社会科学版）2007年第4期。

度，对人民的盘剥，也将招致反抗。据《后汉书·贾琮传》记载："旧交址土多珍产"，"前后刺史率多无清行，上承权贵，下积私赂，财计盈给，辄复求见迁代，故吏民怨叛"。压迫之下必有反抗。"桓帝永寿三年，居风令贪暴无度，县人朱达等及蛮夷相聚，攻杀县令"，"中平元年六月，交趾屯兵执刺史及合浦太守朱达，自称'柱天将军'"，《后汉书》没有回避此次起义的诱因"居风令贪暴无度"，朱达领导的这次斗争，就是一次人民反抗统治阶级的斗争。

因此，在统治阶级内部矛盾和统治者与人民的矛盾的双重作用下，这个时期的斗争呈现出一副纷繁复杂的局面，除了矛盾双方对峙，也出现过短暂的联合斗争的情况，如，有统治者对人民的联合镇压，有当地统治阶级联合人民反抗汉朝中央政府。无论哪种情况，归根到底，都是矛盾相互作用的结果，只是不同时期占主导一方的矛盾的变化，而导致了斗争形式的差异。

秦汉时期，除了与交趾地区有了往来，我国也与周边其他国家开始有了联系。据《通典》记载，"哥罗国，汉时闻焉"。哥罗国，即后来的满剌加国，在今马来西亚境内。至于"汉时闻于中国"一说，提供的只是一个较为模糊的线索，具体指的是民间曾有往来，还是已确立官方联系，还不能确定。而另外两个古国则显然与我国建立了官方联系，"顺帝永建六年冬十二月，日南徼外叶调国、掸国遣使贡献"，"叶调国"，即后来的爪哇，在今印度尼西亚境内，"掸国"，即缅甸的前身，从《集成·安南部》此处记载可知，早在汉顺帝时期，印度尼西亚与缅甸与我国就建立了外交关系。在汉末混乱时期，在日南郡南部象林县兴起了一个独立的国家——林邑。"林邑国者，本汉日南郡象林县，古越裳之界也。伏波将军马援开汉南境，置此县"（《梁书·林邑本传》），后汉大乱时，县功曹之子自立为王，建立林邑国。自此，林邑，作为交趾地区的一部分，以一个独立国家的姿态登上了历史舞台，甚至早于宋朝建国于越南北部地区的安南，标志着中国与该地区外交关系的正式形成。

（二）先秦至两汉与东南亚古国的交往对后世的影响

自先秦至东汉末，古代中原地区与交趾地区及周边国家的交往，揭开了两地往来的序幕，也对以后中国与东南亚地区关系发展产生了深远的影响。

首先，它是我国与东南亚地区人民往来、交流的开端。以《集成》记载最详的交趾地区为例，早在先秦，两地人民就有往来，而广泛的交往应在秦始皇平定南越之后。"秦徙中县之民南方三郡，使与百越杂处"（《汉书·高祖本纪》），这次大规模的移民，使两地人民正式建立起联系，到汉朝，统治者屡派官吏前往治理，又如"使中国罪人，使杂居其间"（《后汉书·南蛮传》），诸如此类的官方政策促成了两地区人民往来。与此同时，民间往来也积极展开，"建武十九年（43年），马援树两铜柱于象林南界，与西屠国分汉之南疆也。土人以之流寓，号曰马流，世称汉子孙也"①，此外商贾通商也是一大途径。自汉武帝在交趾地区设郡置县之后，或因中央王朝为加强在南部边疆的封建统治而通过的行政手段，或由于统一而自然发展的中原内地与南部边疆的往来联系，大量中原内地人口通过实边戍守、行军打仗、政治流放、仕宦任职、避乱流寓、经商贩运等途径进入南部边疆的交趾地区②。他们传播中原先进技术文化，共同开发交趾地区。这种相互交流涉及政治、经济、科技、文化等社会生活的各个层面。

政治制度上，交趾地区一度被纳入中国版图，并将其归入郡县制度下的行政区划中，秦三郡中的"象郡"和汉置九郡中的交趾、九真、日南三郡均为今越南地区。据《汉书·地理志》记载："日南郡，故秦象郡，属交州。户万五千四百六十，口六万九千四百八十五。县五"，由此可知，从郡、县分级治理，到户籍、人口管理，交趾地区有了一套严密的行政体制，这套体制是承汉朝制度之衣钵。同时，汉朝的法律、赋税制度也在交趾地区得以应用。汉朝曾逐渐对交趾地区征收"调赋"；马援平定征侧之乱后，曾"条奏越律与汉律驳者十余事"，用汉朝的法律制度来加强对该地区的管理，加快了交趾地区封建化的进程，最终导致封建制度的建立，较之原有的社会体制，是社会进步的表现。

---

① 《林邑记》，清顺治三年（1646）李际期宛委山堂刻本。
② 陈国保：《汉代交趾地区的内地移民考》，《广西民族大学学报》（哲学社会科学版）2007年第4期。

经济方面，贸易是经济往来的主要表现形式之一，在中原与周边的贸易过程中，往往以官方和民间两种形式出现。中原与交趾地区朝贡关系的确立同时，也衍生出了朝贡贸易这种特殊的贸易形式。据《集成》所引史籍记载有"越裳氏重译献白雉一、黑雉二"，"日南徼外蛮夷献生犀、白雉"，交趾地区的物产以这种方式介绍到中原地区，为人们所知，但这种"贸易"而来的产品只限于在统治阶层流通，真正意义上的贸易还是通过民间商贾往来实现的。《汉书·地理志》有记载："（交趾）处近海，多犀、象、毒冒、珠玑、银、铜、果、布之凑，中国商贾者多取富焉。"由此可见，自秦打开与交趾地区往来的大门，商贸活动也随之展开。

科技文化方面，中原先进的生产技术、生产工具传入交趾地区，大大推动了当地生产力的发展。任延驻九真时，"九真俗以射猎为业，不知牛耕，民常告籴交趾，每致困乏。还乃令铸作田器，教之垦辟。田畴岁岁开广，百姓充给"。如越南历史学家明峥说："公元一世纪初，锡光驻交趾，任延驻九真时，才积极地把中国的耕作经验传播到我国来。铁犁和耕牛的使用推广了，灌溉使生产力大大提高了，生产力状况改变成新的了"[①]，后又有"马援凿通九真山，又积石为坻，以遏海波，由是不复过涨海"（《越南志》），"所过辄为郡县治城郭，穿渠灌溉，以利其民"。所进行的这一系列水利工程建设，为交趾地区农业发展作出贡献。在官方机构统一管理和人民的勤劳经营下，交趾地区农业生产面貌有了很大的改善，农业耕种已由"烧草种田"，"仰潮水上下"而垦食其田的刀耕火种、靠天吃饭的粗放型原始农作方式向精耕细作的封建生产方式转变，粮食产量也随之大幅度提高。"至于草甲萌芽，谷月代种，穜稑早晚，无月不秀，耕耨功重，收获利轻，熟速故也。"当时，除了种植业之外，园艺业、手工业也有了初步发展，据《汉书·地理志》记载，当时在南海郡设有圃羞官一职，由圃羞官负责管理民间园圃生产，职贡皇宫膳食所需物料。可见园艺已游离于谷物种植成为独立的生产部门。《水经注》载有"桑蚕年八熟茧，《三都赋》所谓八蚕之绵"，说明桑麻

---

① 黄国安等著：《中越关系史简编》，广西人民出版社1986年版，第15页。

种植和养蚕丝织业已存在。

文化方面，在中原进入交趾地区之前，交趾及周边地区尚未开化，据《后汉书·南蛮传》记载："《礼记》称南方曰蛮，雕题交趾。其俗男女同川而浴，故曰交趾。其西有噉人国，生首子辄解而食之，谓之宜弟。味旨，则以遗其君，君喜而赏其父。取妻美，则让其兄。今乌浒人是也"，这种情况直到中原文化传入，渐渐有所改变，"（交趾民）顶髻徒跣，以布贯头而着之。后颇使中国罪人，使杂居其间，乃稍知言语，渐见礼化"。又"驼越之民无嫁娶礼法，各因淫好，无适对匹，不识父子之性，夫妇之道"，任延"皆以年也相配"，随着婚姻制度与教育制度的建立，交趾人民步入讲求礼制的文明社会。

此外，当时文学艺术也有了一定发展。《论衡》卷十九中写道："巴、蜀、越巂、郁林、日南、辽东、乐浪，周时被发椎髻，今戴皮弁；周时重译，今吟诗、书。"此外，中国的语言文字对交趾地区产生较大影响，先秦时期，交趾没有自己的文字，随着秦朝平定南越，大量中原人来到此地，也将中原地区语言文字文化渗透到交趾文化中。到了汉朝，汉字语言甚至成为当地的官方语言。中国的乐器、音乐舞蹈此时也传入南越地区。现今考古发掘南越国古墓出土的乐器种类有打击乐：木腔皮鼓、铜鼓、铜钟、铜铙、石磬；吹奏乐：角；弦乐：瑟、筑、箜篌等。《晋书·地理志》记载："建安十五年，交州移居番禺。诏以边州使持节，郡给鼓吹，以重城镇，加以九锡六佾之舞"，铜鼓是中国古代南方的一种打击乐器，少数民族民间较常用。《后汉书·马援传》中这样写道：马援"好骑，善别名马，于交趾得骆越铜鼓，乃铸为马式，还，上之"。这是中国官方文献中对铜鼓的最早记录。这些均反映了当时中原与交趾地区有了艺术方面的交流。在越南东山文化遗址，人们发现了很多中国文化的见证物，有秦汉时期的铜钱，汉朝时期贵族使用的铜镜、铜壶等，这些物品也是中国与越南交流通商的结果。①

古代中原地区与交趾往来给了我们这样的启示：首先通过交往，吸收对方的长处，能给社会经济、文化发展带来实质的利益，这成为中越

---

① 黎巧萍：《试述外来文化对越南文化的影响》，《东南亚纵横》2002年第5期。

乃至中国与东南亚其他地区关系发展的内在动力，从此两地结束了彼此隔绝、不相往来的格局，走进中国与东南亚地区友好往来的新纪元。

其次，开始了中国与东南亚地区交通路线的探索，为中国与东南亚地区关系发展创造了地理条件。交通路线的探索的第一步是连接五岭南北旧有交通线路的修复、疏通、巩固和延展，以及新的交通线的开辟。因为在秦汉时期，交趾地区是中国内地与东南亚海上诸国往来的中转站，对古代中国与东南亚各国关系发展有着不可忽视的作用。要弄清中越交通路线的探索，要从了解中原与交趾地区接触往来的三种主要方式——朝贡、民间贸易、战争入手。交趾地区对中央政府的朝贡的路线探索，起初难免"误入歧途"，《后汉书·郑弘传》记载："旧交趾七郡贡献转运，皆从东冶泛海而至，风波艰阻，沈溺相系"，吸取经验教训之后，开始探索较安全的陆上通道，后来郑弘"奏开零陵、桂阳峤道，于是夷通。至今遂为常路"。久而久之，形成固定的朝贡路线。"交趾七郡贡献，皆从涨海（即南海）出入。"（《后汉书》）战争，对人民造成痛苦和伤害，也危害社会经济，但战争客观上可导致交通路线的开通。如有前面所述秦平定南越打通入越新的交通路线；如建武十六年（40），光武帝为南征交趾，"诏长沙、合浦、交址具车船，修道桥，通障溪"①，又如汉马援征交趾所经路线为汉与交趾陆上交通勾勒了一条明晰的轮廓。但马援入交，主要靠的是海路。这条海上进军路线，比秦军路线大大缩短。马援行军途中积累的路线选择的经验，为中原探索理想的入越之道颇有帮助。因此，有学者指出："中国与南越之交通路线，则始于秦汉之用兵"②。另外，《汉书·地理志》、《后汉书·郡国志》两书均有对交趾地区诸郡地理形势较为详细的记载，如："九真郡，有小水五十二，并行八千五百六十里"（《汉书·地理志》），"日南郡，雒阳南万二千四百里"（《后汉书·郡国志》，也可证明当时汉朝对交趾地区地理情况已有一定程度的了解。

中越通道的打通，也就为中原地区与其他周边地区往来提供地利之

---

① （南朝）范晔：《后汉书》卷八六《南蛮传》，中华书局1973年版。
② 《古代中国与交趾之交通》，《东方杂志》第40卷第2期。

便。据《梁书》记载："汉元鼎中,遣伏波将军路博德开百越,置日南郡;其徼外诸国,自武帝以来皆朝贡。后汉桓帝世,大秦、天竺皆由此道遣使贡献",大秦、天竺等国进贡均途经日南郡,交趾地区为中原地区与周边其他地区往来搭建了友谊的桥梁。《汉书·地理志》记载:"自日南障塞,徐闻、合浦船行可五月,有都元国……所至国皆禀食为耦,蛮夷贾船,转送致之,亦利交易,剽杀人……自黄支船行可八月,到皮宗。船行可二月,到日南象林界云。黄支之南有已程不国,汉之译使自此还矣。"从中可知,日南、徐闻、合浦是秦汉时期海上交通的港口,成为重要的对外交通要塞。无论是官方贡使往来,还是海上贸易,它都是一条重要的航线。

再次,中国传统对外关系的思想日渐萌生,中国与东南亚地区的官方联系正式建立,创立了具有东方特色的朝贡体制。早在先秦时期,春秋列国就用"华夷之辨"作为华夏族处理与周边民族关系的对外邦交思想。所谓"华夷之辨",华夏族认为自己处于天下中心,环绕中原的是夷狄地区,并根据地理远近关系形成一个同心圆式的"内夏外夷"的结构,在他们所构想的这一国家关系与世界观念中,"华"、"夷"共处,"裔不谋夏,夷不乱华"。与"华夷之辨"对应的还有"五服"之说,其基本含义是以王畿为国家中心,向四周扩展,由近及远将统治推向四方。①《史记·五帝本纪》记载:"颛顼高阳氏,北至于幽陵,南至于交趾,西至于流沙,东至于蟠木。动静之物,小大之神,日月所照,莫不砥属",其中反映的不仅仅是地理疆域的"四至",同时也折射了传统的对外观念。在继承"华夷之辨"、"五服"之说的基础上,汉朝统治者在当时盛行的儒学思想的影响下,给传统的对外思想增添了"德"、"礼治"等新内容,"周公居摄六年,制礼作乐,天下和平","德不加焉,则君子不飨其质;政不施焉,则君子不臣其人","周德既衰,于是稍绝",《后汉书·南蛮传》这一记载体现了汉朝人对以"德"修国,以"德"怀柔远人观点的认同,并将这一思想落实到本朝的对外政策上。

---

① 陈尚胜主编:《中国传统对外关系的思想、制度与政策》,山东大学出版社2007年版,第36页。

"礼治"则鲜明地体现在双方贡献——赐予的友好往来活动中。"熹平二年冬十二月,日南徼外国重译贡献"。在交趾地区的牵线搭桥之下,中原地区与其他东南亚古国也开始了友好往来,交趾地区对中国内地拓展与东南亚地区的关系有着重要的战略作用。在对外交流不断扩展的背景下,以初见雏形的传统对外关系的思想为理论指导,中原统治者开始了发展对外关系的实践探索,具有东方特色的朝贡体制也就应运而生了。

二 魏晋南北朝时期

(一)中原地区与交趾地区的交往

1. 中原与交趾地区的政治关系

魏晋南北朝时期,中原地区社会动荡,朝代更迭频繁,是中央集权较为薄弱的时期,而此时对交趾地区(除林邑外)的统治却一步步加强,随着封建化进程的推进,交趾地区甚至出现了社会稳定、经济快速发展的局面,是历史上较为奇特的一幕。

三国时期,交趾地区主要处于东吴的统治之下,东吴于黄武五年、永安七年两次"分交州置广州",到了孙皓统治时,在交趾地区新立新平、武平、九德三郡。晋平吴后,"省珠崖如合浦,置交州郡属,又置广州郡属",中原地区各个时期的政权都注重巩固在该地区的统治,并作出相应的努力。中央政府派遣了不少治理有方的官吏管理交趾,政绩显著。《集成·安南部》"纪事"部分就载有几位名吏事迹。如,东吴交州刺史陆引,"谕以恩信,务崇招纳",使大量流民归附,发展当地农商经济,"商旅平行,民无疾疫,田稼丰稔",教会临海居民蓄水,民得甘食。为官清廉,"内无粉黛附珠之妾,家无文甲犀象之珍",深受交趾人民爱戴。晋代交州牧陶璜在任时,解除东吴时的"珠禁",恢复合浦珠货商贸往来,合浦无农田,采珠业是当时合浦唯一经济来源,这一措施使合浦地区人民生活得以改善。陶璜"在南三十年,维恩着于殊俗。及卒,举州号哭,如丧慈亲"。同时,统治阶层开始注意吸取前人治理的经验教训,在吕岱即将调离交趾时,薛综上书进言,对前人治理情况做了较好的总结。他肯定了向交趾地区传播中原先进科技文化的贡献,

"由此已降，四百余年，颇有类似"；同时又指出试图完全用中原文化改造交趾传统文化是行不通的，如"男女自相可适，乃为夫妻，父母不能止"，"兄死弟妻其嫂，世以此为俗"，这类习俗"长吏恣听，不能禁制"，"难使从治"。交趾长久形成的传统习俗是不易改变的，虽然薛综思想尚未上升到要尊重他民族文化传统的层面，但指出了"文化冲突"存在这一客观事实。赋税方面，"田户之租赋，裁取公办"，对于交趾物产"不必仰其赋入，以益中国也"。他认为汉朝法治不严，官吏放肆妄为，以致民多叛乱。建议治理该地区的官吏"宜得精密，检摄八郡，方略智计，能稍稍以渐能治高凉者，假其威宠，借之形势，责其成效，庶几可补复"。

随着中原政权封建统治在交趾地区的巩固，封建化的步伐也相应加快，将该时期与秦汉时期作比较，秦汉时期，封建制度开始在交趾地区推行，但当地的旧制度生命力依然强大，封建化过程遭受到较大阻力，以致发生当时二征起事等接连不断的斗争，而到了魏晋时期，封建统治秩序渐渐被接受并推广开来，这段时期的斗争情况也较秦汉时期大大减少，也就有了交趾地区较为稳定的社会局面。

交趾地区和中原地区关系总体上是稳定的，但斗争仍然存在。虽然有不少官吏治理有方，一定程度上缓解了统治阶级与广大人民的矛盾，但封建制度下，统治阶级对人民的剥削不可避免的会激起反抗，与此同时，交趾地区的封建势力乘机利用中央统治者与人民的矛盾，对抗中央政权。据《三国志》记载，"咸熙元年九月，孙休遣使邓旬，敕交趾太守锁送其民，发以为兵。吴将吕兴因民心愤怒，又承王师平定巴蜀，即纠合豪杰，诛除旬等，驱逐太守长吏，抚和吏民，以待国命"。天纪三年，郭马"累世旧军，不乐离别"，"与部曲将何典、王族、吴述、殷兴等因此恐动兵民，合聚人众，攻杀广州督虞授"。后南齐时期，又有交趾人李长仁据交州叛。交州刺史李叔献劫截外国进贡。交趾地区封建势力同中央皇权的斗争，已经孕育着独立建国的趋势。至五代末，交趾地区的封建势力终于摆脱了中央封建政权的统治而独立建国。①

交趾地区率先独立建国的林邑，该段时期内向中国进贡，《晋书·林邑传》："自孙权以来，不朝中国。至武帝太康中，始来贡献"。而当时中原地区长期处于分裂割据状态，林邑趁机频频侵据日南、九真等地。"三国鼎争，未有所附，吴有交土与之邻接，进侵寿冷以为疆界"，到了晋朝时，范文篡立林邑国王，对交趾其他地区侵占活动也愈演愈烈。据《江东旧事》记载，范文本扬州人，后沦为奴隶被卖到交州，又因获罪，随商贾逃到林邑，他教会林邑人民"作宫室、城邑及器械"，得到林邑王的赏识，后来还篡立为国王。范文是一位颇有野心的君王，为了夺得帝位，他除掉林邑王范逸诸子，对其妻妾"从己者纳之，不从己者绝其食"，称帝后，进攻吞并周边小国，开辟疆土。《晋书》称林邑"人性凶悍，果于战斗"，而林邑"先无田土，贪日南地肥沃"，在范文的领导下，林邑自然将拓疆的下一个目标锁定到日南、九真等地。林邑国敢于与当时强大的中国对抗，与其逐渐强大起来的军事、经济实力是分不开的。林邑物产丰富，"其国有金山"，出产贝齿、沉木香等物，学会"作宫室、城邑及器械"，生产力有了较大进步，对外贸易也随之发展，《晋书·林邑传》载："初，徼外诸国尝赍宝物自海路来贸货，而交州刺史、日南太守多贪利侵侮，十折二三"，这也成了晋穆帝永和三年范文进攻日南的导火索。第二年，林邑进攻九真，晋朝于升平三年讨破之。林邑与中国关系暂时得到缓和，但这并未维持多久，到了范文之孙范胡达即位后，又先后进侵日南、九真、交趾、九德等地，《梁书·林邑传》称其"无岁不寇日南、九德诸郡，杀伤甚多"。进入南北朝时期，据《集成》记载，林邑于刘宋武帝永初、文帝元嘉年间共遣使贡献六次，而期间亦频频进侵日南、九德等地，《宋书》称其"寇盗不已，所贡亦鄙薄"。刘宋太祖"忿其违傲"，便有了"元嘉中，檀和之征林邑"，结果，林邑大败，林邑王阳迈逃离其国。自此以后的整个南北朝时期，林邑向中国屡屡进贡，中国亦给予封赏，两国关系才趋于平稳发展。

---

① 黄国安等著：《中越关系史简编》，广西人民出版社1986年版，第30页。

2. 中原与交趾地区的人民往来和经济文化交流

当时中原地区战乱连年，不少中原地区人民避祸到相对稳定的交趾地区，人民交通往来也随之活跃起来。据记载："时有刺史名仕燮（士燮）乃初开学，教取中夏经传，翻译音义，教本国人，始知习学之"①；"（程秉）后避乱交州，与刘熙考论大义，遂博通五经。士燮命为长史"；"薛综，字敬文，少依族人避地交州"②。由此可知，许多文人志士来到此地，著书办学传习中原礼仪和文化。他们以《四书》、《五经》等儒家经典教授当地人，被越南人尊为"南交学祖"。修《大越史记》的吴士连说："我国通诗书，习礼乐，为文献之邦，自士王始。"当时的刘熙在交州著书立说，教授生徒几百人，其学生许靖、薛综不仅学识渊博，且分别入仕蜀、吴。虞翻在交州，"讲学不倦，门徒常数百人。又为《老子》、《论语》、《国语》训注，皆传于世"，可见交州文教之盛。其后，历代亦不乏保境安民，且大力推行教育的能臣武将，像南朝刘宋交州刺使杜惠度，"布衣素食，俭约质素。禁淫祠，修学校"③。

交趾地区的许多物产、风俗等也开始为中原所知，晋朝人刘欣期所作《交州记》对交趾地区风土人情有了初步的系统描述，从侧面说明了中原地区对交趾地区了解进一步加深。此外，有不少有经济价值的擅物品种自海外传入中国。晋代嵇含所撰的《南方草木状》里记载："苏枋。树类槐花，黑子，出九真，南人以染绛，渍以大庾之水，则色愈深。""龙眼树，如荔枝，……出九真、交趾。"苏枋可染绛红色，是纺织业的重要染色原科。苏枋自越南传入中国，对中国的纺织业的发展有重要意义。龙眼则是后来中国南方闽、广的重要经济果木。这两种重要经济植物，在晋代以前显然都已经移植到中国境内。

纵观整个魏晋南北朝时期，林邑与我国时战时好，但朝贡关系还算频繁而密切。《晋书》载有两国交往达6次，到了南北朝时期达到15次。林邑的贡物也相当丰富。向中国输入大象、金银、古贝、香布、金盘碗及金钲等。其中古贝为林邑国之古钱币；香布为林邑特产，以有香

---

① （明）严从简：《殊域咨周录》卷六，中华书局1993年版，第236页。
② （晋）陈寿：《三国志·吴书》卷五三，中华书局1977年版。
③ 袁福运：《略论北属时期中国文化对越南的影响》，《天中学刊》2004年第3期。

味的植物纤维织成。金盘椀即金盘碗，一种有花纹的涂金饭碗，精致而名贵。金钲为金制的古代乐器。这些物品输入中国内地，丰富了中原人民物质和精神生活。

与此同时，中国的儒家伦理与礼教、佛学思想也影响到林邑国，林邑国与我国在生活习俗方面也渊源颇深。《越史纪要》记载，林邑国土人多习汉文，读儒家五经之书，祭祀孔子，每年元月三日祭拜祖先，三月三日为"上巳节"，有"盂兰盆会"、龙舟竞渡，还有表演"缘竿搏手"等戏。

（二）中国与扶南的交往

大约公元前1世纪，在柬埔寨领土上出现了一个兴盛一时的古国——扶南。据《南齐书·扶南传》记载，扶南的首领为一名叫柳叶的女子，后一外国人"混填"据其地，并娶柳叶为妻，建立扶南国。经历了盘况、盘盘、范蔓、范寻等王的统治，共经历了混氏、范氏和陈氏三个王朝，逐渐成为东南亚地区一个文明富强的国家。

中国与扶南的往来可以追溯到东汉末。"汉章帝元和元年（84年），日南徼外蛮夷究不事人邑豪献生犀、白雉。"① "究不事人"即古代柬埔寨人，这便是中国与扶南的友好往来的开端。到了三国两晋南北朝时期，中国与扶南的交往日渐密切。据《梁书·扶南传》记载，"吴时，遣中郎康泰、宣化从事朱应使于寻国"，此次出访，受到了扶南的热情接待，朱、康二人回国后撰写了《扶南传》，介绍了扶南的地理物产、生活习俗、手工艺制作和文化艺术等各个方面的情况，成为了解扶南的宝贵资料。西哈努克亲王曾说道："由于中国古代的朋友们的介绍，世界其他国家知道了柬埔寨的文化、风俗、习惯和历史，在这些中国学者中最有名的有康泰和朱应以及十三世纪末叶的周达观。"

据《集成》记载，两晋时期，扶南分别于武帝太康中、穆帝升平元年向中国遣使贡献。到了南北朝时，中国与扶南往来更加频繁，《集成》记载了刘宋时扶南遣使献方物3次；南齐时1次；梁朝时8次。这段时

---

① （南朝）范晔：《后汉书》卷八六，中华书局1973年版。

期内，中国与扶南的交往更加密切，跟特定时期的历史原因是分不开的。佛教自西汉末传入中国内地，到了南北朝时期广为流传，盛极一时，而扶南亦是一个受佛教思想影响颇深的国度，两国共同的宗教信仰以及由此产生的宗教交流活动，无疑也成为了外交关系发展的催化剂。据《集成》所引史料记载，南齐武帝永明二年，扶南遣使天竺道人入贡时表称中国"佛法兴显，众僧殷集，法事日盛"，而梁武帝时期中国与扶南的交往有8次之多，在整个南北朝时期都有极大分量，这与梁武帝笃信佛学，当时佛教盛行是分不开的。据《梁书·武帝本纪》记载，扶南曾向武帝进献珊瑚佛像、佛发等物。此外，当时林邑不断侵扰扶南，扶南虽国家殷富，但"人性善，不善战"，而林邑当时亦多年不向中国进贡，经常侵扰中国管辖下的交趾、日南等地，扶南希望与中国建立友好的关系，寻求大国保护，甚至曾建议两国出兵齐力对付林邑。这也是扶南交好中国的原因之一。

中国与扶南在此段历史时期内，往来频繁，一直保持了友好密切的关系，除了上述宗教信仰、国家安全等微观上的原因之外，还应包括以下几个方面。

从史籍记载看，扶南的文明程度较高，《晋书》记载其"以农耕为务"，且出现了雕刻工艺，"食器多以银为之"，说明其农业、手工业有了一定发展，当时扶南也有了语言文字和"书记府库"机构。史书记载其"风俗与林邑同"，从扶南与林邑地缘关系来看，指的应是扶南本地风俗与林邑有相似性。扶南也深受印度文化影响。《梁书·扶南传》记载："应王扶南，憍陈如心悦，南至盘盘，扶南人闻之，举国欣戴，迎而立焉。复改制度，用天竺法。"同时扶南也乐于吸收中国文化，如"男子着横幅"的穿衣习惯就是学习中国而形成的。扶南民族是一个充满智慧的民族，较早走进文明之路，同时，他对外来文化兼容并包的态度，为中国与扶南的沟通减轻了文化方面的阻力。

另外，中国和扶南日益发达的航海、造船技术为中国与扶南外交关系发展提供客观条件。在航海和造船技术均不发达的秦汉时期，远洋船舶只能围绕海岸线作近海航行，而到了三国时期，我国已有相当水平的造船技术和航海技术。史籍记载孙吴政权曾建造过能容3000人的"大舡"。扶南作为有名的海上强国,它的航海造船技术在当时处于领先水平。《南齐书》描述扶南船"为舡八九丈,广裁六七尺,头尾似鱼",扶南船不仅体积大,而且航行迅速,性能优越,"无高危之虑,故行不避迅风激浪,所以能疾"(《南州异物志》)[1]。扶南发达的造船航海技术,为其海上交通奠定了基础。

中国与扶南交往的高潮是在三国两晋南北朝时期活跃的东南亚海上交通背景下形成的。航海造船技术的发展,为海上交通提供了有利条件,也迎来了海上交通繁荣的局面。西晋末年以后,中原战乱不断,通西方的陆路被阻,海道就愈加显出它的重要性。南北朝时期,南朝的对外交往,几乎全靠海路。海上交通因而兴盛起来。《梁书》卷五四说:"海南诸国……晋代通中国者盖鲜,故不载史官。及宋、齐,至者有十余国,始为之传。自梁革运,其奉正朔,修贡职,航海岁至,逾于前代矣。"扶南所处的地理位置使它在海上交通上有重要作用,据《梁书·扶南传》载,"扶南国,在日南郡之南海西大湾中,去日南可七千里,在林邑西南三千余里"。其南界羁属的顿逊国"东界通交州,其西界接天竺、安息徼外诸国,往还交市","其市,东西交会,日有万余人。珍物宝货,无所不有"。扶南沟通东西,是海上交通的中转站,也是海上贸易中心,这一有利条件使其成为海上强国,也为扶南与外界联系提供了地利之便。

中国与扶南经济、文化、科技等诸方面的交流是十分密切的,虽然这在《集成》的资料中没有明显体现出来,但仍散见在诸多其他史籍中。扶南作为贸易大国,富饶的中国自然是其通商的对象。如,刘宋时期,扶南王曾"遣商货至广州"(《南齐书·扶南传》);扶南造船业十分发达,扶南船受到中国的欢迎。据载:"云邱竹一节为船,出扶南"[2],这说明扶南用云邱竹制成的小船也卖到了中国。扶南是贸易的中转站,以扶南为中介,印度、阿拉伯等地区的物品也介绍到我国。《太平广记》曾载:梁天监中,"扶南大舶从西天竺国来,卖碧玻黎镜"[3]。贸易的往

---

[1] 周中坚:《扶南——古代东西方的海上桥梁》,《学术论坛》1982年第3期。
[2] (晋)嵇含撰:《南方草木状》卷下《云邱竹》条。
[3] (宋)李昉:《太平广记》,中华书局1961年版。

来也带动了文化的交流。据《续高僧传》卷一记：有扶南国僧人伽婆罗（僧养、僧铠）于南齐和梁初在扬州、建康扶南馆等五处传译佛经，"讫十七年"。扶南曾向中国赠送"乐人"、"方物"，扶南音乐传入中国，还送来"一丈三节"的诸蔗。中国与扶南长期保持友好往来的关系，这为中外友好往来提供了宝贵的历史经验，7世纪，扶南衰亡后，继之而起的真腊也将古代中柬友好往来的关系延续了下来。

（三）中国与爪哇、斤陁利国、婆利的交往

爪哇、斤陁利国、婆利是位于印度尼西亚群岛上的三个古国，爪哇即今印度尼西亚的爪哇岛，《宋书》称"阇婆国"，《新唐书》称"诃陵"；斤陁利国，一般认为故地在今印度尼西亚苏门答腊岛，今地不详。《集成》将其归为三佛齐部，《广东通志》、《明外史》均认为三佛齐即古斤陁利国，至于古斤陁利国是否就是后来的三佛齐国，现学术界还未有定论。婆利故地众说不一，一般认为在今印度尼西亚的巴厘岛[①]。

三个古国在魏晋南北朝时期与中国交往密切。《集成》载有爪哇于刘宋文帝元嘉十年、十二年遣使进献；斤陁利国于刘宋孝武帝孝建二年、梁武帝天监元年、十七年遣使献方物；婆利梁武帝天监十六年、普通三年遣使入贡。虽然三国对中国频频进贡，但并不意味着他们已被纳入中国的朝贡体制之下，他们进贡与中国的回赐的带有浓重的互通有无的官方贸易性质[②]。要证明这一点，我们可以对关系双方的交往行为进行深入分析，来揭示朝贡关系背后的国家主导利益所在，以及通过比较来考察中国封建王朝所面对的周边国家，由于各自的政治、经济和文化背景的不同，采取了怎样的传统外交政策，从而找出该时期中国与爪哇、斤陁利国、婆利的交通往来的特点[③]。

任何一个国家的对外政策和行为都是为国家利益服务的，古往今来

---

① 陈佳荣等编：《古代南海地名汇释》，中华书局1986年版。
② 李云泉：《朝贡制度史论——中国古代对外关系体制研究》，新华出版社2004年版，第30—31页。
③ 陈尚胜主编：《中国传统对外关系的思想、制度和政策》，山东大学出版社2007年版，第22页。

皆如此。他们所维护的国家利益又直接反映在对外交往的动机上，如政治、经济、文化动机。在外交行为活动中，往往三种动机兼而有之，只是各个时期占主导地位的动机有所不同。魏晋南北朝时期，随着航海技术的进步，海上贸易繁荣活跃起来，各国在遣使奉表中提到"市廛丰富，充积珍宝。四海流通，交会万国"，"汝若遣使贡奉敬礼，则土地丰乐，商旅百倍"从中流露出贸易往来的愿望，希望通过朝贡活动，以达成这一经济目的。

美国学者费正清在《中国的世界秩序：中国传统的对外关系》一书中指出："中国的外交关系也像中国社会一样，是等级制的和不平等的。"他所认为的中国的世界秩序，可以划分为三个圈："第一是汉字圈，由几个最邻近而文化相同的属国组成，即朝鲜、越南，它们的一部分古时曾受中华帝国的统治；还有琉球群岛，日本在某些短暂时期内也属于此圈。第二是亚洲内陆圈，由亚洲内陆游牧或半游牧民族等属国和从属部落所构成，他们不仅在种族上和文化上异于中国，而且处于中国文化区以外或边缘，他们有时甚至进逼长城。第三是外圈，一般由关山阻绝、远隔重洋的'外夷'组成，包括在贸易时应该进贡的国家和地区，如日本、东南亚和南亚其它国家，以及欧洲。"① 魏晋南北朝时期，我国与周边国家的封贡关系一定程度上印证了他的观点。如他所述，魏晋南北朝时期处于中国统治下的交趾地区属于汉字圈范围之内，也是最早与我国建立封贡关系的国家之一，自汉代就有固定的贡道，到了此段时间内，朝贡体制也最终确立。据史籍记载，南齐于武帝永明九年始封林邑范当根纯安南将军林邑王，后来的几位林邑王皆接受了册封。这表明中国与交趾地区朝贡关系形成，并走向制度化。亚洲内陆圈，以西域为例，当时北方政权与西域的关系随着双方实力强弱变化而变化，早在汉朝张骞出使西域后，中原与西域开始形成朝贡关系，然而由于汉末之乱而一度中断，到了魏晋南北朝时期，有作为的君主力图恢复北方政权与西域的朝贡关系，可见，当时中国与处于亚洲内陆圈的国家关系制度

---

① 转引自陈尚胜主编《中国传统对外关系的思想、制度和政策》，山东大学出版社2007年版。

正朝着正规化的朝贡体制迈进。而处于外圈的爪哇、斤陀利国、婆利等国，由于隔海重洋、航海技术不发达等客观条件限制，与中国频繁往来，开始于魏晋南北朝时期，晚于第一、二圈中的一些国家，而魏晋南北朝时期的中国封建王朝分裂割据严重，朝代更迭不断，中央集权薄弱，无暇加强对海上东南亚国家的羁縻，所以这段时期内，中国与爪哇、斤陀利国、婆利的官方往来虽然以朝贡为名义，但仍游离于朝贡体制之外，更像一种物物交换的贸易往来。

中国与爪哇、斤陀利国、婆利这种以贸易为主要目的的官方往来，使贸易活动与外交活动找到一个较好的结合点，形成共赢发展的关系。一方面，双方外交关系的建立，推动了贸易的繁荣。官方贸易提供了一条有别于民间贸易的新的贸易途径，通过官方往来将本国的物产介绍到外国，并为外国人接受和了解，是开辟国外新市场的第一步，为广泛的贸易往来打下基础。"海上丝绸之路"的兴起就是一个成功的范例。中国的丝绸与瓷器通过这条海上交通路线源源不断地被介绍到国外，影响极其深远。斤陀利国与宋经济交往密切。"出班布、吉贝、槟榔，槟榔特精好，为诸国之极"，向中国"献金银宝器、金芙蓉、杂香、药"。婆利曾进献"白鹦鹉、青虫、兜鍪、琉璃器、吉贝、螺杯、杂香、药"等物产。另一方面，贸易的发展促进外交关系的发展。出于贸易的需要，国家之间的交往就更加频繁，经济交往带动文化交流。例如扶南高僧僧伽婆罗，精通数国文字，对佛经颇有研究，应梁朝的邀请而到扬州翻译佛经。僧侣的交往，促进了文化交流。中国僧人到苏门答腊、爪哇学习梵文，也把汉字传到那里。我国古籍曾记载三佛齐国"亦有中国文字"。这些文化活动增进双方的了解，巩固了友谊，双方着力于经贸往来的共同需求，利益大于分歧，有利于两国外交关系的良性发展，扶南、爪哇、三佛齐、婆利这一时期的友好往来的外交行为就是一个很好的例子，这对我们处理现代国家间关系也有着借鉴价值。

综上观之，魏晋南北朝时期中国的典型特点是长期处于割据分裂状态，这样的局面导致了没有统一的中央集权，政治力量较为薄弱，对周边地区的控制力有所减弱，虽然总体上保持了对交趾地区的控制，但也无可避免地发生了林邑独立的事件。在封建体制推动下的综合国力的增长，并未因为混乱的政治局面而停滞，经济文化水平的提高带动了外交关系网络延伸到海外的扶南、爪哇等地。以贸易为主导目的的朝贡行为繁盛一时，中国与东南亚地区贸易迅速发展，到了唐朝达到高潮。伴随着外交活动而来的文化交流也活跃起来，尤其是佛教文化在中国与东南亚诸国的广泛传播引人注意，形成两地往来中一道独特的风景。

三 隋唐五代时期

（一）中国与安南的交往

经过魏晋南北朝时期长期的分裂割据，中国在隋唐时期终于又一次实现了统一。唐初，封建王朝对行政体制进行了改革，将交州改为安南都护府，属岭南道，辖有12个州，安南之名始于此。唐朝政府暂时加强了在该地区的统治，然而安史之乱后，唐朝由盛转衰，云南的南诏于懿宗咸通年间屡屡进犯安南地区，唐朝政府派高骈于咸通七年讨平之。才使安南恢复了稳定局面。

唐朝灭亡后，中国进入了五代十国时期，又一次陷入了四分五裂的状态，据《集成》记载，后梁末帝贞明时期，安南曾送款于梁，但是这时中国对安南的统治形同虚设，实际控制权已逐渐转移到当地的封建割据势力手中。先为土豪曲承美所据，后为爱州将杨延艺占据，又为后州将吴昌岌所夺，传给其弟吴昌文。史称"十二史君之乱"。这预示着中国统治交趾地区的时代即将结束，安南将开启独立建国的历史新篇章。

自晋代后，广州已成为东南亚往来的贸易中心。到了唐代，政府在广州设立了市舶使，又高骈平定南诏入侵后，修缮了安南和广州之间的通道，使"舟济安行，储饷毕给"，进一步推动了中国与安南经贸活动的发展。据《隋书·地理志》所载："南海、交趾，各一都会也，并所处近海，多犀、象、玳瑁、珠玑，奇异珍玮，故商贾至者，多取富焉。"在今越南北部考古遗址发掘的古钱币中，有许多"开元通宝"、"干元通宝"、"元和通宝"，都是唐代玄宗、肃宗、宪宗时的钱币，这证明了唐代安南与中原地区的往来十分密切①。

唐朝中国与安南的文化交流也颇引人注意。为培养人才,隋唐统治者相当注重在当地开办学校,以儒家的思想、伦理、规范教育当地学生,并推行科举制度选拔人才。据《隋书》记载,隋文帝开皇十七年(597),令狐熙受命统领岭南广大地区,"熙至……为建城邑,开设学校,华夷感敬,称为大比"。《唐会要》则指出,到唐天宝年间,"岭南州县……颇习文儒"。当地的文化教育水平得到很大的提高②。

《集成·安南部》"艺文"收录的近3/4的作品均是唐诗,唐朝中国与安南的文化交流情况,从中可以窥其一斑。诗人中有赴安南做官的,如高骈,他不仅是一位杰出的军事将领,而且是一位著名诗人,在安南任职期间,写下了《赴安南欲寄台司》、《安南送曹别敕归朝》等诗作,在他任职安南期间,也十分重视发展当地文化教育事业。另有一些被贬谪的文人流寓至此,写下了反映安南自然环境、风土人情的诗作,如"交趾殊风候,寒迟暖复催。仲冬山果熟,正月野花开"(杜审言《旅寓安南》),"四气分寒少,三光置日偏"(沈佺期《度安海入龙编》)。《集成·安南部》"艺文"中还有大量的送别诗,如《送李大夫赴广州》、《送王秀才往安南》、《送马判官赴安南》,从中我们可以得知,当时中原地区有不少的知识分子来到了安南,繁荣了当地文化。此外,值得注意的是,当时已有安南的文人志士来到了内地,与中原地区的文人交游,并结下了深厚的友谊,这也从某些诗作中反映出来。如:杨巨源的《供奉定法师归安南》,张籍的《送蛮客》、《山中赠日南僧》等。唐代内地与安南的文化交流,尤其是诗歌方面的交流,推动了越南汉诗的发展,时至今日,仍有一些越南人能作汉诗。甚至当时一些汉语词汇进入越语中,成为"汉越词"。

(二)中国与林邑、婆罗的交往

隋初,林邑曾遣使进贡,隋炀帝大业时期,隋朝统治者看中林邑多

---

① 郭振铎、张笑梅主编:《越南通史》,中国人民大学出版社2001年版,第220页。
② 杨保筠著:《中国文化在东南亚》,大象出版社1997年版,第24页。

奇珍异宝，于是派大将刘方攻打林邑，自此"朝贡不绝"。到了唐朝，林邑改称环王，据《集成》记载，环王国于高祖武德、太宗贞观、肃宗至德年间曾有进献，其中，贞观时，林邑出言不恭，群臣请问罪，好在唐太宗是一开明君主，赦免其罪；而宪宗元和年间，环王不朝贡，这次就没这么幸运了，安南都护张舟进攻环王，予以惩戒。从这些细节记载中，我们可以看出：朝贡体制进一步强化，强大的唐王朝日臻完善的封建国家体制影响了唐朝对外关系制度化的追求，"永徽至天宝，凡三入献"，固定的贡期也逐渐开始形成，朝贡体制慢慢走向成熟。据《隋书·南蛮列传·林邑》记载，林邑"乐有琴、笛、琵琶、五弦，颇与中国同"。可见林邑与中国在音乐上存在着某种文化渊源。

在唐朝初年，今印度尼西亚苏门答腊岛北部的婆罗国开始与我国有了往来。"唐高宗总章二年，其王旃达钵遣使者与环王使者偕朝。"唐朝招抚了林邑，并借助其影响力带动周边小国同来朝贡。这种以中原地区为中心向外层层推进的外交关系扩展形式早在汉朝就有发生，"日南徼外叶调国、掸国遣使贡献"，正是中国历代封建王朝将层层推恩的外交理念一以贯之，才有了盛唐时期"和唐一家"的外交局面。

（三）中国与爪哇、室利佛逝、婆利的交往

在隋唐时期，中国与爪哇、婆利继续保持外交关系，《集成》载有"（隋）炀帝大业十二年，婆利遣使入贡"。在唐代，爪哇被称为诃陵，据《集成》记载，诃陵国于太宗贞观、代宗大历、宪宗元和、懿宗咸通年间遣使入贡，除了进贡了五色鹦鹉等物产之外，曾"献女乐"、"僧奴"，可见中外朝贡的内容已不是简单的以物易物，而是开始深入宗教、艺术等领域中去。此时，在印度尼西亚群岛上出现了一个新兴国家——室利佛逝国也与我国有了往来。室利佛逝国领域包括巨港，即现在的占碑地区，邦加和克拉峡，并控制马六甲海峡。因此成为中国和印度交通线上的重要港口[①]。《唐书·南蛮传》记载："咸亨至开元间，数遣使者朝。"而且唐朝曾予以册封，"以其王为左威卫大将军，赐紫袍、金钿

[①] 朱杰勤著：《东南亚华侨史》，高等教育出版社1990年版，第11页。

带。后遣子入献，诏宴于曲江，宰相会，册封宾义王，授右金吾卫大将军，还之"。足见唐朝统治者对这一东南亚国家的重视。

唐代中国和东南亚各国之间的海陆交通也较前代方便。到中国贸易的东南亚商人日益增多，为了适应这一新情况，唐朝在广州设置了市舶使，统管有关外贸事务。在唐代，已有外国商人在广州居住，他们聚居的地方称为"蕃坊"，有"蕃长"管理他们的内部事务。

中国与印度尼西亚岛上各国贸易关系继续发展。如，东晋法显于义熙七年（411）从锡兰回国，中途遇台风，漂流到耶婆提国，逗留5个月然后航行到广州。至于耶婆提一地有人认为是今之爪哇，也有认为是苏门答腊。还没有定论，姑从爪哇之说。耶婆提显然是印度尼西亚一个大商港，因为同法显搭船到广州的有200多人，而且多数是商人；三佛齐的使者曾任蕃长，公元904年唐朝赠与他"宁远将军"的尊号①；婆利的棉布——古贝（粗棉布）输入我国，被看作珍品。

室利佛逝不仅是贸易商品的集散地，同时也是东南亚的佛教重地。中国与室利佛逝也开展了佛教文化交流。7世纪时，我国许多由海道往印度研究佛学的僧人往往先到室利佛逝学习梵文，然后再去印度，有的还因此定居苏门答腊和爪哇。据唐代高僧义净《大唐西域求法高僧传》的记载，我国西行求法的僧人有60人，其中取海道路经印度尼西亚的有19人，约占1/3②。义净本人来往印度途中曾三次留居室利佛逝，前后共长达十余年。

（四）中国与赤土的交往

三国时期，吴国官员宣化从事朱应、中郎康泰曾奉命出访东南亚，回国以后，写了《扶南异物志》和《吴时外国传》两本书，其中均提到了位于今泰国中部的金陈国（又名金邻国）。就中国方面而言，第一次正式派出使者访问泰国地区，应当说是隋大业三年常骏等人出使赤土。据考证，赤土在泰国南部宋卡、北大年一带。《隋书·赤土本传》对此

---

① 中国东南亚研究会编：《东南亚史论文集》，河南人民出版社1987年版，第80页。
② 温广益编：《印度尼西亚华侨史》，海洋出版社1985年版，第13—14页。

次出访过程作了详细的记载，常骏等人乘船从南海郡出发，到达赤土即受到赤土国热情接待，赤土国还派人回访中国，"寻遣那邪迦随骏贡方物，并献金芙蓉冠、龙脑香"。

隋唐五代时期，政局稳定，社会繁荣，政治、经济、军事方面都取得了辉煌的成就，中国进入了封建社会发展的鼎盛时期，中外关系也迎来了发展高峰，更难能可贵的是，"唐代作为当时最大帝国受到许多邻近民族的极力仿效。人类中有如此大比例的人注意中国，不仅把它视为当时首屈一指的军事强国，而且视为政治和文化的楷模，这在唐以前从未有过，以后也不曾再有"①。

四　两宋时期

（一）中国与安南的交往

1. 宋朝与安南丁、黎、李三朝的政治关系

安南经过十二史君之乱之后，于宋乾德年间，权利最终落到丁氏部领手中，开启了丁氏王朝统治时期。丁部首领自称"大胜王"，不久，丁部首领将权力移交给其子丁琏，并对宋王朝"上表内附"，愿做宋朝潘属，宋朝承认了丁氏政权，建立外交关系，并予以册封。在丁氏王朝十三年的短暂统治时期内，屡屡向宋朝进贡，这种友好关系一直维持，直到黎桓擅权废主。

宋朝为维护宗主国的权威，于太平兴国五年讨伐黎桓。六年，大败越军于白藤江口，但之后黎桓诈降，诱宋军深入，杀其将领，反败为胜。但黎桓对宋朝亦有畏忌，"惧朝廷终行讨灭"，于是假借丁氏后裔之名，向宋朝进贡，辩称自己为"权三使留后"，宋朝虽对黎桓篡位之举颇为不满，但黎桓实权在握，加之向宋朝频频进贡，以表忠诚，于是也就承认了黎氏统治政权，并先后册封黎桓为静海军节度使、检校太尉、交趾郡王等。在越南黎朝刚建立的十余年间，双方保持了比较友好和密

---

① 樊树志：《国史概要》，复旦大学出版社2000年版。

切的关系。

然而，到了太宗至道年间，黎桓的野心日渐暴露，屡屡进犯宋朝边境，至道元年，安南入寇如洪镇，又寇邕州，掠夺人口和财产，对于黎桓的这一行为，太宗的态度是"抚宁荒服，不欲问罪"，非但没有出兵制止，还遣使赏赐，抚慰黎桓。宋朝的抚慰政策一定程度上维持住中国与安南朝贡关系，黎桓统治期间，宋朝曾加封黎桓为南平王，赏赐美玉带、带甲马等物，安南进贡驯犀、象、金银、绢袖布等物。但同时也助长了黎桓的气焰，黎桓对来使傲慢无礼，曾声称："若使交州果叛命，则当首攻番禺，次击闽、越，岂止如洪镇而已"，充分暴露了他的野心。黎桓死后，其子嗣为争夺继承权而导致内乱，宋朝的一些官员建议派兵平定安南，大臣邵晔还献上详细记载了交趾地区控制要塞的《邕州至交州水陆图》及《宜州山川》等四图，但均遭到宋真宗的反对，宋真宗告诫臣子"祖宗辟土广大，惟当慎守，不必贪无用地，劳苦兵力"。对安南依然实行抚慰政策。据《宋史》记载："诏拜龙廷特进、检校太尉，充静海军节度观察处置等使、安南都护，兼御史大夫、上柱国，仍封交址郡王，食邑三千户，食实封一千户。赐推诚顺化功臣，仍赐名至忠，给以旌节。又追赠桓中书令、南越王。""大中祥符元年正月乙酉，制加交址郡王黎至忠功臣食邑。十二月辛亥，交址郡王黎至忠加同平章事。"

黎至忠死后，王位被国中大校李公蕴夺得，自此，也就开启了李朝统治的新时代。宋朝于大中祥符三年以留后李公蕴为静海军节度使，封交址郡王，尽管如此，宋朝对李公蕴夺位的行为颇有微词，宋真宗称："黎桓不义而得，公蕴尤而效之，甚可恶也。"李朝是越南历史上统治时间最长的一个朝代，在李朝统治期间，一方面与宋朝保持着较为密切的朝贡关系；另一方面，凭借其日益强大的国力对中国及其他周边邻国边界频繁侵扰。据《集成》记载，李公蕴统治期间，于真宗大中祥符四年、五年、七年；仁宗干兴元年、天圣五年、六年遣使入贡。宋朝除了赏赐食邑，先后册封李公蕴为静海军节度、交趾郡王、同平章事、翊戴功臣、保节守正功臣、南平王、检校太尉、检校太师，李公蕴死后，还赠其侍中、南越王等封号，以后李朝的历任君王都被拥有此类封号，授官如初封之制。李公蕴死后，李德政继位，于仁宗景祐元年、三年；康定元年；庆历三年、七年进贡，"李氏有国，自公蕴至昊旵，凡八传，二百余年而国亡"，加上陈日煚初创陈朝，这段时期内，中国与安南一直维持着朝贡关系，特别是在孝宗淳熙元年，"昭赐国名安南，封南平王李天祚为安南国王"，在中越关系史上有着里程碑的意义。由于长期以来，宋朝统治者对外来朝贡"厚其报以怀柔之"，安南所献多为异兽等土特产，而宋朝回赠的是金银绸缎等贵重之物，这种"厚往薄来"的朝贡方式使本来就"积弱"的宋朝不堪重负，宋孝宗登极时，曾下诏："比年以来，累有外国入贡，太上皇帝冲谦弗受，况朕凉菲，又何以堪。自今诸国有欲朝贡者，令所在州军以理谕遣，毋得以闻"，此时，对于安南的频频来贡，宋朝开始有所限制，孝宗淳熙九年，下诏拒绝了安南贡象，同时"他物亦止受什一"。

与此同时，随着封建国家体制的巩固和日趋成熟，内政稳固的安南开始向外扩张自己的势力。天圣六年，李公蕴率众寇边；仁宗庆历七年，李德政发兵攻打占城，嘉祐四年，李日尊进犯钦州，安南的屡次进犯已经招致宋朝官员的不满，萧注曾上书："交趾虽奉朝贡，实包祸心，常以蚕食王土为事"，广西的地方官员也组织抵抗安南的进犯，但当时朝廷仍实行抚慰政策，"未欲兴兵"。后李日尊称帝，国号为大越，愈发肆无忌惮，宋神宗时期，广西地方官员积极练兵，禁止两地通市，引起了安南的不满和警觉，成了淳熙八年安南人规模进犯的导火索。安南相继攻陷钦州、廉州，直逼邕州。熙宁九年正月，邕州被攻陷，知州苏缄战死。对于安南的入侵，宋朝忍无可忍，终于发起反击。同年，宋朝以郭逵为安南道招讨使征讨安南，先后收复邕、廉等地。十二月，攻克广源州（越南与广西龙州接界处），进而大败安南军于富梁江，俘获了安南太子洪真，由于当时征讨过程中供应不足，疫病流行，宋军也就未坚持一战到底，安南国王李乾德上表乞降，宋军也就班师回朝，匆匆结束了这场战争。

2. 宋朝与安南的人民往来

宋朝内地与安南地区人民联系也更加密切，宋朝曾发生过交州人民迁入内地的事情。如"景祐元年，交州民六百余人内附"，后来李德政在边境捕逐，内附的交州人民被宋朝遣还。安南多次寇边的原因之一就是掠夺人口,当时还有不法商人贩卖人口至安南,宋朝屡禁不止。如,交州边境多金坑,安南曾买中国人为奴,开采金矿。同时也有内地人民因经商、躲避战乱等原因移居交州的情况。例如,《大越史记》载,宋朝末年,元人入侵,一些中原人来到交州避祸,安置在一个叫街嬀坊的地方,自号回鸡。这些人也就成为早期越南华人。早期越南华人中最著名的当属安南国王李公蕴和陈日煚。

《李氏房谱》显示:淳安生有二子,长公藻,次公蕴。由于淳安"弃官营漕运,放舶真腊、交趾、暹罗诸地,而于交趾更甚",故其次子公蕴便随其徙居交趾。"十三派·公蕴"条载:"公蕴,字兆衍,淳安次子。擅武功,善属文。自幼从父徙居交趾北江。"《梦溪笔谈》亦有"景德元年,土人黎威杀琏自立;三年,威死,安南大乱,久无酋长。其后国人共立闽人李公蕴为主",由上可知,李公蕴为闽人,即今福建人,随父移居安南,日后成为李朝第一位君王,此段文字《李氏房谱》载公蕴"善属文",可见他是有较高中华文化修养的。在中国传统文化中,"龙"是真命天子的象征。"升龙"者,即天子出现也,他把大罗城改名"升龙",可见他将中原文化带到安南,李公蕴作为一位最高统治者,其文化影响力也举足轻重,是一名重要的中原文化传播者(《安南李朝世家新考》)。

关于另一位安南国王陈日煚,《齐东野语》记载:"安南国王陈日煚者,本福州长乐邑人,姓名为谢升卿",一次"窃其家所有"后出逃,几经辗转,最后来到安南,被安南国王纳为婿,成为日后的安南国王。

从两位华人安南国王的事迹,我们可以看出,自秦朝人始与越人杂居开始,经过几百年的发展,两地人民的关系也越来越密切。中原人统治交趾地区,自秦汉时期已存在,然而,当时是中原统治者以武力平定南越,进而派遣中原官吏管理,以传播中原先进科技文化为手段进行经营,以维护稳定的统治秩序。从某种意义上来说,秦汉时期对交趾地区的统治带有强制介入的性质,而且是自上而下的。到了宋代的李公蕴、陈日煚两位国王,均出生于普通商人家庭,移居安南成为当地一分子之后,做官并得到赏识,最终成为最高统治者,他们能统治安南,是安南统治阶级内部的自主行为(虽然李公蕴系篡位,但也须得到当地部分统治集团势力支持才得以成功），而且是一场自下而上的变革。

一些朝中大臣也有华人充当，据《大越史记·黎纪》记载，988年，太师洪献死后，以一通经史的"北人"为军师，并委以重任。这些现象表明，安南对中国人民信任程度在加深，两地人民的亲缘关系不仅在民间延伸，而且开始扩散到统治阶级内部。

3. 宋朝与安南的经济交往

安南独立建国后，依然与宋朝保持藩属关系，丁、李、前黎、陈历朝都遣使向宋朝进贡，宋朝都给予丰厚的回赐，安南也乐于与宋朝保持朝贡关系，朝贡贸易往来频繁。据宋人周去非的《岭外代答》记述南宋时期越南朝贡情况说："建炎南渡，李天祚乞入贡，朝廷嘉其诚，优诏答之……是役也，贡象之外，复贡金银洗盘犀角象齿沉笺之属，计所值不满二、三万缗，似非绍兴入贡之盛，而其国扫府库仅能集事……"

安南建国后，封建社会生产力发展迅速，宋朝时，经济水平较前代也进了一步，特别是南宋时期，经济中心逐渐南移，推动了南方商业活动的繁荣，《宋史》记载："岭南平后，交趾岁入贡，通关市，并海商人遂浮舶贩易外国物"，"有大贾自交趾回"。这表明宋代前往越南贸易的人不少。如洪寨和廉州是中越边境传统的贸易市场，由于贸易发展的需要，李公蕴曾求互市于邕州，没得到宋真宗同意，《宋会要》记载，徽宗时"稍宽其令"，"同其交易，务得其心，勿得阻抑"，营造了相对宽松的贸易环境。《岭外代答》记载了博易场的贸易情况，开市之时，"译者平价交市，招马官乃私置场于家，尽揽蛮市而轻其征。其入官者，什才一二"。由于官府对这类交易的支持，更促进了两国民间交易的发展。邕州永平寨的安南人以名香、金银、盐、钱来交换中国商人的绫、棉、罗、布等布料。钦州博易场号称"凡交趾生生之具，悉仰于钦，舟楫往来不绝也"，这里是官方和民间贸易的汇集地。凡进入此地通商，必须"移牒于钦"，交换物乃金银、铜钱、沉香、光香、熟香、生香、真珠、象齿、犀角等。

4. 宋朝与安南科技文化交流

农业方面，《福建通志》记载："安南稻，明成化（1465—1487）初，郡人得安南稻一种。五月先熟，米白。"当时安南稻传入到我国福建地区，而中国的铁制农具制作、施肥等农业技术也在安南地区广泛应用。

四大发明是中国创造的一笔宝贵的科技财富。到了宋朝，毕升发明了活字印刷术，较雕版印刷技术又更进一步，中国的印刷术也很快传入安南，越南陈朝元丰年间（1251—1258）木印的户口帖子，是越南最早的印刷品。

医药方面，安南向中国进贡的物品中香药、象牙、珍珠等，这些均是极好的药材，中国医药也源源不断输入安南，南宋时，有安南药商到京城临安大量采购土茯苓，引起京城药价上涨好几倍。据《国史遗编》记载，安南义间人慧靖禅师，"采南药，治南人，名闻南宋"，宋朝甚至曾聘他为皇后治病，慧靖禅师死后，南宋皇帝为表彰其所作贡献，立有石志。除了安南医生来中原行医之外，不少宋朝医生也前往安南治病救人，同时也传播了中医技术，受到当地人民尊敬，例如1136年越南李朝李圣宗病重，越南医生医治无效，后为宋朝僧医明空所治愈。明空被李圣宗李德政封为"李朝国师"。

文化艺术方面，中国的佛教传入安南，元符二年，南平王李乾德"乞、释典一大藏"（《资治通鉴长编》），同时《梦溪笔谈》记载，"古曲悉皆散亡，顷年王师南征，得《黄帝炎》一曲于交趾，乃杖鼓曲也"。中原失传的音乐在越南得以保存，说明中国与安南已有了音乐方面的交流。语言文学方面，安南同样深受中国影响，立国后的安南，汉字仍被作为官方文字，当时汉语言文字以及一批有关政治社会的词汇（汉越词）传入越南，如"权"，现代越语为quyen；"都护"，现代越语为doho；《大越史记全书》、《钦定越史通鉴纲目》等重要史书也是用汉字写成的，这些事实表明，汉语言在当时是一项十分重要的语言工具。还有一些风俗习惯也是从中国传入的，比如供拜祖先、贴春联的习俗，以及类似端午节、重阳节这些传统节日都在安南民间流行①。

---

① 李未醉：《古代中国与越南的科技文化交流》，《忻州师范学院学报》2006年第2期。

（二）宋朝与占城的交往

东汉末期，林邑立国于西汉日南郡的象林县，唐至德年间（756—758）以后改名环王，9 世纪末，占人在此建立占城国，环王之称逐渐消失，占城建国之初，其领土约自今越南平治天省北部的横山至顺海省的藩朗一带，后来安南国扩张南侵，其国土逐渐缩小，约 17 世纪末 18 世纪初被安南国所灭。占城于后周世宗显德五年始通于中国，自此，两国一直保持密切的朝贡往来。占城不断遭受邻国安南的侵扰，占城频频向宋朝进贡，同时向宋朝申诉安南入侵，寻求保护。太平兴国六年，安南曾打算向京师献上占城俘虏，宋太宗予以制止，并以衣物、钱财抚恤占城俘虏，送还其国，表现出睦邻友好的大国风范。太宗雍熙四年和端拱元年，占城人不堪安南入侵，请求归附宋朝，宋朝政府将其安置到南海、清远县等地。占城素不善战，屡受安南所侵，宋朝至道年间，曾破例赐占城马匹、弓箭等军事器械，帮助加强其军事防御能力。宋朝作为安南和占城的宗主国，参与调和国家间的矛盾冲突，为维护东南亚地区的稳定起到积极作用。

宋朝与占城保持着经济往来和科技文化交流。占城进贡的物产十分丰富，早期曾进贡西域猛火油、蔷薇水等物，后来源源不断献上驯象、象牙、哥缦、香药等本国特产，而宋朝对占城亦礼遇有加，《宋史·占城本传》皆言"赐物甚厚"，"报赐甚厚"。民间贸易也往来频繁。"占城、大食之民，岁航海而来，贾于中国者多矣"[1]。科技文化方面，占城稻对我国农业发展影响的记载屡见于史册。占城稻率先在福建地区种植，进而推广开来，《宋史》记载："稻比中国者，穗长而无芒，粒差小，不择地而生"，占城稻适应环境变化能力强，占城稻品种的引进，缓解了当时江淮地区大旱，本土水稻歉收的危机。中国对占城军事实力的提高也有重要作用。占城素不善战，宋朝曾赐马匹、旗、银装剑、银缠枪、弓弩、箭等有中原特色的武器装备，又据《宋史》记载，乾道七年，占城与真腊交战，久久分不出胜负，后来一闽人教占城骑射，最终

---

[1] （北宋）王禹偁：《小畜集》十四"记孝"，商务印书馆 1937 年版。

占城获胜。

(三) 宋朝与蒲甘的交往

中国与缅甸早在汉代时就建立了外交关系，"顺帝永建六年冬十二月，日南徼外叶调国、掸国遣使贡献"，掸国，就是早期缅甸境内的一个古国，魏晋时期，缅甸境内又出现了一个新兴国家——骠国，"魏晋间，有着《西南异方志》及《南中八郡志》者云：永昌，古哀牢国也，传闻永昌西南三千里有骠国，君臣、父子、长幼有序，然无见传者"[①]，唐代史籍中多有中国与骠国往来的记载。骠国衰落后，在骠国境内的另一个地方强盛起来，就是蒲甘国，逐渐以蒲甘成为缅族政治中心。骠国和蒲甘盛衰交替的年代，大约在公元9世纪时期，至11世纪，蒲甘政权达到极盛时期，版图可以与骠国相当，其强盛则过之。因此宋徽宗崇宁五年，蒲甘入贡时，宋朝尚书省认为"今蒲甘乃大国王，不可下视附庸小国"，与大食、安南等同对待。《集成》资料中只录此一条，其实，蒲甘与宋朝有多次往来。《宋会要》记载，宋高宗绍兴六年，蒲甘同大理一起进贡方物。当时蒲甘入中国的交通要道已经打通，"自大理国五程至其国，自寮里国六十程至之"[②]，从中看出蒲甘经由大理和泰国两条路线可到达中国内地。当时蒲甘与中国亦有贸易往来。《云麓漫钞》记载，蒲甘国出产金颜香，曾到福建市舶司进行交易。

(四) 宋朝与三佛齐的交往

三佛齐位于今印度尼西亚苏门答腊岛占卑一带。7—17世纪立国，都城约在今巨港。唐时称室利佛逝，宋以后史籍称为三佛齐。鼎盛时期势力及于爪哇、马来半岛、西加里曼丹。13世纪为麻喏巴歇国取代。

三佛齐是东南亚诸国中与宋朝联系十分密切的国家之一。仅《集成》记载，三佛齐向宋朝朝贡29次之多，宋太祖统治时期，尤为频繁，年年或间次来贡。太祖建隆元年、二年、三年开宝四年、五年、七年、

[①] 王溥撰：《唐会要》，中华书局1985年版。
[②] 周去非撰：《岭外代答》，商务印书馆1936年版。

八年均遣使前来，其贡物也十分丰富，水晶、火油、象牙、乳香、蔷薇水、万岁枣、褊桃、白砂糖、水晶指环、琉璃瓶、珊瑚树、珍珠、梵夹经、昆仑奴。但这些大多是供统治阶级享用的奢侈品，人民日常生活中实用价值并不大。而宋朝回赐的有瓷器、丝绸、金银等，价值不菲，而且应用广泛，三佛齐也因此乐于输贡，换得所需。"熙宁十年，使大首领地华伽啰来，以金莲花、贮珍珠、龙脑撒殿"，这是三佛齐习俗里最高敬意的表达方式，宋朝与三佛齐的友好关系从中也得以体现。值得注意的是，宋朝时，中国与三佛齐的朝贡关系发生着微妙变化。魏晋南北朝时期，三佛齐也曾频繁进贡，但当时的朝贡行为带有浓重的贸易往来性质，到了两宋时期，情况就发生变化了。随着封建制度的日益成熟，对外政策中的朝贡体制也随着发展，宋朝在处理外交关系上逐渐制度化、条理化。对三佛齐的来访，不仅给予物质回报，还精心安排强化双方关系的政治活动。邀三佛齐使者赴泰山"陪位于朝觐坛"，册封使者保顺慕化大将军，三佛齐建佛寺为宋真宗祝寿，并乞赐寺名和铸钟，强调双方的君臣关系。此时，三佛齐已经被纳入朝贡体制之下。

三佛齐国占据了得天独厚的地缘优势。控制着马六甲海峡两岸和林加海峡，从爪哇北上中国或由阿拉伯、南印度东去广州，三佛齐是必经之地。印度洋东部和南海的东西南北交通都被三佛齐操纵，从事海上贸易的船只，必须在三佛齐停靠。所以三佛齐从事印度、阿拉伯地区与中国的转口贸易。如南宋时期，泉州朱纺至三佛齐国，"往返不期年，获利百倍"[①]。三佛齐商人也载大量香药、犀角、象牙来华贸易。

宋朝是中国历史上一个"积弱"、"积贫"的朝代，饱受北方外民族侵扰，由于战乱，北方经济遭受严重破坏，相形之下，南方社会局势较为稳定，经济贸易发展较快，与东南亚地区的邻国关系稳定，也形成了这一时期与东南亚地区关系的一些典型特点。

其一，宋朝的统治者与外国建立朝贡关系，客观上达到了贸易目的，而他们想从朝贡往来中获得经济利益的主观愿望并不强烈。他们更多考虑的是达成"扬威四夷"的政治目的，尤其是与北方辽、金、元战

---

① 《福建蒲田群迦庙碑记》，《文物参考资料》1975年第9期。

争、外交中的弱势表现，使宋朝的国家尊严严重受损，他们就更需要在与南方邻国的外交活动中挽回颜面，甚至不惜"厚赐之"，也就有了"厚往薄来"的封贡特点的形成。对各国进贡的方物，往往以高于贡物的价值予以回赐，甚至有时还有加赐的情况。于是各国纷纷前来朝贡，"厚往薄来"的做法，一方面维持了外交上的友好关系，但是另一方面也给原本就很贫弱的宋朝加上了沉重的负担。占城、安南、三佛齐所贡之物大多雷同，诸如驯象、香药之类。这些物品被宋朝"高价买下"之后，一部分供上层社会享用，但由于多国所贡之物皆为此类，量多而囤积，加之这些外来物国内市场需求量并不大，难免最终成为无用之物。宋朝赏赐给诸国的有金银、绸缎之类，长年下来，导致了金银流失严重，甚至出现过"钱荒"。到了南宋时期，统治者已开始意识到这一情况，对各国朝贡加以限制，并加强对货币流通的管理。"小平钱许入而不许出。若不申严禁止，其害甚大……沼户、刑部立法。其后二部请战纵生口及透漏铜钱过界备巡捕官减郡人二电失奈生口又减三等，镇寨官、县令、知、运、监司、帅臣失察者抵罪有差。从之"，"华侈之服，如销金之类，不可不禁。近时金绝少，由小人贪利，销而为泥，甚可惜。天下产金处极难得，计其所出，不足以供销毁之费。虽因阵指探，而奢侈之风终未能绝，须申严行"。

其二，对于用兵边陲，开疆拓土，秦皇、汉武作了最初的尝试，虽然成功扩大版图范围，但劳民伤财，加速了王朝衰亡。这一点一直为后代诟病。唐代狄仁杰曾说："苟求冠带远夷之称，不务固本安人之术，此秦皇汉武之行，非五帝、三皇之事业。"[1] 自汉代起，统治者不轻易发动对外战争，开始形成了"不以蛮夷劳中国"的思想，之后的历朝历代对这一外交思想有了进一步发展。魏晋南北朝时期，安南仍由中央派人治理，到了宋朝，安南独立建国，安南开始由本国人统治，宋朝大都不干涉其内政，让它像其他东南亚朝贡国一样，与宋朝保持朝贡关系，自此，宋朝没有在东南亚各国参与直接统治，"羁而不治"的总体特点形成。这种保守克制的外交政策在宋朝表现得尤为明显。黎桓死后，其子

---

[1] （后晋）刘昫等：《旧唐书·狄仁杰传》，中华书局1975年版。

嗣为争夺继承权而导致内乱，宋朝的一些官员建议派兵平定安南，宋真宗告诫臣子"祖宗辟土广大，惟当慎守，不必贪无用地，劳苦兵力"。安南频频骚扰中国边境，宋朝政府仅遣使戒谕，还给予厚赐抚慰安南，以期对朝廷恭顺，迟迟未兴兵讨伐，直到宋神宗时才采取军事行动解决问题。宋朝不轻易发动对外战争的做法是对中国"裔不谋夏，夷不乱华；荒忽之地，羁縻而已"传统外交政策的延续，是尊重他国主权与领土完整的表现，推动了国家间和平共处、友好往来的外交关系的建立。但是宋朝在外交行为中过于弱化军事威慑手段，代之以过度的册封、赏赐为主的绥靖主义政治经济手段来维持外交关系又是不明智的，加重了经济负担之同时，形成了其软弱的国家形象，以致安南寇边活动愈演愈烈。

其三，宋朝理学的发展将儒家思想推向一个新高峰，同时这一思想也渗透到外交领域。"德"、"礼"作为儒家思想的重要内容依然影响着外交行为，而宋朝理学的特点之一是强调伦理纲常、尊卑秩序、君臣礼节，外交是内政的延伸，华夷关系也相应地被推演为君臣之序。在朝贡关系上就表现为制度化较前代大大的加强。宋朝贡使来访必须履行一系列烦琐的礼节。据《宋史·礼志》、《宋会要辑稿·蕃夷》有关记载，其内容包括呈递本国表章，移交贡物，觐见皇帝，参加庆典活动和宴会，代表本国国王接受宋廷封赏和官方文书等。[①] 如历代安南国王的封号大致依次为静海军节度、交趾郡王、同平章事、南平王、检校太尉、检校太师，有时额外赐予翊戴功臣、保节守正功臣、顺化功臣等封号。册封交趾郡王系首次加封，所以赏赐"食邑三千户，食实封一千户"，后来的加封则赏赐"食邑一千户，食实封四百户"，或"食邑七百户，食实封三百户"，三佛齐使臣也曾接受过大将军的封号。还曾邀三佛齐、占城贡使前往泰山参加封禅之礼。可见，宋朝已经有了一系列朝贡礼节制度，颇具条例。从中我们还可以发现，宋朝给各国统治者的封号无论是检校太师、顺化功臣还是大将军，都强调对方臣子的身份，宋朝在封贡

---

① 转引自李云泉《朝贡制度史论——中国古代对外关系体制研究》，新华出版社2004年版，第49页。

关系中划了一条严格的君臣界限。一旦经过册封，确立双方的关系后，宋朝也不容许有人挑战其礼治秩序。安南丁朝与宋朝一直保持良好的外交关系，黎桓篡位后，不轻易发动战争的宋朝此时对黎氏政权发难，原因之一是其篡夺了经宋朝承认的正统政权，损害了宋朝的权威，后来李公蕴同样系篡位，宋朝虽承认了其政权，但颇为不满，宋真宗称："黎桓不义而得，公蕴尤而效之，甚可恶也。"

五　元朝时期

（一）中国与安南的交往

1. 元朝与安南的政治关系

在元世祖灭宋之前，出现了蒙古政权、宋、安南并存的局面，这是一段颇为特殊的历史时期，三方关系复杂而微妙。13世纪50年代，蒙古政权向南宋发起大规模进攻，出于战略需要，蒙古人计划先控制南宋西南边陲，与北方军队对南宋形成两面夹击之势，因此，在对南宋发起总攻之前，蒙古先向安南发动了战争。

元宪宗七年，蒙古派遣两名使臣试图招降安南，但未得到回复，于是于同年十一月发起进攻，但因为，蒙古的主要目标还在南宋，加之安南"气候郁热"，蒙古军队只停留短短九天就撤离了。关于蒙古军队进攻安南的情况，《元史·安南本传》与《元史·兀良合台本传》说法不一。《元史·安南本传》记载蒙古军队进入安南后展开了极为残忍的屠城，而《元史·兀良合台本传》则载有"兀良合台入交趾，为久驻计，军令严肃，秋毫无犯"。元宪宗八年，陈光昺继位，遣使向蒙古献方物，蒙古大将令光昺亲自前来，并威慑到"若犹不悛，明以报我"，光昺又亲自曾向蒙古纳款。

到了元世祖统治时期，南宋灭亡，全国统一，元世祖试图与安南恢复正常邦交。于中统元年派遣礼部官员诏谕安南"凡衣冠典礼风俗，一依本国旧制"，并告诫边将不得侵占安南疆土，侵扰安南人民。中统二年，册封光昺为安南国王；中统三年，将安南贡期定为三年一贡。在短期内元朝与安南建立了较稳定的朝贡关系。至元三年，光昺

"上表三通"，主动要求进献方物和由蒙古官员出任本国达鲁花赤（即镇守官，职责为监督地方政权）。不久，元朝政府又对安南提出六项要求：君长来朝，子弟入质，编民，出军役，纳赋税，置达鲁花赤统治。元朝对安南的要求是颇为严苛的，以致朝贡往来过程中时有摩擦。《元史·张庭珍传》记载，"安南入贡不时"，张庭珍前往责难之，安南国王回驳元朝来使无礼，双方险些兵戎相见。又陈光昺受诏不拜，不愿来朝，元朝统治者颇为不满。而安南对六事也提出异议，认为"三年一贡，疲于往来"，当"庶免达鲁花赤之弊"，至元十三年曾上表要求免去六事。长此以往，双方分歧越来越大，到了至元二十年，元朝要求安南"助兵粮以讨占城"，遭到安南的严词拒绝。双方矛盾被激化，导致了战争的爆发。

至元二十一年，镇南王脱欢率军进攻安南，二十二年春，乌马儿大败安南于富良江，安南国王陈日烜出逃。然而到了二十二年四月，适逢"暑雨疫作"，援军又不能按时到达，元军久战力疲，安南人民趁此发起反击，重创元军，元朝大将唆都、李恒战死，元军退回思明州（广西宁明）。至元二十三年，元朝封陈益稷为安南国王，由于军民疲敝，元朝暂缓对安南征讨，至元二十四年，元朝发新附军讨安南，发三省及云南并海外黎兵，分道致讨，陈仲达等出兵助战，水陆并进，陈日烜再次出逃，至元二十五年春，安南军队伏击了张文虎的粮船，截断了元军粮食供应，镇南王被迫再次撤回思明州。在连年的征战中，安南高温多雨，瘟疫流行，官兵死伤多，多次增调江淮、江西、荆湖等地汉军、新附军，又军粮不继，安南军队擅长用毒箭，战士裹疮以战，元军损失惨重，同时也给两地人民带来了深重灾难。

至元二十三年，元朝准备再次发兵，各地方官员的上表中反映了当时社会真实情况。湖南宣慰司上言："连岁征日本及用兵占城，百姓罢于转输，赋役繁重，士卒触瘴疠多死伤者，群生愁叹，四民废业，贫者弃子以偷生，富者鬻产而应役，倒悬之苦，日甚一日。今复有事交趾，动百万之众，虚千金之费，非所以恤士民也。"湖广行省臣线哥是其议，遣使入奏："本省镇戍凡七十余所，连岁征战，士卒精锐者罢于外，所存者皆老弱，每一城邑，多不过二百人。窃恐奸人得以窥伺虚实。往年平章阿里海牙出征，输粮三万石，民且告病，今复倍其数。官无储畜，和籴于民间，百姓将不胜其困"(《元史·世祖本纪》)。又"自古兴兵，必须天时，中原平土，犹避盛夏，交广炎瘴之地，毒气害人，甚于兵刃。今以七月，会诸道兵于静江，比至安南，病死必众，缓急遇敌，何以应之。又交趾无粮，水路难通，无车马牛畜驮载，不免陆运。一夫担米五斗，往还自食外，官得其半；若十万石，用四十万人，止可供一二月。军粮搬载，船料军须，通用五六十万众。广西、湖广调度频数，民多离散，户令供役，亦不能办。况湖广密迩，溪洞寇盗常多，万一奸人伺隙，大兵一出，乘虚生变，虽有留后，人马疲弱衰老，卒难应变"(《元史·刘宣传》)。由此看出，战争消耗了大量的人力、物力、财力，给中原人民带来极大的负担。而处于战场中的安南人民更加痛苦不堪。安南国上表控诉元军："焚烧国内寺宇，开掘祖先坟墓，掳杀民家老小，摧破百姓产业，诸残负行，无所不为"，"乌马儿参政又领船军别出海外，尽捕海道边民，大者杀之，小者掠去，至于悬缚解剖身首异处，百姓逼死辄兴鸟穷兽蹙之祸"(徐明善《天南行记》)。

至元二十五年之后，中国与安南终于结束了连年战争，双方恢复了正常的外交关系。然而，安南结束战争，恢复社会稳定之后，又开始不断蚕食我国边境土地。如，元仁宗皇庆元年，安南军队进犯安州云洞、禄洞、知洞、顺州等地杀掠居民，焚烧屋舍，掠夺人口和财产。延祐七年，又寇脱零、那乞、忠州等地。

2. 元朝与安南的经济交往

元朝与安南在这一时期发生过多次战争，双方关系一度陷入紧张，安南国担心中国以经商之名前往安南境内窥探国情，出于国家安全及其他因素考虑，一度关闭两地通商往来的大门。但这并未能完全阻隔中国与安南的经济联系。据《岛夷志略》记载，安南拿白银、铜、象牙、肉桂、槟榔等物与中国的布料、纸、铜铁等物交易，以铜钱作为流通货币，"民间以六十七钱折中统银（钞）壹两，官用止七十为率"。《安南志略·刑政》亦记载有"度量权衡，与中国同……交易用唐宋时钱，七十文为一钱，七百文为一贯"。但双方贸易仍受到诸多限制，"舶人不贩其地，惟偷贩之舟，止于断山上下，不得至其官场"。安南人民为了冲破限制，另辟云屯山（今越南海防下龙湾一带岛名）为港口，以接纳元朝商人的"偷贩之舟"。云屯山也因此成为藩商与安南交易的主要场所。《寰宇通志》记载："云屯山……李陈时（1010—1388）蕃国商舶多聚于此。"

3. 元朝与安南的科技文化交流

中国的医疗技术在安南继续流行，针灸术也是在这一时期传入了安南。此时来到安南的中国医生以邹孙、邹庚父子最为著名。邹孙随元军来到安南，并留在安南行医。"医治当时王侯，多见效。国人屡以田奴与之，致富"（《大越史记》）。其子邹庚亦是名医。曾以针灸之法成功救治溺水的陈裕宗，在安南被奉为"神医"。

中国天文历法输入越南。至元二年，安南进贡，回赐其至元三年历，可见，当时中国历法已传入安南。元代天文学家郭守敬（1231—1316）总结了中国古代天文历法的先进成果，并根据他个人的实际观测，编著了一部精确的新历法《授时历》，是当时世界上最精确的历法，其影响极大。元惠宗元统二年（1334），元朝将该历法赐予安南陈宪宗，给安南人民生活带来便利。

宋末元初，我国的陶瓷技术取得新的成就，我国劳动人民创制了青花瓷，这种瓷器有着鲜艳夺目，永不褪色的优点，一出现就受到世人关注。中国青花瓷的制作技术在元代期间输入安南，安南曾派人至江西景德镇学习烧制青花瓷的技术。越南古代外销的釉里蓝瓷器就是受到元代瓷器的影响。

元时，中国本土的道教在安南地区传播开来，据《大越史记·陈纪》记载，陈朝英宗十年，一个叫许宗道的北方道士随商船来到安南，居住在安华江畔，"符水斋醮科仪兴行自此始"。

此时，中国与安南的艺术交流也相当活跃。元至正十年（1350），元人丁善德为躲避战乱乘船来到安南，丁善德"善缘竿，为俳优歌舞"，安南人学习此技，创制了"险竿舞"，"险竿技自此始"。中国的艺术形式也渐渐由民间走入宫廷，为安南上下国民普遍接受。至元二十二年，元朝优人李元吉将传戏传入了安南。"元吉作古传戏，有《西方王母献蟠桃》等传，其戏有官人、朱子、旦娘、拘奴等号，凡十二人，着锦袍绣衣，击鼓吹箫，弹琴抚掌，闹以檀槽，更出迭人为戏，感人令悲则悲，令欢则欢，我国有传戏始此"（《大越史记》）。传戏受到王公贵族的喜爱，安南国王还曾举行过杂戏竞技活动。

汉语长期作为安南的官方语言，安南学者也开始尝试创造本国文字，但由于深受中国语言文化影响，他们在创造本国文字过程中时常借用和仿用汉字，到了元朝，安南学者根据中国六书和汉字的音、韵、调创制了喃字，并形成文字系统推广应用。

中国史学对越南史学发展影响重大。到了元朝，我国史学发展取得不错的成绩，"正史"已有了17史，《资治通鉴》也修编完成，纪传体和编年体两大体例发展成熟，安南也开始学习中国修史撰书。元至元九年，第一部越南史书《大越史记》问世。其编纂体例借鉴了《史记》。另一部重要史籍是黎崱于元至元二十二年所编的《安南志略》，在体例和内容上与中国史书都有相似之处，对研究中越之间的历史有极高的史料价值。

自秦汉之际以来，我国历代的文人知识分子与安南地区人民有交流往来。安南的历史、政治、风土人情成为中国诗歌的题材，如《集成·安南部》艺文就收有元代陈孚的《安南纪事》，袁桷的《安南行》等诗作。

中国的风俗习惯也传入到安南。据《大越史记·陈纪》记载，"（云屯）其俗以商贩为生业，饮食衣服，皆仰北客（指中国商人）故服用习北俗"。商贸往来促进了习俗文化的交流，两国人民联系变得更加紧密。

（二）元朝与占城的交往

元世祖忽必烈统一中国后，占城于至元十五年向元朝俯首称臣，元朝册封占城王为占城郡王此后的四年内，占城向元朝连年进贡，暂时通好，而到了至元十九年十一月，占城行省官率兵自广州航海至占城港，不得进。占城整兵以待。又元朝派往暹国、马八儿国的使臣均被占城扣留。元朝称占城"既臣复叛"，于是向占城发起进攻，占城"兵治木城，四面约二十余里，起楼棚，立回回三梢炮百余座"，可见占城决意一战，已做好严密部署，至元二十年正月，元军攻破木城，占城国王诈降。这是占城的缓兵之计，表面与元朝修好，实则秘密结集军队，伺机反攻。后被元军察觉，元军再次发起进攻，但此次被占城军队打败，于第二年撤出占城。期间，两国亦有贸易往来。占城地处海上交通要道，《安南志略》记载："占城国。立国于海滨，中国商舟泛海往来外藩者，皆聚于此，以积薪水，为南方第一马头。"

（三）元朝与暹罗的交往

暹罗建国于公元1257年（南宋宝祐五年），到今天共经历四个朝代：素可泰王朝，时期是公元1257年至1350年，中国历史是南宋宝祐五年至元至正十年；阿瑜陀耶王朝，时期是公元1350年至1767年，中国历史是元至正十年至清乾隆三十二年；吞武里王朝，时期是公元1767年至1782年，中国历史是清乾隆三十二年至四十七年；却克里王朝，从1782年建立，到现在仍世袭为立宪后的暹罗国王。这四个朝代恰巧素可泰王朝（应包括南方的罗斛国）对元朝贡，阿瑜陀耶王朝对明及清朝贡，吞武里王朝和却克里王朝对清朝贡。暹罗，据《广东通志》记载，即古赤土和婆罗刹（在婆罗州，即今加里曼丹岛）。本分为暹和罗斛二国，元至正年间，暹和罗斛合为一国。早在隋朝大业年间，中国与赤土曾有友好往来，至元十九年，元朝曾遣使前往暹国，但途中使者被占城扣留，由此还引发中国与占城的战争。暹罗第一次向中国朝贡应是公元1289年，元世祖至元二十六年，素可泰王朝第三代国主坤兰甘亨大帝时代[①]。元成宗元贞元年，暹国遣使进贡，适时，暹国与麻里予儿（马来人自称，居住在马来半岛南部一带）互相仇杀，两国皆归顺元朝，元朝试图从中调解，诏谕暹国"勿伤麻里予儿"。大德三年，暹国遣使前来，请赐鞍马，但遭到元朝拒绝。元朝丞相称"彼小国而赐以马，恐其邻忻都辈讥议朝廷"，可见，封建王朝在处理外交关系时亦带有深重的等级观念。

---

① 江应梁：《古代暹罗与中国的友好关系》，《思想战线》1983年第4期。

（四）元朝与三屿的交往

三屿，又称三岛，在今菲律宾境内。中国与菲律宾很早就有了友好往来。据考古发现，在菲律宾群岛南北有不少唐代中国文物，说明我国在唐代时与菲律宾地区就有了往来。宋代，我国与三屿有了密切的贸易往来。据《云麓漫钞》记载，三屿用船载着吉贝布、贝纱等物前来福建市船司与中国进行贸易。同时，中国商船也前往三屿与之交易。中国的货物在三屿颇受欢迎，三屿人见到外来商船，"争棹小舟，持吉贝、黄蜡、番布、椰心簟等至与贸易"（《诸蕃志》）。到了元代，双方继续保持贸易往来，《岛夷志略》就谈到三屿的商人"常附舶至泉州经纪"，回国后，"国人以尊长之礼待之"。三屿开始与中国官方有所联系，也在元朝。当时有去台湾的军船路过三屿，三屿给元军提供粮食，还给予友好招待，至元三十年，元世祖打算遣使招抚其国，但最终没有实行。

（五）元朝与缅国的交往

我国与缅甸的往来历史悠久，宋朝时期，中国与缅甸境内的蒲甘王朝建立友好的外交关系，到了宋元时期，缅人所建的蒲甘王朝也被称为缅国。历史上元朝与缅国曾发生多次战争。元世祖至元十年，世祖遣使诏谕其国，但缅国并未派人来朝。期间还不断骚扰云南边界。至元十二年，云南行省曾请求向缅国开战，但元朝统治者未应允。至元十四年，金齿千额总管阿禾内附元朝（金齿，今云南德弘一带），缅人颇为不满，攻占其地，阿禾向大理路蒙古千户忽都求援，于是忽都率领元军与缅军交战，从而揭开了元朝征缅的序幕。由于天气闷热，元军打败缅军后，旋即还师。接着，元朝于至元十七年、十九年、二十年三次征缅，攻破江头城，大败缅军。由于接连战争，元军需要休整，暂时与缅国修好，于至元二十二年遣使招谕缅国。而至元二十二年，元朝又一次发动战争，最终于至元二十四年平定缅国，令缅国定期进贡，中缅十年战争总算结束。自此之后，两国恢复正常外交关系，保持频繁朝贡往来。

（六）元朝与爪哇的交往

元朝与爪哇于至元二十九年、三十年发生过较大规模的战争，这也是元朝对海外诸国征讨中规模最大的一次战争。至元二十九年，元朝以"刺诏使孟右丞之面"为借口对爪哇发动战争。元世祖希望通过这次战争扬威海外，使海外诸国纷纷主动前来臣服，因此十分重视此次征讨，调动了大量的人力物力。以亦黑迷失、史弼、高兴为征讨大将，发福建、江西、湖广三省两万大军从泉州出发，三十年正月，在勾栏山议定方略后，次月，分水陆两军向爪哇进发。当时，爪哇与邻国葛郎国发生冲突，爪哇不敌，撤退到麻喏巴歇，正值元军到达这里，爪哇国王女婿土罕必阇邪向元军求援，在元军帮助下，爪哇打败了葛郎国。后爪哇国"具入贡礼"。但就在元朝派人护送土罕必阇邪回去途中，土罕必阇邪起兵反抗，杀害护送官兵。史弼等人"且战且行，行三百里，得登舟，行六十八日夜，达泉州，士卒死者三千人"，十分狼狈，战败回国。

元朝与爪哇也一度保持着友好往来的关系。《元史·世祖本纪》记载，在至元二十九年之前，"朝廷初与爪哇通事往来交好"，战后成宗元贞元年就恢复了朝贡关系。

元朝是历史上闻名的横跨亚欧大陆的强大帝国，在统一全国之后，继续开疆拓土，其版图之辽阔空前绝后。有着强大的军事实力为后盾，元朝在处理对外关系时也表现得相当强硬，呈现出不同以往的时代特征。

从蒙古政权统治时期到元朝统一全国，蒙古统治者都积极拓展对外关系，但与以往怀柔远人的做法不同，他们往往以武力手段打开对外交往的大门。曾对东南亚地区的安南、占城、缅甸等地发动战争。元朝与安南于至元二十一年、二十四年发生过两次大规模的战争，期间还与占城交战，与缅甸的大小战争前后持续长达10年。战争客观上扩大了元朝外交，元朝统治者对海外贸易的态度比较开明，元世祖曾表示东南亚地区各国，只要诚心交往，则"其往来互市，各从所欲"（《元史·世祖纪七》），从而有力推动了国家间经济和文化交流。然而，战争给作战双方带来的消极影响也是不言而喻的。江南行台御史中丞陈天祥曾上书进言"自征伐倭国、占城、交趾、爪哇、缅国以来，近三十年，未尝见有尺土一民内属之益，计其所费钱财，死损军数，可胜言哉"，"又闻八番罗国之人，向为征西之军扰害，捐弃生业，相继逃叛，怨深入于骨髓，皆欲得其肉而分食之"。元朝的几次对外战争多数以失败告终，结果还劳民伤财，元世祖之后的历任元朝统治者开始转变外交政策，开始建立与东南亚国家睦邻友好的关系，使双方交往逐渐正常化。

元朝承前制，主要也是通过朝贡体制与各国保持官方往来。与以往不同的是，元朝所定朝贡过程中的具体制度是相当严苛的。宋朝时期，统治者对其属国羁而不治，而元朝通过派遣达鲁花赤以达到干预他国内政的目的。而且要求国主亲自来朝，这也是历代所未有的。这些高压政策引起各国诸多不满。安南曾提出免"六事"，谈到达鲁花赤为首的镇守官员"动有所恃，凌轹小国"，三年一贡的贡期规定，"迭遣使臣，疲于往来，未尝一日休息"（《元史·安南本传》）。此外，元朝更注重从朝贡关系中获取经济利益，与传统"厚往薄来"的做法大为不同。元朝对安南要求"六事"中就有"输纳税赋"一条，不时要求各国向元朝纳款。如至元十九年，占城就曾向元朝纳款。但是，这一情况到了元世祖死后有所好转，统治者对来使也曾有所厚赐。成宗元贞元年、大德七年均回赐安南"钞千锭"，还多次赐安南国王陈益稷田地。这一时期的元朝统治者曾表示"安南国王慕义来归，宜厚其赐，以怀远人"。元大德三年，缅人受金齿杀掠，贫乏而不能如期输纳，"帝悯之，止命间岁贡象，仍赐衣遣还"。可以说，这一时期的朝贡关系是对唐宋礼治的回归。

综上观之，以武力威慑为手段，伴随着高压政策、干涉内政、利益索取，外交关系的礼仪性降低，君臣主从关系被强化，是这一时期中国与东南亚国家交往的时代特征。而在这一总体特征之下，又发生过细微的变化，元世宗统治时期结束后，双方战争减少，关系得以缓和。这一变化是元朝国力变化与逐渐汉化综合作用的结果。元世祖统治时期，元朝盛极一时，但在繁荣的背后已暗伏危机。国家"马上得之，马上治之"，长于征战、聚敛，短于改革治理，到了成宗时期，国力开始衰退，最终成了一个持续不到百年的大帝国。而对外关系的发展是以国家实力为基础的，到了元朝中后期，统治者的对外政策的转变也是依据国情需要而定的。元朝建国之初，元世祖学习汉族的先进文化，推行过汉化政策，如建立汉式官僚机构、尊崇儒学，然而当时蒙古旧制度的势力依然强大，元世祖的改革并不能完全推行，汉族统治时期形成的传统外交思想在这一时期并不能完全继承下来，到了元朝中后期，随着汉化程度加深，元朝统治者也渐渐接受了传统的"以柔怀人"的外交思想，直接影响到元朝中后期外交关系的发展。

六　明清时期

（一）明朝、清初与安南的交往

1. 明朝、清初与安南的政治关系

从明朝建立到永乐初这段时期，中国与安南保持着友好的外交关系。安南是最早与明朝确立外交关系的东南亚国家，明太祖洪武元年，安南国王陈日煃遣使朝贡（《明通纪》），明朝回赐《大统历》、金银等物。当时，安南趁明朝初定，进犯占城，洪武二年明朝政府命两国休战，两国皆奉命罢兵。充分尊重明朝宗主国的身份。明朝对安南亦礼待有加。洪武三年，陈日煃死后，明太祖"亲制祭文"，命翰林编修王廉前往拜祭。接着册封陈日煃为安南国王，安南素"以揖为礼"，而日煃"长跪，稽首，受印"，以示对明朝的忠诚，明太祖十分高兴（《名山藏》）。此间，安南连年来贡，一来会加重安南人民负担，二来中国素尚"厚往薄来"，明朝所给回赐也相应会加大明朝财政开支。到了陈叔明统治时期，明朝开始对朝贡有所控制，将贡期定位三年一贡，并要求使者不得超过五人，"贡物无厚"。洪武二十一年，明朝再次申明贡期，提出"毋进犀象"。

然而，在频繁的朝贡往来背后，明朝与安南的摩擦日渐显露。洪武年间，安南多次侵扰占城，还屡屡进犯广西思明地区。元末大乱，安南曾趁机侵夺思明所属丘温等五县地，明太祖于洪武二十九年要求安南归还此五县，但遭到拒绝，由此双方矛盾不断升级。当时，安南国家发生

了政变，黎季犛弑君而自立为王，后又传位给其子"胡夷"。永乐元年，明朝封胡夷为安南国王。但当时，明朝与安南矛盾重重，明成祖要求安南归还侵夺的禄州、西平州、永平寨，遭到拒绝，诏令安南与占城修好，但安南"侵掠如故"。逼占城成为自己的属国，抢夺明朝给占城的礼物。统治者还"毁中国儒教，谓孟子为盗儒，程朱为剽窃"（《平定交南录》）。而此时安南陈氏陪臣裴伯耆、王室后裔陈天平先后向明朝控诉黎氏父子弑君篡位的罪行，胡夷对明朝亦有畏忌，假意迎归陈天平，在陈天平回国途中将其杀害，这一行为彻底触怒了明成祖，成了平定安南之战的导火索。

永乐四年，明成祖命成国公朱能为总兵管（后朱能病死，张辅代总兵官），西平侯沐晟为左副将军，新城侯张辅为右副将军，率领军队征讨安南。大军分两路分别从广西凭祥、云南蒙自向安南进发。出发前明成祖戒谕"勿究武、勿杀降、勿系累老稚、勿毁坏室墓，虽一草一木，亦勿妄剪除"（《平定交南录》）以严明军纪，又榜示黎氏父子二十宗大罪，"初，交人闻天兵南下，罔知所以，既闻榜示，咸知其曲在彼"。因此，明军进展顺利，十月，大军先锋就到达富梁江北的嘉林县。安南在多邦隘缘江筑起900余里的城栅，严阵以待。十二月，沐晟驻兵洮江北岸，与多邦城对垒；张辅则遣将攻打洮江州，两军齐力，终于攻破多邦城，直捣东都、西都。黎氏父子出逃，后被擒于日南州。胡朝灭亡。

胡朝灭亡后，明朝想找寻陈氏子嗣统治安南，但陈氏后人已被黎氏父子残杀殆尽。一些安南百姓请"依汉唐故事"，恢复郡县制。于是明朝在安南"置府十七州五岭各州县，又建交趾布政司、提刑按察司及都指挥使司于交州府"（《明一统志》）。安南又一次归入中国版图。

明朝统治安南之后，安南陈氏旧官陈简定率先掀起反明活动。永乐六年，明朝派沐晟从云南出发前往平叛，明军与其大战于生厥江，但明军战败。明朝政府又派英国公张辅率领4.7万人大军前往征讨。先连破慈廉、广威诸营栅，接着进击景异，平定交州、北江等六府。是时，陈简定已被推举为太上皇，别立陈季扩为帝。陈季扩自称安南王孙，请张辅封爵。张辅斩来使，继续进击，抵达清化境内，水陆两军会师，捕获陈简定等人。永乐九年，张辅与沐晟水陆并进，追捕余党。永乐十二年，陈季扩被擒，安南复平。

安南平定后，永乐十五年，明朝派李彬镇守安南。但中官马麒在安南负责采办时，大肆搜刮境内珍宝，激起了人民的反抗。其中以黎利率领的起义军最为强大。到了永乐十九年，其他起义军均被击退，只有黎利久久未能平定。到了洪熙年间，黎利势力越来越强大，"寇掠不止"。宣德元年，明朝政府先后派陈智、王通征讨黎利，但均被打败。王通还擅自将清化以南的地割让给黎利。后明朝又派柳升、沐晟征讨安南，但都没有成功，宣德二年，王通于是与黎利议和，盟誓退兵。黎利又称陈氏有后嗣陈暠，"潜身老挝二十余年"，明朝遂封陈暠为安南王，并废除交趾三司。接着，明朝陆续撤出驻守安南的官兵，结束了对安南的统治，安南宣告独立。

明朝在安南的统治如昙花一现，为何没能"因汉唐故事"，恢复郡县制对安南实行长久统治呢？一方面，明朝统治时期，安南的封建体制较汉唐时期已有很大的发展，封建社会生产力也大大提高，安南经过数百年封建统治经验的积累，已有较为完善的封建体制，加之安南地方封建势力的日益成长壮大，安南人民完全有能力管理自己的国家。在经济文化等各个领域，安南自主创造的能力已有较高的水平，对中原地区先进技术文化的依附性也大大降低。另一方面，在战争爆发的历史环境下，明朝统治者说明出兵缘由，不扰民的政策得到了安南人民的理解，明朝得以在安南实现统治，但后来对安南人民的掠夺则必然激起当地人民的反抗，以致扭转了整个战争的局势。再次证明，人民群众才是历史的主体。

明军撤出安南后，命黎利权署安南国事，黎利成为安南实际的统治者，史称"黎太祖"，开创了安南黎朝统治时期。安南此时也开始逐步恢复与明朝的朝贡关系。宣德四年，黎利贡方物及代身金人；五年、六年，进贡金银器；宣德八年，黎麟继位，遣使进贡，明朝命黎麟权署安南国事，英宗正统元年，封黎麟为安南国王，此后，安南与明朝朝贡往来不绝。在此期间，安南保持与明朝的稳定藩属关系，但其强盛时期也曾侵扰明朝边地，频频进侵领国。占城沦为其属国，满剌加也曾遭受其侵扰。而此时明朝的对外政策由前期的进攻型转为防御型。守备为本，刚柔相济。宪宗成化四年，安南发兵侵据广西凭祥，后又进侵两广、云南等地也仅命"守臣谨备之"。后明朝加以武力威慑，安南有所收敛。安南对邻国的侵略，明朝统治者谕令其"睦邻保国"，但也未产生实际的效力。安南国家内部争权夺位的斗争也此起彼伏，政治黑暗。先有黎麟长子黎琮篡位自立，安南国王黎谊宠信外戚，屠戮宗亲，后被逼自杀，黎晭嗣。国相陈暠杀黎晭自立。莫登庸讨陈暠有功，独揽大权，于嘉靖六年推翻黎朝，建立莫朝，统治安南清化以北地区。而以南地区则由黎朝大将阮淦占据，建立了阮氏政权。对于安南的内部争斗，作为宗主国的明朝采取从旁观望的态度，"戒严观变，以待彼国之定"。明世宗对安南多次叛逆的行径颇为恼火，决意征讨。但遭到诸多大臣的反对。户部侍郎唐胄上疏，力陈用兵七不可；御史徐九皋等大臣"请罢征南之师"；广东按臣余光也认为"不必远征，疲敝中国"。但由于明世宗的坚持，征讨大军还是到达安南边境，莫登庸递上投降书，并表示永为藩臣。明朝最终还是承认了莫朝对安南的统治，恢复了朝贡关系。从上可知，明朝在本国安全防御问题上，以加强本国防御为基础，不贸然发动战争，但也不放弃武力威慑，刚柔相济，恰到好处。以宗主国身份斡旋安南国内以及安南与邻国的纠纷问题上，维护本国利益前提下参与调和工作，静观其变，再作出相应对策。这些反映了明朝统治者处理对外关系理智的一面，对外政策日趋成熟。

明崇祯十七年，李自成领导的起义军推翻了明朝统治，后吴三桂引清兵入关，进而满族建立的清朝政权取代了明王朝，并统一了全国。顺治十八年，安南国王黎维祺遣使"奉表投诚"，当时越南北部的黎氏政权与清朝建立了外交关系，有了朝贡往来。康熙二年，清廷将安南贡期定位三年一贡，康熙六年改为六年两贡。康熙年间，两国关系总体较为稳定。

2. 明朝与安南经济联系

明朝的贸易政策相对开明，无论官方还是民间往来都较前代有所发展。明太祖曾诏谕安南等国"其以土物来市易签悉听其便"，"今四海一家，正当广示无外，诸国有输诚来贡者听"（《明太宗实录》）。朝贡贸易繁盛一时。《黎纪》记载明遣使册封安南国王。司礼监太监柴升等人同来，负责收买香料。《大越史记全书》载有，（帝）谕佥都御史阮善云："……阮如堵、陈封之北行也，鬻买千计，开阖百端……"安南朝贡使人带私货过境营利，后被明朝严加禁约。

安南与中国地域环境差异大，物产可以互补不足。明朝曾遣派内官李亮到安南采购胡椒，"每一苗直钱五镪"（……顺（化）广［南］二处，五铜矿，福建、广东及日本诸商船有载红铜来商者，官为收买，每百厅结价四、五十缗……）（《大南实录》）。

战争也在一定程度上刺激了经贸往来。张辅在征讨安南时，曾用盐交换安南三江、宣化、归化的稻谷，以储备军粮。还招募明朝商人收安南粟运回广东、福建、浙江、四川、云南等地发卖。张辅还曾下令在钦州等地增设驿站，进一步方便了中越交通。

3. 明清与安南的科技文化交流

这个时期，两国都十分注重学习对方的先进经验技术，引进人才，各取他长，促进了科技文化的传播。《大越史记全书》记载，"癸巳，重光五年（1413年）春正月，明黄福选取匠人及其家小。送燕京造船"；越南农作物和水果品种繁多，1386年（洪武十九年），明太祖曾经派遣林孛去越南，取槟榔、荔枝、波罗蜜、龙眼等果苗回国栽培。此后，这几种水果在我国广东广西等地广为栽种。《明英宗实录》记载了安南牌刀手陈孝顺等54人教明朝士兵用牌刀，明永乐四年（1406年），明成祖开始营建北京城，越南建筑师阮安负责设计兴建紫禁城和皇城。可以说北京城的建筑融入了越南高超的建筑技术，也说明中越建筑技术有着密切的交流。中国的华侨迁居越南，其中不乏精通中医的医生，他们将中国的医学传入了越南。例如，清代时，华侨杨端朋，"赍药就军医治"，所治病兵多至4000余人，越南政府赏赐给他"衣服银钱"。

此外，中国的封建文化典籍、天文、历法、刑律法度、礼乐朝仪、文武官制、科举考试等，安南也无不仿效。明代，中国的《大统历》输入越南，安南人根据此历制订《万全历》；珠算这一计算方法在明清之际也传入了越南；越南归入明朝版图期间所编的地方志《交趾总志》成为研究中越关系的重要典籍。

（二）明朝与占城的交往

1. 明朝与占城的政治关系

明朝与占城保持着睦邻友好的关系，早在明太祖时期就把占城列为不征之国，两国一直未发生过战争。明洪武二年，占城遣使来贡，两国正式确立外交关系，朝贡往来十分频繁，"比岁贡；或间岁，或一岁再贡"。《集成》记载，仅洪武年间，占城平均一年半就进贡一次，明朝政府除了赏赐金币、丝织品等物外，还将历法、科举制度等先进文化通过朝贡往来传入占城。到了永乐年间，明朝与占城的朝贡往来规范化、制度化。《明会典》详细记载了永乐元年，明朝回赐占城国王到各级官员物品的种类及数量。如赐国王"锦二匹，纻丝六匹，纱罗各四匹，王妃纻丝四匹，纱罗各三匹"。且说明以后按照此例给予回赐，而此例即依循的回赐暹罗的方法。到了英宗正统元年，琼州知府程莹进言"占城比年一贡，劳费实多。乞如暹罗诸国例，三年一贡"。明英宗采纳了他的建议，议定占城三年一贡的贡期规定。但占城并未照此严格执行，明朝对所贡方物会估价回赐，甚至往往是"厚往薄来"，占城不想错过贸易良机，依然频频进贡。仅以英宗正统年间为例，《集成》记载有正统六年、七年、八年、十一年、十二年都有向明朝进贡，并未遵循三年一贡的规定。

占城与明朝之所以往来甚密，除了满足两国经济贸易、文化交流的需要之外，国家安全防御也是一个重要原因。长期以来，安南不断侵扰占城，占城自然寻求强大的明朝作为自己的保护国。而明朝也需要占城配合对安南的防御，曾诏谕占城"保国交邻，国中臣民共相辅翼"。双方在这一点上结成利益同盟，但明朝并未因此而偏袒占城。占城与安南同为明王朝的属国，明朝在调解两国矛盾时大致上都保持中立，公正对待，并尽力劝服两国停止争斗，睦邻友好。洪武三年，占城曾向明王朝乞赐兵器，遭到拒绝，明朝统治者表示"两国互构而赐占城，是助尔相攻，甚非抚安之义"。同时，让福建省臣免占城赋税，以示怀柔之义。明朝多次命占城、安南罢兵，两国也遵从命令，暂时停止了争斗。永乐年间，安南国力强盛，不仅继续侵占占城土地，还不断骚扰明朝边界，在多种矛盾的激化下，明朝决定出兵安南，还一度将安南置于自己的统治之下。这一局势的转变，客观上也缓解了占城国家安全的危机。但之后，安南仍不断蚕食占城疆土，明朝总是多方调解，希望双方停止武力，和平相处，明朝也以身作则，与安南再未发生战争。英宗正统十一年，戒谕安南守备本国疆土，不要报复占城，英宗天顺四年，还在两国边界建界牌碑石。但明朝的调解未能阻止安南继续进侵占城，宪宗成化七年，安南破占城，并俘虏了占城国王及其家属，八年，改占城为交南州。

但无论如何，明朝在调解两国纷争，以实现睦邻友好的举动是值得肯定的。至于明朝的努力维和却最终未能阻止安南侵吞占城，从明朝与占城交往的史料中，我们也可以找到一些原因。其一，明朝与占城虽然保持友好往来，但不免也会产生摩擦。洪武二十一年，占城掠夺了真腊给明朝的贡象，此外，"其它失德事甚多"。永乐十三年，明朝正征讨安南，曾要求占城助兵，占城"愆期不进"，反而以金帛、战象资助安南，侵夺了明朝4州11县。占城反复无常的表现，降低了明朝对其的信任。其二，明朝应对外交事务是相当冷静和谨慎的。安南、占城与明朝的中央机构遥遥相隔，邻国的相关的信息不能及时而准确地传达到中央机构，对两国来使的申诉，兵部曾表示"不可信其单词，劳师不征之国"。所以明朝政府往往静观事态的发展，保持中立，不偏袒任何一方。明朝永乐年间征讨安南，曾列出征讨的原因，虽提到安南侵夺占城一条，但终究不是主要原因，孝宗时期，明朝就因"安南、占城皆《祖训》所载不征之国。永乐间命将出师，乃正黎贼弑逆之罪，非以临境交恶之故"拒绝了明朝出兵保护占城的请求。且明朝中后期，明朝与占城的关系也不如从前，弘治年间，明朝大臣任良弼曾进言："大都海外诸蕃，无事则废朝贡而自立，有事则请朝贡而请封。今者（占城）贡使之来，乞急于求封，不过欲得安南之侵地，还粤东之逃人耳。"说明明朝统治阶级已深知诸国有时并非诚心朝贡，而是为了借助明朝的国威，寻求保护而已。而占城亦发生过篡位之事，有违礼法，明朝曾表示"虽不兴问罪之师，亦必绝朝贡之使"。之后，占城贡使不常至，两国往来渐稀。而这段时期，安南与明朝恢复邦交和友好往来，安南侵扰明朝边界的情况减少；加之明朝的国力也大不如前，自然不会为占城、安南之争大动干戈，积极的调解是作为宗主国的明王朝最好的选择。其三，占城与明朝文化背景的差异也增加了两国的隔阂。中原地区的农耕文明与占城地区游牧民族文明相碰撞使两国缺乏充分的文化认同也是原因之一。

2. 明朝与占城的经济文化往来

占城曾向明朝连年进贡，朝贡贸易繁盛由此可见一斑，后来定位三年一贡，占城"利中国市易，虽有此令，迄不尊"，常将犀角、象牙、伽蓝香等物进贡中国，换金银、丝织品等丰厚回赐品。永乐年间，郑和七次下西洋，每次都在占城新州港和灵山停泊，到达占城后，除了官方贸易之外，也将带去的金银绸缎和瓷器与当地商人交换，受到当地人民的热烈欢迎。除了朝贡贸易，民间贸易也积极开展。据《瀛涯胜览》记载，"……其买卖交易使用七成淡金或银。中国青瓷盘碗等品、纻丝、绫绢、烧珠等收，甚爱之，则将淡金换易"。明朝也将科技文化传播到占城。如赐占城《大统历》，颁科举诏于其国，赐乐器、乐人等。

（三）明朝与三佛齐、爪哇的交往

洪武三年，明太祖命赵述诏谕三佛齐国，次年，三佛齐遣使随赵述"奉金字表文"朝贡，明朝回赐了《大统历》、锦绮等物。明朝与三佛齐正式确立外交关系，此后，洪武六年、七年、八年，连年来贡。洪武八年，正月、八月两次进贡，还携拂菻（东罗马帝国）同来朝贡。洪武十年，明朝封三佛齐王为国王，此举引来爪哇不满，因为，当时三佛齐已是爪哇的属国，现又同为明朝属国，意味着三佛齐、爪哇地位平等，这是为爪哇所不能容忍的，于是爪哇杀害三佛齐朝使，三佛齐国也逐渐衰落，到了洪武三十年，为爪哇所灭，改其名为旧港。此段时期，与明朝的朝贡往来也一度中断。后来，久居三佛齐的广东南海人梁道明据有其地，并曾于成祖永乐三年遣使进贡。永乐五年，郑和下西洋回国途中，经过三佛齐，于是派人招谕当时的旧港头目陈祖义，陈祖义表面降服，实际想劫掠明朝官兵，后被识破，明军打败陈祖义一干人等。旧港新立头目施进卿向明朝朝贡，明朝在此设立了旧港宣慰使司，恢复了朝贡关系。神宗万历五年，广东人张琏一度占据旧港，利用爪哇贸易中心的地理优势谋取利益。《明外史》记载："万历五年，商人诣旧港者，见琏列肆为蕃舶长，犹中国之市舶官。"

《集成》载有爪哇进贡16次，永乐十六年后还一度"每岁一至"，正统八年，明朝定爪哇三年一贡，遂为常制。爪哇多进贡珍珠、珊瑚等特产。明朝回赐钱币和丝织品为主。明朝还在其中充当过爪哇国家内部及与邻国关系调和者的角色。参与调解爪哇东西王的纠纷及爪哇与三佛齐的矛盾。

三佛齐与爪哇是近邻，虽然三佛齐附属于爪哇，国力远不如爪哇强大，但两国物产丰富，物产种类也大体相同，多金、银、真珠、香料等物。地理位置优越，处于海上贸易集会处，均是东南亚地区的富庶岛国。三佛齐东临爪哇，西面是满刺加，西北濒海，从广州发船半月可到，其国"扼诸番州往来之咽喉，若商舶过不入，即出船合战，故诸国之州辐辏"。两国与中国的人民往来和贸易联系都十分密切。爪哇可以称得上是一个移民国家，国内分为三种人：华人流寓者，他国商人，本国原住民。明朝与爪哇人民往来、贸易联系十分密切。爪哇有三处著名的华人聚居地，一是杜板，有千余户人，多广东漳州人。二是新村，"中国人客此而聚落"，千余家，村主为广东人，居住在这里的人生活富裕。此处也是一个贸易良港，"屋店连行为市"（《广东通志》），中国及他国船舶都要停靠到这里，互市通商，"宝货填溢"。三为苏鲁马益港口，千余家，也有部分中国人聚居在此。三佛齐更是多次被华人据有其地，并随着迁入大量中国移民。如梁道明占据三佛齐时，"闽、粤军民泛海从之者数千家"，张琏时期，"漳、泉人多附之"。

人民的往来推动了贸易的发展。《明史·爪哇传》称"岁岁互市，中国商旅亦往来不绝"。而且爪哇、三佛齐贸易使用的是中国铜钱。中国的瓷器、丝织品在此很受欢迎（《瀛涯胜览》），三佛齐更有"一年种谷，三年生金"之称，极言贸易之繁盛。三佛齐商人亦远涉重洋，到中国经商，如《宋史·三佛齐传》记载的，"（太平兴国五年）三佛齐国蕃商李甫诲，乘舶船载香药、犀角、象牙至海口，会风势不便，飘船六十日至潮州，其香药悉送广州"。

（四）明朝与吕宋、苏禄的交往

宋、元两代，菲律宾岛以麻逸、三屿等国广为中国人所知，到了元末明初，这些古国的名字在我国史书中逐渐消失。明初，麻逸和三屿对中国贸易的地位已为吕宋所取代。此外，还有合猫里、冯嘉施兰、古麻刺朗、苏禄等古国也在菲岛境内，当时菲律宾岛尚未统一，它包括着好些大、小的古国各自为政。《集成》中有吕宋、苏禄与明朝交往情况的记载。

吕宋，菲律宾古国名，故地在今马尼拉一带。明太祖洪武五年，吕宋遣使来贡，双方开始建立官方联系。永乐三年、八年亦有朝贡晚来，但之后吕宋久不入贡。直到神宗万历四年，吕宋协助明朝讨平海寇，两国又恢复了朝贡往来，吕宋贡道由福建，明王朝亦以朝鲜例给吕宋回赐，可见经过"助讨"事件后，在明廷心中吕宋的地位较之前大大提高。

明万历年间，吕宋为佛郎机侵占，中国史籍将其称为大吕宋统治时期，史籍上有不少关于殖民者对中国华人和吕宋人民的迫害的记载。佛郎机商人以互市的名义来到吕宋，向吕宋王买下"牛皮大"的土地建屋居住，久而久之，佛郎机人不断扩大自己的地盘，蚕食吕宋土地，"联属至数百丈"，同时修建城池，打造兵器，待到时机成熟即杀死吕宋国王，驱逐当地人民。而当地华人也在其驱逐范围之内，大多数华人被其驱逐回国，少部分留下来的也饱受殖民者欺辱。殖民者的恶劣行径也激起了华人的反抗。万历二十一年，殖民者奴役二百五十华人助战，残暴对待华人，稍有怠慢，就有鞭打致死的可能。华人潘和五等人率先反抗，杀死酋长，逃到安南。

万历三十一年，在佛郎机控制下的吕宋曾发生了屠杀华人的事件。自佛郎机占据吕宋以来，佛郎机对华商一直采取排斥的态度，华商辛勤经营，在吕宋经贸晚来中有着举足轻重的作用，这也加重了佛郎机对华人的敌意。吕宋万历三十年，阎应龙、张嶷向明朝皇帝报告吕宋盛产金银，"采之，可得金十万两、银三十万两"，在利益的驱使下，明帝不顾都御史温纯等大臣的劝阻，派人前往吕宋勘查。此举引起了吕宋的怀疑,以为明朝准备攻取吕宋,而寓居吕宋的华人做内应,于是秘密谋划屠杀华人。首先吕宋人购尽华商铁器,华商家庭贪利将其全部卖出,"家无寸铁",以致吕宋发起进攻时,华人毫无还击之力,约二万五千华人丧命于此次屠杀中。明朝也未能为死难华人讨回公道,"令送死者妻子归,竟不能讨"。

明太祖登位后,为着防止"海疆不靖",影响他还不十分巩固的政权,厉行"海禁"。明太祖明白发展商外贸易,可以增加收入,因此他只允许在"海禁政策"范围以内的贸易活动。此后历代对海外贸易活动管理甚严。而限制颇多的官方贸易显然不能满足日益发展的贸易需要,佛郎机控制下的吕宋就曾试图强制打开贸易的大门,万历二十六年八月,曾将船驶进濠镜澳(澳门的故称),请求开贡,遭到驱逐;九月又强行进入虎跳门,也未能成功。但到了万历三十二年,佛郎机控制了满刺加、吕宋,势力日益扩张,进而侵扰我国东南沿海地区,占据广东香山澳,"筑城以居,与民互市",盘踞在此的佛郎机人被称为"澳夷"。尽管当时有人把广东的"澳夷"问题比喻为背上的毒疮,但是明朝政府始终还能在濠镜澳行使国家主权。至于整个澳门被殖民者所占据,那是鸦片战争以后的事了①。

在佛郎机侵占吕宋之前,明朝与本国人统治下的吕宋往来是友好的,佛郎机的入侵,对中国和吕宋两国人民都是一场灾难,佛郎机统治时期与明朝的摩擦并不能代表中国与吕宋人民的关系,我们必须区别对待。

明朝永乐年间,郑和七次下西洋,大大加强了我国与东南亚国家的联系,苏禄国就是其中之一。苏禄国,在今菲律宾的苏禄群岛。永乐十五年至永乐二十二年间,明朝与苏禄频繁往来,写下了中菲关系史上重要的一页。其中又以永乐十五年的访问规模最大。苏禄东王、西王、峒王率领340余人前来朝贡,献上珍珠、宝石、玳瑁等贡品,明朝册封苏禄王为国王,赐印诰。回赐物品颇丰,上至国王,下至使女都一一给予赏赐。据明会典记载:"赐国王纱帽、金镶、玉带、钑花金带、金蟒龙

---

① 何维鼎:《古广州风云》,广东人民出版社1985年版,第110页。

等衣服，金银、钱钞、珍珠、锦绮、丝罗、器铺陈等物，王妃冠服、银钱、钞绮丝等物，王男女亲戚、头目、使女冠带衣服诸物各有差。"对于这一历史大事，有诗赞云："苏禄分东海，居民几万家。丸烹为水布，生啖爱鱼虾。径寸珠圆洁，行舟路去赊。献金朝玉阙，厚赐被光华。"使团在北京停留了约一个月，在归国途中，东王不幸病故于山东德州。明成祖命礼部郎中为其制祭文，厚葬其王。山东德州的苏禄王墓成了中菲友谊的象征。此后永乐十八年、十九年，西王、东王先后来贡，永乐二十二年后，往来渐稀。明万历年间，苏禄同样遭到佛郎机入侵，苏禄人民与佛郎机展开了顽强的斗争。

（五）明朝与满剌加、柔佛的交往

满剌加，即古哥罗富沙国，汉代时，曾与我国有所往来。在明朝初期，满剌加土地贫瘠，并未建国，而是羁属于暹罗，明永乐元年，明成祖遣使诏谕满剌加，酋长拜里迷苏剌大喜，满剌加也希望借助明朝提高自身的威望，随即在永乐三年遣使进贡，《明会典》详列此次进贡的贡物多达42种。明廷对满剌加礼待有加，并册封为酋长拜里迷苏剌满剌加国王。

郑和的船队此时也曾到达满剌加，进一步增进了双方的感情。永乐六年，郑和出使其国，同年，满剌加入贡；永乐七年，郑和代表明成祖册封满剌加为国，其将领为王，并未其国建碑立界，不受暹罗侵扰，从此，满剌加不再役属于暹罗。后来暹罗偶尔也会骚扰满剌加，或阻其贡道，但在明廷庇护下，得到妥善解决。而满剌加也频频向明朝进贡，保持友好往来。除了官方往来外，民间贸易往来也很活跃。中国船舶经常五月中旬发船到此，并且在满剌加设有储存货物的仓库。满剌加民风淳朴，"市道颇平"。后满剌也渐渐为佛郎机所侵据，船舶路过其国，往往被劫掠，因此商船也渐渐稀少。

在马来西亚的柔佛地区有个柔佛古国，郑和下西洋时，曾试图寻找柔佛国，但未能找到。万历年间，华人与柔佛国有贸易往来。

(六) 明朝与婆罗的交往

婆罗，指加里曼丹岛北部的文莱。史籍记载，明永乐三年，明成祖遣使诏谕其国，明永乐四年，婆罗国东、西王遣使进贡，双方建立外交关系。郑和下西洋时也曾到过其国，据说，其中一名福建随从留在了婆罗，后来还成为了该国国王。

(七) 明朝与暹罗的交往

据不完全统计，在整个明代（1368—1644）中，明王朝遣使访问暹罗阿瑜陀耶王国共19次，暹罗使臣到中国来一共102次。这是中泰关系史上双方使节往来最频繁的时期。

明朝统治时期，暹罗遣使来华最早是在洪武四年，先前洪武三年，明太祖派宗俊诏谕其国，次年，暹罗随宗俊前来进贡。之后的洪武五年至七年，暹罗均有遣使来贡，但明朝都却而不纳，不知何故，但洪武七年一次，明廷说明了"不纳"的原因。暹罗的贡船因遭遇风浪被破坏，进贡时仅有贡物无表文，明帝怀疑是借朝贡之名行贸易之实，因而却而不纳。另外，当时诸国皆来朝贡，而且次数频繁，明帝曾告诫礼部官员："古诸侯于天子，比年一小聘，三年一大聘。九州岛之外，则每世一朝，所贡方物，表诚敬而已。唯高丽颇知礼义，故令三年一贡。他远国，如占城、安南、西洋琐里、瓜哇、浡泥、三佛齐、暹罗斛、真腊诸国，入贡既频，劳费太甚。今不必复尔，其移牒诸国俾知之。"明朝不胜其扰，采取却贡的做法。但暹罗依然来贡不止。"比年一贡，或一年两贡"，到正统年间，才变为数年一贡。明廷对来贡使臣一般还是以礼相待的。洪武十年，暹罗王子昭禄奉命来朝，明廷赐"暹罗国王之印"，暹罗国名始于此。

永乐年间，明王朝国力强盛，派郑和与各国通好，大大拓展了外交关系，一四〇九年（明永乐七年）初，三宝太监郑和第二次下西洋，曾率领船队来到暹罗，沿循商河而上，直到大城（阿瑜陀耶）。和以往历代一样，明代两国使节往来也涉及处理与其他国家有关的事务。当时暹罗在东南亚各国中实力较强，发生过欺凌他国的事情。占城贡使回国经过彭亨时，暹罗羁留其使臣；暹罗还曾抢夺了明朝赐给苏门答腊和满剌加的印诰。明廷命其"返占城使者，还苏门答腊、满剌加印诰"，永乐十九年，暹罗进侵满剌加，明廷"遣使责令辑睦"，暹罗均依命行事，并遣使谢罪。在明朝的调解之下，有效遏制了暹罗对他国的进一步侵扰，暹罗与各国纠纷得以解决，很好地维护了地区稳定。不仅如此，暹罗也在某些方面需寻求明王朝的保护，明王朝一定程度上维护了暹罗的利益。暹罗贡船曾飘至安南，贡使遭到安南掠杀，仅孛黑一人幸免于难。后来明军征安南时，成功将其解救。明朝对暹罗贡使被劫杀一事深表同情，于永乐六年"赐王币帛"，并抚恤遇难者的家属。宣德年间，暹罗贡船停靠在占城新州港，遭到其国人掠夺。明廷也令占城返还了所掠之物。此外，暹罗也积极配合了明王朝本国管理事务。"永乐七年，送内地逃避奸民"，"永乐八年，送中国流移人还"。

到了明朝中后期，明王朝与暹罗朝贡往来渐渐由密转疏。"暹罗国洪熙、宣德以后入贡犹如常期。正统、景泰间，贡或不常。成化迄今，大率六年一贡。近惟嘉靖三十二年，遣使坤隋离等贡白象及方物"（《广东通志》）。明穆宗隆庆年间，暹罗国为东蛮牛（在今缅甸境内）所破，一度在东蛮牛控制之下。神宗万历六年，东蛮牛再次攻打暹罗国，暹罗奋起抗击，大败东蛮牛国。暹罗遂称霸海上，"岁岁用兵"。期间，暹罗国仍与明朝保持稳定的外交关系，一直到崇祯十六年都有向明朝进贡，万历二十年，还曾主动提出助明朝攻打日本。

明王朝与暹罗经济文化交流也有所发展。明朝虽然用严厉的海禁，但如果是在官方允许的范围内进行贸易活动或外交往来，明朝政府的态度还是比较友好而开明的。《明史》记载，"时温州民有市其沉香诸物者，所司坐以通番，当弃市。帝曰：'温州乃暹罗必经之地，因其往来而市之，非通番也。'乃获宥"。又永乐二年九月，暹罗与琉球友好往来，暹罗船遇风浪，漂到福建海岸，福建有关官员扣留其货物，而明成祖表示："二国修好，乃甚美事，不幸遭风，正宜怜恤，岂可因以为利。"于是提供给暹罗船只和粮食，让他们顺利到达琉球。正德四年，有一暹罗船漂至广东，当地市舶官企图"税其物供军需"，但被明廷制止。尽管海禁严苛，但仍有不少人冒险私下进行贸易往来。成化十七年，暹罗贡使返国时，曾私下贩卖人口、载私盐。嘉靖元年，暹罗占城货船到达广州，不少人与其私下贸易。

暹罗国深受中国文化影响。"服类中国"，有些地方"言语与广东同"。洪武四年，明朝与暹罗刚建立外交关系，明朝赐给暹罗《大统历》。《大统历》实际上就是元朝的《授时历》，是当时世界上最先进的历法，《大统历》传入暹罗，无疑对当地人民生活有帮助作用。永乐四年，暹罗遣使进贡，明朝先后回赐了《古今烈女传》和量衡式。《古今烈女传》是一部旨在思想上进行教化、熏陶，以达到训导女性行为的传统典籍。《古今烈女传》传到暹罗，不仅是一次文学艺术上的交流，也是继"四书"、"五经"之后中国传统伦理道德思想的又一次输出。明朝的量衡器具较前代有较大发展，度器有铜尺、木尺；量器有斛、斗、升；衡器有秤、天平、砝码等。传入暹罗后便被尊为法式。明成祖永乐五年（1407）设四夷馆，置译字生、通事，掌管通译语言文字之事。起初有蒙古、女直、西番、西天、回回、百夷、高昌、缅甸八馆；明英宗正统六年（1441）增设800馆。明神宗万历七年（1579）增设暹罗馆。这里聚集了大量翻译人才，不仅为两国友好往来带来便利，同时也增进两国语言文化的交流。

（八）明朝与真腊的交往

早在隋唐时期，我国与真腊就有所往来。隋朝时，由于当时真腊国内的混乱，所以仅于大业十二年派使者来我国。唐朝时，我国与真腊的关系有了较大发展，真腊遣使来我国共14次，平均20年一次，到了宋元时期，更是往来不绝。明朝洪武至景泰年间，柬埔寨历史相当于吴哥王朝后期。这一时期，是中柬关系的繁荣时期。其繁荣程度主要表现在以下几个方面：第一，80多年中，真腊使者来访22次，平均不到4年一次。我国使者去真腊次数也最多，共达8次，还有郑和下西洋期间曾经进入真腊进行访问与贸易。第二，朝贡贸易数量大。洪武十六年，明朝遣使赐织金文绮三十二、瓷器万九千；而洪武二十年，真腊进贡象59只、象6万斤，数量之大为以往所没有。

真腊土地肥沃，国家富饶，有"富贵真腊"之称。除了朝贡贸易外，中国商人也十分乐意来此地经商甚至定居。《真腊风土记》对此有较为详细的记载：

《流寓》："唐人之为水手者，利其国中不着衣裳，且米粮易求，妇女易得，屋室易办，器用易足，买卖易为，往往皆逃逸于彼。"

《贸易》："国人交易，皆妇人能之，所以唐人到彼，必先纳一妇人者，兼亦利其能买卖故也。每日一墟，自卯至午即罢。无居铺，但以蓬席之类，铺于地间，各有处纳官司赁地钱，小交关则用米谷及唐货，次则用布。若乃大交关，则用金银矣。往往土人最朴，见唐人颇加敬畏，呼之为佛，见则伏地顶礼，近亦有脱骗欺负唐人，由去人之多故也。"

《欲得唐货》："其地想不出金银，以唐人金银为第一，五色缣帛次之，其次如真州之锡、镴、温州之漆盘、泉州之青磁器、及水银、银朱、纸札、硫黄、焰硝、檀香、白芷、麝麻布、黄草布、雨伞、铁锅、铜盘、木珠、桐油、篦箕、木梳、针其粗重则如明州之席，甚欲得者则菽麦也，然不可将去耳。"

真腊人民对中国人态度友好，而且颇为尊重。例如，中国人真腊人杀中国人需偿命，而中国人杀了真腊人则"罚金"或卖身赎罪。虽然这是一种不平等的制度，但也从侧面反映出中国人在当地地位之高。真腊的服饰习俗中，百姓间仅妇女可以"打两头花布"，如果是中国人，即使"打两头花布"，因其不懂当地风俗，亦不怪罪。真腊与中国文化有着深厚的渊源。如国中也有丞相、将帅、司天等官职，"其下各设司吏之属"，也中国的行政体制颇为相似；真腊主要信奉佛、儒、道三教，其中儒、道两教显然是从中国传出的。在《真腊风土记》中《正朔时序》一节还谈到"亦如中国所谓开、闭、建、除之类"，"十二生肖亦与中国同"。真腊丧葬习俗与中国迥异，一般用布裹尸，置之荒野。而后来中国人定居在此，其后代保留了中国的丧葬习俗，将火葬的做法引入了真腊。

明朝至清初这段时期，中国与东南亚地区外交关系的发展又呈现出了新的特点。自明朝初创，统治者就十分注重发展对外关系，明太祖时，将安南等国列为不征之国，这种和平外交政策对发展与东南亚各国的关系奠定了良好的基础，对明朝的外交政策产生了深远的影响。永乐年间，郑和七次下西洋的外交盛举可以说在这种和平背景下才得以圆满实现的。但明朝的和平外交不是无原则的，依然需要借助武力的威慑来保证利益不受侵犯，明朝对安南的战争就说明了这一点。与宋朝妥协退让求安定，以及元朝以武力打开外交大门的做法不同，明朝在处理外交关系上更显理性与谨慎，在前两朝的外交行为走向两个极端间找到了很好的平衡点，明朝这种刚柔相济的外交手段取得了较好的效果，同时也预示着封建王朝的外交政策日趋成熟。

诚然，明朝的外交政策也存在着诸多不足之处。明朝时为了防治外寇的频繁骚扰，厉行海禁，这在一定程度上维护了社会安定的秩序，是明朝守备为本政策的延伸，但同时关闭了对外往来的大门，阻断了传播中华先进文化的机会，产生了不利的影响。同时社会进步的步伐，推动着国家间关系的演变，到了明末清初，中国与各国的近代新型外交关系开始形成。

参考文献

1. （清）王鸣盛著，黄曙辉点校:《十七史商榷》，上海书店出版社2005年版。
2. 陈佳荣等:《古代南海地名汇释》，中华书局2002年版。
3. 倪其心:《校勘学大纲》，北京大学出版社2004年版。
4. 曹之:《中国古籍版本学》，武汉大学出版社1992年版。
5. 国务院古籍整理出版规划小组:《古籍点校疑误汇录》（六），中华书局2002年版。
6. 刘琳、吴洪泽:《古籍整理学》，四川大学出版社2003年版。
7. 王树民:《史部要籍解题》，中华书局2003年版。
8. 杨燕起、高国抗主编:《中国历史文献学》，北京图书馆出版社2003年版。
9. 范成大:《桂海虞衡志辑佚校注》，胡起望、覃光广校注，四川民族出版社1986年版。
10. ［英］霍尔（D. G. E. Hall）:《东南亚史》，中山大学东南亚历史研究所译，商务印书馆1982年版。
11. 韩振华:《中国与东南亚关系史研究》，广西人民出版社1992年版。
12. 越南社会科学委员会编著:《越南历史》，北京大学东语系越南语教研室译，江西人民出版社1977年版。
13. 朱杰勤:《东南亚华侨史》，高等教育出版社1990年版。
14. ［英］哈威:《缅甸史》，姚梓良译，商务印书馆1973年版。

15. ［泰］姆·耳·马尼奇·琼赛:《老挝史》,厦门大学外文系译,福建人民出版社1974年版。

16. 魏克明:《柬埔寨》,商务印书馆1972年版。

17. 陈显泗等:《中国古籍中的柬埔寨史料》,人民出版社1985年版。

18. 中山大学东南亚历史研究所编:《中国古籍中有关菲律宾资料汇编》,江西人民出版社1980年版。

19. 余定邦、黄重言编:《中国古籍中有关新加坡马来西亚资料汇编》,中华书局2002年版。

20. 余定邦、黄重言编:《中国古籍中有关缅甸资料汇编》,中华书局2002年版。

21. 曾伊平编:《东南亚研究图书目录》,厦门大学出版社2005年版。

22. 杨保筠:《中国文化在东南亚》,大象出版社1997年版。

23. 《东南亚研究资料》编辑部:《东南亚研究资料》,暨南大学东南亚研究所1986年版。

24. 杨武编著:《东盟文化与艺术研究》,哈尔滨工业大学出版社2007年版。

25. 《东南亚研究》编辑部:《东南亚研究》,《东南亚研究》编辑部1987年版。

26. 梁志明、李谋、杨保筠:《古代东南亚历史与文化研究》,昆仑出版社2006年版。

27. 李富强主编:《中国与东盟交流合作史研究》,民族出版社2007年版。

28. 覃圣敏主编:《东南亚民族》(越南柬埔寨老挝泰国缅甸卷),广西民族出版社2006年版。

29. 张星烺编注,朱杰勤校订:《中西交通史料汇编》,中华书局2003年版。

30. 《古今图书集成》,中华书局影印本1934年版。

31. 林仲湘等编写:《古今图书集成索引》,中华书局、巴蜀书社1985年版。

32. 裴芹:《古今图书集成研究》,北京图书馆出版社2001年版。

33.（清）龙继栋撰:《古今图书集成考证》，中华书局、巴蜀书社1985年版。

校勘引用书目

（标有序号的古籍为《集成》引录的原书，未标序号者为对应的参校本）

1. "二十四史"，中华书局标点本

《资治通鉴》，（宋）司马光，中华书局，1982

《续资治通鉴长编》，（宋）李焘，中华书局，1986

《明史纪事本末》，（清）谷应泰，中华书局，1985

《明实录》，黄彰健，台湾"中研院"历史语言研究所，1962

《文献通考》，（元）马端临，中华书局，1986

《通典》，校点本，（唐）杜佑，中华书局，1988

2. 《书经注》，金履祥注，中华书局，1991

3. 《通鉴前编》，金履祥，四库本

《说苑》，（西汉）刘向湖，北崇文书局百子全书本

4. （康熙）《广东通志》，（清）金光祖纂修，清康熙刻本

（雍正）《广东通志》，（清）郝玉麟等修，四库本

《安南志略》，（元）黎崱，武尚清点校，中华书局，1995

《宋史纪事本末》，（明）陈邦瞻，中华书局，1977

《殊域周咨录》，（明）严从简，余思黎点校，中华书局，1993

《海国图志》，（清）魏源，岳麓书社，1998

5. 《文献通考》，（元）马端临，中华书局，1986

《文献通考》，（元）马端临，浙江书局本

6. 《续文献通考》，（明）王圻，现代出版社，1986

7. 《东观汉记校注》，（东汉）刘珍等，吴树平校注，中华书局，1987

8.《平定交南录》,(明)丘浚,清顺治三年(1646)李际期宛委山堂刻说郛本

《纪录汇编》,(明)沈节甫,中华全国图书馆缩微复制中心,1994

9.《皇明资治通纪三种》,(明)陈建等编纂,中国公共图书馆古籍文献珍本汇刊本,1997

《皇明通纪集要》,(明)陈建辑;(明)江旭奇补订,北京出版社,2000

10.《明会典》,(明)申时行,商务印书馆万有文库本;四库本台北新文丰出版公司影印万历十五年刊本

11.《明一统志》,(明)李贤,明天顺五年(1461)万寿堂刻本;四库本

《读史方舆纪要稿本》,(清)顾祖禹,上海古籍出版社,1993

《东西洋考》,(明)张燮,中华书局,1981

《安南志略》,(元)黎崱,武尚清点校,中华书局,1995

《本草纲目》,(明)李时珍,味古斋重校刻本

12.《天南行记》,(元)徐明善,清顺治三年(1646)李际期宛委山堂刻说郛本

13.《大清会典康熙朝》,(清)伊桑阿等纂修,文海出版社,1993

《茶馀客话》,(清)阮葵生,阮氏三十卷本

《清史稿》,(清)赵尔巽等,中华书局,1977

《清朝柔远记》,(清)王之春,赵春晨点校,中华书局,1989

《池北偶谈》,(清)王士禛,勒斯仁点校,中华书局,1982

《海国四说》,(清)梁廷楠,骆驿、刘骁校点,中华书局,1993

14.《交州记》,(晋)刘欣期,清顺治三年(1646)李际期宛委山堂刻说郛本

《齐民要术》,(北魏)贾思勰,中华书局,1956

《太平御览》,(宋)李昉等,中华书局,1960

《艺文类聚》,(唐)欧阳询,中华书局,1965

15.《博物志校证》,(晋)张华,范宁校正,中华书局,1980

16.《续博物志》,(宋)李石,李之亮点校,巴蜀出版社,1991

《酉阳杂俎》，(唐)段成式，方南生点校，中华书局，1981

17. 《述异记》，(梁)任昉，明万历二十一年（1593）胡文焕校刻本

18. 《北梦琐言》，(宋)孙光宪，林艾园校点，上海古籍出版社，1981

《十七史商榷》，(清)王鸣盛，商务印书馆，1937

19. 《东轩笔录》，(宋)魏泰，李裕民点校，中华书局，1983

20. 《历代笔记小说集成》，周光培，河北教育出版社，1994

附注：收《汉宫仪》，《枫窗小牍》影印本

《枫窗小牍》，(宋)袁褧，稗海本；《宋稗类钞》本

《汉宫仪》、《太平御览》引；《石刻史料新编》之函青阁金石记/清杨铎撰/新文丰出版公司

21. 《水经注》，(北魏)郦道元，陈桥驿注释，浙江古籍出版社，2001

22. 《梦溪笔谈校正》，(宋)沈括，胡道静校注，中华书局，1962

23. 《齐东野语》，(宋)周密，张茂鹏点校，中华书局，1983

24. 《日知录集释》，(清)顾炎武，黄汝成集释，中州古籍出版社，1990

25. 《瀛涯胜览校注》，(明)马欢，冯承钧校注，中华书局，1955

26. 《真腊风土记校注》，(元)周达观，夏鼐校注，中华书局，1983

27. 《坤舆图说》，南怀仁，民国24年上海大东书局据清钱氏重编借月山房汇钞本影印

28. 《岛夷志略校释》，(元)汪渊，苏继顾校释，中华书局，1981

29. 《朝野佥载》，(唐)张鷟，中华书局，1979

《太平广记》，(宋)李昉，中华书局，1961

30. 《三才图会》，(明)王圻编集，王思义编集，上海古籍出版社，1988

《异域志》，(元)周致中，陆峻岭校注，中华书局，2000

31.《玉堂杂记》,(宋)周必大,明崇祯毛氏汲古阁刻本;宋刻影印本

32.《林邑记》,清顺治三年(1646)李际期宛委山堂刻本

33.《通典》(校点本),(唐)杜佑,中华书局,1988

34. 重修《无锡县志》,(明)吴凤翔、李舜明纂修,明弘治(1488—1505)刻本

《无锡县志》,(清)徐永言等纂修,清康熙(1662—1722)刻本

35.《宋本太平寰宇记》,(宋)乐史,中华书局,1999

36.《名山藏》,(明)晋江,何乔远,台湾影印崇祯刻本

37.《濯缨亭笔记》,(明)戴冠,四库本

38.《竹书纪年》,四部丛刊本

39.《星槎胜览》,(明)费信,中华书局,1991

《明朝小史》,(明)吕毖,玄览堂丛书本

40.《诸蕃志校释》,(宋)赵汝适,杨博文校释,中华书局,1996

41.《全唐诗》,彭定求等,中华书局,1960

安南部艺文

1.《交州牧箴》

《扬雄集校注》,(汉)扬雄,张震泽校注,上海古籍出版社,1993

2.《赐赦交州诏》

《江淹集校注》,俞绍初,张亚新校注,中州古籍出版社,1994

3.《平安南颂》

《泊庵集》,(明)梁潜,四库本

4.《交南赋》

《御定历代赋汇》,四库本

《增城县志》,(明)文章修,张文海纂,明嘉靖本十七年刻本

5.《谕安南国王陈日焜书》

《殊域周咨录》,(明)严从简,中华书局,2000

《源远流长的东莱文明：平度旧志校注》，吴绍田等校注，山东人民出版社，2005

《国榷》，（明）谈迁，中华书局，1958

6. 《论征安南疏》

《小山类稿》，（明）张岳，四库本

《昭代典则》，（明）黄光升，《四库全书存目丛书史部第一三册》天津图书馆藏明万历二十八年万卷楼刻本

7. 《论安南》

《四夷考》，（明）叶向高，台湾，新兴书局，1974（据1922年文明书局刊本影印）

8. 《安南志序》

《国榷》，卷二十宣宗宣德二年引

9. 《旅寓安南》

《杜审言诗集》，（唐）杜审言，北京图书馆出版社，2004

《瀛奎律髓》，（元）方回，上海古籍出版社，1993

10. 《度安海入龙编》

《沈佺期宋之问集校注》，（唐）沈佺期、宋之问撰，陶敏、易淑琼校注，中华书局，2001

《殊域周咨录》、《东西洋考》、《安南志略》引

11. 《李云南征蛮诗》

《高适集校注》，（唐）高适，上海古籍出版社，1984

12. 《越裳操》

《韩愈全集》，（唐）韩愈，钱仲联、马茂元校点，上海古籍出版社，1997

《乐府诗集》，（宋）郭茂倩编，中华书局，1979

13. 《送李大夫赴广州》

《四库全书存目丛书补编第八十二册·唐音统签》，（明）胡震亨撰，北京故宫博物院藏清康熙刻本配钞本卷二百四十二

14. 《经伏波神祠》

《今体诗钞》，（清）姚鼐编选，曹光甫校点，上海古籍出版社，1986

《刘禹锡集》，（唐）刘禹锡，上海人民出版社，1975

《瀛奎律髓》，（元）方回，上海古籍出版社，1993

15.《送蛮客》

《张籍诗集》，（唐）张籍，中华书局上海编辑所编辑，中华书局，1959

16.《蛮中》

《唐诗类苑》，（明）张之象编，《四库全书存目丛书集部第三一七册》收北京大学图书馆藏明万历二十九年曹仁孙刻本

17.《送刘绣衣按交址》

《明诗别裁集》，（清）张景星等编，中华书局，1975

《列朝诗集》，（清）钱谦益编，中华书局，2004

18.《送王希旸编修使交址》

《列朝诗集》，（清）钱谦益编，中华书局，2004

19.《送翰林王孟旸参将安南》

《列朝诗集》，（清）钱谦益编，中华书局，2004

20.《南安寓止》

《韩偓诗集笺注》，（唐）韩偓，齐涛笺注，山东教育出版社，2000

21.《安南即事》

《元诗选》，（清）顾嗣立编，中华书局，1987

《陈刚中诗集》，四库本

《元诗纪事》，陈衍辑，上海古籍出版社，1987

22.《安南行》

《清容居士集》，袁桷，四库本

《元诗选》，（清）顾嗣立编，中华书局，1987

23.《赠刘宗道使安南》

《元诗选》，（清）顾嗣立编，中华书局，1987

《云南史料丛刊·景泰志》，方国瑜主编，徐文德、木芹纂录校订，

云南大学出版社，1998

24.《岳阳中秋值安南贡使因怀旧游》

《洞庭湖志》，（清）陶澍、万年淳修纂，何培金点校，岳麓书社，2003

《元诗别裁集》，张景星等编选，上海古籍出版社，1979